Ost-West-Identitäten und -Perspektiven
Deutschsprachige Literatur in und aus Rumänien im
interkulturellen Dialog

Veröffentlichungen des Instituts für deutsche Kultur und
Geschichte Südosteuropas an der Ludwig-Maximilians-
Universität München (IKGS)

Wissenschaftliche Reihe (Literatur- und Sprachgeschichte)

Herausgegeben von
Thomas Krefeld, Anton Schwob und Stefan Sienerth

Band 123

# Ost-West-Identitäten und -Perspektiven

## Deutschsprachige Literatur in und aus Rumänien im interkulturellen Dialog

Herausgegeben von

Ioana Crăciun, George Guțu, Sissel Lægreid und
Peter Motzan

IKGS Verlag
München 2012

## Bibliografische Information Der Deutschen Bibliothek

Die Deutsche Bibliothek verzeichnet diese Publikation in der Deutschen Nationalbibliografie; detaillierte bibliografische Daten sind im Internet über http://dnb.ddb.de abrufbar.

ISBN 978-3-942739-02-3

Umschlag: IKGS Verlag

Gefördert vom Beauftragten der Bundesregierung für Kultur und Medien aufgrund eines Beschlusses des Deutschen Bundestages

ISBN 978-3-942739-02-3

Alle Rechte vorbehalten
© IKGS Verlag 2012
D-81379 München, Halskestraße 15
Satz und Layout: Lexicom, Abtstraße 14, 80807 München
Herstellung: Ludwig Auer GmbH, D-86601 Donauwörth

# Inhalt

*Zu diesem Band* .................................................................................... 7

Sigurd Paul S c h e i c h l (Innsbruck):
Bedürfen deutsche Texte aus Rumänien eines Kommentars? ............... 15

Stefan S i e n e r t h (München):
Adolf Meschendörfer und Skandinavien .............................................. 27

Peter M o t z a n (München):
Interdiskursive Verdichtungen. *Die andere Stimme* des Lyrikers
Oscar Walter Cisek (1897–1966) ......................................................... 43

George G u ț u (Bukarest):
Später, aber verdienter Erfolg. Zu den autobiografischen Fragmenten
von Moses Rosenkranz ......................................................................... 59

Lucia N i c o l a u (Bukarest):
Andreas Birkners Prosa. Identitätskonstruktion zwischen Heimat und
Fremde .................................................................................................. 77

Torgeir S k o r g e n (Bergen):
„Wein aus zwei Gläsern". Zur Poetik der Grenze bei Hölderlin
und Celan ............................................................................................. 91

Sissel L æ g r e i d (Bergen):
„– diese Ausrichtung auf das Traumhafte hin". Zur Poetik der Grenze
und der Entgrenzung bei Paul Celan .................................................... 101

Michael G r o t e (Bergen):
„(und du zitierst noch immer)". Spielarten der Intertextualität im Werk
von Oskar Pastior ................................................................................. 117

Ulrich van L o y e n (Siegen):
Translatio imperii mundi. Kursorische Bemerkungen zu Pastiors
Petrarca-Übertragungen ........................................................................ 135

Ioana C r ă c i u n (Bukarest):
„wie/ läßt sich der duft/ einer gogoaşe/ ins deutsche übersetzen?"
Rezeptionsästhetische Überlegungen zur rumänischen Dimension der
Lyrik Rolf Bosserts ............................................................................ 147

Espen I n g e b r i g t s e n (Bergen):
Gedächtnismotive in Herta Müllers Essays ........................................ 157

Mariana-Virginia L ă z ă r e s c u (Bukarest):
„dreh dich nicht um, grenzgänger gehen um, ohne grenzen". Wortspiel
und Witz in den Texten Hellmut Seilers .............................................. 167

Daniela I o n e s c u-B o n a n n i (Bukarest/Heidelberg):
„Ich bin meine eigene Heimat". Das Rumänienbild in den
autobiografischen Texten *Berlin ist mein Paris* von
Carmen-Francesca Banciu ................................................................. 185

Birger S o l h e i m (Bergen):
Ein banatschwäbischer Familienroman anno 2004 ............................ 193

Iulia-Karin P a t r u t (Trier):
„Komplizierte Geschichte" – Erzählen im Namen Anderer. Richard
Wagners Roman *Das reiche Mädchen* ............................................. 207


*Personenregister* ............................................................................ 233
*Verzeichnis der Mitarbeiterinnen und Mitarbeiter* ....................... 241

# Zu diesem Band

In seinem Buch *Der Zufall und das Schicksal* (1935) hat Wilhelm von Scholz wundersame und ungewöhnliche Geschehnisse, die das Leben schrieb, nacherzählt, aus deren Verlauf hervorging, wie das, was wir Zufall nennen, Auslöser einer folgenreichen, geradezu schicksalhaften Begebenheit werden kann. Nun war es sicherlich kein schicksalbestimmendes Vorkommnis, aber wohl auch mehr als ‚reiner' Zufall, dass zwei Germanistinnen und Hochschullehrerinnen – die eine aus Norwegen, die andere aus Rumänien – sich während ihrer Forschungsaufenthalte am Deutschen Literaturarchiv Marburg kennen lernten und hier auch freundschaftliche Fachgespräche über konvergierende Arbeitsfelder führten.
Die Begegnung zwischen Sissel Lægreid (Bergen) und Ioana Crăciun (Bukarest) bildet die Keimzelle eines von der EU und der norwegischen Meltzer-Stiftung geförderten Projekts, dessen ursprünglicher Titel *Ost-West-Identitäten und -Perspektiven. Rumäniendeutsche Literatur im norwegisch-rumänischen Dialog* lautete. Die rumäniendeutsche Literatur hatte, allerdings nur in Ausschnitten, nach jahrzehntelanger Ignoranz das Interesse größerer Verlage und der meinungsbildenden Feuilletons überregionaler Zeitungen im deutschen Sprachraum erweckt, worauf auch die Universitätsgermanistik ihre Vorurteile über Bord warf und ihre historisch bedingte und erklärliche Zurückhaltung gegenüber einer ‚außendeutschen' Literatur aufgab.
Die Namen des bukowinagebürtigen Paul Celan, der Banaterin Herta Müller und des Siebenbürgers Oskar Pastior sind längst Markenzeichen für hohen künstlerischen Rang und für singuläre Ausdrucksqualitäten geworden. Aber auch andere Schriftsteller aus dem südöstlichen Mitteleuropa haben sich in den von wechselnden Konjunkturen, Zweckbündnissen und Konkurrenzkämpfen dominierten Literaturbetrieb erfolgreich hineingeschrieben. In einem *Gruß an Hermannstadt* der Hamburger Wochenzeitung *Die Zeit* vom 18. Oktober 2002 heißt es:

> Der 75. Geburtstag des Dichters, Spaßmachers und Spätdadaisten Oskar Pastior, der 1927 in Hermannstadt zur Welt kam, erinnert uns [...] an die großartige Literatur, die der deutschen Sprache von den Rumäniendeutschen geschenkt wurde.

Nicht nur im postkommunistischen Rumänien figurieren die bereits seit 1972 angebotenen Lehrveranstaltungen über die Geschichte der neueren Literatur in Siebenbürgen, dem Banat und der Bukowina auch weiterhin in den germanistischen *Curricula*, diese ist auch international hörsaalfähig geworden, weltweit wurden und werden Magisterarbeiten und Dissertationen über ihre entwicklungshistorischen Besonderheiten, ihre Erscheinungsformen und nicht zuletzt über ihre bedeutenden Autoren verfasst.

Dank einer vorzüglichen Zusammenarbeit zwischen der Humanistischen Fakultät der Universität Bergen und dem Forschungs- und Exzellenzzentrum „Paul Celan" des Instituts für Germanistik der Universität Bukarest wurde die Verwirklichung des Projekts in die Wege geleitet und von den Germanisten der Universität Bergen koordiniert, wobei sich Prof. Dr. Sissel Lægreid und Prof. Dr. George Guțu (Bukarest) die Leitung teilten.[1]

Als dritter Kooperationspartner konnte, aufgrund des Vorschlags von George Guțu, dem Direktor des Bukarester Forschungs- und Exzellenzzentrums „Paul Celan", das Institut für deutsche Kultur und Geschichte Südosteuropas an der LMU München (IKGS) gewonnen werden, zu dessen Aufgabenbereichen die Erforschung von Geschichte, Literatur und Sprache der ostmittel- und südosteuropäischen deutschen Siedlungs- und Herkunftsgebiete gehört. In dieser rumänisch-norwegisch-deutschen ‚Vernetzung' übernahm das IKGS die Organisation einer internationalen Tagung in Deutschland und verpflichtete sich, in seiner Wissenschaftlichen Buchreihe *Literatur- und Sprachgeschichte* einen Sammelband mit Forschungsergebnissen dieser Drei-Länder-Kontaktbeziehung zu veröffentlichen.

In der Projektbeschreibung der norwegischen Germanisten, die eine unbefangene ‚Außenansicht' darlegt, wird von einem „offenen" Begriff der rumäniendeutschen Literatur ausgegangen, wobei Unterschiedliches[2] durch das Kollektivum „rumäniendeutsche Minderheit" überdacht ist, als dessen gemeinsamer Nenner nicht die ethnische, sondern die sprachlich-kulturelle Minoritätensituation in Rumänien fungiert:

> Die Bezeichnung [rumäniendeutsche Literatur – Anm. P. M.] umfasst generell deutschsprachige literarische Texte, die seit 1919 von Angehörigen der rumäniendeutschen Minderheit innerhalb und außerhalb Rumäniens geschrieben wurden. Die rumäniendeutsche Literatur, die geografisch mit den deutschsprachigen Regionen Bukowina, Siebenbürgen und Banat verbunden ist, ist in zwei verschiedenen historischen Zeiträumen entstanden. Bekannte deutschsprachige Dichter wie [...] Rose Ausländer waren beispielsweise Teil ei-

---

[1] Vgl. hierzu und im Folgenden: Ost-West-Begegnungen. Rumäniendeutsche Literatur im europäischen Dialog. Zum Projekt. http://www.fremmedsprak.uib.no/ost-west-begegnungen/Zum%20Projekt.htm. Erstellt von M.[ichael] Grote. Letzter Zugriff: 05.04.2011.

[2] „Die Siebenbürger Sachsen, die Banater Schwaben und die Buchenlanddeutschen, die sich der österreichischen Kulturnation zugehörig empfindende deutschsprachige jüdische Bevölkerung der Bukowina unterschieden sich jeweils durch herkunftsräumliche, siedlungsgeografische und entwicklungshistorische Gegebenheiten, durch Konfessionszugehörigkeit, strukturbestimmende Sozialisationsprozesse und gemeinschaftsinterne Gruppenbeziehungen voneinander." Peter Motzan: Die Szenerien des Randes: Region, Insel, Minderheit. Die deutsche(n) Literatur(en) in Rumänien nach 1918. Ein kompilatorisches Beschreibungsmodell. In: Deutsche Literatur im östlichen und südöstlichen Europa. Hrsg. von Eckhard Grunewald u. Stefan Sienerth. München 1997, S. 73–102, hier S. 78.

nes produktiven Milieus jüdischer Literatur in der Bukowina, das durch Holocaust und Vertreibungen während des Zweiten Weltkriegs und danach zerstört wurde. Andere Autoren wie Herta Müller und Richard Wagner kamen aus dem Banat und gehörten einer Minderheit junger deutschsprachiger Autoren an, die unter den Bedingungen der Diktatur Ceauşescus lebten und schriftstellerisch tätig waren und die während der Diktatur ins deutschsprachige Ausland emigrierten und ihren Platz in der deutschen [...] Literatur fanden.³

Der rumäniendeutschen Literatur werden dabei auch rumänische Autoren subsumiert, die – wie Carmen Francesca Banciu – nach dem Landwechsel einen Sprachwechsel vollzogen, oder infolge ihrer in frühem Alter erfolgten Emigration mit ihren Familien sowie der Sozialisation im Ausdrucksmedium Deutsch, ohne ‚Umwege' zu beachtenswerten deutschsprachigen Schriftstellern – wie Aglaja Veteranyi und Catalin Dorian Florescu – avancierten.⁴

Die Bezeichnung „rumäniendeutsche Literatur" lässt sich nicht zuletzt mit der Themenwahl begründen, die den [...] genannten Gruppen gemeinsam ist. Trotz unterschiedlicher Erfahrungen thematisieren sie [...] ihre Verbindungen zu Rumänien, schreiben über Heimat und Heimatverlust, Identitätssuche und Selbst-Behauptung in der Fremde, kulturelle Entwurzelung und Entfremdung, Diktatur und Freiheit, Utopie und Utopieverlust. Im Dialog mit unseren rumänischen und deutschen Kollegen sollen zentrale Aspekte der Konstitution einer „rumäniendeutschen" Literatur in Geschichte und Gegenwart rekonstruiert werden. [...]
Das Projekt eröffnet so zugleich einen interkulturellen Dialog zwischen drei Forschergruppen mit jeweils unterschiedlichem Entstehungshintergrund, unterschiedlichen Verstehensvoraussetzungen und unterschiedlichen Arbeitsweisen, der den Begriff „Ost-West-Perspektiven" auch auf den wissenschaftlichen Austausch erweitert.⁵

Im Zeitraum 2007/2008 fanden drei wissenschaftliche Veranstaltungen statt: der Workshop *Ost-West-Begegnungen. Rumäniendeutsche Literatur im norwegisch-rumänisch-deutschen Dialog* (Bergen, 26.–28.04.2007) sowie die Tagungen *Interkulturelle Perspektiven. Die rumäniendeutsche Literatur im europäischen Kontext* (Bukarest, 08.–09.11.2007) – flankiert von einer Autorenlesung mit der rumänischen zweisprachigen Dichterin Grete Tartler und dem Weimarer Lyriker Wulf Kirsten – und *Grenzüberschreitungen, Zwischenräume, Identitätsoptionen. Rumäniendeutsche Literatur im norwe-*

---

[3] Ost-West-Begegnungen (Anm. 1).
[4] Diese Integration aller deutschschreibender Autoren in und aus Rumänien in das Phänomenfeld „rumäniendeutsche Literatur" deckt sich übrigens weitgehend mit der Begriffsbestimmung der französischen Germanistin Claire de Oliveira: «Nos entendons par littérature germano-roumaine contemporaine toutes les créations publiées en langue allemande, avant ou après l'émigration, par des auteurs originaires du territoire roumain fixé par les frontières de 1918 et qui comprend le Banat, la Bucovine et la Transylvanie.» Claire de Oliveira: La poésie allemande de Roumanie. Entre hétéronomie et dissidence (1944–1990). Bern, Berlin, Frankfurt a. Main 1995, S. 34. Anstelle des ins Französische unübersetzbaren Kompositums „rumäniendeutsch" verwendet die Verfasserin die Vokabel „germano-roumaine".
[5] Ost-West-Begegnungen (Anm. 1).

*gisch-rumänisch-deutschen Dialog* (Bad Kissingen, 10.04.–13.04. 2008), die von einer Begegnung mit dem Erzähler und Publizisten Hans Bergel abgerundet wurde. An dem Symposium in der Bildungs- und Begegnungsstätte „Der Heiligenhof/Akademie Mitteleuropa" in Bad Kissingen wirkte auch der Stiftungslehrstuhl „Deutsche Literatur im südöstlichen Mitteleuropa" an der Babeş-Bolyai-Universität Cluj/Klausenburg mit, dessen Leiter Prof. Dr. András Balogh dank einer Förderung der Robert Bosch Stiftung die Teilnahme von 17 Nachwuchsgermanisten aus Budapest und Klausenburg ermöglichte und auch für das abschließende Diskussionsforum *Nachwuchswissenschaftler/innen stellen ihre Arbeitsprojekte vor* verantwortlich zeichnete.

Insgesamt wurden in Bergen, Bukarest und Bad Kissingen rund 30 Vorträge gehalten, wovon allerdings sich nicht alle als publikationsreif erwiesen. Auch haben, aus welchen Gründen auch immer, nicht alle Teilnehmer ihre Vortragstexte überarbeitet und den Herausgebern zur Verfügung gestellt. Schließlich reichten zwei der Referenten andere Beiträge als jene ein, die sie auf den Kolloquien vortrugen.

Einige der im Rahmen dieses Drei-Länder-Treffens präsentierten Forschungsresultate sind bereits an anderen Orten publiziert worden – in Zeitschriften[6], in einem Studienband[7] und in einer Stefan Sienerth, dem Direktor des IKGS, anlässlich seines 60. Geburtstags gewidmeten Festschrift[8]. Diese in der verdienstvollen Reihe *GGR-Beiträge zur Germanistik* in Bukarest erschienene Publikation enthält fast ausschließlich Aufsätze zur deutschsprachigen Literatur in und aus Rumänien und bildet ein Vorläufer-Pendant zu dem vorliegenden Band.

„Die gesellschaftlichen und politischen Entwicklungen der letzten Jahrzehnte", schreiben im *Vorwort* die Herausgeber der *Festschrift für Stefan Sienerth*,

---

[6] Bianca Bican: Der Dichter und/oder Anstifter. Deutsch-rumänische Lesarten gegenwärtiger Lyrik. In: *Germanistische Beiträge* 22/23(2007), S. 84–98; Michael Grote: „Come and see before the tourists will do – the Mystery of Transylvania". Holzschnitte und Schreibmaschinenzeichnungen von Gert und Uwe Tobias. In: *Spiegelungen* 4(2009), H. 2, S. 146–150.

[7] Maria Irod: „Augenöffnung" und „Nicht-nur-Schreiben-Wollen" im Grenzraum der Sprache. In: SPRACHHEIMAT. Zum Werk von Dieter Schlesak in Zeiten von Diktatur und Exil. Hrsg. von Jürgen Egyptien, George Guţu, Wolfgang Schlott, Maria Irod. Bucureşti/Ludwigsburg 2009, S. 48–63.

[8] Jürgen Lehmann: Anrede – Innere Dialogizität – Intertextualität. Aspekte des Dialogischen vorgestellt und erläutert anhand von Paul Celans Bremer Literaturpreisrede, S. 77–88. In: Minderheitenliteraturen – Grenzerfahrung und Reterritorialisierung. Hrsg. von George Guţu, Ioana Crăciun u. Iulia Patrut; Raluca Rădulescu: Einige Anmerkungen zur Interkulturalität in deutschsprachigen Erzählungen aus Rumänien, ebenda, S. 177–192; Graziella Predoiu: Schreiben gegen herrschende Konventionen. Zu Oskar Pastior avantgardistischem Œuvre, ebenda, 193–212; Daniela Ionescu: Dieter Schlesaks Roman „Der Auschwitzapotheker" – Ein Kapitel rumäniendeutscher Vergangenheitsbewältigung, ebenda, S. 213–224; Ulrich van Loyen: Richard Wagners Roman „Habseligkeiten" und der Abschied von der postkommunistischen Moderne, ebenda, S. 255–270; Ioana Crăciun: Täter und Opfer: Die Gestalt des Vaters in den Romanen von Aglaja Veteranyi und Catalin Dorian Florescu, ebenda, S. 273–286.

haben in Europa Literaturen und Kulturen der Minderheiten in ein neues Licht rücken lassen. In dem Maße, wie internationale Zusammenschlüsse – insbesondere das ‚vereinte' Europa – und grenzüberschreitende ökonomische Transaktionen im Zuge der Globalisierung an Gewicht gewonnen haben, verblasste das Paradigma der ‚Nation', jene Kategorie, anhand derer [...] maßgeblich über Ein- und Ausschlussprozesse entschieden wurde. Im Gegenzug gewannen regionale/periphere Literaturen und Kulturen an Bedeutung, und oft waren dies Minderheitenliteraturen, die nun nicht mehr als ‚Ausnahme' in Bezug auf eine dominierende Nation ihre Existenz zu legitimieren hatten, sondern zunehmend als selbstverständlicher Teil europäischer Vielfalt wahrgenommen wurden.[9]

Hinzugefügt werden muss allerdings, dass die verstärkte Wahrnehmung deutschsprachiger Minderheitenliteraturen – hier: der bukowinischen deutsch-jüdischen Lyrik der Zwischenkriegszeit und der rumäniendeutschen Literatur der 1970er und 1980er Jahre – sich den nach Emigration bzw. Aussiedlung entstandenen Werken von Autoren verdankt, deren Werdegang ohne die Umorientierungen, Herausforderungen, Lernprozesse, ohne die vielfältigen Anregungen, die widersprüchlichen und ernüchternden Erfahrungen im Entfaltungsraum ‚Zentrum' sicherlich anders verlaufen wäre. Doch zeugen jene gleichzeitig von den Prägekräften der multikulturellen Herkunftsregionen und von Verwundungen und Versehrtheiten durch totalitäre Gesellschaftssysteme. Die unübersehbare Präsenz von ‚ex-rumäniendeutschen' Schriftstellern in Verlagen sowie in den Literaturdebatten der ‚Mitte' hat die Hinwendung der ‚binnendeutschen' Germanistik zu deren Ausgangsorten veranlasst, wodurch auch die Produktionsbedingungen und -schwierigkeiten, die Sondersituation der ‚Ränder', in den Blick genommen wurden. Auch heute noch lebt eine im Wandel begriffene deutschsprachige Literatur in Rumänien weiter, nicht nur durch die Werke einer zur Sesshaftigkeit entschlossenen älteren Generation, sondern auch durch Versuche jüngerer Autoren, Absolventen deutschsprachiger Gymnasien und eines Studiums der Germanistik, deren Muttersprache nicht selten das Rumänische ist. Und es ist nicht völlig auszuschließen, dass die kleine rumäniendeutsche Literatur für weitere Überraschungen sorgen könnte.
Vielfältig ineinandergreifende Bedingtheiten und Kontextdeterminationen haben an der deutschsprachigen Literatur Rumäniens mitgeschrieben, deren Standort zwischen zwei Nationalliteraturen sich im Laufe einer wechselvollen Geschichte voller Risse und Brüche auf ihr schwankendes und labiles Selbstverständnis auswirkte. Ihrem Textbestand ist allein schon durch dessen entstehungsgeschichtliche Voraussetzungen ein interkulturelles Potenzial eingeschrieben.
Auch in den Beiträgen des vorliegenden Bandes bilden vorrangig interkulturelle Problemkomplexe sowie Aspekte interliterarischer Dialogizität Schwerpunkte der Analysen. Sowohl im stofflich-thematischen Bereich als auch auf

---

[9] Die Herausgeber: Vorwort. In: Ebenda, S. 7–10, hier S. 7–8.

der Ebene der Formgestaltung werden Einflüsse, Verflechtungen, Kontakte, Austauschprozesse befragt und durchleuchtet, wobei Methoden der interkulturellen Literaturwissenschaft[10], die Forschungsrichtungen wie Komparatistik, Imagologie, Rezeptionsästhetik, Kulturwissenschaft, postkoloniale Theorie, Übersetzungskritik, Intertextualität und die Hermeneutik des ‚fremdkulturellen Verstehens' mit einschließt, Anwendung finden.

Untersucht werden des Weiteren literarische Konstruktionen von Bildern des Eigenen und des Fremden – nicht nur in Begegnungssituationen im südöstlichen Mitteleuropa, sondern auch im Einwanderungsland Deutschland, wo Kulturgrenzen das Nebeneinander von Ethnien markieren und bestimmte Migrantengruppen im Prozess der erforderlichen Integration ihre mitgebrachte Identität als gefährdet empfinden, während aus Rumänien emigrierte und ausgesiedelte Autoren, die in ihrem Reisegepäck nicht nur ihre gerettete Muttersprache und unverwechselbare Erfahrungen, sondern auch den fremden Blick mitbrachten, kritische und erhellende Sichtweisen auf die deutsche Wirklichkeit entwickelten und die Reflexion von Grenzüberschreitungen zu einer Dominante ihrer Verlautbarungen wurde.

Obwohl Minderheitenkulturen generell eher auf Abgrenzung bedacht sind, um das eigene ‚Territorium' in Regionen der Mehrsprachigkeit zu verteidigen, bleiben sie nur produktiv und lebensfähig, wenn sie auf einem dialektischen Zusammenspiel von Distanz und Öffnung gründen, sich der Auseinandersetzung mit dem „Anderen" nicht verschließen und dieses erkunden – auch durch literarische Übersetzungen und Nachdichtungen aus vielen Idiomen, nicht zuletzt aus den Sprachen der Nachbarvölker. Dieser zwischenkulturellen Transferarbeit die in Bergen, Bukarest und Bad Kissingen zumindest ansatzweise thematisiert wurde, haben sich deutschsprachige Autoren aus Rumänien auch nach ihrem ‚Weltwechsel' von Ost nach West weiterhin verschrieben und sie sogar intensiviert. „Übersetzte Literatur ist", laut Karl Dedecius, „der materialisierte Kommunikationswille"[11].

Der IKGS-Band versammelt Aufsätze, die von den Koautoren aktualisiert und ergänzt, zum Teil auch stark erweitert wurden. Dabei kam es in Einzelfällen leider zu großen Verspätungen bei der Einsendung der Texte. Redigiert wurden die ‚rumänischen' Beiträge von Ioana Crăciun, die ‚norwegischen' von Sissel Lægreid und Michael Grote und die ‚deutschen' von Peter Motzan, der auch das mit erheblichem Zeitaufwand verbundene Endlektorat übernahm, während die Vereinheitlichung der Zitierweise, die Erstellung des

---

[10] Vgl. u. a. Norbert Mecklenburg: Das Mädchen aus der Fremde. Germanistik als interkulturelle Literaturwissenschaft. München 2008; Andrea Lescovec: Einführung in die interkulturelle Literaturwissenschaft. Darmstadt 2011.

[11] Hier zit. nach: Regina Peeters: Eine Bibliothek für Babel. Maßstäbe einer Spezialbibliothek für literarische Übersetzer. Eine empirische Untersuchung zu den Informationsbedürfnissen von Literaturübersetzern unter Berücksichtigung sachlich-inhaltlicher Informationsdefizite. Berlin 2002, S. 10.

Personenregisters, das Korrektorat, die Layoutgestaltung und der Drucksatz von der Firma Lexicom besorgt wurden.

Um nicht nochmals unergiebige und letztlich unabschließbare Diskussionen über den relationalen und umstrittenen Zuordnungsbegriff *Rumäniendeutsche Literatur* anzufachen, entschied sich das IKGS im Untertitel dieses Bandes den im norwegisch-rumänisch-deutschen Dialog erörterten Gegenstand als *Deutschsprachige Literatur in und aus Rumänien* zu bezeichnen.

München, im August 2011

P. M.

# Bedürfen deutsche Texte aus Rumänien eines Kommentars?

SIGURD PAUL SCHEICHL (Innsbruck)

Der Fragestellung nähere ich mich mit Beispielen aus dem Alltag literaturwissenschaftlicher Lehre und Forschung. Etwa mit einem an den Germanisten Walther Brecht gerichteten Brief Hugo von Hofmannsthals vom 12. Jänner 1928[1], in dem der Dichter seine Bedeutung unterstreicht: „[W]as ich gemacht habe, [ist] zu bedeutend, […] um mit Schöpsen wie Ginzkey und Wildgans, in einem Aufwaschen behandelt zu werden."[2] Selbst der österreichische Herausgeber der Briefe erläutert ‚Schöps' nach dem Wörterbuch mit „kastrierter Schafbock", kennt also die – zumindest mir noch geläufige – zweite Bedeutung des Wortes im österreichischen Deutsch nicht: ‚Schöps' ist (war) ein umgangssprachliches Schimpfwort, etwa synonym mit dem standarddeutschen ‚Schafskopf'. Mit dieser unzureichenden Erläuterung entgeht der Leserin die Dimension der Derbheit, mit welcher der feinsinnige Hofmannsthal seine Kollegen bewertet – und die ihm so peinlich ist, dass er sie in einem späteren Brief mit der Wirkung des Föhns entschuldigt.
Ein weiteres Beispiel für Kommentarbedürftigkeit nähert sich dem Raum, von dem hier die Rede zu sein hat. 1988 spielte das Tiroler Landestheater Ödön von Horváths *Ein Dorf ohne Männer* (1937), in dem es um die Besiedlung menschenleerer Gebiete im mittelalterlichen Ungarn geht. Den darin auftretenden „Sachsen" ließ der Regisseur oder der Dramaturg – der eben keinen Kommentar zur Verfügung hatte – penetrant sächseln, auf Dresdner Art, was das Publikum zum Lachen brachte, aber dem historischen Hintergrund der Komödie weniger gerecht wurde.
Fazit: Selbst Texte der jüngeren Vergangenheit sind allein schon aufgrund des Sprachwandels (‚Schöps') nur noch älteren Lesern zur Gänze verständlich; nicht anders kann Mangel an seinerzeit selbstverständlichen historischen und anderen Kenntnissen, etwa an Wissen über die ‚Sachsen' in Ungarn, zu Missverständnissen und sogar zu grotesken Verzerrungen führen –

---

[1] Hugo von Hofmannsthal, Walther Brecht: Briefwechsel. Hrsg. von Christoph König u. David Oels. Göttingen 2005 (Marbacher Wissenschaftsgeschichte 6), S. 146–148.
[2] Franz Karl Ginzkey und Anton Wildgans waren damals überregional erfolgreiche österreichische Autoren; heute sind sie mehr oder minder vergessen, Hofmannsthals Urteil hat sich also bestätigt.

ärger noch als der sächselnde Einwanderer in Ungarn ist der sich aus Wandlungen der Alltagskultur ergebende, völlig in die Irre führende Versuch einer Studentin der Pampers-Generation, Enzensbergers deskriptive Verszeile „Auf den Kähnen knattern die Windeln" (*Tragödie*³) aufwändig als fast hermetische Metapher zu deuten.

Sprachlicher Wandel, abnehmendes historisches und literarisches Wissen und Veränderungen der Alltagskultur lassen Verständnisprobleme entstehen, an denen die Normalleserin leicht scheitert, oft schon bei nur geringem zeitlichen Abstand zur Entstehung der gelesenen Texte – das älteste meiner Beispiele ist vor gerade 80 Jahren geschrieben worden. Dass eine mit Scheffel nicht mehr vertraute Generation Nietzsches böses Wort aus *Götzen-Dämmerung* über Schiller – den „Moral-Trompeter von Säckingen" – nur noch halb versteht, ist leichter einzusehen; aber halbes Verstehen bleibt im Grunde Nicht-Verstehen. Denn der ‚Klassiker' wird mit diesem Wortspiel eben nicht nur als Moralapostel lächerlich gemacht, sondern auch in die Nähe der Trivialliteratur gerückt.

Kommentare haben die Aufgabe, den Abstand zwischen dem heutigen und dem vom Autor intendierten Publikum zu überbrücken, Leserinnen jene Informationen zur Verfügung zu stellen, die sie (fast) zu Zeitgenossinnen des gelesenen Texts machen. Kommentare erschließen Texte nicht im Sinn einer Interpretation, sollen auch nicht von Tatsachen etwa aus der Biografie eines Autors sprechen, die zeitgenössischen Lesern nicht bekannt sein konnten. Aber die heutige Leserin von Hofmannsthals Beschimpfung soll so gut wie der Empfänger jenes Briefes das Schimpfwort ‚Schöps' nach Bedeutung und Stilwert richtig einordnen können; der Enzensberger-Interpret muss wissen, dass man in den 1950er und noch in den frühen 1970er Jahren Stoffwindeln an Wäscheleinen getrocknet hat.

Bei dieser Schaffung einer ‚sekundären Zeitgenossenschaft', der Erhellung im Lauf der Zeit ‚dunkel' gewordener Stellen geht es um die Überwindung einer zeitlichen Distanz. Literatur muss kommentiert werden, wenn sich seit ihrer Entstehung Sprache, gesellschaftliche Verhältnisse, Kenntnis anderer Literatur und überhaupt ‚Bildung' oder Alltagsverhalten so geändert haben, dass uns diese Werke fremd geworden sind.

Dass solche Fremdheit auch räumlich bedingt, somit das Schaffen einer ‚sekundären Raumgenossenschaft' erforderlich sein kann, damit Texte verstanden werden, ist in der theoretischen Auseinandersetzung mit dem Kommentar bisher wenig diskutiert worden. Gleichwohl wird solches Erläutern praktiziert: So hat der Suhrkamp Verlag Franz Hodjaks *Siebenbürgischer Sprechübung* (1990)⁴ ganz selbstverständlich einige erläuternde Seiten von

---

³ Hans Magnus Enzensberger: Verteidigung der Wölfe (1957). 3. Aufl. Frankfurt a. M. 1997 (Bibliothek Suhrkamp 711), S. 22.
⁴ Franz Hodjak: Siebenbürgische Sprechübung. Gedichte. Mit einem Nachwort von Werner Söllner. Frankfurt 1990 (edition suhrkamp 1622). In seiner in der Deutschen Demokratischen Republik er-

Werner Söllner hinzugefügt, in der Erkenntnis, dass wir westlichen deutschen Leser nur in Ausnahmefällen über Kirchenburgen oder die Geschichte Hermannstadts Bescheid wissen, dass also diesen gleichwohl zeitgenössischen Gedichten gegenüber das Hindernis der Fremdheit nicht anders besteht als gegenüber Schriften der Klassik oder Romantik – in diesem Fall, weil sie für ein zwar heutiges, aber unter anderen geografischen, gesellschaftlichen und sprachlichen Bedingungen, auch mit einem anderen Geschichtsbewusstsein lebendes (oder gelebt habendes) Publikum gedacht sind. Hodjak und Söllner haben aus dieser Erkenntnis praktische Konsequenzen gezogen; schon vor ihnen, 1971, hat Günther Schulz zu seinem ersten im Westen erschienenen Gedichtband ein Vorwort geschrieben, in dem er über dieses Problem nachdenkt.[5]

In geringerem Maße bedürfen ja auch Schweizer Texte für die Bundesrepublik, Texte aus der Bundesrepublik für Österreich usw. eines solchen – zumeist mündlich erfolgenden – ‚synchronen Kommentierens', damit unterschiedliche politische Strukturen, unterschiedliche Traditionen und unterschiedlicher Sprachgebrauch nicht zu Missverständnissen führen.

Man vergleiche die Briefwechsel zwischen Theodor Storm und seinen Verlegern. Der Dichter schreibt am 6. Mai 1888, Freunde in Berlin und in der Schweiz hätten über Schwierigkeiten bei der Lektüre des *Schimmelreiters* geklagt, schickt am 28. Mai „meine Worterklärungen, die sich mir inzwischen für Binnenländer doch recht nothwendig erwiesen haben", und Elwin Paetel teilt ihm schließlich am 6. Juni mit: „Die Erläuterung für Binnenländer habe ich nun doch noch vor den Text, wie Sie gewünscht, […] bringen lassen."[6] Offensichtlich liegt es sowohl im Interesse des Autors wie auch des Verlags, dass alle potenziellen Leser Zugang zu einem Werk finden.

Die Notwendigkeit synchronen Kommentierens mancher deutscher Texte aus Rumänien soll an einigen Beispielen exemplifiziert werden, an die sich knappe Schlussfolgerungen anschließen. Ich konzentriere mich auf Gedichte, weil sich in längeren epischen Werken Anspielungen, seltene Wörter usw. im Laufe eines umfangreichen Gebildes oft von selbst erklären, anders als in lyrischen Texten, die viel weniger Redundanz zulassen als Romane. Hans Bergel hat mir in einem Gespräch nach meinem Vortrag in diesem Sinn bestätigt, dass er, wenn er einen Roman mit südosteuropäischem Hintergrund

---

schienenen Hodjak-Auswahl hat Wulf Kirsten dagegen auf Erläuterungen verzichtet. Vgl. Franz Hodjak: Sehnsucht nach Feigenschnaps. Ausgewählte Gedichte. Hrsg. von Wulf Kirsten. Berlin 1988.

[5] Zitiert bei Stefan Sienerth: Literaturverständnis und Methode in der Erforschung der deutschen Literatur in Südosteuropa (1994). In: S. S.: Studien und Aufsätze zur Geschichte der deutschen Literatur und Sprachwissenschaft in Südosteuropa. Bd. I: Theoretische Reflexionen und Überblicksarbeiten. Beiträge zur deutschen Literatur in Siebenbürgen im 17. und 18. Jahrhundert und zur Geschichte der siebenbürgisch-sächsischen Germanistik. München 2008 (Veröffentlichungen des Instituts für deutsche Kultur und Geschichte Südosteuropas, B 112), S. 32–44, hier S. 32f.

[6] Theodor Storm – Gebrüder Paetel: Briefwechsel. Hrsg. von Roland Berbig. Berlin 2006 (Storm-Briefwechsel 16), S. 257–260.

schreibe, sich stets selbst kommentiere, da seine Leser im Großen und Ganzen über die von ihm dargestellten Verhältnisse nichts wüssten. Die Sprachökonomie des Gedichts widersetzt sich einem solchen ‚integrierten' Selbst-Kommentieren.

Zunächst ist eine Definition am Platz: „Kommentieren ist ausführliches Erläutern, das sich an eine vorgegebene Äußerung anschließt und sichern soll, daß diese vom Hörer auf eine bestimmte Weise – […] wie vom Verfasser der Vorlage beabsichtigt […] – aufgenommen wird."[7] Will man es in diesem Sinn ermöglichen zu verstehen, was der Verfasser einer „vorgegebenen Äußerung" mit ihr zum Zeitpunkt und am Ort ihrer Entstehung „beabsichtigt" hat, so muss man sich nicht allein über seinen Sprachgebrauch und die für ihn geltenden Stilnormen informieren, sondern auch über seinen Wissenshorizont, einschließlich aller möglichen Alltagserfahrungen. Daran ändert sich nicht viel, wenn man nicht von der Absicht des Verfassers, sondern – was angesichts der Problematik der ‚Autorintention' vorzuziehen ist – eher vom Horizont des Publikums ausgeht, an das der Verfasser gedacht hat.

Die Stilnormen rumäniendeutscher Texte des 20. Jahrhunderts unterscheiden sich in nur geringem Maße von denjenigen des binnendeutschen Raums; eher gibt es Abweichungen im Wortschatz, seien es rumänische oder ungarische Einsprengsel, seien es Wörter und Wendungen aus einer Regionalmundart oder gelegentliche altösterreichische Sprachreste[8] wie die „Schuhbandeln" in Hodjaks *Michelsberger burg 2*.[9] Kommentieren von Einzelwörtern werde ich im Weiteren nicht behandeln, es bereitet – abgesehen von der Entscheidung des Kommentierenden, welche Wörter zu kommentieren sind und welche nicht – nur selten Schwierigkeiten. Dass eine westliche Leserin die wenigen rumänischen Wörter in Frieder Schullers *Hier kommen Nachrichten* (1976)[10] anders als der deutsche Leser in Rumänien, für den das Gedicht zunächst bestimmt gewesen ist, nicht versteht und daher die Erläuterung braucht, sei für die abschließende Argumentation jedoch festgehalten; es genügt nicht ganz, sie einfach als Bestandteil des Lokalkolorits zu überlesen. Denn „bagă jale" ist ein kaum übersetzbarer imperativischer Zuruf an Zigeunermusiker, intensiviert durch die Wiederholung des Imperativs mit „frate" („Bruder"), um von ihnen eine besonders emotionale, Schmerz und

---

[7] Rede – Gespräch – Diskussion. Grundlagen und Übungen. Hrsg. von Wilhelm Schmidt u. Eberhard Stock. 3. Aufl. Leipzig 1984, S. 46 (in einem von Hanna Harnisch und Wilhelm Schmidt geschriebenen Abschnitt). Die Auslassung aus der Definition ist eigentlich sinnstörend, in diesem Zusammenhang aber zu rechtfertigen. Zu Problemen des Kommentierens vgl. ferner u. a. Bd. 7 der Zeitschrift *editio* (1993) sowie den Band: Kommentierungsverfahren und Kommentarformen. Hrsg. von Gunter Martens. Tübingen 1993 (Beihefte zu editio 5).

[8] Deren Präsenz bei Eginald Schlattner rühmt Daniela Strigl: Siebenbürgen-Elegie in Prosa. In: *Der Standard*, 12. Juni 1999.

[9] Hodjak, Siebenbürgische Sprechübung (Anm. 4), S. 105.

[10] Frieder Schuller: Hier kommen Nachrichten (1976). In: Die Turmuhr läßt der Zeit den Lauf. Siebenbürgen in Bildern von Horst Schäfer. Hrsg. von Peter Motzan u. Krista Zach. München 1995 (Veröffentlichungen des Südostdeutschen Kulturwerks, A 42), S. 44.

Verzweiflung ausdrückende Musik zu verlangen[11] – was für die Stimmung des Gedichts alles andere als nebensächlich ist.

Im Besonderen müssen die manchmal übernommenen rumänischen Schimpfwörter kommentiert werden, weniger im Hinblick auf ihre Bedeutung als auf den Grad ihrer Derbheit. Leider finde ich dazu im Augenblick kein passendes Beispiel.

Prinzipiell ebenso problemlos ist, aus anderen Gründen, das Kommentieren mythologischer, biblischer oder anderer Anspielungen. Wenn Alfred Gong (1920–1981) in seinem Gedicht *Nativität* (um 1960)[12] von den Parzen spricht, so bedarf das heute wahrscheinlich des Kommentars, aber ihr Vorkommen beispielsweise bei Karl Krolow bedürfte eines solchen nicht minder. Ebenso wäre heute die Goethe-Anspielung im Titel von Hodjaks Gedicht *Osterspaziergang* (1983)[13] nicht anders als bei ihm zu erläutern, wenn sie bei Enzensberger oder Sarah Kirsch stünde.

Das Problem bei Celan, Gong und anderen liegt darin, dass sie nicht nur auf eine verblassende Bildung anspielen, sondern oft ganz spezifisch auf Details aus Czernowitz oder Kronstadt. Deren Erläuterung, beispielsweise die von „Sadagura" [!] und „Wunderrabbi" bei Gong[14], ist eine zusätzliche, Leserin über die ‚Parzen' hinaus gehende, aber insgesamt doch recht leicht zu lösende Aufgabe für den Kommentator. Allerdings verlangen gerade diese beiden Wörter angesichts des Untergangs der jüdischen Kultur eine relativ ausführliche kulturgeschichtliche Erläuterung.

Keineswegs muss die westliche Leserin alle Einzelheiten kennen, die ein rumäniendeutscher Text über sein Umfeld enthält – vorausgesetzt, die Funktion der Elemente wird deutlich. Dazu soll ein weiteres Beispiel von Frieder Schuller herangezogen werden, *Siebenbürgische Dorfnamenfahrt*, aus einem 1979 in Bonn erschienenen Gedichtband.[15] Schuller spielt darin mit Ortsnamen aus Siebenbürgen, mit den Namen und der – vielleicht manchmal volksetymologisch gedeuteten – Bedeutung ihrer Teile, etwa „Kerz" und „Honigberg". Die Leserin muss weder jeden Namen kennen noch in der Lage sein, die Orte auf einer Karte Siebenbürgens zu finden; zur Orientierung über die Anlage des Gedichts reicht der Titel. Die Assoziationen, die der eine oder andere Ortsname bei einem siebenbürgischen Leser auslöst, kann der Kommentar ohnehin nicht ‚empfehlen' oder nahe legen. Anders ausgedrückt: Dieses Gedicht kann die Grenze Siebenbürgens ohne Erläuterungen überschreiten und verliert dabei kaum etwas von seinem spielerischen Witz – es sei denn, dass sich hinter der Abfolge der Namen ein genauer geografischer Plan verbirgt, was aber nicht der Fall zu sein scheint.

---

[11] Ich danke Peter Motzan für diese kommentierende Mitteilung.
[12] Alfred Gong: Nativität. In: A. G.: Manifest Alpha. Gedichte. Wien 1961, S. 9.
[13] Hodjak, Sehnsucht (Anm. 4), S. 93.
[14] Alfred Gong: Bukowina. In: Gong, Manifest Alpha (Anm. 12), S. 13.
[15] Frieder Schuller: Siebenbürgische Dorfnamenfahrt (1979). In: Die Turmuhr (Anm. 10), S. 10.

Anders verhält es sich mit literarischen und historischen Anspielungen: Kenntnis der *Siebenbürgischen Elegie* (1927) von Adolf Meschendörfer, eines in seinem altmodischen Pathos geglückten Gedichts, kann bei Nicht-Siebenbürgern nicht vorausgesetzt werden, schon gar nicht das Bewusstsein für den Status des Gedichts im Raum seiner Entstehung. Die *Siebenbürgische Elegie 1983*[16] der bis zu ihrem frühen Tod in Rumänien gebliebenen Anemone Latzina (1942–1993) ist daher ohne kommentierenden Hinweis unverständlich; selbst den Titel versteht man ohne Meschendörfer-Kenntnis falsch. Bei Latzina ist ‚Elegie' eben nicht bloß ein Synonym für ‚Trauergedicht', vielmehr erinnert die Autorin an jene bestimmte frühere Elegie, die von ihrem Gedicht aufgehoben wird; vollends ist die Machart des Gedichts nicht durchschaubar, wenn man nicht weiß, dass alle recte gesetzten Zeilen Zitate sind. Klar ist, dass es um Menschen geht, die in die Bundesrepublik ausgereist sind; ihre neuen Adressen werden, durch Kursivdruck hervorgehoben und aufgezählt. Dass schon der Titel auf das identitätsstiftende und den Blick auf das 1927 bereits befürchtete Ende des alten Siebenbürgen richtende Gedicht des älteren Lyrikers Bezug nimmt und die zwischen den Adressen eingeschobenen Zeilen Verse aus der zur Gänze einmontierten früheren Elegie sind, muss dem Leser im Westen ausdrücklich gesagt werden. Dann erst wird klar, dass hier nicht zwei Stilebenen ineinander geschoben, sondern dass Vergangenheit und Gegenwart in Form einer intertextuellen Bezugnahme auf einen regional kanonisierten Prätext miteinander konfrontiert werden. Dass das Ineinanderschieben der Stilebenen und diese Konfrontation einander entsprechen, muss nicht der Kommentator, sondern der Interpret festhalten.

> Anders rauschen die Brunnen, anders rinnt hier die Zeit.
> Früh faßt den staunenden Knaben Schauder der Ewigkeit.
> *der freund: 8 münchen 50, linus-funke-weg 20*
>
> [...]
>
> Ehern wie die Gestirne zogen die Jahre herauf,
> Ach, schon ist es September. Langsam neigt sich der Lauf.
> *die mutter: 7500 Karlsruhe, lange straße 90*

---

[16] Anemone Latzina: Siebenbürgische Elegie 1983. In: Das Land am Nebentisch. Texte und Zeichen aus Siebenbürgen, dem Banat und den Orten versuchter Ankunft. Hrsg. von Ernest Wichner. Leipzig 1993 (Reclam-Bibliothek 1468), S. 168f. Vgl. zu diesem Gedicht Edith Konrad: Kriterien und Klischees literarischer Rezeption bei den Siebenbürger Sachsen am Beispiel von Adolf Meschendörfers „Siebenbürgischer Elegie". In: Die siebenbürgisch-deutsche Literatur als Beispiel einer Regionalliteratur. Hrsg. von Anton Schwob u. Brigitte Tontsch. Köln 1993 (Siebenbürgisches Archiv 26), S. 267–294, hier S. 280f. Konrat scheint mir übrigens im Gedicht Anemone Latzinas zu viel Anklage, zu wenig Resignation zu sehen.

Von Einzelheiten des Baus von Anemone Latzinas Gedicht kann hier nicht die Rede sein, lediglich davon, dass der Kommentar sowohl den Prätext vorstellen als auch dessen Gewicht in der literarischen Tradition der Siebenbürger Sachsen[17] charakterisieren muss. Damit gewinnt das übrigens 1991 in Berlin erschienene Gedicht eine historisch-politische Dimension, die überliest, wer den Meschendörfer-Bezug nicht erkennt. Um für einen Augenblick von Grenzen des Kommentierens zu reden: Ob die Anschriften in Städten der Bundesrepublik authentisch, ob die Erwähnten tatsächlich aus Siebenbürgen ausgereist sind, ist allenfalls für eine Biografie der Dichterin, aber nicht für das Verständnis ihres Gedichts relevant.

Eines der bekanntesten Gedichte aus der neueren Lyrik der Siebenbürger, Franz Hodjaks *siebenbürgisches klagelied*[18], vom Motiv her dem eben zitierten vergleichbar, arbeitet – jedoch versteckt – mit der gleichen Anspielung: Übersetzt man „klagelied" zurück in die Terminologie der antiken Gedichtformen, enthüllen sich die Verse als eine ‚Siebenbürgische Elegie'. Ihr nüchtern-spröder Stil ist dann nicht mehr bloß derjenige Hodjaks, sondern er gewinnt auf dem mitzudenkenden Hintergrund der in sehr poetischer Sprache geschriebenen Elegie Meschendörfers den Aspekt einer Gegen-Sprache, den wir ohne Wissen über den Prätext nicht wahrnehmen könnten. Der Kontrast von Pathos und Nüchternheit wird zu einem Kontrast zwischen zwei Epochen. Der Kommentar verändert unsere Rezeption der Hodjak'schen Verse.[19]

Wenn wir bei literarischen Anspielungen bleiben, kann gleich von Hodjaks Trakl-Gedicht die Rede sein. Ein Gedicht auf einen vorbildlichen großen Lyriker des 20. Jahrhunderts sollte an sich keines Kommentars bedürfen. Soweit ich sehe, hat das Gedicht auch keine dunklen Einzelstellen. Richtig verstehen kann es dennoch kaum, wer nicht weiß, dass Trakl wie Kafka zu den Autoren gehört hat, gegen die es in den sozialistischen Ländern lange Zeit Vorbehalte gegeben hat; Franz Fühmann konnte um 1980 ein Lied davon singen.[20] Ein Gedicht über Trakl war daher von Publikumsbezug und Autorintention her bis in die 1960er Jahre in Rumänien etwas ganz Anderes als eine in der Bundesrepublik oder in Österreich geschriebene und veröffentlichte lyrische Hommage an den Dichter. Will man als westlicher Leser die historische Dimension von Hodjaks Versen auf den Außenseiter und Zweifler Trakl verstehen, muss man durch einen Kommentar auf diesen Unterschied aufmerksam gemacht werden, der sich durch den anderen Entstehungskontext ergibt. Analoges gilt für andere Gedichte Hodjaks, bei dem die Hommage auf Künstler der Moderne ja kein seltenes Motiv ist. Nicht anders

---

[17] Ebenda.
[18] Hodjak, Siebenbürgische Sprechübung (Anm. 4), S. 92.
[19] Vgl. ebenda, S. 121–123. Werner Söllner gibt zwar kurze Erläuterungen, ein Hinweis auf Meschendörfer fehlt aber.
[20] Vgl. dazu Eberhard Sauermann: Fühmanns Trakl-Essay – das Schicksal eines Buches. Zur Autorisation der Ausgaben in der DDR und der BRD. Bern 1992 (Arbeiten zur Editionswissenschaft 3).

ist angesichts der Lukács'schen Kleist-Kritik wohl ein, freilich schon im Westen veröffentlichtes, Kleist-Gedicht (*Kleist im Kopf*) von Werner Söllner[21] zu werten.

Bevor ich analoge politische Verständnisprobleme andeute, möchte ich noch ein Wort über die in der siebenbürgischen Lyrik recht häufig evozierten Kirchenburgen verlieren. Man muss zwar nicht wissen, wo Tartlau und wo die Michelsburg liegen oder wie die Stolzenburg aussieht, aber das Phänomen der Kirchenburgen, ihre Wahrzeichen-Funktion für Siebenbürgen und seine ehemaligen deutschen Bewohner muss dem Leser von Lyrik aus diesem Raum bekannt sein. Die Schwarze Kirche in Kronstadt (*schwarze kirche*[22]) beispielsweise ist demnach kein beliebiges heimatbezogenes Motiv; vielmehr wird mit diesem Namen neben dem Raum die Geschichte in Erinnerung gerufen. Die Probleme, die sich aus der Evokation solcher Erinnerungsorte in siebenbürgisch-sächsischer Lyrik ergeben, sind mit denen vergleichbar, die sich bei Gongs „Sadagura" [!] und „Wunderrabbi" stellen.

Damit bin ich bei einem der schwierigsten Probleme des diachronen wie synchronen Kommentierens: Was eine Sache ist, lässt sich mit Lexika, Wikipedia oder Wörterbüchern in der Regel relativ leicht erläutern. Was die Sache für jene bedeutet, an die sich ein Text richtet oder gerichtet hat, ist hingegen nur schwer zu er- und ebenso schwer zu vermitteln. Wenn es bei Frieder Schuller[23] heißt: „wir schütten den Murfatlar / wie wunde Sonnenuntergänge in uns", dann ist „Murfatlar" leicht zu erklären. In Erfahrung zu bringen, ob die Nennung dieses typisch rumänischen Weins bei Menschen in Rumänien spezielle Vorstellungen auslöst – beispielsweise die eines besonders preiswerten oder eines besonders teuren Tropfens –, ist hingegen viel schwerer. Gerade auf solche besonderen Vorstellungen könnte es aber für ein genaues Verstehen des Gedichts ankommen.

Politisches Missverstehen ist angesichts der anderen Geschichte Rumäniens und angesichts seines gesellschaftlichen Systems bei deutschen Texten aus jenem Land immer gefährlich; Texte mit solchen Elementen überschreiten die Grenzen besonders schlecht. Richard Wagners Gedicht *Der Januar der Schreibmaschine*, das mit der Zeile „Genehmigte Tastatur"[24] einsetzt, bezieht sich offenbar auf die polizeiliche Kontrolle und Erfassung aller Schreibmaschinen im Land – übrigens wird dieses Gerät selbst bald nicht anders zu erläutern sein wie der Beruf des Küfers, die Stoffwindeln und das Telegramm – und damit auf eine Kontrollmaßnahme, die jenseits westeuropäischer Vorstellungskraft liegt. Wer neben den früheren Landsleuten des Dichters diese doch in der Bundesrepublik erschienenen Zeilen noch verstanden hat, bleibt offen. Zum Verständnis der satirischen Dimension dieser

---

[21] Werner Söllner: Kleist im Kopf, in: Das Land am Nebentisch (Anm. 16), S. 32.
[22] Hodjak, Sehnsucht (Anm. 4), S. 43.
[23] Schuller, Hier kommen Nachrichten (Anm. 10), S. 44.
[24] Richard Wagner: Der Januar der Schreibmaschine, in: Das Land am Nebentisch (Anm. 16), S. 93.

Verse muss man ferner wissen, dass in Ceaușescus Rumänien der Januar mehr war als der erste Monat des Jahres. Als Monat, in dem der Diktator seinen Geburtstag feierte, hatte er einen besonderen Rang.

Der parodistische Charakter der Prosa in Hodjaks *Gesuch*[25] ist für einen Leser in der Bundesrepublik oder in Österreich grundsätzlich nachvollziehbar und muss eigentlich nicht kommentiert werden; für einen Leser, der die satirisch dargestellte Situation miterlebt hat, sind aber etwa das Wort „Leitung" oder die Wendung „kritisch gegen mich selbst Stellung zu nehmen" präziser als für den, der nur ungefähr über den Alltag in den ehemals sozialistischen Ländern Bescheid weiß. Da kann freilich ein Kommentar nur wenig helfen.

Das Wort „Systematisierung" in Hodjaks *die freiheit der geschlechter*[26] wird von Söllner als „beschönigender Ausdruck für Ceaușescus Politik der Zerstörung rumänischer Dörfer" erklärt; ohne diese Erläuterung wäre das Gedicht unverständlich, wie man für *Kelling 3*[27] eine Erklärung des Euphemismus „zwölf fahren zum bruder" – ein Synonym für die Ausreise in die Bundesrepublik – braucht; dadurch erst wirkt die Klimax.

Besonders tückisch wird das Problem des Kommentierens dort, wo man nicht bemerkt, dass eine Erläuterung nötig wäre. Franz Hodjaks Gedicht *Über alle Grenzen hinweg* (1983)[28] ist in dieser Hinsicht lehrreich:

> ÜBER ALLE GRENZEN HINWEG
>
> Wulf Kirsten und ich trinken ein bier,
> er in Weimar, ich hier.

Zu kommentieren ist hier nicht Wulf Kirsten, der damals in der Deutschen Demokratischen Republik lebende Autor, mit dem Hodjak befreundet ist, zu kommentieren sind viel mehr „Weimar" und „hier". Denn die knappen Verse, die sich außerhalb Rumäniens erst durch den Kommentar als das Epigramm erweisen, das sie sind, haben die Unmöglichkeit zum Thema, ohne zahllose Hürden von Weimar nach Klausenburg oder von Klausenburg nach Weimar zu kommen und entweder dort oder hier gemeinsam ein Bier zu trinken.

Franz Hodjaks 1988 in der Klausenburger Zeitschrift *Echinox* erschienenes Gedicht *Kafkas Freiheit*[29] ist wiederum nur vor dem Hintergrund im westlichen Europa unvorstellbarer staatlicher Regelungen in Rumänien verstehbar.

---

[25] Ebenda, S. 110ff.
[26] Hodjak, Siebenbürgische Sprechübung (Anm. 4), S. 119.
[27] Ebenda, S. 73.
[28] Franz Hodjak: Über alle Grenzen hinweg. In: F. H.: flieder im ohr. Gedichte. Bukarest 1983, S. 39.
[29] Ich zitiere nach dem Abdruck in Bianca Bican: Der Dichter als Stifter und/oder Anstifter. Deutschrumänische Lesarten gegenwärtiger Lyrik. In: *Germanistische Beiträge* 22/23 (2007), S. 84–98, hier S. 92f. Die Bekanntschaft mit diesem Gedicht verdanke ich dem diesem Aufsatz zugrunde liegenden Vortrag von Frau Bican.

Es beginnt mit den Worten: „hätte ich mir einen gezwirbelten schnurrbart wachsen lassen müssen". Weitere Verse lauten:

> [...]
> hätte ich einen backenbart tragen müssen
>
> hätte ich mir backenbart und gezwirbelten schnurrbart wachsen lassen müssen
> [...]

Ohne Bianca Bicans Analyse[30] würde die Leserin wiederum die kritische Dimension des an der Oberfläche eher verspielt-witzig wirkenden Gedichts nicht verstehen: „Bart und Schnurrbart waren in der Ceaușescu-Epoche [...] nicht tolerierte offene Zeichen sozialer Inkompatibilität ihres Trägers und deshalb im öffentlichen Fernsehen, auf Fotos usw. nicht zulässig [...]." Wiederum entgeht uns das zentrale Thema des Textes, wenn wir den rechtlichen Hintergrund nicht kennen, auf den er anspielt. Bei tendenziell satirischen Texten wie diesem ist die Gefahr des Missverstehens selbstverständlich besonders groß, denn sie beziehen sich mehr als andere ganz unmittelbar auf die Welt, in der sie entstanden sind.

Zur Herstellung oder Wiederherstellung eines gemeinsamen Horizonts von Text und Leser hat sich – im Grunde seit der Antike – die Kunst des Kommentierens herausgebildet, die man offenbar auch angesichts unterschiedlicher räumlicher Horizonte braucht. Zu kommentieren ist bei deutschen Texten aus Rumänien zunächst das, was bei aller nicht mehr auf den ersten Blick verständlichen Literatur zu kommentieren ist, also alle Anspielungen auf verloren gegangenes Bildungsgut (z. B. „Parzen"). Spezifisch sind sprachliche Besonderheiten zu erläutern, oft Einzelwörter, deren Kenntnis im binnendeutschen Raum nicht vorausgesetzt werden kann; Schwierigkeiten können sich da vor allem mit Angaben zu Stilwert und Stilfärbung ergeben. Zu kommentieren sind ferner – und da kann es schon recht schwierig werden – die oft verborgenen Anspielungen auf regionale literarische Traditionen. Am schwierigsten wird es sein, die Vorstellungswelt der Deutschen in Rumänien, vor 1944 ebenso wie unter dem kommunistischen Regime, Lesern zu vermitteln, die ganz andere geschichtliche Erfahrungen gemacht haben. Hier kann nur Wissen vermittelt werden, die emotionale Seite solcher Vorstellungen wird nicht nachvollziehbar sein.

Ein letztes Problem: Wer soll kommentieren? Der Rumäniendeutsche, der die Texte versteht, aber nicht immer wissen kann, was die Leserin mit partiell anderem kulturellen Hintergrund vielleicht nicht versteht? Oder die Binnendeutsche, der es leicht passieren kann, dass sie die Kommentar-

---

[30] Ebenda, S. 93f.

bedürftigkeit einer Stelle – etwa im Fall von Hodjaks *Siebenbürgischem Klagelied* – nicht bemerkt und die auf jeden Fall bei der Ermittlung von Kirchenburgen wie von rumänischen Weinsorten auf große Schwierigkeiten stoßen wird?

Ein Trost: Es wäre ein Irrtum anzunehmen, alle rumäniendeutschen Texte wären nur mithilfe eines Kommentars verständlich. Ernest Wichners Anthologie von 1993 enthält fast ausschließlich Texte, die Lesern mit westlichem Hintergrund ziemlich spontan zugänglich sind; der Herausgeber wollte durch Vermeiden allzu regionaler Texte vermutlich die Gemeinsamkeiten der Autorinnen und Autoren aus seiner Heimat mit denen aus Deutschland unterstreichen und Leser für sie werben. Ich halte es auch für sehr wahrscheinlich, dass das Werk Pastiors zwar grundsätzlich Erläuterungen braucht – wer kennt schon malaiische Versmaße? –, aber selten solche, die sich auf den rumänischen Hintergrund beziehen.

Die Funktion rumänischer, siebenbürgischer, Banater Realien wird unter dem Gesichtspunkt noch einmal differenziert werden müssen, ob sie in Texten stehen, die vor der Abwanderung entstanden, oder in solchen, die erst in der Bundesrepublik geschrieben und veröffentlicht worden sind.

Ganz gewiss plädiert dieser Beitrag nicht dafür, Texte der hier interessierenden Autorinnen und Autoren nur beschwert mit Erläuterungen zu veröffentlichen. Nichtsdestoweniger ist klar, dass manche Stellen aus ihren Werken einen Hinweis auf den Kontext, in dem sie entstanden sind oder auf den sie sich beziehen, brauchen – sonst stößt das Werk auf Verstehensgrenzen an der Oberfläche, die jede Deutung fragwürdig oder schlechthin falsch machen.

Eine an den Beispielen der Kirchenburgen und des Murfatlar bereits angedeutete Grenze des Kommentierens muss hier noch einmal erwähnt werden: Ein Kommentar kann informieren und erläutern, aber er kann für ein anderes Publikum nicht selbstverständlich machen, was für das erste Publikum eines Texts selbstverständlich ist. Für eine Leserin in Deutschland werden ‚Zigeuner' immer exotisch bleiben, selbst wenn ihr der Kommentar noch so nachdrücklich mitteilt, dass sie in Rumänien zur Alltagswelt gehören. Oder, um ein ganz konkretes Beispiel zu nennen: Der Eginald Schlattners Roman *Der geköpfte Hahn* (1998) strukturierende 23. August 1944 ist für uns ein historisches Datum, dessen Bedeutung für Rumänien und für die Rumäniendeutschen wir aufgrund der impliziten Kommentare im Roman oder mit Hilfe expliziter Erläuterungen verstehen; als Schicksalstag empfinden wird ihn ein Leser in Deutschland nie. Kein Kommentar kann „eine Leserschaft, mit der [ein Autor] dieselbe Geschichte und regionale Erfahrung teilte, sich besser verstanden und aufgehoben fühlte"[31], ersetzen.

---

[31] Stefan Sienerth: Rumäniendeutsche Literatur im Spiegel der *Südostdeutschen Vierteljahresblätter* (1952–1965) (2001). In: S. S.: Studien und Aufsätze zur Geschichte der deutschen Literatur und

Ein Kommentar kann uns mitteilen, was für einen Raucher des 19. Jahrhunderts eine Meerschaumpfeife bedeutet hat, aber die Selbstverständlichkeit, mit der das von Lesern des 19. Jahrhunderts – soweit sie Männer waren, ohnehin ausnahmslos Rauchern – empfunden worden ist, bleibt uns verwehrt. Nicht anders geht es uns mit Tartlau und der Stolzenburg.

Ohne viel Reflexion haben sich in einem scheinbar analogen Fall die Herausgeber der Werke des Südtiroler Autors Norbert C. Kaser (1947–1978)[32] seinerzeit dazu entschlossen, dessen Texte zu kommentieren, obwohl die meisten davon zum Zeitpunkt der Gesamtausgabe nicht viel älter als 15 Jahre gewesen sind. Ich halte die Ausgabe inzwischen für überkommentiert – andererseits hat dieser Autor besonders intensiv mit Anspielungen auf lokale Sprache, Kultur und Geschichte gearbeitet, sodass ein Kommentar selbst für einen Südtiroler Leser hilfreich sein kann.

Die Distanz ‚binnendeutscher' Leser zur Kultur deutscher Sprache in Rumänien ist größer als die zu Südtirol, dessen gesellschaftliche Struktur sich kaum von jener Deutschlands und Österreichs unterscheidet. Dennoch brauchen Texte mit Regionalbezug zusätzliche Informationen. Dass es Erläuterungen gibt, um sie zu überwinden, beweist das Vorhandensein dieser Verstehensgrenzen, beweist Distanz. Ganz gewiss kann die „Schere zwischen der intendierten Sinngebung des Autors und den Aufnahme- und Deutungsmöglichkeiten der [deutschen und österreichischen] Leser nicht gänzlich geschlossen werden."[33] Aber Wissenslücken kann ein Kommentar schließen, er kann das Verständnis fördern, wo nicht ermöglichen, die Distanz vermindern. Dass sich dieser Versuch lohnt, darüber sind wir uns einig.[34]

---

Sprachwissenschaft in Südosteuropa. Bd. II: Beiträge zur deutschen Literatur in Südosteuropa im 19. und 20. Jahrhundert, S. 306–321, hier S. 311.

[32] Norbert C. Kaser: Gesammelte Werke. 3 Bde. Hrsg. von Hans Haider, Walter Methlagl u. Sigurd Paul Scheichl. Innsbruck 1988–1991. Der Kommentar zu den Gedichten (Bd. 1, 1988) von Robert Huez („Lesehilfen und Materialien") umfasst beispielsweise 52 Seiten.

[33] Sienerth, Literaturverständnis (Anm. 5), S. 33.

[34] Für Ratschläge und für das Beschaffen von Texten danke ich herzlich Peter Motzan.

# Adolf Meschendörfer und Skandinavien

STEFAN SIENERTH (München)

## I.

Ins Blickfeld der Siebenbürger Sachsen sind die skandinavischen Länder wohl erstmalig nach dem russischen Feldzug des schwedischen Königs Karl XII. gerückt. Zwar war man über den evangelisch-lutherischen Glauben, über die Protestanten im Deutschen Reich auch mit dem Königreich Schweden, zu dem nach dem Westfälischen Frieden, von 1648 bis 1815, auch ein Teil Norddeutschlands, Schwedisch-Vorpommern beispielsweise, gehört hatte, verbunden, und die höheren Bildungsanstalten in diesem Teil Europas, etwa die altehrwürdigen schwedischen Universitäten Lund und Uppsala, dürften sporadisch auch von siebenbürgisch-sächsischen Studenten besucht worden sein.

Doch über Karl XII. kam es zeitweilig sogar zu nachhaltigeren Kontakten. Der heldenhaft-draufgängerische König von Schweden war bekanntlich 1707, nachdem er ein Jahr davor russische Truppen bei Narwa zurückgeschlagen und August dem Starken von Sachsen und Polen einen Frieden aufgezwungen hatte, gegen das Zarenreich zu Felde gezogen, musste aber, weil sich seine Gegner auf dem Rückzug der Taktik der verbrannten Erde bedienten, in die Ukraine ausweichen. 1709 wurde sein durch den strengen Winter geschwächtes Heer in der Schlacht bei Poltawa besiegt. Karl sah sich genötigt, in dem unter türkischer Herrschaft stehenden Bessarabien Schutz zu suchen, wurde aber bald danach von den Osmanen ihres Hoheitsgebietes verwiesen. Seine Flucht, sein legendärer Ritt aus Bessarabien in vierzehn Tagen nach Stralsund führte ihn über Siebenbürgen, und hat, obwohl der Aufenthalt dort nur von kurzer Dauer war, in Sage[1], in der historischen[2] und literarischen Überlieferung[3] Spuren hinterlassen. Karl XII. und seine Beglei-

---

[1] Vgl. u. a. Karl XII. in Reps; Karl XII. im Burzenland. In: Siebenbürgische Sagen. Hrsg. von Friedrich Müller, neu erweiterte Ausgabe von Misch Orend. Göttingen 1972, S. 415–417.
[2] Vgl. *Blätter für Geist, Gemüth und Vaterlandskunde* 2(1838), S. 85 (der Aufsatz trägt keinen Titel und ist bloß mit einem Kürzel gezeichnet); t.: Beitrag zur Geschichte der Reise des schwedischen Königs Karls XII. und seines Gefolges durch Siebenbürgen im Jahre 1714. In: Ebenda, S. 321–323.
[3] Erwin Wittstock: Das Jüngste Gericht in Altbirk. Roman. Bukarest 1971, S. 304–306. Der Schriftsteller hat sich zu diesem Thema auch publizistisch in dem *Beitrag Karl XII. reitet durch Siebenbür-*

ter wurden als evangelisch-christliche Brüder nach Kräften unterstützt, das Landeskonsistorium hielt die Pfarrer der siebenbürgisch-sächsischen Dörfer an, bei Anwesenheit durchziehender Schweden nicht in der Mundart, wie das damals üblich war, sondern hochdeutsch zu predigen. Andererseits verfügte der österreichische General Steinville, der Vertreter der katholischen habsburgischen Landesherren, es sollten Vorkehrungen getroffen werden, damit es bei der Durchreise nicht zu Sympathiebekundungen für den schwedischen König und zu Volksaufläufen komme.[4]

Im Umfeld dieser Ereignisse kam es auch zu den ersten kulturellen Kontakten. Den schwedischen Soldaten hatte sich nämlich auch ein siebenbürgischer „Student", ein Hermannstädter Gymnasialschüler, der aus Birthälm stammte, angeschlossen. Andreas Heldmann, so hieß der Studiosus, ist am 16. September 1715 an der Universität in Uppsala immatrikuliert worden und war ab 1719 Dozent für deutsche Sprache an dieser Universität, ein Amt, das er bis zum Jahr 1750 inne hatte. Reich sowohl an materiellen Gütern als auch an Kindern soll Heldmann Anfang des Jahres 1770 hochbetagt in Holm gestorben sein. 1726 hat er an der Uppsaler Universität seine lateinisch abgefasste Dissertation verteidigt, zu einem Thema, das sich ihm, der, wie sein Biograf schreibt, auch in Schweden, „immer eine Sehnsucht nach seinem Vaterlande" gehabt habe[5], regelrecht aufdrängte. Heldmanns *Disputatio Historica, de Origine septem Castrensium Transylvaniae Germanorum*, die 36 Seiten umfasst, dürfte wahrscheinlich die erste in Schweden verfasste Schrift über Siebenbürgen sein. Ihr komme in der reichen wissenschaftlichen Literatur über die Herkunft der Siebenbürger Deutschen, schreibt der Lexikograf Joseph Trausch, einige Bedeutung zu. Die Abhandlung sei „eine der besten, die wir vom Ursprunge der sächsischen Nation in Siebenbürgen haben", sie verdiene es, „in der gelehrten Welt bekannter zu sein"[6]. Heldmann hat sich in Schweden vor allem als Sprachlehrer betätigt. Er ist der Autor sowohl einer deutschen Grammatik in schwedischer (1726) als auch einer schwedischen Grammatik in deutscher Sprache (1738), die beide in Schweden, Stockholm und Uppsala, erschienen sind.[7]

---

*gen* in der Berliner *Deutschen Allgemeinen Zeitung* vom 27. Januar 1929 geäußert. Vgl. Joachim Wittstock: „... es muss alles ein wenig menschlicher werden". Briefe von Erwin Wittstock, Walther Eidlitz und manchen anderen. In: „Bitte um baldige Nachricht". Alltag, Politik und Kultur im Spiegel südostdeutscher Korrespondenz des ausgehenden 19. und des 20. Jahrhunderts. Hrsg. und kommentiert von Joachim Wittstock und Stefan Sienerth. München 2003, S. 217.

[4] Wittstock, Das Jüngste Gericht (Anm. 3), S. 304.

[5] Joseph Trausch: Schriftsteller-Lexikon der Siebenbürger Deutschen. Bd. 2. Kronstadt, S. 96; vgl. auch Bd. 4, S. 180.

[6] Ebenda, Bd. 2, S. 97.

[7] Ebenda.

## II.

Neben diesen nachweislichen geistigen Kontakten zwischen Siebenbürgen und den skandinavischen Ländern hat es wohl auch schon im 16. und auch im 17. Jahrhundert seitens der siebenbürgischen Theologen und später auch in den Kreisen der Naturwissenschaftler übers Neulateinische, dessen sich die Intellektuellen als Gelehrtensprache allgemein und europaweit bedienten, eine punktuelle Wahrnehmung skandinavischer wissenschaftlicher Erkenntnisse gegeben, die allerdings bislang von der Forschung noch nicht identifiziert worden sind. Es ist nicht auszuschließen, dass beispielsweise die belesenen siebenbürgischen Theologen des 16., 17. und 18. Jahrhunderts, die in der Regel an mitteleuropäischen Universitäten ausgebildet wurden, die Schriften auch skandinavischer Theologen gekannt haben, zumal diese zumindest durch ihre auf Neulateinisch, später dann auf Deutsch verfassten bzw. ins Deutsche übersetzten Werke, dem evangelisch-protestantischen Kommunikationsraum und Wissenschaftsbetrieb angehörten.

Mit der schöngeistigen Literatur dürfte es sich freilich anders verhalten haben, sie wurde in der Regel in der Muttersprache – dänisch, norwegisch, schwedisch – verfasst, musste, um die Sprachbarrieren zu überwinden, zunächst ins Deutsche übersetzt werden, und gelangte erst über die deutschen literarischen Vermittlungsinstanzen (Buchvertrieb, Presse, Buchhandlungen) bis nach Siebenbürgen. Die ersten, die skandinavische Literatur in deutscher Übersetzung zur Kenntnis nahmen, waren die an mitteleuropäischen Universitäten studierenden Siebenbürger. Hermann Klöß (1880–1946) beispielsweise, ein siebenbürgischer Lyriker, Dramatiker und guter Freund und Mitstreiter von Adolf Meschendörfer (1877–1963), hat in seinem Tagebuch Anfang des 20. Jahrhunderts, das er während seiner Studien in Jena und Berlin geführt hatte, minutiös die von ihm gelesenen Bücher aufgelistet. Unter einer ganzen Reihe von Schriften germanistischer Primär- und Sekundärliteratur tauchen auch einige der berühmten skandinavischen Namen, wie Henrik Ibsen (1828–1906) und August Strindberg (1849–1912), auf, deren Lektüre für jeden Germanisten zur Pflicht gehörte.[8]

In Siebenbürgen selbst nahm man die dänische, norwegische und schwedische Literatur, deren Rezeption im deutschsprachigen Raum Ende des 19. und in der ersten Hälfte des 20. Jahrhunderts ihren Höhepunkt erreicht haben dürfte, zunächst allgemein als skandinavische Literatur wahr, ohne zwischen den einzelnen Idiomen, deren man nicht mächtig war, und den einzelnen Ländern sonderlich zu unterscheiden. Dazu lagen diese, geografisch von Siebenbürgen bzw. Ungarn und Rumänien aus gesehen, in viel zu weiter

---

[8] Vgl. Hermann Klöß: Herbstgetön. Gedichte, Dramen und eine Erzählung. Aus dem Nachlaß hrsg. von Stefan Sienerth. București 1989, Vorwort, S. 14. Vgl. auch „Bitte um baldige Nachricht". Alltag, Politik und Kultur (Anm. 3), S. 90 u. 336.

Ferne, und die Kenntnis darüber dürfte in Südosteuropa über ein allgemeinbildendes Schulwissen kaum hinausgegangen sein.

Die pauschale und undifferenzierte Wahrnehmung könnte bis zu einem gewissen Grad auch damit zusammenhängen, dass die Länder Schweden und Norwegen zwischen 1814 und 1905 im Rahmen der Schwedisch-Norwegischen Union zumindest nach außen hin eine politische Einheit bildeten und dass davor, seit der Kalmarer Union (1397), Norwegen bis 1814 dem Königreich Dänemark angehört hatte. Das Dänische hatte besonders seit der Reformation auch in Norwegen bis ins 19. Jahrhundert als Bildungssprache eine weite Verbreitung gefunden. Erst mit dem Aufkommen der so genannten „Landsmaalbewegung" und der Rückbesinnung auf Altnorwegisch und die norwegischen Dialekte, ebenso auf die eigene Volksüberlieferung in Märchen, Sagen und Idiomen hat die Loslösung vom Dänischen begonnen. („Riksmaal" ist eine andre Variante des Norwegischen und heute dem „Landsmaal" rechtlich gleichgestellt.)

Die Rezeption der skandinavischen Literaturen erfolgte bei den Siebenbürger Sachsen ausschließlich über deutschsprachige Übersetzungen. Bücher, die zu Bestsellern gehörten, gute Kritiken erhielten und im literarischen Gespräch waren, gelangten über die zahlreichen Kommunikationskanäle, die es zwischen Siebenbürgen und dem deutschsprachigen Raum schon immer gegeben hatte, in relativ kurzer Zeit auch in die Hände der interessierten Leserschaft. Eine Vermittlerrolle spielten hierbei die an mitteleuropäischen Universitäten Studierenden, denen ein zwei bis viersemestriger Besuch an einer deutschen Universität als Pflicht auferlegt wurde. Eine nicht zu übersehende Bedeutung kam auch den seit Ende des 18. Jahrhunderts in den größeren siebenbürgischen Städten mit deutscher Bevölkerung eingerichteten Buchhandlungen zu, die aufgrund von Verträgen mit deutschen Verlagshäusern und Buchhändlergesellschaften – beispielsweise mit Leipziger Verlagen und Verlagsgesellschaften – innerhalb von wenigen Wochen jede Neuerscheinung siebenbürgischen Lesern auch anbieten konnten. Die Bücher konnte man entweder käuflich erwerben oder sie in Hermannstädter und Kronstädter Büchercafés und Bibliotheken einsehen. Dieser Umstand veranlasste den siebenbürgischen Dichter Michael Albert (1836–1893) am Ende des 19. Jahrhunderts zur Feststellung, die Dichtung des deutschen Sprachraumes sei in siebenbürgisch-sächsischen Leserkreisen „so heimisch wie auf ihrem ursprünglichen Boden"[9], was für den deutsch schreibenden Autor in Siebenbürgen zur Folge habe, einen „leidigen" und „verzweifelten Konkurrenz-

---

[9] Michael Albert: Schwarzburg. Historische Erzählung aus dem Siebenbürger Sachsenlande von Traugott Teutsch. In: *Siebenbürgisch-Deutsches Tageblatt*, 8. September 1882. Zit. nach: Kritische Texte zur siebenbürgisch-deutschen Literatur. Vom Ende des 18. bis zum Beginn des 20. Jahrhunderts. Hrsg. von Stefan Sienerth. München 1996, S. 104.

kampf" mit der gesamten deutschsprachigen Literatur aufnehmen zu müssen.[10]

Zur Lektüre gehörten in Siebenbürgen selbstverständlich auch die ins Deutsche übersetzten Werke der Weltliteratur, eben auch die skandinavischer Autoren, die um die Wende des 19. zum 20. Jahrhundert übernationale Geltung erlangt hatten.[11]

## III.

Die Rezeption skandinavischer Literatur in Siebenbürgen erfolgte, wie bereits vermerkt, im Rahmen der erhöhten Präsenz ihrer Autoren in deutschen Verlagen, Feuilletons und Zeitschriften und ihrer Akzeptanz bei der Kritik und der deutschsprachigen Leserschaft. Im Spektrum der europäischen Literaturen, die verstärkt in der deutschen Literatur des Fin de siècle Einfluss gewannen, sind die Werke skandinavischer Autoren recht gut vertreten.

Ich kann diesen Prozess hier nicht in aller Ausführlichkeit und mit all seinen Konnexionen und Implikationen schildern, auf einige der Fakten erlaube ich mir dennoch, zumindest stichwortartig, hinzuweisen.

In Dänemark wäre diesbezüglich das Auftreten des Literaturhistorikers Georg Brandes (1842–1927) und seiner Gruppe der „Männer des modernen Durchbruchs" zu erwähnen, die sich um die Zeitung *Politiken* scharte, welche um das Jahr 1870 das dänische und wohl auch die skandinavische und darüber hinaus auch die europäische Literaturszene beeinflusste. Brandes' Bücher, der den Anschluss an die zeitgenössische französische Literatur, besonders an Gustave Flaubert, Emile Zola und den Naturalismus gefordert hatte, erschienen auch in deutscher Sprache, beispielsweise *Dänische Dichter* 1877; später dann *Die Männer des modernen Durchbruchs*, 1897, und sie machten u. a. auch die Erzählwerke Jens Peter Jacobsens (1847–1885) im deutschen Sprachraum bekannt. Über andere Kanäle waren die Dramen des Norwegers Henrik Ibsen und des Schweden August Strindberg in Deutsch-

---

[10] Ebenda.
[11] Dass Bücher skandinavischer Autoren zum Lektüreangebot rumäniendeutscher Leser gehört haben, beweist u. a. auch deren Präsenz in Temeswarer Antiquariaten. Eduard Schneider, Kulturredakteur der *Neuen Banater Zeitung*, konnte beispielsweise in den 1970er Jahren folgende Bücher antiquarisch erwerben: Herman Bang: *Hoffnungslose Geschlechter* (ohne Angabe des Übersetzers, erschienen im S. Fischer Verlag Berlin, „gedruckt während der Kriegszeit auf Papier mit Holzschliffzusatz", o. J.); Jens Peter Jacobsen: *Novellen. Briefe. Gedichte.* Aus dem Dänischen von Marie Herzfeld; den ersten Band der *Gesammelten Werke* von J. P. Jacobsen. Verlegt bei Eugen Diederichs. Florenz und Leipzig 1899; von dems.: *Frau Marie Grubbe*. Roman. Deutsch von Adolf Strodtmann, neu bearbeitet von Karl Quenzel. Erschienen im Leipziger Hesse § Becker Verlag o. J.; ders.: *Niels Lyhne*. Roman und sechs Novellen. Aus dem Dänischen übersetzt. Mit einer biographischen Einleitung versehen von Dr. H. H. Ewers. Berlin Globus Verlag o. J.; Knut Hamsun: *Gedämpftes Saitenspiel*. Erzählung eines Wanderers. In neuer berechtigter Übertragung von J. Sandmeier. München, Albert Langen Verlag 1922.

land rezipiert worden, deren Dramen, wie bereits erwähnt[12], auch in Siebenbürgen bekannt wurden.

Große Verdienste um die Verbreitung der skandinavischen Literaturen im deutschen Sprachraum hatte sich die Übersetzerin Marie Herzfeld (1855–1940) erworben. Sie war die Tochter eines ungarischen Arztes, hatte in Wien Skandinavistik studiert und setzte sich nach 1890 für die Bekanntmachung der skandinavischen Literatur im deutschen Kulturraum ein.[13] Sie übersetzte u. a. bereits 1893 Arne Garborgs (1851–1924) *Müde Seelen*, zwei Jahre nach der Erstveröffentlichung des Romans, der nach Jens Malte Fischer zu einem der „wirkungsmächtigsten Bücher des Fin de siècle"[14] werden sollte. Am Entwicklungsweg von Gabriel Gram, der Hauptfigur des Romans, habe der Autor, so Fischer, Probleme seiner Zeit illustriert: Die Skepsis gegenüber der Kunst, die nicht in der Lage sei, Hilfe in existenziellen Nöten zu bieten, die Untauglichkeit der Wissenschaft, die das Leben nicht wesentlich erleichtern könne und die Unbeständigkeit länger währender Liebesbeziehungen.[15]

Marie Herzfeld hat mit ihren Übersetzungen und Essays – 1898 erschien ihre Aufsatzsammlung *Die skandinavische Litteratur und ihre Tendenzen*[16] – u. a. auch auf Björnstjerne Björnson (1832–1910), Arne Garborg (neben *Müde Seelen* übertrug sie auch die *Bauernstudenten* 1902 von ihm) und auf Knut Hamsun (1859–1952) die Aufmerksamkeit der deutschen Leserschaft gelenkt.

## IV.

Im Nachlass von Adolf Meschendörfer hat Edith Konradt, deren Dissertation über den siebenbürgischen Schriftsteller unter dem Titel *Grenzen einer Inselliteratur. Kunst und Heimat im Werk Adolf Meschendörfers (1877–1963)* 1987 erschien, ein bis dahin unbekanntes Manuskript entdeckt, das die Beziehungen des Kronstädter Autors zu dänischen und norwegischen Schriftstellern eindeutig belegt. Das undatierte, handschriftliche Dokument, das den Titel *Der skandinavische Aufbruch* trägt, dürfte, laut Edith Konradt, um das Jahr 1900 in einer ersten Fassung aufgrund zahlreicher Aufzeichnungen entstanden sein und ist später, wohl Ende der 1920er bzw. Anfang der 1930er Jahre für einen Vortrag ergänzt und überarbeitet worden.[17]

---

[12] Vgl. Anm. 8. Siehe auch „Bitte um baldige Nachricht". Alltag, Politik und Kultur (Anm. 3), S. 120.
[13] Vgl. Arnulf Knafl: Marie Herzfeld. In: Literatur Lexikon. Autoren und Werke deutscher Sprache. Hrsg. von Walther Killy. Gütersloh, München 1990, Bd. 5, S. 264–265.
[14] Jens Malte Fischer: Fin de siècle. Kommentar zu einer Epoche. München 1978, S. 29.
[15] Ebenda.
[16] Vgl. Knafl, Marie Herzfeld (Anm. 13), S. 265.
[17] Edith Konradt: Grenzen einer Inselliteratur. Kunst und Heimat im Werk Adolf Meschendörfers (1877–1963). Frankfurt am Main u. a. 1987, S. 85.

Das Manuskript Meschendörfers über zeitgenössische skandinavische Autoren weist in den Entstehungszusammenhang der Kulturzeitschrift *Die Karpathen*, die der damals 30-jährige Lehrer für Deutsch und Französisch und spätere Rektor des traditionsreichen Honterus-Gymnasiums, im Herbst des Jahres 1907 herauszugeben begann. Diese Zeitschrift, die den Untertitel „Halbmonatsschrift für Kultur und Leben" trägt, sorgte in der damaligen Literaturszene nicht nur unter Meschendörfers siebenbürgisch-sächsischen Landsleuten, sondern auch darüber hinaus für Aufsehen.[18] Die zweimal monatlich in Kronstädter Verlagen (Hiemesch, Zeidner, Gött) erscheinenden Hefte zogen die Aufmerksamkeit schon allein durch ihr modernes und für die Region leicht provokativ wirkendes ‚Outfit' auf sich, das sich von den Periodika der Siebenbürger Sachsen sichtlich unterschied.

Auffallend am Inhalt der *Karpathen* war, dass die Zeitschrift zeitgemäß, d. h. – um ein Wort, das damals in aller Munde war, zu gebrauchen – „modern" sein wollte. In den breiteren Kreisen der siebenbürgisch-deutschen Bevölkerung gehörten – laut Meschendörfer – auch noch um das Jahr 1910 *Die Gartenlaube*, *Daheim* und *Über Land und Meer* nicht nur zur bevorzugten Lektüre des Durchschnittslesers, sondern auch zum stilbildenden Muster schreibender Intellektueller. Vorbildcharakter hatten für Siebenbürgen somit Schriftsteller und Journalisten, Periodika und Magazine, die – wie Meschendörfer hervorhob – im deutschsprachigen Raum um die Zeit vielleicht noch in der Provinz gelesen wurden, die aber in der maßgebenden literarischen Öffentlichkeit ohne jeden Einfluss waren.[19] Die literarische Szene wurde in Deutschland, Österreich und der Schweiz schon seit Jahrzehnten von Friedrich Nietzsche, Richard Wagner, Gerhart Hauptmann, Detlev von Liliencron, Richard Dehmel u. a. bestimmt. Diese Schriftsteller kämen beim gebildeten literarischen Publikum eher an als die Klassiker und deren Nachahmer, weil sie – so Meschendörfer – „unsere Sprache", d. h. die Sprache seiner Generation, sprächen und „der Sehnsucht, den Kämpfen, den Zielen, auch den Schwächen und Verirrungen unserer Zeit einen unsere Zeit überdauernden Ausdruck verliehen" hätten, mit einem Wort, weil sie in der Problematik und in der Darstellung zeitgemäßer wirkten.[20] In den Feuilletons der großen Tages- und Wochenzeitschriften, in Zirkeln und Gesell-

---

[18] Vgl. hierüber u. a. Heinz Schullerus: Adolf Meschendörfers Siebenbürgische Zeitschrift „Die Karpathen" 1907–1914. Zeulenroda 1936; Konradt, Grenzen einer Inselliteratur (Anm. 17); Gerhardt Csejka: Vorwort zu Adolf Meschendörfer: Gedichte. Erzählungen. Drama. Aufsätze. Hrsg. von Bernd Kolf. Bukarest 1978, S. 5–28; Peter Motzan: Nachwort zu Adolf Meschendörfer: Die Stadt im Osten. Roman. Bukarest 1984, S. 317–331; Georg Scherg: Adolf Meschendörfer. In: Die Literatur der Siebenbürger Sachsen in den Jahren 1849–1918. Redigiert von Carl Göllner u. Joachim Wittstock. Bukarest 1979, S. 291–298; ders.: Adolf Meschendörfer. In: Die rumäniendeutsche Literatur in den Jahren 1918–1944. Hrsg. von Joachim Wittstock u. Stefan Sienerth. Bukarest 1992, S. 161–178. Vgl. zusammenfassend auch Stefan Sienerth: Adolf Meschendörfers Zeitschrift *Die Karpathen* (1907–1914) und ihr Beitrag zur Herausbildung einer südostdeutschen Identität im Donau-Karpatenraum. In: St. S.: Studien und Aufsätze zur Geschichte der deutschen Literatur und Sprachwissenschaft in Südosteuropa. Bd. 2. München 2009, S. 91–106.
[19] [Adolf Meschendörfer]: Die „Karpathen". In: *Die Karpathen* 4(1910), H. 1, S. 4.
[20] Ebenda.

schaften, gelte „ein anderer Ton, ein anderer Stil, andere Regeln und Gesetze", als man sie in Siebenbürgen kenne.[21] In „Berlin ebenso wie in Wien, Darmstadt, Hamburg, Paris oder Petersburg" sei allmählich und nun schon seit Jahrzehnten eine „moderne europäische Kultur [...] entstanden", in deren Lager sich die „führenden Geister" befänden.[22]

Auch die künstlerische und wissenschaftliche Elite einer so kleinen Gruppe wie die der Siebenbürger Sachsen könne, wollte sie von der allgemeinen Entwicklung des Landes und des Kontinents nicht ausgegrenzt werden und den nationalen Fortbestand der eigenen Ethnie nicht aufs Spiel setzen, sich auf Dauer nicht leisten, diesen Stand und Gang der Dinge zu ignorieren. Um im Vielvölkerstaat in der Auseinandersetzung mit den andern, zahlenmäßig stärkeren Bewohnern konkurrenz- und widerstandsfähig zu bleiben, müsse man auf „der Höhe der Zeit" sein und dürfe Neuerungen nicht nachhinken.[23] Dies könne man nur, wenn man

> moderne Zeitungen und moderne Zeitschriften, moderne Schulen, moderne Banken, moderne Kaufleute und Industrielle, moderne Gelehrte, moderne Volkserzieher und Leiter, und als Draufgabe, moderne Dichter, Künstler und Architekten hat.[24]

Nicht zuletzt gelte diese Forderung auch für die Situation der siebenbürgisch-deutschen Literatur, die, in idyllisierender Heimattümelei und selbstgefälliger Provinzialität befangen, der europäischen Literaturentwicklung um zumindest eine Generation nachhinke. Meschendörfer ist nicht müde geworden, in zahlreichen Beiträgen, Rezensionen und Stellungnahmen die Leser seiner Zeitschrift auf den deplorablen Zustand der siebenbürgisch-deutschen Literatur um die Jahrhundertwende aufmerksam zu machen. Den einzigen Ausweg aus dieser Sackgasse erblickte Meschendörfer in einer Anlehnung an eine sich am Vorbild der ‚Moderne' orientierenden Kunst und Literatur, der er in Siebenbürgen Heimatrecht und Bleibe sichern wollte.

Auf der Suche nach europäischen Modellen war Meschendörfer neben vorwiegend deutschen und zum Teil auch französischen Vorbildern auch auf die skandinavische Moderne gestoßen. Edith Konradt behauptet, Meschendörfer habe ein reges Interesse besonders an zwei skandinavischen Autoren bekundet, an dem Dänen Jens Peter Jacobsen und dem Norweger Knut Hamsun, auch wenn ihm die Namen und wohl auch Werke von Björnson, Ibsen, Strindberg und Garborg, die er auch erwähnte, zweifellos vertraut gewesen seien.[25] Sie begründet Meschendörfers Vorliebe für diese beiden Autoren mit dessen Neugierde an Fragen der künstlerischen Form. Meschendörfer sei nicht von den naturalistischen Aspekten in den Schriften der Skandinavier, etwa in einigen

---

[21] Ebenda.
[22] Ebenda.
[23] Ebenda, S. 5.
[24] Ebenda.
[25] Konradt, Grenzen einer Inselliteratur (Anm. 17), S. 85.

Dramen von Ibsen und Strindberg, beeindruckt gewesen[26], sondern von den impressionistischen, symbolistischen und mythischen Elementen[27], wie er sie besonders in Jacobsens *Niels Lyhne* und in Knut Hamsuns Romanen *Pan* und *Mysterien*, auf faszinierende Weise gestaltet, vorgefunden habe. An diesen Werken habe er sich beim Abfassen seines ersten umfangreichen Prosawerkes *Leonore. Roman eines nach Siebenbürgen Verschlagenen* hauptsächlich orientiert.

Meschendörfers Roman, mit dem die Moderne Einzug in die siebenbürgisch-deutsche Literatur hielt, entstand im Jahre 1905, erschien zunächst 1907–1908 in Fortsetzungen in den *Karpathen*, löste recht kontrovers verlaufende Diskussionen aus und wurde erst 1920 als Buch gedruckt. Im Mittelpunkt des tagebuchartig festgehaltenen Geschehens steht die Hauptgestalt Dr. Svend, ein Schöngeist, der, finanziell unabhängig, sich auf einer Weltreise nach Indien befindet, hierbei Station in Kronstadt macht, sich in die attraktive Leonore verliebt und mit dem Gedanken spielt, für immer in Kronstadt an der Seite Leonores leben zu wollen. Doch die Angst, sich selbst untreu zu werden, und seine gesellschaftliche Bindungslosigkeit, die er als Ästhet zum Lebensprinzip erhoben hatte, aufgeben zu müssen, ebenso Leonores zögerndes Verhalten, das Dr. Svend falsch interpretiert, sowie eine ganze Reihe von Missverständnisses und Zufällen bringen dieses Verhältnis zu Bruch. Aus der gemeinsam geplanten Hochzeitsfahrt in einer vierspännigen Kutsche, die Dr. Svend in Kronstadt gekauft hatte, wird nichts. Als Leonore das Zögern des unentschlossenen Svend als Desinteresse an ihrer Person und der Heirat interpretiert und ihm signalisiert, sie sei bereit, sich aus Enttäuschung erneut dem biederen Kronstädter Ingenieur Kraus zuzuwenden, deutet Svend dies als Verrat. Sein Versprechen, ihr die Pferde zu ihrem Hochzeitsfest zu schenken, löst er insoweit ein, dass er die Tiere erschießt und ihr sie tot zuschicken lässt.

In dieser Darstellung der Liebesbeziehung zwischen einem nach *Siebenbürgen Verschlagenen* – so der Untertitel des Roman – Dr. Svend und der rothaarigen Kronstädter Leonore schildert Meschendörfers Roman in einer in der siebenbürgischen Literatur bis dahin nicht üblichen kritischen Weise Realitäten aus dem Leben der Sachsen um die Jahrhundertwende. Die Begegnung des Weltenbummlers und Schönheitsfanatikers Dr. Svend mit Leonore sowie die Erfahrungen in Kronstadt und sein Kontakt mit dessen Bewohnern schlagen ihn für Monate in ihren Bann. Was er hier bis zu seiner Trennung von Leonore erlebt, im Gespräch mit den Menschen erfährt, dies alles sowie seine Reflexionen darüber werden in Tagebuchform oder in Briefen an Leonore zur Sprache gebracht.

---

[26] Ebenda.
[27] Ebenda, S. 84.

## V.

Es ist in diesem Rahmen nicht möglich, auf weitere Aspekte dieses Romans einzugehen, den Edith Konradt sachkundig in ihrer Dissertation in all seinen zeitgeschichtlichen Determinationen und literaturgeschichtlichen Konnotationen interpretiert hat. Hier interessiert bloß der Bezug Meschendörfers zu seinen möglichen skandinavischen Vorbildern, die neben anderen, Goethe und Nietzsche beispielsweise, zweifellos vorhanden sind.

Im Roman selbst, dessen Hauptgestalten, vor allem Dr. Svend und Leonore, geradezu kunst- und poesieversessen sind, wird viel über Literatur gesprochen, über ältere und vor allem auch neuere, wobei die Skandinavier nicht fehlen. „Die zehn, zwölf lesenswerten Bücher, die unsere Zeit hervorgebracht hat, habe ich ihr [Leonore] zugeschickt", hält Dr. Svend fest, „und heute frage ich sie nach ihrer Wirkung"[28]. Da ist, fährt Svend fort,

> Jens Peter Jacobsen. Ich erinnere mich, dass ich als Gymnasiast einmal Tränen vergoss bei dem Gedanken, dass Millionen Menschen ein langes Leben leben und sterben, ohne je eine Zeile dieses Dichters gelesen zu haben.[29]

Leonore antwortet und legt mit ihrer Antwort gleichsam ein Bekenntnis zur Kunst ab, in der sie ein Reich der Freiheit erblickt, eine Gegenwelt zur Enge ihres Kleinstadtlebens: „Sehen Sie", [Jens Peter Jacobsen],

> das war auch einer von uns Kleinstadtmenschen, die ihrem Gefängnis entfliehen wollen. Und er war Künstler, er konnte es wenigstens mit der Einbildungskraft, und doch enden alle seine Geschichten wie schöne Seifenblasen. Er zeigt vielleicht am deutlichsten, wie nutzlos es ist, gegen den Strom zu schwimmen.[30]

Edith Konradt hat als weiteres Indiz für Meschendörfers Anlehnung an Jacobsen[31] die Beschreibung des – wie sie es nennt – „fortschreitenden Erschließens und In-Besitz-Nehmens einer Landschaft" identifiziert, die Jacobsen stellvertretend für die Wiedergabe der „Entwicklung einer Liebesbeziehung" verwende und dies in *Niels Lyhne* praktiziert habe.[32] Diese Methode, seelische Zustände auf die Natur und Landschaft zu projizieren und von der Darstellung des Naturbildes auf das Innenleben einer Romangestalt zu schließen, habe Meschendörfer möglicherweise von Jacobsen übernommen, behauptet Konradt. Beide Liebespaare, sowohl Niels und Fennimore als auch Svend und Leonore erkunden gemeinsam ihre nähere Umgebung, den Wald,

---

[28] Adolf Meschendörfer: Leonore. Roman eines nach Siebenbürgen Verschlagenen. Mit einem Nachwort von Dieter Fuhrmann. Bukarest 1967, S. 72.
[29] Ebenda.
[30] Ebenda, S. 72f.
[31] J. P. Jacobsen: Niels Lyhne. Roman und sechs Novellen. Aus dem Dänischen übersetzt. Mit einer biographischen Einleitung versehen von Dr. H. H. Ewers. Berlin o. J.
[32] Konradt, Grenzen einer Inselliteratur (Anm. 17), S. 86.

der an den Garten am Fjord stößt, bzw. die Berge, Felder und Dörfer in der Umgebung von Kronstadt, um sich „eine eigene Welt zu schaffen, in der die Alltagswirklichkeit keinen Platz hat"[33]. Wie Jacobsen ziehe es auch Meschendörfer vor, starke innere Regungen seiner Hauptgestalten anhand von Naturvorgängen dem Leser verständlich zu machen. Als Niels seine Liebe zu Frau Boye entdeckt, die ihm den Schlaf raubt, geht er hinaus in die Nacht und lässt deren Eindrücke auf sich wirken:

> Die laue Frühlingsnacht war voll von Duft; nicht gesättigt, wie eine Sommernacht es ist, aber gleichsam vom Duft gestreift, vom würzigen Balsamduft junger Pappeln, dem kühlen Hauch verspäteter Veilchen [...]. Und so wie Schatten jenes Duftes tanzten luftige Stimmungen in launenhaftem Reigen ihm durch das Gemüt.[34]

Auch Dr. Svend, der sich schließlich seine Liebe zu Leonore, gegen die er sich lange Zeit zu sträuben versucht hat, eingesteht, wird von Meschendörfer nicht unmittelbar vorgeführt. Der Autor lässt seinen Protagonisten des Nachts aus der Stadt hinaus wandern, wo er den Anblick der Natur folgendermaßen erlebt:

> Da waren junge Birken mit fein durchbrochenem Ästegitter, die standen vereinzelt auf einer Anhöhe [...]. In einer Rundung befand sich eine Bank [...]. Da ließ ich mich nieder [...] Auf einem Birkenstämmchen neben mir konnte auch ein Vogel keine Ruhe finden; er versuchte von Zeit zu Zeit einen Triller, in dem er dann, gleichsam verwundert, immer wieder innehielt.[35]

Die Wahrnehmung der Naturer bringt einen Seelenzustand zum Ausdruck, der durch Gefühlsverwirrungen und Gefühlsschwankungen gekennzeichnet ist, die ihre Entsprechungen in den wechselnden Eindrücken findet, die die Frühlingsnacht vermittelt.[36]

Der Einfluss Jacobsens reicht über die impressionistischen Naturschilderungen hinaus. Meschendörfer könnte Dr. Svend auch in Anlehnung an Niels Lyhne konzipiert haben. Beide sind, schreibt Edith Konradt, begabte Dilettanten und genießende Décadents, die ihre Begabungen darauf verschwenden, ihr Leben zum Kunstwerk zu stilisieren.[37] Beide scheitern in ihrer Biografie, weil sie einen falschen Zugang zum Leben und zur Kunst suchen. „Statt sich dem Leben hinzugeben und sich in der Kunst gestaltend zu betätigen", geben sie sich Kunstwerken hin und suchen das Leben dadurch zu bewältigen.[38]

---

[33] Ebenda.
[34] Zit. nach ebenda, S. 87.
[35] Zit. nach ebenda.
[36] Vgl. ebenda, S. 87f.
[37] Ebenda, S. 92.
[38] Ebenda, S. 93.

Karl Kurt Klein hat 1924 in einem längeren Aufsatz über Meschendörfers *Leonore* behauptet, es sei schwierig, ein „dichterisches Kunstwerk [...] auf ein Vorbild festzulegen, zumal wenn sich in einem Verfasser so mannigfache Geistesströmungen kreuzen, wie im Meschendörfer des Jahres 1905"[39]. Nachdem er mehrere Parallelen zu weiteren um 1900 entstandenen Werken zieht und beispielsweise auf Cäsar Flaischlens *Jost Seyfried. Ein Roman in Brief- und Tagebuchblättern* (zwei Bände, 1905) verweist – „Prämisse" sei sowohl für Flaischlen als auch für Meschendörfer „das von den Norwegern geübte Kunstideal dichterischer Verinnerlichung (im Gegensatz zu der groben Photographiewirklichkeit des konsequenten Naturalismus)" – schlussfolgert Klein: „In Gestaltung, Formgebung, Stilmitteln" scheint Meschendörfer doch „am wesentlichsten beeinflusst von Knut Hamsun". Was die „seelische Grundstimmung" angehe, so sei es nicht nur das „lyrische Naturgefühl" des Norwegers, „das wir bei Meschendörfer wieder finden, sondern das Konzipieren aus dem Erinnerungszustande heraus, die ,Auflösung der erzählerischen Formbestandteile in freie Folgen von Stimmungen und Entwicklungszuständen'". Beiden sei ebenso „die Einkleidung" des Romangeschehens in die „autobiographische Form" eigen wie die „unbestimmten Töne" und die „verschimmernden Übergänge"[40].

Edith Konradt hat die von Klein aufgelisteten Befunde zum Großteil bestätigt und durch weitere ergänzt und ist zum Schluss gekommen:

> Die mannigfachen Anleihen, die Meschendörfer bei der europäischen Moderne machte, lassen seinen Roman [...] zum Spiegel des kontroversen Zeitgeistes um 1900 werden [...]. Diese Einflüsse überlagern sich und sind im einzelnen nur punktuell erfassbar, da für den Roman als Ganzes kein dominantes künstlerisches Vorbild nachzuweisen ist.[41]

In ihrer Diplomarbeit *Adolf Meschendörfers „Leonore" und Knut Hamsuns „Pan"*, die sie 1978 an der Philologie-Fakultät der Klausenburger Babeș-Bolyai-Universität unter der Betreuung des damaligen Germanistik-Dozenten Peter Motzan verfasste, hat Ditta Sibylle Scherg Danek Ähnlichkeiten und Unterschiede in den beiden Romanen herausgearbeitet, den Grad der Abhängigkeit des Kronstädter Autors von seinem berühmten norwegischen Vorbild zu bestimmen versucht, aber auch die Eigenständigkeit des siebenbürgischen Schriftstellers immer wieder hervorgehoben.[42]

Gemeinsamkeiten lassen sich zunächst im Handlungsverlauf und in der Personenzeichnung feststellen. Das Geschehen trägt sich in beiden Fällen in kleinen Städten, fernab europäischer Metropolen, zu. Bei Hamsun ist es das

---

[39] Karl Kurt Klein: Von literaturgeschichtlicher Wertung und Meschendörfers „Leonore". In: *Klingsor* 1(1924), H. 9, S. 341.
[40] Ebenda, S. 341.
[41] Konradt, Grenzen einer Inselliteratur (Anm. 17), S. 101.
[42] Ditta Sibylle Scherg Danek: Adolf Meschendörfers „Leonore" und Knut Hamsuns „Pan" – ein Vergleich. Cluj-Napoca 1978 [Maschinenschrift], 58 S.

Handelsstädtchen Sirilund, an einem Fjord in Nordnorwegen gelegen, wo Leutnant Glahn mit seinem Hund Äsop, der ihn auf seinen Jagdgängen begleitet, in einer Hütte im Grenzbereich von Natur und Zivilisation die Monate zwischen Frühling und Herbst verbringt. Festgehalten an dem Ort wird Glahn nicht zuletzt durch die Liebe zu Edvarda, der eigenwilligen und faszinierenden Tochter des wohlhabenden Kaufmanns Mack.[43]

In *Leonore* legt der gebildete, besonders in Kunst- und Literaturfragen bewanderte Dr. Svend auf seinem Weg nach Indien in einer südsiebenbürgischen Kleinstadt Station ein. Die Liebe zur hübschen und intellektuell neugierigen Leonore wird ihn für rund ein halbes Jahr in dieser Stadt festhalten.

Über die Grenzen von Sirilund und Kronstadt hinaus gerät die Naturlandschaft dieser Regionen in den Blick, in *Pan* ist es Nordnorwegen mit seinen Fjorden und Inseln, dem Nordlicht und den hellen Nächten, in *Leonore* sind es die Gebirge und Wälder des Burzenlandes, die bis in die Stadt hineinragen, ihr Eigenart und Charme verleihen. Die natürliche Umgebung wirkt sich jeweils prägend auf die Bewohner der Kleinstädte aus, sie bestimmt deren Charakter und Lebensgewohnheiten, bewirkt jedoch bei sensiblen Naturen wie Edvarda und Leonore den letztlich nicht erfüllten Wunsch, ihr zu entfliehen, sich in größeren urbanen Zentren eine Bleibe zu suchen und nach neuen Lebenschancen Ausschau zu halten.

Für Glahn und Dr. Svend, die, der großstädtischen Zivilisation überdrüssig, auf der Suche nach innerem Frieden den umgekehrten Weg einschlagen und in der ungezähmten Natur bzw. in der Kleinstadtidylle zumindest zeitweilig eine Alternative erblicken, bilden die Bewohner von Sirilund und Kronstadt Studienobjekte, die mit fremdem Blick zu erkunden, besonders Svend nicht müde wird.

Die unterschiedlichen Prägungen und Erwartungen der Protagonisten Edvarda und Glahn bzw. Leonore und Dr. Svend sind am Ende für das Scheitern ihrer Liebesbeziehung verantwortlich. Glahn ist hin- und hergerissen zwischen weltabgewandter Ungebundenheit und seiner Sehnsucht nach familiärer und gesellschaftlicher Integration. Dr. Svend kann sich auf Dauer ein Leben in einer Kleinstadt doch nicht vorstellen und fürchtet, durch eine eheliche Bindung seine Unabhängigkeit einbüßen zu müssen.

Die beiden weiblichen Hauptgestalten Edvarda und Leonore weisen ähnliche Charakterzüge auf, unterscheiden sich aber auch in mancher Hinsicht. Sie sind als Halbwaisen früh gereift und stark an ihre Väterwelt gebunden. Ihr Leben in einem Provinznest empfinden sie als bedrückend, in der Heirat mit einem weltläufigen Mann erblicken sie die Möglichkeit, ihrem Herkunftsraum den Rücken zu kehren bzw. ihre Träume zu verwirklichen, was ihnen letztendlich nicht gelingen wird.

---

[43] Knut Hamsun: Pan. Aus Leutnant Thomas Glahns Papieren. In neuer berechtigter Übertragung von J. Sandmeier. München 1929.

Edvarda vermag durch ihr ironisch-stolzes, launisches und rätselhaftes Verhalten den Waldschwärmer Glahn nicht an sich zu binden. Sie wird den ihr vom Vater angedachten Baron heiraten. Bevor Glahn, verbittert und von Eifersucht geplagt, die Einöde verlässt, möchte Edvarda Äsop als Andenken an ihn behalten. Der Bitte kommt Glahn nach, er schickt ihr jedoch den Hund tot zu.

Die wissbegierige Leonore muss ihren Traum, mit Hilfe Dr. Svends aus dieser Welt ausbrechen zu können, am Ende auch begraben. Das Schimmelgespann, das sie sich von Svend als Erinnerung erbeten hatte, wird ihr dieser auch nur tot zukommen lassen.

Von den weiteren Details, die eine Abhängigkeit Meschendörfers von seinem norwegischen Vorbild belegen und die auch den Literaturwissenschaftlern/innen aufgefallen sind, sei hier bloß angeführt, dass der von Eifersucht gepeinigte Glahn seinem Nebenbuhler, dem Baron, ins Ohr spukt und dass Dr. Svend seinem um die Gunst Leonores buhlenden Rivalen mit Bier beschüttet.[44]

Nicht unerwähnt sollte auch bleiben, dass beide Romane, die sich der Ichform – der Rückblende im Falle Hamsuns bzw. des Tagebuches und des Briefes bei Meschendörfer – bedienen, ein ähnliches Aufbau- und Gestaltungsprinzip erkennen lassen. Es ist jeweils ein Fremder, der im Frühling einer jungen attraktiven Frau begegnet, die sein Interesse weckt und in die er sich bald verlieben wird. Während des Sommers erreicht die Liebe, die erwidert wird, ihren Höhepunkt, um dann im Herbst abzuklingen und mit der Abreise des Fremden zu enden.[45] Aufkommen, Fortschreiten und Absterben des Liebesgefühls wird von den Autoren mit dem natürlichen Ablauf der Jahreszeiten in Verbindung gebracht und gestaltet.

## VI.

Nachdem die von ihm herausgegebenen *Karpathen* nach einer Lebensdauer von sieben Jahren 1914 kriegsbedingt ihr Erscheinen eingestellt hatten, zog sich Meschendörfer, da er das Rektoramt des Honterus-Gymnasiums übernommen hatte, für Jahre aus dem literarischen Leben zurück. Er sollte erst gegen Ende der 1920er Jahre schriftstellerisch wieder aktiver werden und mit seinen Romanen *Die Stadt im Osten* (1932) und *Der Büffelbrunnen* (1935) über Kronstadt und Siebenbürgen hinaus dichterischen Ruhm erlangen.

Zwischenzeitlich war nach dem Ende des Ersten Weltkrieges und der Auflösung der österreichisch-ungarischen Monarchie seine Heimat Siebenbürgen in

---

[44] Vgl. auch Scherg Danek, Adolf Meschendörfers „Leonore" und Knut Hamsuns „Pan" (Anm. 42), S. 34ff.
[45] Ebenda, S. 45.

einen neuen Staat, in Großrumänien, integriert worden – ebenso wie das Banat, die Bukowina und Bessarabien.

Der Rezeption der skandinavischen Literatur bei der deutschen Leserschaft hat dies keinen Abbruch getan, ein deutschsprachiges literarisches Leben war auch im ‚neuen' Vaterland, das seinen Minderheiten kulturelle Eigenständigkeit gewährte, möglich. Nach einer kurzen Übergangszeit während des Ersten Weltkrieges und in den ersten Jahren danach, in der die künstlerische und geistige Produktion stagnierte, begann sich in Rumänien seit Mitte der 1920er Jahre ein reges literarisches Leben in deutscher Sprache zu entfalten. Literarische Werke wurden publiziert, Zeitungen und Kulturzeitschriften gegründet, Buchhandlungen boten auch Bücher an, die in deutschen Verlagen erschienen waren, die Literaturkritik wies auf wichtige Neuerscheinungen der deutschen und der Weltliteratur hin. Der Präsenz in wichtigen Kulturzeitschriften, beispielsweise in dem für Siebenbürgen in den Jahren 1924–1939 richtungsbestimmenden Periodikum *Klingsor* nach zu urteilen, spielte die skandinavische Literatur, allen voran die Bücher von Knut Hamsun hierbei eine herausragende Rolle.

Nicht so sehr Adolf Meschendörfer, der sich von seinem literarischen Vorbild in diesen Jahren zu lösen begann und mit seinen Romanen *Die Stadt im Osten* (1932) und *Der Büffelbrunnen* (1935) auf die konservativ-nationale und völkische Linie einschwenkte, war an Hamsuns Büchern aus dieser Zeit interessiert, sondern die damals jungen Prosaautoren Oscar Walter Cisek (1897–1966), Heinrich Zillich (1898–1988), Erwin Neustädter (1897–1992) und Erwin Wittstock (1899–1962).

Im Zusammenhang mit Knut Hamsuns Büchern, die auch im Prosaschaffen dieser Autoren „Spuren hinterlassen haben", schreibt Joachim Wittstock, habe sich ein „ganzes Bezugsgeflecht" ergeben.[46] „Hamsuns Gestaltungsweise" hat für diese Erzähler, wie deren Äußerungen darüber erkennen ließen, „etwas Faszinierendes" gehabt.[47] Oscar Walter Cisek hat, schreibt Wittstock, vor allem die „Lebensfülle und Vielseitigkeit sowie die Überzeugungskraft des lyrischen Subjektivismus in den Romanen Hamsuns" fasziniert. Erwin Neustädter – so Joachim Wittstock – sei beeindruckt gewesen von den Lebensschicksalen, denen er in Hamsuns *Landstreicher* (1927) begegnet sei, in Zillichs zahlreichen Kurzbesprechungen zu den Büchern Hamsuns aus dem *Klingsor*[48], würden „durchwegs enthusiastische Töne angeschlagen".[49] Zillich war es auch, der sich

---

[46] Joachim Wittstock: Universalität und Provinzialismus in der rumäniendeutschen Literatur. In: Die rumäniendeutsche Literatur in den Jahren 1918–1944. Redigiert von Joachim Wittstock und Stefan Sienerth. Bukarest 1992, S. 134.
[47] Ebenda.
[48] Siehe beispielsweise: Heinrich Zillich: Knut Hamsun: Landstreicher. Roman. München 1928. In: *Klingsor* 5(1928), H. 2, S. 75f.; ders.: Knut Hamsun: August Weltumsegler. Roman. München 1930. In: Ebenda 8(1931), H. 1, S. 37; ders.: Knut Hamsun: Der Wanderer. München o. J. In: Ebenda 10(1933), H. 4, S. 159f.; ders.: Knut Hamsun: Kämpfende Kräfte. Eine Erzählung in zwei Romanen. München 1933. In: Ebenda 10(1933), H. 7, S. 279–280.
[49] Wittstock, Universalität und Provinzialismus (Anm. 46), S. 134f.

zu den Büchern anderer skandinavischer Schriftsteller, beispielsweise der Norweger Olav Duun (1876–1939) und Sigrid Undset (1882–1949), des Schweden Carl Gustav Verner von Heidenstam (1859–1940) und des Finnen Frans Eemil Sillanpää (1888–1964) ähnlich begeistert äußerte.[50]

Es ist davon auszugehen, dass Meschendörfer über den *Klingsor*, aber auch sonst über Buchhandlungen, Zeitungen und Zeitschriften zumindest einen Teil dieser Bücher gekannt hat, selbst wenn eine Beeinflussung seiner eigenen Schriften durch diese Autoren nicht nachweisbar ist.

Seine Beziehungen zu den skandinavischen Ländern und deren Literaturen hat er jedoch nicht einfrieren lassen. Im Gegenteil, als sich ihm Ende der 1930er – er gehörte wie Heinrich Zillich und Erwin Wittstock zu den vom nationalsozialistischen Deutschland gefeierten Autoren – die Möglichkeit bot, eine Lesereise durch Schweden zu unternehmen, hat er diese Chance gern genutzt.

Meschendörfer sei, heißt es in einem Bericht des *Bukarester Tageblattes* vom 31. Januar 1938, Anfang Oktober 1937 einer Einladung schwedischer Universitäten und deutsch-schwedischer Vereinigungen gefolgt. Er habe in den Universitätsstädten Lund, Uppsala und Stockholm aus seinen Dichtungen gelesen. „In den ehrwürdigen Räumen der Universität zu Uppsala" sei es nach mehr als zweihundert Jahren das erste Mal gewesen, „dass wieder ein Siebenbürger Sachse von dem Platze, an dem Andreas Heltmann [Heldmann] einst gelehrt hatte, seinen schwedischen Zuhörern" über die Siebenbürger Sachsen erzählte. In Stockholm habe Meschendörfer u. a. an einer Volkshochschule und auch vor den Mitgliedern der dortigen „reichsdeutschen Kolonie" gelesen. Die schwedische Presse habe, heißt es im Bericht des *Bukarester Tageblattes*, „in ausführlichen bebilderten Aufsätzen das Schaffen" des siebenbürgischen Schriftstellers gewürdigt.[51]

Diese Kontakte Meschendörers haben allerdings im Unterschied zu den literarischen Anregungen zu Beginn des 20. Jahrhunderts keine nachhaltigen Spuren im Werk des siebenbürgischen Autors hinterlassen.

---

[50] Ebenda, S. 135. Siehe beispielsweise H. Zillich: Sigrid Undset: Olav Audunssohn. Frankfurt am M. 1928. In: *Klingsor* 5(1928), H. 3, S. 118f. ders.: Sigrid Undset: Olav Audunssohn auf Hestviken. Frankfurt a. M. 1928. In: Ebenda 5(1928), H. 11, S. 119; ders.: Selma Lagerlöf: Anna. Das Mädchen aus Dalarne. München 1929. In: Ebenda 6(1929), H. 2, S. 80. ders.: Olav Duun: Die Juwikinger. 2. Bd. Odin. Frankfurt am Main o. J. In: Ebenda 6(1929), H. 3, S. 117f.; ders.: Sigrid Undset: Olav Audunssohn und seine Kinder. Frankfurt a. M. 1929. In. Ebenda, S. 117.

[51] Vgl. auch: Diktarafton i Svensk-tyska förbundet. Dr. Meschendörfer läser egna verk. In: *Lunds Dagblad*, 1. Oktober 1937; Tyskhet i Siebenbürgen av i dag. Svenska-tyska sällskapets gäst uttakar sig. In: *Upsala Nya Tiding*, 4. Oktober 1937; Gäster från Siebenbürgen. In: *Svenska Dagbladet*, 6. Oktober 1937; „Bed för den olycklige konungen ab Sverige!". Siebenbürgen har gott om minnen av Karl XII. In: *Dagens Nyheter*, 6. Oktober 1937; W. Grün: Heimische Dichtung in Schweden. In: *Deutsche Tageszeitung*, 15. Oktober 1937; Adolf Meschendörfer in Schweden. In: *Siebenbürgisch-Deutsches Tageblatt*, 17. Oktober 1937.

# Interdiskursive Verdichtungen

*Die andere Stimme* des Lyrikers Oscar Walter Cisek (1897–1966)

PETER MOTZAN (München)

## 1. Übertönt und vergessen

Befragt man das in der Geschichte literaturwissenschaftlicher Rezeption überlieferte Bild des rumäniendeutschen Schriftstellers Oscar Walter Cisek, so springt förmlich ins Auge, dass sein schmales lyrisches Werk weitaus weniger kommentiert und analysiert wurde als seine interkulturellen Vermittlungsleistungen[1] und als sein episches Œuvre[2], das – dem Urteil des Kölner Literaturwissenschaftlers Norbert Mecklenburg zufolge – „den Anspruch darauf hat, in den Kanon großer deutscher Erzählkunst des 20. Jahrhunderts aufgenommen zu werden"[3].
Als zweisprachiger Essayist, der das Rumänische brillant handhabte und gleichermaßen mit rumänischer und deutscher Literatur und Kunst vertraut war, bewegte sich Cisek zwischen den beiden Kulturen, während er in fiktionalen Werken sich ausschließlich seiner Muttersprache bediente. Sein Werdegang zeugt von einem Selbstverständnis, dessen Grundlage die Identität als akzeptierte Vielfalt, die multiple Identität bildete: 1924 trat Cisek in den

---

[1] Vgl. Oscar Walter Cisek: Sufletul românesc în artă și literatură [Die rumänische Seele in Kunst und Literatur]. Eine Anthologie besorgt und kommentiert von Al. Oprea. Cluj 1974 [Essays zur Literatur und bildenden Kunst – Anm. P. M.]; Roxana Nubert: Oscar Walter Cisek als Mittler zwischen deutscher und rumänischer Kultur. Regensburg 1994; Peter Motzan: Brücke über Wissenslücke? Oscar Walter Cisek und die Zeitschrift *Kulturnachrichten aus Rumänien* (Bukarest, 1925–1926, 1928). In: Deutschsprachige Öffentlichkeit und Presse in Mittelost- und Südosteuropa (1848–1948). Hrsg. von Andrei Corbea-Hoișie, Ion Lihaciu, Alexander Rubel. Iași, Konstanz 2008, S. 291–312.

[2] Siehe Gertrud Gregor Chiriță: Die Klangstruktur der Prosa Oscar Walter Ciseks. Diss. Phil. Bukarest 1977 [Maschr.]; Heinrich Stiehler: Paul Celan, Oscar Walter Cisek und die deutschsprachige Gegenwartsliteratur Rumäniens. Ansätze einer vergleichenden Literatursoziologie. Frankfurt a. M., Bern u. a. 1979; Annemarie Podlipny-Hehn: Eine tragende Melodie der sichtbaren Wirklichkeit: Oscar Walter Cisek. Ein Essay. Temeswar 1999; Peter Motzan: Ein Einzelgänger: Der Lyriker Oscar Walter Cisek. In: P. M.: Lesezeichen. Aufsätze und Buchkritiken. Cluj-Napoca 1986, S. 7–29. Auf diesen Aufsatz greift die vorliegende Untersuchung streckenweise zurück.

[3] Norbert Mecklenburg: Rettung des Besonderen. Zur Analyse und Kritik deutschsprachiger Minderheitenliteratur. In: N. M.: Die grünen Inseln. Zur Kritik des literarischen Heimatkomplexes. München 1986, S. 265–289, hier S. 278.

Dienst des Rumänischen Außenministeriums, den er über zwei Jahrzehnte lang ausübte – u. a. als Presse- und Kulturrat an den königlich-rumänischen Gesandtschaften in Wien (1930), Prag (1932–1939) und wenige Monate in Berlin (1939) sowie als Generalkonsul in Bern (1946–1947). Heimat war für ihn jedoch auch die deutsche Sprache und Literatur und der darin gespeicherte Erfahrungsreichtum. Diese gleichsam doppelte Loyalität hat er niemals als Zerreißprobe empfunden.

*Die andere Stimme* des Lyrikers – unter diesem Titel, der möglicherweise das Bewusstsein einer alternativen Ausdrucksweise gegenüber dem epischen Werk signalisiert, erschien 1934 im Verlag Wolfgang Jess[4] in Dresden zu Ciseks Lebzeiten sein einziger Gedichtband – wurde bis weit über seinen Tod hinaus von jener des produktiven Erzählers übertönt. Zwar hatte schon der siebenbürgisch-deutsche Literaturwissenschaftler Karl Kurt Klein in einer Kurzrezension dieses Lyrikbändchens, das nur 40 Texte enthält, die Besonderheit des Tonfalls herausgehört und es in einer ‚glanzvollen' Traditionsebene verortet[5], doch fanden überraschender Weise Gedichte Ciseks keinerlei Aufnahme in die von der Deutschen Buchgilde in Rumänien herausgegebene Anthologie *Herz der Heimat*[6] und im „Dritten Reich" meines Wissens keinen Widerhall. Immerhin nahm Heinrich Ellermann in seine legendäre Reihe *Das Gedicht. Blätter für die Dichtung* in die 23. Folge/September 1935 zwei Gedichte (*Schlaflied* und *Fahndung vor Abend*) von Oscar Walter Cisek auf – eine Reihe, „die während des Jahrzehnts 1933–1944 ein Organ nichtnationalsozialistischer und zum Teil antinationalsozialistischer Dichtung blieb"[7].

Während bereits 1956 – nach Jahren der Marginalisierung und Einkerkerung unter dem Diktat stalinistischer Justizwillkür (1952–1954) – einige seiner Erzählungen der Zwischenkriegszeit im kommunistischen Rumänien neu aufgelegt wurden[8], hat Cisek kein einziges seiner Gedichte zur Veröffent-

---

[4] Im Verlag Wolfgang Jess, der sich gegen eine Veröffentlichung der ‚Blut-und-Boden'-Literatur sperrte und dessen Belletristik-Produktion nach 1933 stark zurückging, erschienen u. a. Bücher von Günter Eich, Elisabeth Langgässer, Martin Raschke, Paul Zech sowie zwischen 1929 und 1932 die von Artur Kuhnert und Martin Raschke herausgegebene Literaturzeitschrift *Die Kolonne*, deren Schwerpunkt die Naturlyrik einer jungen Generation bildete und zu deren Mitarbeitern Günter Eich, Hermann Kassack, Elisabeth Langgässer, Theodor Kramer, Horst Lange und Georg von der Vring zählten.

[5] „Es ist die Stimme Hölderlins und Trakls. Stofflich, sprachlich und gehaltlich stehen Ciseks Schöpfungen hoch über dem Gewöhnlichen [...]. Hindurchgezwängt durch die Pforten der Läuterung ist das warme, pulsende Blut aus ihnen abgeflossen. Dafür ist den Gedichten herbe Süße, brennendes Feuer, spiegelnde Glätte geworden." – Karl Kurt Klein: Heimische Lyriker. In: *Klingsor* 11(1934), H. 6, S. 245.

[6] Herz der Heimat. Gedichte. Hrsg. von der Deutschen Buchgilde in Rumänien. Die Auswahl besorgten Herman Roth und Harald Krasser. Hermannstadt 1935.

[7] Christoph Perels: Vorbemerkung. In: Lyrik verlegen in dunkler Zeit. Aus Heinrich Ellermanns Reihe „Das Gedicht. Blätter für die Dichtung" 1933 bis 1944. Gedichte von vierzig Autoren. Ausgewählt und eingeleitet von Christoph Perels. Mit einem Gesamtverzeichnis der Jahrgänge 1–10. München 1984, S. 7.

[8] Oscar Walter Cisek: Am neuen Ufer. Begleitwort von Alfred Kittner. Bukarest 1956.

lichung angeboten bzw. publizieren können, da seine Lyrik mit dem Themen- und Formenrepertoire der anbefohlenen Aufbaupoesie nicht kompatibel war. Erst nach seinem Tod – während der relativen Liberalisierung der Kulturpolitik – wurden Texte aus dem Band *Die andere Stimme* nachgedruckt, erschien Vereinzeltes aus dem Nachlass.[9]

In seinem informativen *Begleitwort* zu dem Prosaband *Am neuen Ufer* begnügte sich Alfred Kittner vorerst – eingedenk der restriktiv-normativen Vorgaben des Sozialistischen Realismus – mit floskelhaften Beschreibungen von Ciseks Gedichten.

> [...] es sind zuchtvoll verhaltene Verse eines Lyrikers von hoher Sprachkultur, die erkennen lassen, daß ihr Schöpfer um das Wesen des Gedichts und seine Beschränkung auf die knappste gültige lyrische Aussage zutiefst Bescheid weiß. Nicht anders als in seinem Prosawerk erweist er sich als ein Eigener, der es verschmäht, bereits betretene Wege zu gehen, und immer auf der Suche nach dem Quellgrund seines eigenen Wesens ist.[10]

Es sollten weitere zehn Jahre vergehen, bis Elisabeth Axmann in einer Würdigung anlässlich von Ciseks 70. Geburtstag erneut an seine Gedichte erinnerte und kurz hineinblickte

> in das merkwürdigerweise unbekannteste Gesicht [...], das im Flammenspiel dieser geistigen Einheit, die jetzt nur noch in Büchern lebt, in Erscheinung trat: das Gesicht des Lyrikers [...]. Diese Verse [...] sind nicht nur Nebenprodukte des bekannten epischen Werkes. Sie sind, der dichten Welt kompakten Geschehens gegenüber, entschieden das Ergebnis eigenständiger Sublimierungsprozesse.[11]

1971 legte Michael Markel die erste werkimmanente Interpretation eines Cisek-Gedichts vor und versäumte dabei nicht, darauf hinzuweisen, dass dessen Lyrik „trotz ihres hohen Ranges heute im Bewusstsein der literarischen Öffentlichkeit nicht sonderlich gegenwärtig ist"[12]. Ein Jahr später, Ende 1972, wartete schließlich Kriterion – der Verlag für nationale Minderheiten der Sozialistischen Republik Rumänien – mit einer bibliophil gestalteten Cisek-Kassette[13] auf, deren erster Band 73 Texte enthält: 18 *Jugendgedichte (etwa 1909–1925)*[14], das Lyrikbuch *Die andere Stimme (1925–1933)* als unveränderten Nachdruck und 15 *Späte Gedichte (1947–1955)*. Diese Edition verführte jüngere Kritiker, deren Augenmerk vorrangig neueren literarischen

---

[9] Nubert, Cisek als Mittler (Anm. 1), S. 227–229.
[10] Kittner, Begleitwort (Anm. 8), S. 26.
[11] Elisabeth Axmann: Bildhafte Welt. Zu Oscar Walter Ciseks siebzigstem Geburtstag In: *Neuer Weg*, 2. Dezember 1967.
[12] Michael Markel: Oscar Walter Cisek: „Das Opfer". In: Interpretationen deutscher und rumäniendeutscher Lyrik. Hrsg. von Brigitte Tontsch. Klausenburg 1971, S. 291–295, hier S. 292.
[13] Oscar Walter Cisek: Gedichte. Eine Auswahl. Mit einem Nachwort von Alfred Kittner [Band I]; Im Verweilen vor Goethes Gedichtmaske. Ein Essay [Band II]. Bukarest 1972.
[14] Bei der Datierung der *Jugendgedichte* handelt es sich offensichtlich um einen Druckfehler. Anno 1909 war Cisek erst zwölf Jahre alt, seine ersten Gedichte erschienen im Jahr 1919.

Entwicklungstendenzen galt, zu staunend-begeisterter Akklamation.[15] So antwortete beispielsweise Emmerich Reichrath auf eine Umfrage der Hermannstädter Zeitung *Die Woche*, diese Cisek-Ausgabe sei „[...] gewiss das schönste Buch, das bei uns nach 1945 gedruckt wurde, und der Lyriker Oscar Walter Cisek wahrscheinlich der bedeutendste, den die rumäniendeutsche Literatur aufzuweisen hat"[16]. Zum verspäteten Leseerlebnis wurde nicht das, was Identifikationsmuster anbot oder schöpferische Anknüpfung gewährleistete, sondern die Andersartigkeit, eine faszinierende ‚Fremdheit' innerhalb endogener Traditionszusammenhänge: eine Sprachwirklichkeit, deren konstituierende Momente den Gegensatz zwischen regionaler Verankerung und überregionalem Geltungsanspruch ohne jede Verkrampftheit aufhoben und transzendierten. So kam es in der ersten Hälfte der 1970er Jahre im kleinen rumäniendeutschen Literaturbetrieb zu einer (Wieder-)Entdeckung des Poeten, doch verebbte die Begeisterung anlässlich der ‚Begegnung' mit einem „großen Unbekannten"[17] ebenso rasch, während in der Bundesrepublik Deutschland und in der DDR zwar seine Romane und Erzählungen in renommierten Verlagen erschienen[18], der Lyriker aber totgeschwiegen wurde.[19] Eine ideologiekritisch orientierte Germanistik, die literarische Texte vorrangig nach ihrem fortschrittlich-aufklärerischen Potenzial benotete, konnte Ciseks Poesie offensichtlich nichts abgewinnen.

## 2. Eklektische Anfänge

Erste Chancen zu öffentlichen Auftritten boten dem jungen Bukarester ab 1919/1920 neu gegründete Periodika im siebenbürgischen Hermannstadt: die *Deutsche Tagespost. Allgemeine Zeitung für das Deutschtum in Großrumänien*, das *Ostland. Monatsschrift für die Kultur der Ostdeutschen* und der *Frühling. Blätter für Menschlichkeit*, die allesamt eine interregionale Vernetzung des deutschen kulturellen Lebens anstrebten. Und wenige Jahre

---

[15] Eduard Schneider: Wanderer mit Kartäusernelke hinterm Ohr. Die Entdeckung eines anderen Cisek. In: *Banater Zeitung*, 9. März 1973; Peter Motzan: Ein großer Unbekannter. Bemerkungen zur Lyrik. In: *Neuer Weg*, 1. Juni 1972; ders.: Poetul Oscar Walter Cisek [Der Lyriker Oscar Walter Cisek]. In: *Steaua* [Der Stern] 24(1973), H. 18, S. 14–15; Emmerich Reichrath: Worte wie süßes Brot. Zu Oscar Walter Cisek: „Gedichte" und „Im Verweilen vor Goethes Gesichtsmaske". In: *Neue Literatur* 24(1973), H. 2, S. 100–104.

[16] Die Bücher des Jahres 1973. In: *Die Woche*, 4. Januar 1974.

[17] Motzan, Ein großer Unbekannter (Anm. 15).

[18] Vgl. Oscar Walter Cisek: Bibliografie. In: O. W. C.: Das entfallene Gesicht. Erzählungen. Hrsg. und mit einem Nachwort versehen von Peter Motzan. München 2002, S. 378–381.

[19] Mit Ausnahme des *Ostdeutschen Lesebuches II. Deutsche Dichtung der Jahrhundertmitte vom Baltikum bis zum Banat*. Auswahl, Einführungen und Nachwort von Ernst-Edmund Keil. Vorwort von Prof. Dr. Helmut Motekat. Bonn 1984, in das zwei seiner frühen Gedichte (*Kronstädter Frühling* und *Rumänischer Oktober*, S. 280) aufgenommen wurden, ist Cisek in keiner im deutschen Sprachraum nach Ende des Zweiten Weltkriegs erschienenen Lyrikanthologie vertreten.

später wurde Cisek zum Mitarbeiter der 1924 ins Leben gerufenen, von Heinrich Zillich in Kronstadt herausgegebenen siebenbürgischen Kulturzeitschrift *Klingsor*.[20]

Als Lyriker debütierte Cisek 1919 im *Ostland*.[21] Nach dem Siebenbürger Hermann Klöß ist er darin mit den meisten Gedichten vertreten und unter den nichtsiebenbürgischen Autoren jener, der am häufigsten zu Wort kommt.[22] Der Herausgeber des *Ostlands* Richard Csaki erkannte in den lyrischen Verlautbarungen Ciseks allem Anschein nach eine Haltung, deren Durchbruch er in der gesamten deutschsprachigen Literatur Großrumäniens befürwortete: Anschluss an die europäische Moderne und eine ästhetische Emotionen auslösende Sprachbeherrschung – die Bereitschaft und Fähigkeit, „Menschheitsprobleme aufzunehmen, an der Formgestaltung mitzuschaffen, zuerst Mensch, dann Dichter, dann ... Sachse sein zu wollen"[23].

Zweifelsfrei sind Ciseks frühe Gedichte eklektisch, noch nicht von *einem* Stilwillen gebändigt, und bewegen sich zwischen neuromantischem Subjektivismus und expressionistischem Menschheitspathos. Diese Unsicherheit und Unentschiedenheit verbindet ihn mit anderen jungen deutschen Autoren aus Siebenbürgen, dem Banat und der Bukowina, mit Heinrich Zillich, Franz Xaver Kappus, Alfred Margul-Sperber. Wie der Bukarester durchspielten auch diese in den frühen 1920er Jahren unterschiedliche Ausdrucksweisen – auf der Suche nach einem eigenen Standort in Zeiten der ‚Südostverschiebung', der Integration der ehemaligen Provinzen der auseinandergesplitterten Donaumonarchie in ein anderes Land. Rumänien konnte dank der Pariser Vorortverträge (1919/1920) sein Territorium um mehr als die Hälfte vergrößern und wurde zu einem Mehrvölkerstaat mit einem Minderheitenanteil von 28,1% (davon 4,5%: 713.000 Deutsche), der in der Bukowina sogar ca. 57%, in Siebenbürgen und im Ostbanat ca. 40% betrug.[24]

„Und hinaus in den Tag mußt du schleudern aus dir die blutigen Scherben!/ Zerbrechen mußt du dich erst, ehe dich Heilkraft durchtränkt!/ O Gutsein! O Freundsein! O stockendes Seelenverderben!/ O Wandlung, die jubelnd und sterbend sich schenkt", lautet eine Strophe aus der mit expressionistischen Schlagworten gespickten imperativischen *Verheißung*[25], während ein im selben Jahr erschienenes Gedicht ein melancholisch gedämpftes Saitenspiel in einem weltschmerzlerischen Fin-de-siècle-Stimmungsdekor intoniert: „[ ]//

---

[20] Vgl. Horst Schuller Anger: Kontakt und Wirkung. Literarische Tendenzen in der siebenbürgischen Kulturzeitschrift „Klingsor". Bukarest 1994, Bibliografie, S. 217–262.
[21] Oscar Walter Cisek: Nächte. In: *Ostland* 1(1919), H. 4, S. 184.
[22] Vgl. Dietmar Hellermann: Dichtung im „Ostland". In: Transsylvanica I. Studien zur deutschen Literatur aus Siebenbürgen. Hrsg. von Michael Markel. Klausenburg 1971, S. 155–198.
[23] Dr. Richard Csaki: Unsere neue Literaturbewegung. In: *Ostland* 3(1921), H. 14, S. 417–420, hier S. 420.
[24] Diese statistischen Angaben beruhen auf einer Bevölkerungsschätzung aus dem Jahre 1920. Vgl. hierzu Alfred Bohmann: Menschen und Grenzen. Bd. 2: Bevölkerung und Nationalitäten in Südosteuropa. Köln 1969, S. 104ff.
[25] Oscar Walter Cisek: Verheißung. In: *Frühling* 1(1920), H. 1, S. 21.

In diesen Tagen, die wie bleiche Küsse/ von Mädchenmündern zittern durch mein Leben,/ send ich ins Dunkel dir die scheuen Grüße,/ aus weißen Träumen, die im Dämmer schweben." (*Grüße*)[26]

In Ciseks wenigen Stadt-‚Portraits' verbindet sich expressionistisch gestaltete Beschreibung des Großraumes der Vergesellschaftung mit der bildhaften Reflexion über dessen verheerende Auswirkungen auf menschliche Befindlichkeiten. Die *Verheißung* einer befreienden Wandlung ist darin der Darstellung individueller Entmächtigung in den Ballungszentren der Moderne gewichen.

**Großstadtgram**

Es schweben wie zage Seelen
Laternenlichter im Nebel,
Wie glänzende Türkensäbel
Schienenkurven ihr Dasein verhehlen.

Das Regennetz zerreißt ein Dröhnen:
Eine Trambahn gleitet in den Schacht
Des Dunkels, den wie ein Höhnen
Vor sie hinstellt die Nacht.

Atembange Autohupen ächzen,
Einem kleinen Knaben tun sie leid,
Straßenecken wechselnd mit der Zeit,
Dirnen trillernd nach Vergnügen lechzen.

Hinter Fenstern kleben braune Klumpen:
Matte Frauen warten, warten, warten ....
Wie bei ewig vollen Humpen
Abflussstellen trüb im Trunk entarten.

Der Asphalt fängt spärliche Reflexe,
Wirft sie weiter auf ein nahes Haus,
Das, vergrämt wie eine alte Hexe,
Lauernd blickt nach neuem Unheil aus.

Ein Gelächter keilt sich durch die Luft,
Das nun plötzlich ferne Bilder ruft,
Bis dann wieder Schienen sich im Nebel
Winden wie geschliffne Türkensäbel.[27]

---

[26] Ders.: Grüße. In: *Ostland* 2(1920), H. 6, S. 253.
[27] Ders.: Großstadtgram. In: *Ostlandjahrbuch*. Hermannstadt 1921, S. 43–44.

Die tradierte Gliederung in vierzeilige Reimstrophen tritt in Widerspruch zu der im Text eingefangenen Wirklichkeit. Cisek variiert allerdings Reimfolge, Metrum und Verslänge, rekapituliert den unreinen Reim (Nebel/Türkensäbel) der ersten in der letzten Strophe und markiert dadurch auch auf der Klangebene die sprunghafte, fluktuierende Wahrnehmung. In den beiden ersten Strophen alternieren Jamben mit Daktylen, in den folgenden vier herrscht der Trochäus, die Zeilenlänge schwankt zwischen sechs und zehn Silben. Eingesetzt wird, wenn auch nicht durchgängig, der subjektentkernte Reihungs- und Simultanstil in der Erfassung des Disparaten, den Jacob van Hoddis mit seinem berühmten Gedicht *Weltende* (1911) eingeführt hatte und der danach eine erfolgreiche ‚Karriere' im Frühexpressionismus machte. Auch Ciseks Gedicht zerfällt in Segmente, die nur durch ihre gemeinsame Provenienz aus der Großstadtrealität locker verbunden werden. Das lyrische Ich bezieht eine Beobachterposition, nimmt nicht unmittelbar an den gleichsam im Kreise verlaufenden Bewegungen teil, sein umherirrender Blick schweift durch eine Stadt voller bedrohlicher ‚Stimmen': Dröhnen der Straßenbahnen, ächzendes Hupen der Automobile, Trillern der Huren, keilendes Gelächter. Der Betrachterkommentar setzt sich vorwiegend aus Vergleichen zusammen, die zur Verunheimlichung und Dämonisierung der Ding-Welt beitragen: Laternenlichter schweben „wie zage Seelen" im Nebel, Straßenbahnschienen krümmen sich „wie geschliffne Türkensäbel", ein nahes Haus lauert „wie eine alte Hexe". Die dominante semantische Serie wird von als fragwürdig empfundenen ‚Errungenschaften' moderner Zivilisation (Laternen, Trambahn, Automobile, Asphalt, Kanalisation) gebildet, Menschliches hingegen wirkt verloren und bindungslos, erscheint als periphere Präsenz in einer nebelverhangenen, dunklen und verregneten Szenerie, schrumpft zu „braunen Klumpen".

Auch die Natur enthüllt eine in expressionistischer Manier gezeichnete Fratze des Verfalls und der Verwesung: „Im Aas beißen sich fest die Krähen/ Ziehn ihm ein Trauerkleid an,/ Wolkenaugen in kranke Sümpfe spähen,/ Und faule Dünste heben sich dann [...]." (*Grau*)[28]

Doch war Ciseks Aufenthalt unter einem europaweiten Kunstrevolutions-Himmel von kurzer Dauer und bestätigt am Einzelfall, was Michael Markel allgemein über den „einheimischen Expressionismus" vermerkte, der dessen „entwicklungsgeschichtliche Bedeutung"[29] hervorhob, seine „Eigenleistung"

---

[28] Ders.: Grau. In: *Frühling* 1(1920), H. 2, S. 42.
[29] Michael Markel: Expressionismus in der rumäniendeutschen Literatur. Rezeption, Erscheinungsweise und lokale Interferenzen. In: Die siebenbürgisch-deutsche Literatur als Beispiel einer Regionalliteratur. Hrsg. von Anton Schwob u. Brigitte Tontsch. Köln, Weimar, Wien 1993, S. 141–196, hier S. 193: „Er [der rumäniendeutsche Expressionismus – Anm. P. M.] hat in den Nachkriegsjahren ein geistiges Klima geschaffen, in dem die Literatur ihren Ort finden und zum Bedürfnis werden konnte; er hat den Makel des Nachgekommenen abzustreifen und in der zeitgenössischen europäischen Entwicklung Fuß zu fassen versucht; er hat eine ‚Literaturwelle' bedingt, die weltoffen und anspruchsvoll auftrat [...]."

aber skeptisch beurteilte: „Der rumäniendeutsche Expressionismus bleibt regionaler Ableger der deutschen Bewegung".[30]

Etwa um das Jahr 1925 sind die grell bis düster plakatierten Expressionismen in Ciseks Lyrik restlos getilgt. Nun tritt Landschaft als gesellschaftsentrückte Traum- und Eigenwelt in seine Gedichte, allerdings noch auf einen konkreten Erlebnishintergrund bezogen – u. a. in *Kronstädter Frühling, Rumänischer Oktober* und in das zweiteilige *Erinnerung an Italien* – mit der Widmung „An Theodor Däubler Dank und Gruß": „[...]// Zwei Inseln in der Bucht verankert rasten./ Sie bringen aus der Weite nur Geschmeide/ Und Flammenvögel auf den grünen Masten,/ Indes die Häfen flaggen lauter Freude.// Die Zeit verkündet himmelnahe Klänge,/ Und leis ein Traum die leichten Küsten schichtet,/ In das entrückte Laub der Pinienhänge/ Sich die Verschwiegenheit des Sommers flüchtet."[31]

In der Zeitspanne, die das Gedicht *Grau* (1920) von *Erinnerung an Italien* (1926) trennt, durchreiste Cisek die Apenninenhalbinsel und erlebte dieses Sehnsuchtsland der Deutschen wie zahlreiche Autoren – von Johann Wolfgang von Goethe bis Hugo von Hofmannsthal – vor ihm, als einen Raum, in dem Kultur und Natur, Geist und Leben einander durchdringen. 1925 kam es zur persönlichen Begegnung mit Theodor Däubler[32], den Cisek schon 1923 als „den größten deutschsprachigen Lyriker"[33] der Gegenwart gerühmt hatte, zuerst in Florenz und danach in Rumänien. Der bereits 1916 im Insel Verlag zu Leipzig erschienene Gedichtband Däublers *Hymne an Italien* hat nicht nur des Lyrikers Cisek Italien-Image, sondern auch seine synästhetischen Naturvisionen mitgeprägt. Sein einfühlsamer metapherndurchrankter Kommentar zu Däublers Gedichten liest sich darüber hinaus streckenweise wie eine vorweggenommene Deutung eigener, damals noch ungeschriebener lyrischer Texte:

> [...] der Mensch ist ein Wanderer auf dem Wege der Ewigkeit, mal seiner selbst bewusst, mal eine Pflanze, die unter der Kobaltglut des Himmels schmilzt. Die Sonne verflüssigt sich, strömt über Täler, stürzt über Felsengestein. Die Scholle gebiert ein Himmelreich.[34]

Einzelne Texte Ciseks der späten 1920er Jahre stehen, auch wenn sie den Reim noch nicht abgestreift haben, schon ganz im Zeichen eines Panmetamorphismus, der den Raum des Bandes *Die andere Stimme* belebt und bewegt: „[...]/ Es öffnet sich der Schlaf im Kreisen der Träume,/ Zerflattertes

---

[30] Ebenda.
[31] Oscar Walter Cisek: Erinnerung an Italien. In: *Ostland. Vom geistigen Leben der Auslanddeutschen* [Neue Folge] 1(1926), H. 1, S. 116.
[32] Kittner, Nachwort (Anm. 13), S. 108–109.
[33] Oscar Walter Cisek: Theodor Däubler. In: *Cugetul Românesc* [Der rumänische Gedanke] 2(1923), H. 8–9, S. 621–629, hier S. 622.
[34] Ebenda, S. 624. Übersetzung des Zitats P. M. In derselben Ausgabe wurden acht Gedichte Däublers in der Nachdichtung Oscar Walter Ciseks abgedruckt.

winkt aus der Weite zurück,/ Entzündet Pflanzenlichter, nahende Bäume./ Wälder branden heran, Berge knien nieder,/ Tränen grünen im Blick./ Die Sonne orgelt wieder. [...]" (*Das Kind*)[35]


## 3. Eigenständige interdiskursive Verdichtungen: *Die andere Stimme*

Wie in seiner südosteuropäische Realitäten und Mentalitäten thematisierenden Prosa vollzieht Cisek in den interdiskursiven Verdichtungen *Der anderen Stimme*, die melodisch-freirhythmisch durch alle Texte dieses Bandes tönt, eine eigengeprägte west-östliche Synthese – desgleichen in überstrukturiertem, hier allerdings in lyrisch-formalisiertem Duktus. Eine hochgradig poetische Aura durchwebt die Gedichte, die zu einem einzigen großen lyrischen Gebilde zusammenwachsen, nicht zum ‚Reflexionsinstrument' überprüfbarer Sachverhalte zurechtgeschliffen sind und auch nicht in einen balkanischen Lebensraum hineinspähen. Alfred Kittner spricht sogar von der „Loslösung des Wortes vom äußerlichen Sinngehalt", von der „Hermetik" dieser Verse, die er in der Nachfolge Georg Trakls und von Rainer Maria Rilkes *Duineser Elegien* ansiedelt und zu Recht Georg Heyms berühmtem Gedicht *Deine Wimpern, die langen* eine große Wirkung auf die „Klang- und Sprachatmosphäre" von Ciseks Lyrik bescheinigt.[36]

Unverkennbar sind jedoch auch die Gemeinsamkeiten mit der Lyrik des rumänischen Dichterphilosophen Lucian Blaga – seinerseits ein vorzüglicher Kenner der Gedichte von Däubler, Trakl und Rilke, mit dem Cisek eine langjährige Freundschaft auf gleicher Augenhöhe verband –, vor allem mit den Texten seiner Bände *Pașii profetului* [Die Schritte des Propheten, 1921], *În mare trecere* [Der große Übergang, 1924] und *Lauda somnului* [Lob des Schlafes, 1929]. Sie gründen in dem Topos von der Natur als Magna Mater, ihrem numinosen, erotisierenden Anruf, in der Aufwertung des Vegetativen und Kreatürlich-Vorbewussten angesichts der als zerstörerisch gedeuteten Tendenzen des geschichtlichen Prozesses. Ebenso wie Blaga, dessen lyrisches Werk umfangreicher und vielgestaltiger ist, Impulse der irrational eingefärbten Lebensphilosophie des 20. Jahrhunderts umsetzt, ins Metaphysische hinausgreift und sich zu einer Weltanschauungsdichtung ausweitet, entzaubert Cisek das Mysterium der Schöpfung nicht, begreift es als Substratum der Welt. Allerdings wird die Dichotomie Geist vs. Seele, die Blagas poetisches Universum konfiguriert, in Ciseks Gedichten nicht problematisiert. Das verstandesmäßig nicht aufschlüsselbare „Geheimnis"[37], als „lichtes",

---

[35] Oscar Walter Cisek: Kind. In: Cisek, Gedichte (Anm. 13), S. 79.
[36] Kittner, Nachwort (Anm. 13), S. 105ff.
[37] Oscar Walter Cisek: Frühlingsgedicht; Licht und Schlaf; Liebesgedicht [I]; Liebesgedicht [II]. In: O. W. C.: Die andere Stimme. Dresden 1934, S. 6, 16, 19, 28. Im Weiteren wird im Fließtext aus diesem Band unter der Sigle CSt mit Angabe der Seitenzahl zitiert.

leichtes", „unsagbares", offenbart sich bei Cisek in dem Flug „verwunderter Wachteln", in „weißestem Taubenflug", dem „Leib" der Geliebten oder in „Bäumen", die ins „Blau schäumen". Auch die Engel, die Cherubim und Seraphim, sind keine Sendboten der Transzendenz, sondern Figurationen der phänomenalen Wirklichkeit. Eine Hand wird als „schmaler Cherubflügel" (CSt, 20) apostrophiert, das Grün schwebt wie „ein Cherub" (CSt, 9), der Geliebten Stirn ist ein „erster Ton von der Seraphs Mund" (CSt, 36), „des Baumes seraphische Schwingen behüten" das „pochende Herz". (CSt, 38) Weitläufige Verwandtschaften verknüpfen den Poeten Cisek schließlich mit den Vertretern der naturmagischen Dichtung, mit Oskar Loerke und Wilhelm Lehmann, über deren eher sachliche Präzision im Erfassen des konkreten und mythisierten Naturausschnitts seine Lyrik jedoch nicht verfügt. Sie ist poröser, scheut das feierliche Pathos nicht und fließt in schwärmend-schwärmerischer Daseinstrunkenheit dahin.

Im Konzert ‚rumäniendeutscher' Stimmen hebt sich jene Ciseks jedoch als die eines Solisten ab. Zu Beginn der 1930er Jahre stand sein antimimetisch-assoziatives Gestaltungsprinzip in einer außendeutschen Literatur auf ab- und vorgerücktem Posten. Dieses ist allerdings der kaleidoskopischen Bildmischtechnik Georg Trakls verpflichtet, dessen Lyrik Cisek als Erster im rumänischen Sprachraum bekannt gemacht und mit dem Dichter Ion Pillat insgesamt 15 seiner Gedichte in die Landessprache übertragen hatte.[38]

Das Endzeitgefühl und die verzweifelte Auswegslosigkeit Trakls werden in Ciseks Gedichten zugunsten eines Reichtums an Gestimmtheiten – vom Jubel- zum Klagelaut – zurückgedrängt. In den Versen des Österreichers düstert das Verhängnis einer historisch-biografischen Erfahrung auf, während Cisek das Verhältnis zwischen Subjekt und Umwelt enthistorisiert, deren gleichsam körperhaft geführten Dialog in metaphorischer Rede ‚nachvollzieht'. In einem Brief vom 28. November 1961 an den siebenbürgisch-deutschen Prosaisten Erwin Wittstock hat Cisek über den ‚Helden' seiner frühen Erzählung *Die Entlastung* (1923) geschrieben, dass dieser einem Weg folge, „der ihn schließlich restlos in der Landschaft aufgehen lässt. Was zu Beginn der Erzählung noch ‚Geschichte' sein möchte, wird mehr und mehr zum geschichtslosen Raum [...]"[39]. Auch dadurch rückt Cisek in die Nähe Blagas. Doch wurzeln seine Natur- und Seelenlandschaften nicht in einem ‚Volksboden' wie jene Blagas, der Autochthones, das von historisch-sozialem Wandel unberührte rumänische Dorf und sein Umfeld, zu einer Stätte der Entschleunigung und ursprünglicher Lebensfülle, zu einem Hort der Geborgenheit stilisiert: „Kind, leg mir deine Hände aufs Knie./ Ich glaube, die Ewigkeit kam im Dorf auf die Welt./ Leiser ist jeder Gedanke hier,/

---

[38] Oscar Walter Cisek: Georg Trakl. In: *Cugetul Românesc* 1(1922), H. 6, S. 554–556. Die Trakl-Übersetzungen erschienen ebenda, S. 557–562 u. in H. 8–9, S. 203–207.

[39] Zit. nach Joachim Wittstock: Distanz und Bindung. Oscar Walter Cisek, Erwin Wittstock – Beziehungen, Gegensätze. In: *Neue Literatur* 23(1972), H. 3, S. 41–51, hier S. 43.

auch das Herz zuckt langsam,/ als schlüge es irgendwo tief in der Erde,/ nicht in der Brust. Hier wird der Durst nach Erlösung gestillt;/ [...]/ Die Seele des Dorfes ist um uns und weht/ wie ein scheues Arom von geschnittenem Gras,/ wie ein Sinken des Rauchs vom Strohbord der Dächer,/ wie ein Zickleinspiel über hohen Gräbern." (*Seele des Dorfes*)[40]

*Die andere Stimme* greift auf einen kleinen Sprachvorrat zurück und bleibt auf eine schmale ‚Thematik' eingegrenzt. Ein Ich spricht, befangen im Selbstgespräch, häufig einem geliebten Du zugewandt, beschwörend, bewundernd, erwartungsvoll, umspült und durchflutet von der zyklischen Wiederkehr der Jahreszeiten. In den Natur- und Liebesgedichten verschmelzen Mensch, Tier und Pflanze, Flüssiges und Festes, Nähe und Ferne, Oben und Unten im Tiegel personifizierender und kosmologischer Metaphern. Der Himmel wird zur Wiese und das Licht zum schimmernden Fischschwarm im Blut, die Boote sind gute Bienen und die Lider schläfrige Rehe, die Scholle ist eine wartende Braut und die Quelle ein flackerndes Auge im Schauer des Tages, auf fremden Fährten läuten die Schellen des Traums. Austauschprozesse zwischen Sinnesempfindungen finden statt, Synästhesien (glitzernder Schrei, kristallenes Lied, weiße Musik) lassen Akustisches als Sichtbares aufscheinen, die Farbmetapher – in der Nachfolge Georg Trakls und Else Lasker-Schülers – gewinnt Eigenleben (blaues Laub, weißes Moos, blaues Reh), hebt die Erscheinungswelt in ungewohnte optische Zusammenhänge und ‚romantisiert' sie.

Einige wenige Haupt-Wörter (Baum, Blut, Brot, Licht, Luft, Traum, Wasser, Wort) bilden die Bestandteile eines Kombinationsmusters, das auf einen Monismus der Weltsubstanz verweist. Verfolgt man ihre Bahnen, stellt man fest, dass in diesem magischen Raum alles mit allem in Verbindung steht: „Licht und Tod sind Geschwister geworden" (CSt, 44), die Geliebte ist „Licht und Brot, Wein und Vergessen" (CSt, 19), das Kind „ein Brocken Licht" (CSt, 8) und „Licht im Wind" (CSt, 24), ein Wort „wie süßes Brot" (CSt, 6); die „Luft schmeckt wie früher Honig und wie warmes Brot" (CSt, 20), des „Brotes Wärme ist Blut und Traum" (CSt, 7), und dieser nimmt die Gestalt eines „Rehs" (CSt, 39) an. Begleitet werden diese Verschmelzungsvorgänge von Genitivmetaphern, die menschliche Befindlichkeiten durch Bildsender der Natur vergegenständlichen und Naturerscheinungen mit menschlichen Eigenschaften ausstatten: „eiserne Blume des Leides" (CSt, 45), „Lenden der Erde" (CSt, 20), „Strand meines Wesens" (CSt, 29), „Wald der Heiterkeit". (CSt, 40)

Den Anschauungshintergrund der Gedichte bilden Meeres-, Fluss-, See-, Feld- und vor allem Waldszenerien – der „Wald" ist „Gnade [...] und guter

---

[40] Lucian Blaga: Seele des Dorfes. In: L. B.: Ausgewählte Gedichte. Deutsch von Oskar Pastior. Mit einem Vorwort von Aurel Rău. Bukarest 1967, S. 80.

Zaubermantel" (CSt, 44) –, doch entwirft Cisek keine „Netzaugenlandschaften", sondern gestaltet „vollkommen erfundene Landschaften"[41].
Wie in Rilkes durch liebende Teilhabe am Irdischen entstehenden „Weltinnenraum"[42], wie in Loerkes mitreißender, das Gefängnis der Individuation sprengenden *Strom*-Vision[43] oder wie in Blagas ‚östlich'-sanftem Einschwingen in kosmische Rhythmen[44] wird die Symbiose von Natur und Ich im Rahmen einer ganzheitlichen Seinsordnung jenseits sozialer Verwertungszusammenhänge beschworen: „[...]/ Jeder Keim, jedes Gras/ Wächst dir in die durchscheinende Hand,/ Dein Haar und die Farne wehn ineinander./ Oh, der schwärmende Reichtum,/ Der dir gehört/ Und dem behutsamen Wild." (*Licht und Schlaf*, CSt, 16) Die Natur übernimmt dabei die Rolle des Heilsbringers und Heilsträgers, die restlose Integration in ihren Bereich erfolgt im Zeichen der „Gnade": „Laß heben dich sacht/ Ins Gebreite der Gnade,/ Wo, feuchtes Dunkel unter den Federn,/ Kein Vogel mehr irrt./ Oh, deine Demut, sie kniet/ Hier und ist dort,/ Arme Erde auf heimlichem Weg." (*Der Weg*, CSt, 12)
Als „raunende Litaneien eines Entrückten, eines nach Gemeinsamkeit Strebenden"[45], umschreibt Kittner die Sagweise dieser Texte, wogegen allerdings ihr Kunstcharakter spricht:

**Frühlingsgedicht**

Stürmt Licht über die Stirn?
Die Gräser duften unter der Erde,
In den Boden, der weich ist wie Flaum,
Die zagende Sohle versinkt.

---

[41] Diese Unterscheidung macht Karl Krolow in seinem Essay *Lyrik und Landschaft*. In: K. K.: Schattengefecht. Frankfurt a. M. 1964, S. 7–39, hier S. 29.
[42] Rainer Maria Rilke: „Durch alle Wesen reicht der *eine* Raum:/ Weltinnenraum. Die Vögel fliegen still/ durch uns hindurch. O, der ich wachsen will,/ Ich seh hinaus und *in* mir wächst der Baum." (Es winkt zu Fühlung fast aus allen Dingen [1914]. In: Rainer Maria Rilke. Sämtliche Werke. Werkausgabe. Hrsg. vom Rilke-Archiv in Verbindung mit Ruth Sieber-Rilke besorgt von Ernst Zinn. Bd. 3. Frankfurt a. M. 1975, S. 93).
[43] Oskar Loerke: „Du rinnst wie melodische Zeit, entrückst mich den Zeiten,/ Fern schlafen mir Fuß und Hand, sie schlafen an meinem Phantom./ Doch die Seele wächst hinab, beginnt schon zu gleiten,/ Zu fahren, zu tragen, – und nun ist sie der Strom, [...]// In mir werden Eschen mit langen Haaren,/ Voll mönchischer Windlitanei,/ Und Felder mit Rindern, die sich paaren,/ Und balzender Vögel Geschrei." (Der Strom [1916]. In: Oskar Loerke: Die Gedichte. Frankfurt a. M. 1984, S. 100).
[44] Lucian Blaga: „[...]// Fließen soll mein Blut auf den Rinnen der Welt/ und in himmlischen Mühlen/ die Räder drehn// Bebend bin ich vor Glück:/ Ganz der Tag über mir;/ die Kräfte des Vogelflugs haben in Keilschrift auf leuchtende Ziele gedeutet." (Schon weiß ich um die Sünde [1924]. In: Blaga, Ausgewählte Gedichte, Anm. 40, S. 85).
[45] Kittner, Nachwort (Anm. 13), S. 105.

> Oh, das Blut des Frühlings pulst
> In den Schultern der Hügel,
> Der Wind strolcht einher,
> Blasend die warme Schalmei.
>
> Verwunderter Wachteln Flug schwankt,
> Ein Geheimnis, über dein nacktes Herz,
> Um des Leibes schwärmenden Strahl
> Wirbt zitternd der Fluß.
>
> Das Laub scheint kindisch uns an,
> Und ein Wort ist wie süßes Brot.
> Es naht uns mit klingendem Lachen
> Das helle Gewitter der Lust. (CSt, 6)

Während Menschliches vorrangig in signifikanten Metonymien des Körperhaften (Stirn, Sohle, Herz, Leib) vergegenwärtigt ist und Pronomina (dein, uns), die auf einen Text-„Sprecher", einen Adressaten und deren Zusammengehörigkeit verweisen, erst in den zweiten Teil des Gedichts eingeflochten werden, so erscheint die Natur – hier in traditioneller, auf Anschaulichkeit zielender Metaphorik – personifiziert (Blut des Frühlings, Schulter der Hügel, der strolchende Wind, der werbende Fluss). Ein Netz von lautlichen Äquivalenzbeziehungen stiftet auf der Klangebene Textkonsistenz (verwunderter Wachteln Flug, schwärmender Strahl, wirbt zitternd, stürmen / strolchen / schwanken usw.). Alle Sinnesempfindungen werden ‚aktiviert', die Welt im Frühling leuchtet und duftet und klingt, der Boden ist weich wie Flaum und warm die Schalmei des Windes. Innen- und Außenwelt, Gefühls- und Naturleben schwingen im Einklang, wie eine empfängnisbereite Geliebte, die den Liebesakt herbeisehnt, bietet sich der Fluss des Leibes „schwärmendem Strahl" an. Das dominante Sem ist das der Helligkeit, die rhetorische Frage der ersten Zeile wird in der letzten, das Gedicht umrahmend und gleichzeitig eine Klimax bildend, in eine Antwort überführt: *Licht*, das über die Stirn *stürmt* ist Vorbote des *hellen Gewitters* der Lust.

Erlösung und charismatische Ausstrahlung gehen zwar niemals vom lyrischen Ich, jedoch auch von Existenzformen des Humanen aus. „Und was ich aus dem Bereiche der Instinkte und der Intuition nicht selber wußte", notierte Cisek in dem autobiografischen Rückblick *Mein Lebenslauf* (1951/1952),

> lernte ich wenigstens zum Teil doch allmählich von Frauen, die wahrlich nicht ausgegangen waren, meine Schulmeister zu werden, und mir dennoch vieles beibrachten, von dem nichts in Büchern steht. Meine beste Erziehung erhielt ich aber von Kindern und dem Ernst ihrer Spiele. Sie boten mir das Erquicklichste.[46]

---

[46] Oscar Walter Cisek: Mein Lebenslauf. In: Cisek, Gedichte (Anm. 13), S. 8.

Mythisch überhöhte Kinder- und Frauengestalten bevölkern auch Ciseks Gedichte. In einem Garten Eden verwandelt die einfache Präsenz eines Kindes die tellurische Welt: „[...]// Vor deiner Einfalt ungelalltem Laut/ Fliehen umher die Schatten,/ Dein Lachen füllt die Malvenkelche,/ Die weich und gleich sehr überwachen Hände/ Umfingern ihre süße Last.// Und die Tiere erkennen dich./ Sie äugen fromm in das Spiel,/ Wenn du greifst nach dem Wolkenflaum,/ Bis der Himmel selig umfliegt/ Deiner offenen Lippen Geblink." (*Das Kind*, CSt, 23) Und die Ankunft der Geliebten wird zu einer innerweltlichen Epiphanie: „Die Furchen des Weges/ Werden Linnen vor deiner Gestalt,/ Und mein Geringstes kniet nieder,/ Da du in den Abend winkst.// Du bist ein jubelnder Vogel/ Über dem brachen Widerklang meines Tales,/ Wenn du lautlos erscheinst,/ Wallen die Wälder in Überschwang." (*Geständnis*, CSt, 43) Treffend bezeichnet Heinrich Stiehler diese lyrische Diktion als „suggestiv-sakral"[47].

Die ‚Schöpfungseinheit' tritt jedoch auch zerstückelt in Erscheinung. Neben der geglückten Einverwandlung ins All-Eine düstern Gefühle der Vereinsamung und Vereinzelung auf. Die spätherbstliche und winterliche Gedichtlandschaft ist von Abgründen durchklüftet, hüllt sich in Kälte, Dunkelheit und Schweigen. Ins Hässlich-Abschreckende driftet sie jedoch nicht ab, selbst wenn sie Signale des Verlöschens und der Devitalisierung aussendet. Den Erfahrungen der „Gnade" und „Erlösung", die als wesentliche Komponenten einer Natur-Theologie bedeutungsträchtig werden, stehen die der Orientierungslosigkeit, des Bruches und des Verstummens gegenüber: „[...]// Die Welt verklingt an deiner Stirn,/ Die Weite wortlos zu dir weht/ Auf Schwingen, die erstarrte Last noch rührt./ Ist dein Gewand wie schweres Erz um dich?/ Die Helle, die der Schlaf im Blute hielt,/ Wächst nicht hinüber in das Land des Tags/ [...]." (*Besinnung*, CSt, 37)

Osmose und Trennung: Das lyrische Ich erlebt/erleidet das Geschenk/die Verweigerung der Elementarkräfte im Wechselspiel von Konsonanz und Dissonanz. Das Subjekt hat keine autonome Gestaltungsmacht, verhält sich zur ‚Welt' nicht tätig-eingreifend, sondern empfangend-passiv. In seinem Vortrag *Sufletul românesc în artele plastice* [Die rumänische Seele in den bildenden Künsten], in dem Cisek als „geistigen Urstoff" der rumänischen „Seele" die Sehnsucht zu erkennen vermeint, widmet er einen Exkurs den Bildwerken des Malers Ion Theodorescu-Sion – „diesen ersten, wahrhaft rumänischen Kompositionen". Der Mensch in dessen Landschaftsschilderungen beherrsche die ihn umgebende Natur nicht, widersetze sich weder der äußeren Wirklichkeit noch dem Schicksal, er sei, wie in der rumänischen Volksdichtung, eben Teil der Natur: „Zwischen Mensch und Wald, Mensch und Tier gibt es keine Gegensätze. Der Mensch erscheint darin als ein Ge-

---

[47] Stiehler, Oscar Walter Cisek (Anm. 2), S. 211.

schöpf, das die Sprache der Erde spricht, der es entwachsen ist."[48] Im Unterschied etwa zu der eigenwilligen kosmischen Hierarchie in Rilkes *Duineser Elegien*, innerhalb derer der Mensch einen ‚Auftrag' hat, ihm eine Haltungsethik abverlangt wird, ist auch Ciseks lyrisches Ich nur Glied eines überwölbenden Vorgangs, Welle des Lebensstromes, der Sehnsucht und Erfüllung, Lust und Schmerz in sich trägt.

In der Formbeschaffenheit einzelner Gedichte schlägt sich diese Subjektkonzeption in der Auflösung nachvollziehbarer Textzusammenhänge nieder. Infolge der „Unbestimmtheitsfunktion der Determinanten"[49] wirken flüchtig auftauchende Erscheinungen rätselhaft, öffnen sich Lücken zwischen den Bild-Sequenzen, die über ‚Leerstellen' in assoziativer Verknüpfung miteinander korrespondieren: „[...]// Der schwarze Tang der Nächte spült/ Um deine strauchelnden Hände,/ Das Mädchen flackert nicht mehr durch den Wahn,/ Nur unsrer Armut Leisestes schluchzt hin/ Über die Wege, die wie dunkler Herbst/ Vor Gott verwehn." (*Der Verschollene*, CSt, 7)

Die Behauptung Alfred Kittners, dass der Lyriker Cisek, „wenn auch auf ganz anderen Wegen [...], jenseits alles Radikalismus und alles Umstürzlerischen zu ähnlichen Ergebnissen gelangte, wie um die gleiche Zeit André Breton und seine Pariser Surrealistenschule"[50], scheint mir allerdings unhaltbar.

## 4. Versöhnung und Verzicht: die späten Gedichte

Oscar Walter Cisek hegte nach der Echolosigkeit seines Gedichtbandes, wie ein zuverlässiger Wegbegleiter berichtet, „unbegründeten Zweifel an seinem Vermögen, seiner Berufung zur lyrischen Aussage [...] – ein Zweifel [...], der [...] schließlich zu einer jahrelangen völligen Abkehr von lyrischer Betätigung"[51] führte. Die wenigen, nach dem Zweiten Weltkrieg entstandenen und überlieferten Gedichte sind zwar weniger traumverloren und pantheistisch entgrenzt, doch dokumentieren sie keine wesentlich abgewandelte Handschrift. Metaphernreicher Diskurs, festliche Syntax, das Pathos der Sinnsuche charakterisieren die Textur der Verse. Häufig aufgerufene Gestalten und Bildsyntagmen der *Anderen Stimme* spielen in das Spätwerk hinüber.

In mehreren Texten wird nun das lyrische Ich als reflektierende ‚Mittelpunktsfigur' deutlicher fassbar, das Lebensgefühl eines Alternden dringt

---

[48] Oscar Walter Cisek: Sufletul românesc în artele plastice [Die rumänische Seele in den bildenden Künsten]. Ein Vortrag vom 1. Dezember 1928. In: Cisek, Sufletul românesc (Anm. 1), S. 29. Übersetzung P. M. Vgl. hierzu auch Roland Prügel: Im Zeichen der Stadt. Avantgarde in Rumänien 1920–1938. Köln, Weimar, Wien 2008, S. 159–194.

[49] Hugo Friedrich: Die Struktur der modernen Lyrik. Hamburg 10. Aufl. 1981, S. 162.

[50] Kittner, Nachwort (Anm. 13), S. 104.

[51] Alfred Kittner [Einführung zu]: Oscar Walter Cisek: Gedichte aus dem Nachlaß. In: *Neue Literatur* 26(1976), H. 5, S. 37.

in die Gedichte ein. Bildselektion und Bildverschränkung vermeiden weiterhin Referenzen auf Zeitgeschichtliches oder, genauer gesagt, sublimieren dieses zur Existenzmeditation. Während sein langjähriger Freund, der Bukowiner Dichter Alfred Margul-Sperber, in Lobgesängen die Volksrepublik Rumänien feierte und nach Ciseks Entlassung aus dem Gefängnis als wohlbesoldeter Staatsdichter die Möglichkeit hatte, ihn finanziell großzügig zu unterstützen[52], schrieb dieser in locker gefügter Odenform Gedichte *An den Schlaf* und *An den Schmerz*. Ebenso wie Sperber hat Cisek die westeuropäische Nachkriegsmoderne, die Wandlungen des Lyrikbegriffs unter veränderten Verhältnissen ignoriert, aber, zumindest in seinen Gedichten, den Kotau vor den kommunistischen Machthabern verweigert.

Seine Gedichte, teils langzeilig ausschwingend, teils liedhaft komponiert, bewegen sich auf ästhetisch ausgebauten lyrischen Strecken, deren Wegweiser Hans Carossa, Peter Gan, Oda Schaefer heißen. Auf erprobte metrische Strukturen und Reimbindungen wird dabei zurückgegriffen. Die Gedanken gehen nach innen, überfliegen Gelebtes, vermessen die schwindende Dauer im Hiersein und steigen als poetisch durchgestaltetes Resümee in den Ausdrucksbereich hoch. Der von Schreibpausen unterbrochene Weg des Lyrikers Cisek mündet in einen Traditionalismus von kunstvoll-stilisierter Schlichtheit. Am schönsten sind die elegischen Selbstauskünfte, in denen sich – wie in Margul-Sperbers Todesgedichten – Schatten- und Lichtseiten, Verzicht und Versöhnung unlösbar verketten:

**Späte Stunde**

Zeit in einem Augenaufschlag,
Scheue Gnadenfirst;
Duft im Abend, Duft im Weine,
Der mein Lächeln leise küßt.

Alles war einst Tag. Der Cherub
Weckt kaum mehr den dunklen Rausch;
Keine Gotteshand setzt mit ein Herz ein,
Ach, ein leichtes; keine mag den Tausch.

Alles war einst leicht. Die Engel
Gingen bei uns aus und ein;
Nun gewährt die Gnadenfrist mir
Scheu der kleine Kerzenschein.[53]

---

[52] Vgl. Elisabeth Axmann: Wege, Städte. Erinnerungen. Aachen 2005, S. 97.
[53] Cisek, Gedichte (Anm. 13), S. 97.

# Später, aber verdienter Erfolg

## Zu den autobiografischen Fragmenten von Moses Rosenkranz

GEORGE GUȚU (Bukarest)

In einem Brief an seinen Förderer aus den 1930er Jahren, Alfred Margul-Sperber, schrieb der aus dem sowjetischen Gulag zurückgekehrte Moses Rosenkranz, er bedaure die zwischen ihnen bestehenden Missverständnisse, die zu einer deutlichen Trübung ihres Verhältnisses geführt hätten, und meldete seine Absicht an, Rumänien zu verlassen, nicht zuletzt in der Hoffnung, endlich im Westen die Anerkennung zu finden, die ihm in der Heimat nicht zuteil wurde:

> Werter Sperber, wenn Dir dieses Blatt zu Händen kommt, werde ich wohl schon in Wien sein. Es tut mir leid, dass Du selbst mir jeden intimeren Weg des Abschieds verschlossen hast. Und leider nicht, weil Du mich nicht scheiden sehen möchtest, sondern ganz im Gegenteil. Noch bitterer leid tut mir, dass Du auch nach meiner Rückkehr aus der Unterwelt, Deine zwiespältigen Gefühle gegen mich, nicht bloß nicht auf ihre nichtige Wurzel zurückzuführen vermochtest, sondern sie noch genährt hast mit Argumenten, die Du nur zu gerne aus giftiger Mundluft gegriffen hast. Nun Schwamm darüber. Derselbe Riesenschwamm, den wir nur zu oft handhaben müssen, um unsere Liebe nicht hässlich zu lassen [!]. Unsere Wege werden sich wohl nie mehr kreuzen.[1] Meiner führt mich endlich ans Ziel. D. h. an den Platz, wo mein Werk endlich auch für die Welt ertönen wird. Du hast Dich geweigert, meine jüngste Entfaltung zu hören. Ihr gehört die Zukunft. Doch werde ich sie Dir auch in Zukunft nicht aufdrängen. Soviel noch: Du bleibst in meinem Werke, trotz allem, Lugram, der gute Riese. Ich verzeihe Dir, denn ich hab leider was.[2]

Die Erfahrung in der Bundesrepublik Deutschland sollte ihn jedoch eines Schlechteren belehren. Lange Zeit lebte er im Lenzkirch-Kappel im Schwarzwald, und es vergingen Jahre, bis er – erst 1986 – einen neuen Gedichtband veröffentlichen konnte, doch auch jetzt nahm der deutsche Literaturbetrieb kaum Notiz von ihm.

---

[1] Es stand also bereits 1958 fest, dass Rosenkranz die Absicht hatte, Rumänien zu verlassen. Erst 1961 übersiedelte er fluchtartig in die Bundesrepublik Deutschland.

[2] Moses Rosenkranz: Brief an Alfred Margul-Sperber [? April 1958] aus Bukarest. In: Briefe von Moses Rosenkranz an Alfred Margul-Sperber (1930–1963). Hrsg. von George Guțu. In: *Zeitschrift der Germanisten Rumäniens* 4(1995), H. 1–2 (7–8), S. 187.

Moses Rosenkranz verstarb am 17. Mai 2003. Sein Tod erfolgte zu einem Zeitpunkt, als sich endlich das ereignete, wonach er sich so lange gesehnt hatte: Eine Anerkennungswelle lief nach dem ersten, im Jahr 2000 veröffentlichten Teil seiner autobiografischen Aufzeichnungen *Kindheit*³ durch die deutschsprachige Presse. Die Stellungnahmen artikulierten deutlich die Vorzüge und Eigentümlichkeiten des bukowinischen Dichters.⁴ Wolf Biermann schrieb in einem Beitrag im *Spiegel* dazu:

> Das ist nun im wunderschönen Monat Mai des Jahres 2003 zu vermelden: Der Dichter Moses Rosenkranz ist dieser Tage friedlich in seinem Bett gestorben. Er hat es auf fast 99 Lebensjahre gebracht – und das ist für mich eins von der Sorte Wunder, die noch unfassbarer sind als allerhand Weltwunder. Dieser rebellische Mensch hat es nämlich geschafft, seine Zeit auf Erden auf fast hundert Jahre auszudehnen, obwohl er doch auf seinem Lebensweg tausend Tode gestorben ist.⁵

Das gesamte literarische Werk von Moses Rosenkranz steht im Zeichen biografischer Erlebnisse, so dass es durchaus als Erlebnisdichtung angesehen werden kann, als das, was Goethe „Bruchstücke einer großen Konfession"⁶ genannt hatte. Als 1986 der Band *Untergang. Ein Jahrhundertbuch* von Moses Rosenkranz erschien⁷, nahm man den Untertitel wörtlich:

> Moses Rosenkranz [...] schaut zurück auf ein bald ganzes Jahrhundert. Er teilt uns von seinem Leben mit, in Elegien und Erinnerungen, in Gleichnissen und Liedern. Er schreibt von Gräbern und vom Herrgott, von der Angst und der Hoffnung, vom Wein und von der

---

³ Moses Rosenkranz: Kindheit. Fragment einer Autobiographie. Hrsg. von George Guțu unter Mitarbeit von Doris Rosenkranz mit einem Essay von Matthias Huff. Aachen 2000, 2. Aufl. 2001, 3. Aufl. 2003. Eine Übersetzung erschien in den USA: Moses Rosenkranz: *Childhood: An Autobiographical Fragment*. Übersetzer: David Dollenmayer. Syracuse Univ Press 2007.

⁴ Hier einige relevante Beiträge: Edward Kanterian: Im Wort versteckt. Der Bukowiner-deutsche Dichter Moses Rosenkranz. In: *Neue Zürcher Zeitung*, 2. Juni 2001, auch auf der Homepage des Rimbaud Verlages, Aachen. URL: www.rimbaud.de/rez3890867588_rosen_kind3.html; Dieter Schlesak: „In tiefster Hölle beginnt es zu singen." Zwischen zwei Diktaturen – Der Dichter Moses Rosenkranz. URL: www.geocities.com/Area51/Shadowlands/7860/mrosen.html; Moses Rosenkranz ist tot. In: *Die Welt*, 21. Mai 2003. URL: www.welt.de/data/2003/05/21/99206.html; Renate Windisch-Middendorf: „Und war doch keine Leiche." Erinnerung an den Dichter Moses Rosenkranz. In: *Neue Zürcher Zeitung*, 30. Mai 2003. URL: www.nzzamsonntag.ch/2003/05/30/fe/page-article8VPW5.-html; Jörg Drews: Das Deutsche als Sprache erwählt. In: *Badische Zeitung*, 22. Mai 2003. Burkhard Baltzer: Dem Licht eine Stimme geben. Zum Tod des Dichters Moses Rosenkranz. In: *Kunst & Kultur*: URL: www.kunstundkultur-online.de/Literatur/literatur.html; Wolf Biermann: Harter Brocken, weicher Stein. Anmerkungen zu acht großen Versen des Dichters Moses Rosenkranz. In: *Die Welt*, 23. März 2002. URL: www.welt.de/daten/2002/03/23/03231e321951.htx; unter der URL www.perlentaucher.de/buch/6285.html findet sich eine Zusammenfassung mehrerer Rezensionen zu Rosenkranz' *Kindheit. Fragment einer Autobiographie*.

⁵ Wolf Biermann: Die Füße des Dichters. Zum Tod des jüdischen Dichters Moses Rosenkranz. In: *Der Spiegel*, Nr. 22, 26. Mai 2003, S. 150.

⁶ Goethes *Werke*. Festausgabe. Hrsg. v. Robert Petsch. Fünfzehnter Band: *Dichtung und Wahrheit* I/II. Bearbeitet von Ewald A. Boucke. Leipzig 1926, S. 265.

⁷ Moses Rosenkranz: Im Untergang. Ein Jahrhundertbuch. München 1986; ders.: Im Untergang II. Ein Jahrhundertbuch. Innsbruck 1988.

Märznacht, von Bächen und Bäumen und immer wieder von der Heimat, den Buchenwäldern der Bukowina.[8]

Dass ihm auch nach seiner Flucht aus Rumänien 1961 im Westen keine besondere Aufmerksamkeit im literarischen Betrieb zuteil wurde, wie er sie sich im anfangs zitierten Brief an Margul-Sperber erhofft hatte, wurde ihm schmerzhaft deutlich, wie einem seiner Briefe an Alfred Margul-Sperber aus dem Jahre 1963 zu entnehmen ist:

> Ich bleibe weiter mir, der Wahrheit und der Dichtung in Vers, Prosa und Dialog getreu. Vor allem hier im Sumpf der Publizität heißt das verdammt sein zu einem Leben der Lilien im Felde und der vogelfreien Vögel in der Luft.[9]

Es galt also, diesen „Dichter aus der Bukowina" in der bundesdeutschen Literaturlandschaft „wiederzuentdecken"[10]. Erst 1998 erschien ein weiterer, noch von Moses Rosenkranz zusammengestellter Band *Bukowina. Gedichte 1920–1997.*[11] Öffentlich präsent wurde Moses Rosenkranz wieder im Jahr 2006 durch den von Doris Rosenkranz zusammengestellten und herausgegebenen Band *Visionen.*[12]

1904 im Dorf Berhometh am Pruth in der Bukowina als siebentes von neun Kindern einer jüdischen Bauernfamilie geboren, wuchs Rosenkranz inmitten einer ihn für immer prägenden ländlichen Welt heran, lernte die Nachteile schulischer Bildung und die Vorzüge autodidaktischer Wissensaneignung durch unmittelbares Erleben kennen. 1930 trat er, von Alfred Margul-Sperber gefördert, mit dem Band *Leben in Versen* an die Öffentlichkeit. 1934 verfasste er, „auf Grund von Notizen und mündlichen Mitteilungen der Königin" Maria von Rumänien den ersten Band ihrer Biografie, *Traum und Leben einer Königin*, der in den 1930er Jahren im Leipziger Paul List Verlag erschien – „der Übersetzer-Bearbeiter verschwieg seinen Namen, um die Publikation im damaligen Deutschland möglich zu machen."[13] Aus demselben Grunde sah Rosenkranz sich gezwungen, die Nachdichtungen aus der rumänischen Volks- und Kunstdichtung, die der Schriftsteller Ion Pillat in

---

[8] Wolfgang Minaty: Moses Rosenkranz – ein Dichter aus der Bukowina ist wiederzuentdecken. Gemalte Fensterscheiben. In: *Die Welt*, 5. Mai 1987.

[9] Moses Rosenkranz: Brief an Alfred Margul-Sperber vom 23. April 1963 aus Basel. In: Rosenkranz, Briefe an Margul-Sperber (Anm. 2), S. 187.

[10] Vgl. auch George Guţu: „Die eigentliche Weisheit ist etwas Intuitives, nicht etwas Abstraktes" (Schopenhauer). Moses Rosenkranz zum Gedenken aus Anlass seines 100. Geburtstages. In: *Südostdeutsche Vierteljahresblätter* 53(2004), H. 2, S. 92–98.

[11] Moses Rosenkranz: Bukowina. Ausgewählte Gedichte 1920–1997. Zusammengestellt vom Verfasser unter Mitwirkung von Doris Rosenkranz und George Guţu. Mit einem Interview von Stefan Sienerth und einem Essay von Hans Bergel. Aachen 1998.

[12] Moses Rosenkranz: Visionen. Gedichte. Zusammengestellt und hrsg. von Doris Rosenkranz. Aachen 2006.

[13] Eigenhändiger Text von Moses Rosenkranz auf einem Exemplar des Bandes *Maria von Rumänien, Traum und Leben einer Königin*. Leipzig 1935.

seinen 1939 in Berlin gehaltenen Vortrag als Belege aufnahm, mit dem Pseudonym Fritz Thunn zu zeichnen.[14] Gedichte von Ion Pillat hatte er bereits 1937 ins Deutsche übertragen.[15] Kulturvermittelnd wirkte Rosenkranz auch 1938, als er vom rumänischen Bildungsministerium den Auftrag erhielt, eine Auswahl rumänischer Dichtung zusammenzustellen und zu übersetzen, die leider unveröffentlicht blieb.[16] Eigene Gedichtbände gab er 1936 (*Gemalte Fensterscheiben*) und 1940 (*Die Tafeln*) heraus. Nach Überleben eines rumänischen Arbeitslagers und einem höllischen Zwangsaufenthalt im sowjetischen Gulag veröffentlichten Freunde und Bekannte 1947 – ohne seine Zustimmung – einen Band *Gedichte* unter dem Pseudonym Martin Brant. Alfred Margul-Sperber schrieb das Vorwort für einen Band mit ausgewählten Gedichten von Rosenkranz, der 1958 in Bukarest erscheinen sollte, doch bis heute als unveröffentlichtes Manuskript im Museum für Rumänische Literatur (MLR) aufbewahrt wird.[17] In dieser Publikation sollte auch die *Blutfuge* veröffentlicht werden (136), zu der der Dichter folgende Anmerkung anfügte:

> Einem arretierten Pianisten sind die Fingerspitzen abgehackt worden, und mit den so verstümmelten Händen musste er auf einem Klavier vor dem Henker Kompositionen von J. S. Bach spielen. (196)

Zehn Jahre nach seiner Flucht aus Rumänien konnten in der Bukarester Zeitschrift *Neue Literatur* 27 Gedichte von Moses Rosenkranz mit einer kurzen Einführung von P[aul] Sch[uster] publiziert werden[18], dann erschien ebenda eine Anthologie von Gedichten aus der Bukowina[19], die ihn in einen größeren Zusammenhang stellte, in

> eine Reihe hochbegabter, mitunter bedeutender, gleichfalls aus der Bukowiner Landschaft hervorgewachsener Dichter, denen widrige Lebensumstände oder das Unzeitgemäße ihres Hervortretens den Weg zu breiterer Wirkung verschlossen.[20]

---

[14] Ion Pillat: Rassengeist und völkische Tradition in der neuen rumänischen Dichtung. Mit Nachdichtungen von Fritz Thunn. Jena, Leipzig 1939.

[15] Ion Pillat: Gedichte. Ausgewählt und aus dem Rumänischen übertragen von Fritz Thunn. Manuskript Suceava 1937.

[16] Erst vor kurzem gelang es uns, die Anthologie-Bände im Pillat-Nachlass in der Bibliothek der rumänischen Akademie aufzufinden. Fritz Thunn: Die Volksdichtung der Rumänen. Nachdichtungen. Manuskript [1938]; Rumänien im schönen Gedicht. Eine Auslese der rumänischen Volks- und Gebildeten-Lyrik von ihren Anfängen bis in unsere Tage. Besorgt und verdeutscht von Fritz Thunn. Manuskript 1938.

[17] Moses Rosenkranz: Die unerhörte Schlacht. Mit einem Vorwort von Alfred Margul-Sperber. Bukarest 1958. (MLR 25.000-66/3 bis 204). Im Folgenden wird aus diesem Manuskript mit Angabe der Seitenzahl zitiert.

[18] Moses Rosenkranz: Gedichte. In: Neue Literatur 22(1971), H. 1, S. 44–56.

[19] In: Neue Literatur 22(1971), H. 11, S. 36–58; 22(1971), H. 12, S. 44–66.

[20] A[lfred] K[ittner]: Einleitung. In: Verhallter Stimmen Chor. Gedichte aus der Bukowina. Vorwort, bio- und bibliografische Angaben zu den Autoren von A. K. In: Ebenda, H. 11, S. 36–58 u. H. 12, S. 44–66, hier S. 36. Hannes Elischer veröffentlichte später auch eine *Kleine Bukowiner Kritikanthologie der Zwischenkriegszeit*. In: Neue Literatur 25(1974), H. 6, S. 45–48.

Mehr als ein Jahrzehnt später erschienen in der Münchner Literaturzeitschrift *Akzente* Gedichte von ihm in einer weiteren Zusammenstellung Bukowiner Lyrik.[21]

Die menschliche Dimension des dichterischen Umfeldes der Bukowina wurde immer wieder hervorgehoben. Sie prägt sie alle, die Dichter, die aus dieser Gegend stammen, nicht nur in ihrer individuell-menschlichen Verschiedenartigkeit, sondern auch in ihrem sich oft bildlich und motivisch überlappenden lyrischen Diskurs. Auch Rosenkranz

> stand in länger oder kürzer währenden Freundschaftsbeziehungen zu A. Margul-Sperber, Alfred Kittner, Oskar Walter Cisek, Immanuel Weissglas, Ion Pillat, Vasile Voiculescu, Harald Krasser, Wolf Aichelburg, Herman Roth. Alle, die sein Werk und seine Persönlichkeit kannten, haben seiner Dichtung eine überragende Bedeutung beigemessen.[22]

Am längsten und am dauerhaftesten erwies sich das – nicht völlig reibungslose – freundschaftliche Verhältnis zwischen Sperber und Rosenkranz. Im Bukarester Nachlass Sperbers befinden sich zahlreiche Briefe und Postkarten, die Rosenkranz seinem Freund, „Margul, dem Riesen"[23], geschickt hat. Das Persönliche wurde von existenziell-dichterischen Freuden und Nöten weitgehend zurückgedrängt. Nicht immer war das Verhältnis harmonisch gewesen, manchmal führten Dissonanzen bis zum totalen Abbruch, bis zur „Kriegserklärung". Doch das dominierende Gefühl, das die Briefe von Moses Rosenkranz[24] sowie jene von Rose Ausländer[25] an Sperber vermitteln, ist das einer Zusammengehörigkeit. Man brauchte einen Weggefährten in dürftiger Zeit, dem man sich anvertrauen konnte, mit dem man die periphere Enge des eigenen Kultur- und Sprachfeldes sprengen und mit dem man keinesfalls billigen Streit[26] anfangen wollte.

Der Dichter Moses Rosenkranz erfreut sich, wie schon angedeutet, seit einigen Jahren in der deutschen Literaturlandschaft zunehmenden Interesses. Seine dörfliche Herkunft, zu der er sich stets bekannte, die konkreten individuellen und Zeiterlebnisse, sein unverwechselbarer sprachlicher Duktus

---

[21] Bernd Kolf: Eine Gegend, in der Menschen und Bücher lebten. Die Bukowina als lyrische Landschaft. In: *Akzente* 27(1984), H. 4, S. 336–383; vgl. auch Johann Adam Stupp: Die „Blutfuge" und die „Todesfuge". Zu Gedichten von Moses Rosenkranz und Paul Celan. In: *Südostdeutsche Vierteljahresblätter* 34(1985), H. 4, S. 287–288.
[22] P. Sch. [Einführung]: Moses Rosenkranz: Gedichte (Anm. 18), S. 44.
[23] Moses Rosenkranz: Die Tafeln. Cernăuți 1940, S. 20.
[24] Rosenkranz, Briefe an Margul-Sperber (Anm. 2), S. 162–189.
[25] George Guțu, Horst Schuller Anger: Rose Ausländers Briefe an Alfred Margul-Sperber. In: *Neue Literatur* 39(1988), H. 8 u. 9, S. 58–63 bzw. S. 52–59; George Guțu: Briefe von Rose Ausländer an Alfred Kittner (1976–1979). In: „Stundenwechsel". Neue Perspektiven zu Alfred Margul-Sperber, Rose Ausländer, Paul Celan, Immanuel Weissglas. Hrsg. von Andrei Corbea-Hoișie, G. G. u. Martin A. Hainz. București, Iași, Konstanz 2002, S. 393–402.
[26] Andrei Corbea-Hoișie: Ein Literaturstreit in Czernowitz (1939–1940). In: *Études Germaniques* 58, 2003, S. 363–378.

können in keinerlei modischen Literaturkanon eingeordnet werden, er spricht sich aus, drückt Leid und Freude im dinglichen und gefühlsmäßigen Dasein aus, sprengt jede Theorie – so auch jene vom ausschließlich bürgerlich-städtischen Charakter Bukowiner Dichtung. Die Empirie seiner dichterischen Wahrnehmung beruht auf der Anschauung der Welt, auf Impulsen aus der anschaulichen Wirklichkeit. Auch die von uns aus Anlass des 100. Geburtstages von Moses Rosenkranz erstveröffentlichten Nachlass-Gedichte[27] belegen das Spezifische seiner Wahrnehmung. All dem entspricht ein „der Sache stets Angepasste[s] des Ausdrucks", in dem die „Neuheit der Bilder" und das „Schlagende der Gleichnisse" anschauliche Ansprechbarkeit schaffen.[28]

Im noch unveröffentlichten zweiten Teil seiner Autobiografie *Jugend* erkennt Moses Rosenkranz in folgenden Schopenhauer'schen Gedankengängen aus *Die Welt als Wille und Vorstellung* offensichtlich sein dauerhaft-eigenes dichterisches Credo, das wie folgt zusammengefasst werden kann: „Wirklich liegt alle Wahrheit und alle Weisheit zuletzt in der Anschauung. [...] Die eigentliche Weisheit ist etwas Intuitives, nicht etwas Abstraktes."[29] Diese Weisheit begleitete den Menschen und Dichter Moses Rosenkranz ein ganzes Jahrhundert, das ihn als einen seiner bedeutendsten deutschsprachigen Dichter prägte.

Das Erscheinen zahlreicher beachtenswerter autobiografischer Schriften irritierte offensichtlich die Theoretiker:

> Wir befinden uns derzeitig in der paradoxen Situation, dass auf der einen Seite das Konzept der Autobiographie bereits für obsolet erklärt wird, andererseits aber mehr Autobiographien produziert und rezipiert werden als je zuvor.[30]

In einem Vergleich mit autobiografischen Werken von Autoren wie Manès Sperber und Elias Canetti, die ebenfalls aus dem südosteuropäischen Kulturraum stammten, identifizierten wir bereits in einer früheren Untersuchung[31] mögliche Zusammenhänge und Ähnlichkeiten, die auch über Fragen der dichterischen Befindlichkeit Auskunft geben können. In einem weniger beachteten Dokument *Anregungen und Daten zu einem Vorwort* berichtet Rosenkranz, dass sein von ihm in mehreren Büchern zusammengestelltes literarisches Material „als der Roman meines Lebens konzipiert" worden sei, der

---

[27] Guțu, Die eigentliche Weisheit (Anm. 10).
[28] Ebenda.
[29] Moses Rosenkranz: Jugend. Fragment einer Autobiografie. Unveröffentlichtes Manuskript im Besitz von Doris Rosenkranz. Rosenkranz zitiert aus Schopenhauers Werk *Die Welt als Wille und Vorstellung*. Die Ausgabe, die ihm zur Verfügung stand, konnte nicht ermittelt werden.
[30] Friederike Eigler: Das autobiographische Werk von Elias Canetti. Verwandlung, Identität, Machtausübung. Tübingen 1988, S. 16f.
[31] George Guțu: Zu Aspekten der Autobiografie bei Manès Sperber und Elias Canetti. In: Masse und Macht. Die Massen und die Geschichte. Hrsg. von Penka Angelova. Rousse 1996, S. 181–200.

eine „von keiner Bildung belastete Ursprünglichkeit" deutlich werden lassen solle.[32]

Wie dort nachgewiesen, lässt sich eine grundsätzliche Annäherung der schriftstellerischen Tätigkeit von Moses Rosenkranz, Manès Sperber und Elias Canetti durch vielerlei Tatsachen biografischer sowie literaturtheoretischer Art rechtfertigen. Zufälligerweise sind die drei Autoren in etwa gleichaltrig: Rosenkranz wurde 1904 in Berhometh am Pruth, Sperber und Canetti 1905 – der eine in Zablotow in Ostgalizien, der andere in Rustschuk in Bulgarien – geboren; alle drei waren Zeugen und Betroffene folgenschwerer geschichtlicher, politischer und kulturhistorischer Ereignisse des 20. Jahrhunderts. Sie stammen aus dem nichtbinnendeutschen Sprachraum, der jedoch unverkennbar „habsburgisch" und von einer „bunten Vielfalt der ethnisch und sprachlich gemischten" Peripherie-Welt geprägt war.[33] Sie waren Juden der Diaspora mit Deutsch als Schrift- oder Muttersprache und begannen ihre schriftstellerische Tätigkeit etwa in den 1930er Jahren, Sperber 1926 mit seinem Buch über *Alfred Adler. Der Mensch und seine Lehre*, Rosenkranz mit dem 1930 erschienenen Gedichtband *Leben in Versen*, Canetti mit dem Roman *Die Blendung* aus dem Jahr 1935. In der literarisch interessierten Öffentlichkeit setzten sich Sperber und Canetti erst in den 1950er und 1960er Jahren durch, erlebten also eine recht verspätete Rezeption. Alle drei schrieben groß angelegte Autobiografien: Sperber *All das Vergangene ...* (*Die Wasserträger Gottes* 1974; *Die vergebliche Warnung* 1975; *Bis man mir Scherben auf die Augen legt* 1977); Canetti *Die gerettete Zunge* 1977, *Die Fackel im Ohr* 1982 und *Das Augenspiel* 1985. Rosenkranz begann seine Autobiografie *Versuch über mich* im beinahe gleichen Zeitraum (1958–1975), doch die Veröffentlichung verzögerte sich. Alle drei Autoren thematisieren fast dasselbe Zeitgeschehen in einer dantesk-mittelalterlichen dreischichtigen Struktur. Rezeptionsgeschichtlich setzte ihre Wirkung in einer gewandelten sozial-politischen sowie literarisch-künstlerischen Wirklichkeit ein, in der sich mythisierende, verklärende Trends sichtbar machten.

In seiner *Einführung in Goethes selbstbiographisches Schaffen* meinte Robert Petsch zurecht, dass die Selbstbiografie „gleichsam zwischen Natur und Kunst eingeklemmt" sei,

> der Rohstoff mit allen Zufälligkeiten ist gegeben und soll möglichst wahrheitsgetreu überliefert werden, während andererseits der stilisierende Künstler sich berufen fühlt zu wählen, zu scheiden und zu ordnen, um seinem Gestaltungsdrang Genüge zu leisten.[34]

---

[32] Moses Rosenkranz: Dokumente. A. Anregungen und Daten zu einem Vorwort (MLR 25006–300), B. Prinzipien eines Vorworts (MLR 25006–299), C. Daten seines Lebensweges. Hrsg. von George Guțu. In: *Zeitschrift der Germanisten Rumäniens* 4(1995), H.1–2(7–8), S. 197f.

[33] Martin Bollacher: Elias Canetti. In: Deutsche Dichter. Bd. 8: Gegenwart. Hrsg. von Gunter E. Grimm u. Frank Rainer Max. Stuttgart 1990, S. 62.

[34] Robert Petsch: Goethes selbstbiographisches Schaffen. In: Goethes Werke (Anm. 6), S. 7.

Eine Selbstbiografie könne

> nichts anderes sein als *Dichtung* und *Wahrheit*, d. h. eine umgewandelte, umgeordnete und verdichtete Wirklichkeit, ein zweites Leben, das sich von dem ursprünglichen abgelöst hat und als ein über ihm schwebendes künstlerisches Gebilde seinen eigenen Gesetzen folgt.[35]

So spricht auch Klaus Werner unter Bezugnahme auf das erste autobiografische Werk von Moses Rosenkranz von „Wahrheit und Dichtung":

> Denn das, was uns in Rosenkranz' fragmentarischer Autobiografie entgegentritt, ist die einer großen Kunstanstrengung verdankte weitgehende Verwandlung des Authentischen ins Fiktionale, des Faktischen ins Fabulöse.[36]

Goethe ist einer der unerlässlichen Bezugspunkte der Selbstbiografik, der sowohl eine lange Entwicklung im Hegel'schen Sinne „aufhebt" als auch zukunftsweisend wirkt. Im Vorwort zu *Dichtung und Wahrheit* nimmt Goethe zu den fiktiven Äußerungen eines Briefpartners Stellung und artikuliert dabei Grundsätzliches im Zusammenhang mit Aufgaben und Glaubwürdigkeit autobiografischer Darstellungen:

> [D]enn indem ich jener sehr wohl überdachten Forderung zu entsprechen wünschte und mich bemühte, die *inneren Regungen*, die *äußern Einflüsse*, die theoretisch und praktisch von mir betretenen Stufen *der Reihe nach* darzustellen, so ward ich aus meinem *engen Privatleben* in die *weite Welt* gerückt. [...] Denn dieses scheint die Hauptaufgabe der Biografie zu sein, *den Menschen in seinen Zeitverhältnissen darzustellen, und zu zeigen, inwiefern ihm das Ganze widerstrebt, inwiefern es ihn begünstigt, wie er sich eine Welt- und Menschenansicht daraus gebildet, und wie er sie, wenn er Künstler, Dichter, Schriftsteller ist, wieder nach außen abgespiegelt.*[37] [Hervorhebungen G. G.]

Sowohl Moses Rosenkranz als auch Manès Sperber und Elias Canetti erweisen sich im 20. Jahrhundert in ihren groß angelegten autobiografischen Projekten als in dieser Goethe'schen Tradition Stehende.
Gedankengänge dieser Art in ihrer südosteuropäischen Prägung seien nun durch einige theoretische Überlegungen von Moses Rosenkranz illustriert, die sich in seinen autobiografischen Schriften niedergeschlagen haben, die ursprünglich als mehr-, zumindest dreiteilig angelegt war und den Titel *Versuch über mich* tragen sollte. Davon liegen mehrere Typoskripte vor, von denen die erste Fassung des ersten Teils, *Die Kindheit*, bereits erschienen ist. De facto ist nicht sicher, ob sich Moses Rosenkranz für eine Veröffentlichung der autobiografischen Schriften tatsächlich entschieden hätte.

---

[35] Ebenda, S. 7.
[36] Klaus Werner: Wahrheit und Dichtung. Moses Rosenkranz' Kindheitserinnerungen. In: *Südostdeutsche Vierteljahresblätter* 51(2002), H. 1, S. 36.
[37] Goethe, Dichtung und Wahrheit (Anm. 6), S. 5f.

Der erste, mit der Überschrift *Kindheit* versehene Teil liegt in drei Fassungen vor, von denen sich die Herausgeber für die erste entschieden haben, weil sie ursprünglicher und urwüchsiger wirkt. Alle Fassungen, jedoch vor allem die erste, zeichnen sich durch wortgewaltige, bildliche oder parabelhafte Darstellung von menschlich, bildungsmäßig und dichterisch bedeutenden Momenten der Kindheit aus, die der Dichter in einer Gegend erlebte, die von einer einmaligen Vielfalt von Völkerschaften, also auch von Charakteren sowie von unterschiedlichen Lebensgewohnheiten und -vorstellungen geprägt wurde:

> Beeindruckend ist die Variabilität im Ausdruck, Erzählhaltung und der Umgang mit der Sprache, so steht etwa subtil formulierte Ironie neben glaubwürdig eingebrachtem Pathos. In Summe ist das sicherlich ein spezielles, aber nicht minder aufschlussreiches und gültiges Kaleidoskop ostmitteleuropäischer Existenz in der ersten Hälfte des 20. Jahrhunderts.[38]

Der zweite, bislang unveröffentlichte autobiografische Teil trägt die Überschrift *Jugend* und setzt die begonnene Darstellung des Lebens- und Bildungsweges des Dichters Moses Rosenkranz fort, wobei hier der Begriff „Bildung" im Sinne der klassischen Auffassung Goethe'scher Prägung zu verstehen ist. Dabei bestimmt das Dilthey'sche „Erlebnis" diese Art von Dichtung, in diesem Fall auch die Autobiografie zur Gänze. Sowohl „humanistisches Ethos" als auch „Bildungserbe" wurden von Rosenkranz – wie sich der Dichter selbst ausdrückte – „mehr bluthaft mitbekommen, als wissentlich erworben"[39].

In jüngster Zeit entdeckte Doris Rosenkranz im Nachlass des Dichters eine andere Fassung der *Jugend*[40], die – nach vorläufigen Überlegungen – in die herauszugebende Fassung teilweise eingebaut werden soll.

Eine Fortsetzung des autobiografischen Werkes wurde leider aufgrund der Fülle des zu Berichtenden und Darzustellenden immer komplizierter, da der Autor – wie die zwei vorliegenden Teile belegen – darauf bedacht war, nicht nur unmittelbar Erlebtes und Assimiliertes, sondern auch gedanklich Erfasstes noch einmal, aus der reiferen Schau des bereicherten Lebensalters heraus, Revue passieren zu lassen, um das eigene Selbstverständnis einher gehen zu lassen mit seinem immer komplexeren Weltverständnis. Immer stärker setzte sich offensichtlich beim Dichter die lähmende Einsicht durch, die er in einem Interview mit Stefan Sienerth knapp formulierte: „Die Realität meines

---

[38] Heinz Steuer: Die Geschichte eines jüdischen Bauernbuben aus der Bukowina von 1904 bis 1919. URL: www.biblio.at/rezensionen/details.php3.
[39] Rosenkranz, Dokumente A (Anm. 32), S. 197.
[40] Diese handschriftlich vorliegende Fassung nannten Doris Rosenkranz und ich die „Vorläuferfassung", weil sie vor der maschinengeschriebenen Version entstanden ist.

Lebens entzieht sich jeder Möglichkeit einer Schilderung."⁴¹ So konnte die Trilogie nicht abgeschlossen werden.

Auch diesem autobiografischen Bekenntnis haftet das ‚Urhafte' eines unverfälschten Daseins an: „Die Gegend, in der wir lebten und der ich die frühesten Erinnerungen verdanke, war ländlich geprägt. In meiner Dichtung bin ich von den Bildern meiner Kindheit nie losgekommen."⁴² Dabei habe sich „so manches Erlebnis und so manche Erfahrung aus dieser Zeit" „'subkutan' eingeprägt". Von all diesen frühen Erlebnissen ist im autobiografischen Werk von Rosenkranz in epischer Breite und mit der Wucht des sprachmächtigen dichterischen Ethos die Rede. Dabei hoben die Rezensenten die „multilinguale Umgebung", den „sprachlichen Wirrwarr der k. u. k.-Welt" hervor, denn „die Beziehung zur deutschen Sprache ist einer der vielen abenteuerlichen Fabelstränge in Rosenkranz' Erinnerungsbuch"⁴³.

Wie in den Autobiografien von Manès Sperber und Elias Canetti schimmert auch bei Rosenkranz unübersehbar das Heimatgefühl durch, die „Sehnsucht zurück". Die Bukowina ist bei ihm überall präsent, von den ersten Gedichten im 1930 veröffentlichten Band *Leben in Versen* bis zu seinem jüngst erschienenen Band mit dem bezeichnenden Titel *Bukowina*.⁴⁴ Diese ländliche Prägung wurde nach der Rückkehr des Dichters aus dem sowjetischen Gulag in der autobiografischen Schilderung sichtbar. Die Typoskripte wurden aus Rumänien zusammen mit Gedichtkonvoluten hinausgeschmuggelt und gelangten über Diplomatenpost nach Frankreich und Schweden.

Die bereits erwähnten *Anregungen und Daten zu einem Vorwort*, die im Museum für Rumänische Literatur und im Nachlass der Witwe Doris Rosenkranz zu finden sind und von uns veröffentlicht wurden⁴⁵, bilden – bei näherem Hinsehen – das Konzept der geplanten Autobiografie *Versuch über mich*.

Alle diese drei Exposés geben gleichermaßen Auskunft über seinen Lebensweg wie über seinen dichterischen Werdegang. Dabei ist die episch breiter angelegte Darstellung in den autobiografischen Teilen *Kindheit* und *Jugend* – wie nicht anders zu erwarten – farbenprächtiger und viel lebendiger. Echtheit und Unmittelbarkeit sind Merkmale dieser Rekonstruktion von Zeit und Ort. Die Umstände des memorierenden und extrem knappen, ja lakonischkargen Dichtens im Werk von Rosenkranz werden in einem ungebändigten Duktus von Erlebtem und sprachlich Erfasstem konturscharf und beinah filmisch aufgerollt. Dabei werden das Freilegen und Strukturieren des Erinner-

---

⁴¹ Stefan Sienerth: „Alles Erlebte übertrug ich in die Bilderwelt meiner Verse." Ein Gespräch mit Moses Rosenkranz. In: *Südostdeutsche Vierteljahresblätter* 42(1993), H. 4, S. 284.
⁴² Ebenda, S. 278.
⁴³ Olga Martynova: Auf der Wiese wachsen Mädchen. Wo die Festzimmer der Aufklärung Bretterbuden waren: Moses Rosenkranz erinnert sich an eine bukowinische Kindheit zwischen Kühen und Gemüsegärten. In: *Der Tagesspiegel*, 29. April 2001.
⁴⁴ Rosenkranz, Bukowina (Anm. 11).
⁴⁵ Vgl. Anm. 32.

ten mit der sie tragenden Sprache, hier der deutschen Sprache, in ein direktes Verhältnis gesetzt, wobei auch das Nichtstimmungshafte auf die darin verborgene Bedeutung hinterfragt wird, was Rosenkranz einmal mit der Formel ausdrückte, er zeige „Zustände auf mit einem Hintersinn von Rebellion"[46].
Im Gegensatz zu Manés Sperber und Elias Canetti betont Rosenkranz eher das Archaische und Konkrete, das Bäuerlich-Unverfälschte, wobei die Selbststilisierung nur die eines aus Not dichtenden Bauern ist. Darin wurde auch der deutliche Unterschied der Rosenkranz'schen Weltwahrnehmung zu der seiner „städtischen Zeitgenossen" erblickt. Dies führt zu einer „demiurgischen Freude am Heraufbeschwören erlebter Realität", denn

> die Kindheit des Moses Rosenkranz wird durchaus nicht paradiesisch geschildert: bittere Armut, Vertreibung und Flucht – das Kind hat unter den Kapriolen der Weltgeschichte, aber oft auch unter den Irrtümern und der Verblendung seiner Nächsten zu leiden.[47]

Das „bluthaft Mitbekommene" übertrug sich von Generation zu Generation – so gleich zu Beginn von *Kindheit*:

> Vater wiederum hatte als Bildungsgut aus seinem Elternhause nichts mitnehmen können. Schon als Fünfjähriger hütete er die Gänse seines Heimatdorfes, um sich wenigstens zum Teil schon selbst zu ernähren, was ihn zum Lernen des Lebens, doch keiner Sprachen angeregt hat. Und als er in seinem zehnten Daseinsjahre Hals über Kopf in die Welt musste, besaß er von seinen Eltern nicht mehr, als was sie ihm auf dem natürlichen Weg über den Samen vermacht hatten. Das schien allerdings nicht wenig gewesen zu sein, denn er war nicht bloß von gesundem, kräftigem und angenehmem Äußeren, sondern auch von reich und vielseitig ausgestattetem Gemüt, worin die Fähigkeit zu großem Denken und dem Bestreben um den viersprachig genauen Ausdruck desselben jedem Ohre willkommen auffiel.
> In der angedeuteten Babylonie unvollständig beherrschter Sprachen, in denen meine engere Umwelt ertönte, war mir recht unbehaglich zumute und ich suchte mich der Verwirrung zu entziehen, indem ich meinen Kindermund selten zum Reden auftat. Bemüht, meine Empfindungen, Gefühle und Gedanken auch für mich selbst den unzuverlässig gekannten Idiomen zu entziehen, lernte ich die Bewegungen meines Inneren stillschweigend rein zu erleben und ersann schon in jenem frühen Alter die Sphäre unmaterialisierter Geistigkeit.[48]

In eben dieser Sphäre gründet der Ansatz der autobiografischen Rückschau, die mit dem Jahr der Geburt 1904 in Berhometh am Pruth beginnt und die familiären Verhältnisse panoramahaft schildert: Groll der Geschwister, Geburt des Bruders Samuel, die bereits zitierte „Babylonie unvollständig beherrschter Sprachen" (11), erste Kontakte zu Mörikes und Goethes Gedichten, Kriegsbeginn, Zwangsevakuierungen, deutsches Gymnasium in Bielitz,

---

[46] Sienerth, Alles Erlebte (Anm. 41), S. 278.
[47] Elisabeth Axmann: Fünf Dichter aus der Bukowina. Aachen 2007, S. 63.
[48] Rosenkranz, Kindheit (Anm. 3). Die Zitate sind im Fließtext mit Angabe der Seitenzahl nachgewiesen, zitiert wird nach der ersten Auflage der *Kindheit*, hier S. 10f.

Konvikt in Prag, Entdeckung des echten Geburtszeugnisses (20. Juni 1904), Mannwerdung und Liebesverrat, Frieden von Brest-Litowsk, die neuen, jetzt rumänischen Herrscher, Umzug nach Czernowitz, III. Staatsgymnasium am Austria-Dacia-Platz, „Chaos auf dem Grabe der alten Ordnung" (162), Nachwehen des Weltkrieges, Tod des Vaters, August Forels Buch zur sexuellen Frage. Das sind nur einige der zahlreichen Stationen eines an Erlebnissen reichen Lebens, das sich mit Sozialgeschichte und Historie, mit Politik und Mentalitäten aufs Engste verbindet.

In Zusammenhang damit und in unlösbarer Verflochtenheit werden Rosenkranz' naturhaft-dichterische Neigung und Begabung, zugleich aber auch sein autodidaktischer Bildungsweg sichtbar: Kontakte mit den „beiden Klassiker[n]", d. h. Goethe und Schiller (33), mit Kleist, Clemens Brentano, den Brüdern Grimm und ihren Märchen („Stücke der Elementarpoesie", 157), mit Wieland, Herder, Homer und Lessings *Laokoon* als „Bildungsausflüge" (167), Nietzsche (in Eduard Engels *Literaturgeschichte* in zwei Bänden, 216). Das erste Gedicht schildert die Gräuel des Krieges:

> Ich kann nicht die Sprachen der Leute,
> aber recht gut ihre Leiden.
> Dir, Vater, las mich sie schreiben:
> Gabst Du dazu doch die Hand mir.
> Sehr fürchten sie voreinander,
> und was ihn im Ebenbild ängstigt,
> so mancher machts aus sich selber:
> Den blicklosen leblosen Leichnamm.
> Von Dir herniedergesendet,
> empfinde ich Angst nicht vor ihnen;
> aber der Last ihrer Schmerzen
> fühl ich in mir keine Muskeln.
> So gib mir das Wort, mir zu helfen;
> denn was ich sage, wird leichter:
> Fast mühelos heb ich den Toten
> zu Dir nun auf diesem Blatt. (94)

Damit ist der dichterische Weg in deutscher Sprache bereits eingeschlagen. Unschwer lässt sich hier der Hölderlinische Sprachduktus erkennen. Gerade die Sprachmagie faszinierte auch in den Erinnerungen aus dem Jahre 1958:

Das Wunder dieses Buches ist Rosenkranz' Deutsch, das so wenig standardisiert ist wie sein ganzer Bildungsgang und sein Lebenslauf. Es ist ein intensives, hochpoetisches, präzises, wie hastiges und zugleich unverbildetes Deutsch, das Resultat des Versuchs, gewissermaßen dichterisch und unmittelbar auf die Möglichkeiten der deutschen Sprache durchzugreifen.[49]

Zwischendurch tauchen tiefsinnige Reflexionen über Sprache und Dichtkunst auf, über ihr Verhältnis zu einer verworrenen, im Wandel begriffenen Realität. Eine „geisterhafte Weltkorrespondenz" bemächtigt sich des noch sehr jungen Mannes:

> Ich schien mir unter der Haut aus tausend Augen bestehend, die nicht bloß das Äußere der Erscheinungen und Taten, sondern auch deren Wesen in ihre Nerven sogen und einer Mitte zuleiteten, die sie auf geistigem Spiegel zur Schau stellte. Diese Optik der Seele gab es mir auch an die Hand, die werdende Gestalt schon im unbestimmbaren Keim, das verhängte Geschehen schon in den Anzeichen zu erkennen. Ich habe hier nicht das Fern- und Hellsehen im Auge, auch nicht die telepathische noch auch die magnetische Empfindsamkeit. Das Phänomen ließe sich eher im Begriff eines Allbewußtseins zusammenfassen. (42)

Die Fantasie schafft Ausweichräume, auch wenn diese als unwahr erkannt wurden:

> Meine Seele zog sich noch mehr, als bis nun, in das Innere zurück. Doch beschränkte sie jetzt sich nicht bloß auf Räume der Welt und des Gefühls durchfliegende Gedanken; sie gaukelte meinem Blick, von der Hirnseite her, Vorstellungen der Wirklichkeit vor, die die Realitäten, von der Weltseite her, Lügen straften. Und ich entschloß mich oft für die Unwahrheit. (146f.)

In der Welt der Grimm'schen Märchen fühlt Rosenkranz sich wie sonst nirgends heimisch:

> Das waren endlich die Schriften nach dem Sinn und Maß meines geistigen Durchdringungswillens. Wie einst in den Uhland'schen Strophen vom Apfelbaum erlebte ich in diesen von kernigen Dichtungsmeistern wieder gesagten Stücken der Elementarpoesie das Glück lückenlosen Verständnisses in der Sprache. In den Worten dieser Dichtungen schien mir die Landschaft und meine Lage in ihr, wie eine Welle im Fluß zu schwingen und diese genaue Unterkunft der Realität in der Phantasie, der Natur im Geiste der Kunst, entzückte und beseligte mich und war mir einleuchtend, wie schriftlich kein Ding zuvor. Aber die traumhaft-lächerlichen Helden waren mir wie aus dem Herzen geschnitten, und ich fand sie mir gleich, wie sich Wassertropfen sind. Geradezu aufgelöst fühlte ich mich in den Gestalten und Erfüllungen ihrer Wünsche, die bis auf den Hauch akkurat der Welt meines Gemüts entsprachen, das sich dieselbe inmitten einer unmöglich derben Umgebung als eine Zuflucht erschaffen hatte. (156f.)

Die Goethe'sche Maxime „Natur und Kunst, sie scheinen sich zu fliehen"[50] erfährt hier eine erstaunlich bildliche Umschreibung. Bäuerlich-Urmüt-

---

[49] Jörg Drews: Polyglottischer Notballast. Moses Rosenkranz erzählt seine Bukowiner Kindheit. In: *Süddeutsche Zeitung*, 16. Mai 2001.

terliches und tiefsinniges Sinnieren, Realitätserfahrung und Bildungsgut gehen dabei eine eigenartige, eigenwillige Symbiose ein, die diese autobiografische Schrift durch und durch prägt.
Klassische Impulse wirken sich produktiv aus:

> Lessings Lehrbuch und der Ilias, die ich dann gemeinsam studierte, verdanke ich die Richtlinien, in deren Verfolgung ich das Glück hatte, mit Strenge und Fleiß, in den meinen angeborenen Bedingungen entsprechenden Entwicklungsfluss zu münden, oder, um ein Wort Nietzsches abzuwandeln: zu werden, was ich war.[51] (167)

Vor dem dominierenden Hintergrund der klassischen und antiken Dichtung baut sich der Dichter Rosenkranz seinen eigenen poetischen Raum auf: In seinen Gedichten erschallt der „Klagegesang um das zerstörte Kaiserreich" und um die Bukowina (167). Damit geht die Arbeit an der eigenen Ausdruckskraft einher:

> Meine Hauptbeschäftigung war aber der Selbstunterricht im Deutschen und das Lernen der Dichtung. In jenem beschränkte ich mich auf das langsame und eindringliche Lesen unserer Klassiker, in diesem auf eigene Übungen in allen Formen der Gattung. In beiden suchte ich klar, bündig und wahrhaftig: dort zu verstehen; hier auszudrücken. Die Ergebnisse unterwarf ich prüfenden Belastungen: indem ich die des Lesens aufschrieb und mit den Texten verglich, und die der eigenen Erzeugung studierte und gegen die Absichten hielt. In beiden Fällen duldete ich eher das Unzureichende, das ergänzt werden konnte, als das Übersteigende, das mich Verfälschung dünkte. Um die sprach- und literaturwissenschaftlichen Kategorien des Gewachsenen kümmerte ich mich nicht: Ich wollte die Gestalt, nicht ihr Skelett; den Garten nicht die Botanik; ich wollte schauen und schaffen, nicht enträtseln und konstruieren. (216f.)

Deshalb sucht man bei Rosenkranz vergebens nach Solipsismus oder sprachlicher Skepsis, er befindet sich im Besitz eines universalen Sprachverständnisses, in dem auch der Zusammenbruch seiner Welt Sprache als Rettung erscheinen lässt, so dass vor diesem autobiografischen Hintergrund der Doppelsinn des Titels seines ersten Bandes *Leben in Versen* erst richtig deutlich wird. „Leben" soll hier Wahrheit äußerer, erlebter und mitreflektierter Begebenheiten, „Verse" dagegen ihre im eigenen Ich gebrochene Reflexion der Dichtung bedeuten, mit Goethes Worten: Dichtung und Wahrheit. Was Canetti als „gerettete Zunge" bezeichnet, steht bei Rosenkranz in einem gewissen Zwielicht – er setzt sich auch mit der Sprache auseinander, mit kollektiver und politisch-poetischer Verdrängung, doch lässt er sich nicht vereinnahmen, sein Leid ist zugleich individuumsbezogen sowie auf alle vom Schicksal Betroffenen ausdehnbar. Dabei macht seine Kritik auch vor gewis-

---

[50] Johann Wolfgang von Goethe: Natur und Kunst, sie scheinen sich zu fliehen ... In: J. W. v. G.: Werke. Bd. 1: Gedichte und Epen I. Hamburger Ausgabe. Textkritisch durchgesehen u. kommentiert von Erich Trunz. München 2000, S. 245.

[51] Auf die klassischen Vorbilder von der Antike bis zur Gegenwart geht Rosenkranz in seinen *Daten seines Lebenswegs* ein. Vgl. Rosenkranz, Daten (Anm. 32), S. 198.

sen Erscheinungen der westlichen Zivilisation nicht Halt, ohne jedoch einer untergegangenen Zeit emphatisch nachzutrauern.

Der Beginn des zweiten Teils der Rosenkranz'schen Autobiografie *Jugend*[52] steht im Zeichen Schopenhauers und seiner Publikation *Die Welt als Wille und Vorstellung*. Die eigene Welt des Autobiografen ist die der Suche und des Wanderns: Reisen führen ihn nach Österreich, Deutschland und Frankreich, auf Arbeitssuche, auf Selbstsuche. In „der hinkenden Nachfolge Goethes" (73) betrachtet er kritisch seine eigenen dichterischen und essayistischen Erzeugnisse, von denen er manches sogar zu verbrennen beabsichtigte, was er schließlich doch nicht zu tun vermochte: Denn „es war Sprache. Es waren Worte, Klänge, Bilder; vielleicht auch Gefühle und Gedanken; sicher Emotionen; kurz, Geist ..." (63) Der schöpferische Vorgang wird einer christlichen Passion gleichgestellt: Einmal erschaffen, erlangen die dichterischen Produkte völlige Autonomie:

> Aber ich musste erfinden und aufs Papier setzen. Dabei machte mir freilich die fantasielose Wahrheitsliebe zu schaffen. [...] Am aufgesetzten Produkt suchte ich indes immer vergeblich eine Freude zu finden. Lag es fertig vor mir, fand ich immer daran was auszusetzen und litt darüber beschämende Gefühle der Ohnmacht. [...] Ich hatte schon mein Kreuz damit. (78f.)

Die verlorene Heimat wird schonungslos realistisch nachgezeichnet, mit antisemitischen und nationalistischen Entgleisungen (80f., 95, 115), den Drohungen der „Siguranza", aber auch mit Vereinsamung unter seinesgleichen: „So wurde ich in die Juden gedrängt, zwischen denen ich ein Fremder blieb." (81) Canetti'sches wird in Bezug auf die Beurteilung der Massen indirekt evoziert: Die Massen sollten „als Charaktere" geschildert werden im Sinne der Aristotelischen drei Einheiten. Die von den Massen getragenen Revolutionen erweisen sich am Ende als „Rückfälle in der Entwicklung". (85) Die Geschichte steht über dem Einzelnen und setzt ihn aus dem Gewohnten aus:

> Hier hatte mich die Weltgeschichte, die, was mir die Schule weis machen wollte, das Weltgericht war, zum Ausländer degradiert. Dabei war das Aus, das an sich schon bezeichnend war, auch mit aus-setzig, Aus-wurf [...] verbunden. Ich hatte jedoch keinen Weg daraus. (102)

Damit ist bei Rosenkranz das Marionettenhafte der Massen verbunden. Daher auch das „Leiden am Exil", am „Unbeheimateten" (150). Mit dem eigenen Kind an der Hand geht der am Leben Gescheiterte in den Wald:

---

[52] Vgl. Rosenkranz, Jugend (Anm. 28). Im Folgenden nehmen wir auf die zuerst gefundene, maschinenschriftliche Fassung Bezug. Zitate werden im Fließtext mit Angabe der Seitenzahl nachgewiesen.

Hätte ich doch wie ein Baum gelebt! Unverrückbar in der für recht gefühlten Dimension der Einsamkeit, nur der Scholle und den Wolken verbunden, der Nahrung und den Träumen. Dass ich herausstämmen ließ aus meinen Wurzeln! (162)

Das ist die Wahrheit von Moses Rosenkranz, von *einem* Menschen, von einer unverwechselbaren, auch nicht wiederholbaren Existenz – wie sie auch von Canetti in den Aufzeichnungen seiner *Provinz des Menschen* aufgefasst wurde. Claudio Magris äußerte sich in diesem Zusammenhang wie folgt:

Jede Autobiographie ist eine Rückkehr in die eigene Vergangenheit auf der Suche nach der eigenen Identität, eine Peripetie in die verfließenden und unsicheren Mäander der eigenen persönlichen Kontinuität. Wer über sich selbst schreibt, enthüllt und verbirgt sich zugleich, er verwandelt sich in die Maske seines anderen, getreuen und doch abweichenden Ichs, das nach und nach auf den Seiten Gestalt annimmt. Das vielfältige Ganze, das die Person ausmacht, spaltet sich in Farben und Figuren, zerfällt und multipliziert sich, tarnt sich hinter vielen Gesichtern, verbirgt sich zwischen den Blättern. Wer seine Autobiografie schreibt, scheint sich ganz und wehrlos den anderen auszuliefern, die schon ihre Krallen ausstrecken, um sich seines Bildes zu bemächtigen. Dieses Selbstporträt scheint zu sagen, dass sein Autor unfähig geworden sei, sich zu wandeln, dass er nicht mehr fliehen könne. In Wirklichkeit aber ist das dargebotene Selbstbildnis ein Gesicht, das das geheime und vielfältige Ich sich vorübergehend leiht [...].[53]

Die sprachlichen Eigentümlichkeiten der Prosaschriften von Moses Rosenkranz lenkten die Aufmerksamkeit in besonderem Maße auf sich. Elisabeth Axmann hat sie in der poetischen Vertextung am besten verortet:

Manchmal stehen wir vor einem Satz, der uns durch fremdartigen Klang und eine höchst riskante Aussage frappiert; wenn wir aber das eigenwillig zusammengefügte Sprachgebilde auseinander nehmen und prüfen, stellen wir fest: es stimmt genau, es stimmt der Logik nach und der Essenz.[54]

Sie konstatiert zugleich, dass „auf syntaktischer Ebene" „ein Kräftespiel, ein kleines Drama vor sich" gehe. Auch dadurch gestalten sich die autobiografischen Aufzeichnungen von Rosenkranz nicht zu einem Erinnerungsbuch, sondern zu einer ästhetischen Wahrnehmung von Wirklichkeit.[55] Was ist also der Sinn der – freilich auch autobiografischen – Literatur? Darauf hat Manès Sperber deutlich genug geantwortet:

So bleiben die Werke, die uns die Wahrheit über die Wirklichkeit ahnen und erkennen lassen, worauf es ankommt. Es sind die Werke, aus deren skeptischen Antworten wir

---

[53] Claudio Magris: Ein Schriftsteller, der aus vielen Personen besteht. Canetti und Kakanien. In: Über Elias Canetti: Hüter der Verwandlung. Beiträge zum Werk von Elias Canetti. Mit Beiträgen von Susan Sontag, Claudio Magris u. Salman Rushdie. München 1985, S. 264, 273 u. 271f.
[54] Axmann, Fünf Dichter (Anm. 47), S. 63.
[55] Ebenda, S. 68f.

lernen zu fragen. Ihnen verdanken wir das fragile Glück der Selbsterweiterung und aktivierende Beunruhigungen. Man sollte nicht mehr, nichts anderes von ihnen verlangen.[56]

Bei den Verfassern von Selbstbiografien kommt allerdings jene „metaliterarische Funktion"[57] zur Geltung, von der Sigurd Paul Scheichl sprach, d. h. die Autoreferenzialität, die Reflexion eigener früherer Texte. Denn „die Verantwortung des Dichters für seine Worte erwächst" – wie Bollacher es formulierte – „nicht aus einem abstrakten, wirklichkeitsfremden Idealismus, sondern aus der Einsicht in die Manipulierbarkeit der Menschen und den alltäglichen Missbrauch ihrer Sprache."[58]

Schließlich berühren sich Canetti, Sperber und Rosenkranz nicht zuletzt in den in ihren Selbstbiografien evidenten, weil nicht ausgeklammerten, Widersprüchen ihrer Lebensgeschichten: Sie weisen über ihre Person hinaus „auf die unsicher gewordene Position des schreibenden Individuums in unserer Gesellschaft", wie das Fazit von Friederike Eigler lautet. Und diese Unsicherheit ließe sich gewiss auf die offenkundige „Diskrepanz zwischen der erfahrenen Fragmentierung des Subjekts und dem Festhalten an einer beständigen Ich-Identität"[59] zurückführen. Max Frischs im modernsten Sinne autobiografisch angelegte Romane und das Stück *Biografie. Ein Spiel* sind vielleicht der eindrucksvollste literarische Ausdruck dieser tragischen autoreferenziellen Bemühungen. Der Lebens-Text kann verschiedentlich gedeutet werden. Dabei kommt es weniger auf die quantitative Differenz zwischen tatsächlich Erlebtem und narrativ Wiedergegebenem oder auf die Zielgerichtetheit des erzählten Erfahrungsraums, sondern vorrangig auf die Qualität der narrativen Strukturen an.

Diese wiederum weisen bei allen hier in Betracht gezogenen Autoren spezifische Elemente einer möglichen Typologie narrativer, vor allem aber inhaltlicher Natur auf, die bis in die Sprache hinein verfolgt werden kann. Die bei allen drei Autoren vorhandenen narrativen Stränge zeigen den Hintersinn für Realität auf, den man von Goethe bis ins südosteuropäische 20. Jahrhundert zurückverfolgen kann. Der Sprachrand setzte mit den autobiografischen Schriften von Elias Canetti, Manès Sperber und Moses Rosenkranz autobiografische Präferenzen früherer Zeiten des literarisch-kulturellen Zentrums mit beachtlichen reflexiven Leistungen fort.

Die Reaktion auf die autobiografischen Prosafragmente von Rosenkranz war überraschend und besonders erfreulich. Bezeichnend ist die Begeisterung von Wolf Biermann für die Rosenkranz'sche deutsche Sprache, die ihm auch in den Gedichten entgegentritt: „Die Augen gehen mir auf und gehen mir

---

[56] Manès Sperber: Wirkungen und Nachwirkungen der Literatur. In: M. S.: Geteilte Einsamkeit. Der Autor und sein Leser. Wien 1985, S. 27.
[57] Sigurd Paul Scheichl: Sprachreflexion in Canettis autobiografischen Büchern. In: Modern *Austrian Literature* 16(1983), H. 3–4, S. 42.
[58] Bollacher, Elias Canetti (Anm. 33), S. 62.
[59] Eigler, Das autobiographische Werk (Anm. 30), S. 191, 196.

über vor Begeisterung."⁶⁰ Einige Monate lang, von Mai bis August 2001, stand das Buch an vorderer Stelle auf der Bestenliste des SWR-Literaturmagazins und war als persönliche Empfehlung von Elke Schmitter angeführt.⁶¹ Eine späte, aber verdiente Anerkennung und Wiedergutmachung für den Bukowiner Dichter, der sich offen zur Widersprüchlichkeit seiner eigenen Persönlichkeit bekannte und sein in beiden autobiografischen Fragmenten gestaltetes Selbstbildnis gestochen scharf zusammenfasste:

> Charakter, wie sichtbar: positiv. Großzügig, aber stolz und voller Trotz (als Zähigkeit und Festhalten am Beschlossenen). Asketisch und übergesund (keinmal krank gewesen). Unempfindlich gegen eigene, sehr empfindlich gegen fremde Leiden. Heiter, obwohl dauernd vom Unglück verfolgt und immer in pekuniären Nöten. Leider in der Tat sehr eingebildet und scharfzüngig gegen alles Bürgerliche. (Glaubt, dass jeder ihn als das erkennen und anerkennen muss, als was er sich selber kennt.) Sehr einsam und der Kunst verschworen, obwohl mehr die Wirklichkeit als das Musische genießend. --- Usw.⁶²

---

⁶⁰ Wolf Biermann: Harter Brocken, weicher Stein. Anmerkungen zu acht großen Versen des Dichters Moses Rosenkranz. In: *Die literarische Welt*, 23. März 2002.

⁶¹ Bestenliste – das Literaturmagazin. Ausstrahlung: Südwest Fernsehen, 13. Mai 2001, 11:00 Uhr; 3sat, 20. Mai 2001, 10:00 Uhr (Platz 4-6, 20 Punkte); Bestenliste – das Literaturmagazin. Ausstrahlung: Südwest Fernsehen, 17. Juni 2001, 11:00 Uhr; 3sat, 24. Juni 2001, 10:00 Uhr (Platz 4-6, 22 Punkte); Bestenliste – das Literaturmagazin, Sommerpause.

⁶² Rosenkranz, Dokumente C (Anm. 32), S. 198.

# Andreas Birkners Prosa

Identitätskonstruktion zwischen Heimat und Fremde

LUCIA NICOLAU (Bukarest)

Der weitaus größere Teil von Andreas Birkners (1911–1998) schriftstellerischem Werk entstand nach seiner Ausreise 1966 in die Bundesrepublik Deutschland und wurde im damaligen Rumänien aus politischen Gründen totgeschwiegen. Romane wie *Die Tatarenpredigt* (1973) oder *Das Meerauge* (1976) beschäftigen sich einerseits mit dem scheinbar vom historischen Wandel unberührten Dorfleben der Siebenbürgen Sachsen, andererseits mit der als paradox empfundenen Auflösung der Dorfgemeinschaft und mit den Wirrungen des Auswanderns. Wo andere Autoren sich meist ausschließlich mit dem siebenbürgisch-sächsischen Kontext befasst haben, schafft Birkner ein komplexeres Bild des Mit- und Nebeneinanders.

Mit erzählerischem Geschick und fein strukturierter Chronistenpräzision präsentiert Birkner in seiner Prosa eine inzwischen verschwundene Welt, in der die siebenbürgisch-sächsische Identität im Mittelpunkt steht. Diese Identitätskonstruktion und deren Entwicklung in Andreas Birkners Werk sollen nun näher beleuchtet werden. Dabei werden Alt und Neu, Bleiben und Gehen bei dem 1959 im Kronstädter Schriftstellerprozess zu 25 Jahren Zwangsarbeit verurteilten Autor nicht nur als Gegensätze betrachtet, sondern auch als Möglichkeiten der Überwindung und Weiterentwicklung des Selbst.

Die Beziehung eines Schriftstellers zu seinen Wurzeln bestimmt maßgebend nicht nur die persönliche, sondern auch die dichterische Identitätsbildung. Aus der Fremde gesehen, kann die Heimat, zu der man als ausgewanderter Schriftsteller ohnehin ein gespaltenes Verhältnis hat, distanzierte Kühle oder idealisierendes Pathos hervorrufen, Nostalgie oder Abweisung. Umgekehrt stellt die Fremde, aus der Heimat betrachtet, das Unbekannte, das Schreckenerregende, das Unheimliche dar. Für die Konstruktion der Identität wird in dieser Hinsicht die Existenz einer Grenze zwingend notwendig – ein Ich kann es ohne Differenzierung vom Anderen nicht geben.

Eine so geartete Gestaltung der Verhältnisse zwischen Heimat, Fremde und Identitätskonstruktion kann zwar generell bejaht werden, muss es aber nicht, ganz besonders nicht, wenn es um die Literatur Siebenbürgens geht und um einen ihrer Vertreter, der aus politischen Gründen wenig rezipiert wurde. Die Rezeption im Zentrum, in Deutschland, aber auch an der Peripherie, die Situation als Fremder zu Hause und als Exot außerhalb, formen eine Existenz an der Grenze. An der Grenze der Rezeption mutiert die Exotik zum Heimischen, und die unerwarteten Gemeinsamkeiten zwischen Heimat und Fremde erregen an manchen Stellen Schauder.

Und was ist nun die Fremde für den siebenbürgisch-deutschen Autor, das fremde Rumänien, das einen als Deutschen und somit in der Folge des Zweiten Weltkriegs als unerwünschten Fremdkörper abstempelt, das fremde Deutschland, dem man sich zugehörig fühlt, das einen aber nicht versteht oder nicht verstehen will? Die weite Welt, in die man wie Birkners Gestalt Oberst Toba ziehen könnte, ohne jedoch vor der Geschichte weglaufen zu können? Die Heimat führt man mit sich im Herzen, als privaten Raum, der mit dem öffentlichen Raum verschmelzen kann, soweit die Situation es erlaubt, oder aber als eigene Festung, die zugleich als Schneckengehäuse dienen kann. Es gibt aber auch eine andere Möglichkeit. Hans Bergel weist darauf hin, wenn er bemerkt, dass Andreas Birkner seine Schauplätze, seien sie ein siebenbürgisches Dorf, eine Gefängniszelle oder eine Lehmhütte in der Steppe, zur Welt ausweite.[1]

Die verlorene oder gar wiedergefundene Heimat, das Gefühl der Entwurzelung und die Entfremdung des Exils lassen den Raum mehr als nur einen geografischen Ort sein, es geht um ein Amalgam von Erinnerung, von auf die Zukunft projizierten Wünschen, von pantheistisch gefärbten Vorstellungen, Naturlandschaften, Personen, die dem Heimatgefühl überhaupt erst ermöglichen, sich zu kristallisieren. Versucht man, Siebenbürgen als Gesamtbild im Erzählwerk Birkners zu umschreiben, stößt man auf die Vielfalt der es konstituierenden Elemente und auf die Tatsache, dass der Autor bewusst aus der Wirklichkeit schöpft, um seine Erzählungen mit Gestalten zu bevölkern:

> Alles was ich geschrieben habe, ist wirklich geschehen [...]. [K]onstruierte Geschichten taugen nach meinem Dafürhalten nichts. Freilich geben die Menschen die intimsten Geheimnisse menschlicher Psyche preis, sobald sie auf den Prüfstand von Hunger und Liebe gestellt sind.[2]

Identitätskonstruktion und mögliche erzählerische Absichten eines Autors geraten dabei in den Hintergrund. Vielmehr wird die meisterhafte Erörterung des menschlichen Charakters unter widrigen Umständen zum Kennzeichen für Andreas Birkners Prosa.

---

[1] Hans Bergel: Provinz und Welt im Erzählwerk von Andreas Birkner. In: *Zeitschrift für siebenbürgische Landeskunde* 12(1989), H. 2, S. 112.

[2] Stefan Sienerth im Gespräch mit Andreas Birkner. In: Worte als Gefahr und Gefährdung. Schriftsteller vor Gericht. Hrsg. von Peter Motzan u. Stefan Sienerth. München 1993, S. 171–177, hier S. 171.

Versuche, Gestalten oder Handlungsweisen zu typisieren, verbieten sich somit von Anfang an und verleihen der Birkner'schen Prosa einen Hauch von Originalität des Überraschenden. So beschreibt der 1973 erschiene Roman *Die Tatarenpredigt*, der von Bergel nicht zu Unrecht als wichtigstes Werk Birkners identifiziert wird, das siebenbürgische Dorf unter kommunistischer Herrschaft und ist somit „eines jener Dokumente, auf die einer zurückgreifen müssen wird, will er dermaleinst wissen, wie Siebenbürgen zur Zeit der kommunistischen Destruktion um Gestalt und Würde gebracht wurde"[3]. Den Rohstoff für den Roman boten „der zweijährige Aufenthalt in der Bărăgan-Steppe und die Haft in Gherla: Die Pfaffenzelle in Gherla war eine einzige Porträtgalerie der Typen und Nationalitätenvielfalt"[4]. Ähnlich steht es laut Windisch-Middendorf um den Stoff für die *Katzengeschichte*, eine Erzählung über den Zwangsaufenthalt im Bărăgan, und um den des Romans *Das Meerauge*, in dem Schicksale von Auswanderern beschrieben werden.

Der Konflikt zwischen dem Gefühl der Zugehörigkeit zur Gruppe der Siebenbürger Sachsen und dem Heimatverlust wird bei Birkner oft thematisiert. Renate Windisch erkennt ihn in dem Roman *Heinrich, der Wagen bricht* und in der Erzählung *Der Brautschmuck des Sebastian Hann*: „Es sei doch erwiesen, dass es nicht allein die Deutschen in den Westen zog, die Rumänen doch nicht minder"[5]. Tatsächlich, inmitten des Zerfalls, angesichts von Leid und Not, ist es nicht mehr sonderlich wichtig, welcher Nationalität man angehört, das Menschliche steht hingegen im Mittelpunkt: „Hast du dich unterstanden zu werden ein Deutscher, dann zähl gefälligst die Hungersterne! [...] Hast du dich unterstanden zu werden ein Mensch, dann sei's auch bis zuletzt!"[6]

Hans Bergel erkennt in dieser Hinsicht einen markanten Unterschied zwischen der Prosa Birkners und jener der vorangegangenen Schriftsteller gleicher Herkunft: Birkner zeige seinen Gestalten gegenüber keine Vorurteile, egal ob sie Sachsen, Zigeuner, Rumänen oder Ungarn seien. Alle werden gleich behandelt und mehr oder minder nach Verdienst beurteilt und nicht nach Ethnie oder Nationalität:

> Die Zeichnung der comédie humaine in den Karpaten-Donau-Landschaften [...] unterlag bei Birkner aber keinerlei nationaler Befindung, wie noch in der Autorengeneration vor ihm, [...] bei deren Vertretern, der mit dem deutschen Namen im Grundsatz auch der Bessere, der Überlegene war.[7]

---

[3] Hans Bergel: Zuwendung und Beunruhigung. Anmerkung eines Unbequemen. Thaur bei Innsbruck 1994, S. 108.

[4] Renate Windisch-Middendorf: Schreiben ist Überleben. Versuch einer Annäherung an das erzählerische Werk Andreas Birkners. In: Worte als Gefahr (Anm. 2), S. 123–132, hier S. 124.

[5] Ebenda, S. 127.

[6] Zuletzt. In: Andreas Birkner: Der Brautschmuck des Sebastian Hann. Erzählungen. Hrsg. und mit einem Nachwort von Hans Bergel. Editorischer Bericht von Stefan Sienerth. München 2002, S. 238.

[7] Hans Bergel: Andreas Birkner. Der alttestamentarische Zorn. In: H. B.: Wegkreuzungen. Dreizehn Lebensbilder. Bamberg 2009, S. 97–113, hier S. 104.

So ist es auch, allerdings gibt Birkner selber in einem Gespräch mit Stefan Sienerth zu, dass seine Sympathien hauptsächlich bei seinen Landsleuten liegen, was auch eine Gewissensfrage sei, denn die Siebenbürger Sachsen „wurden aus ihrer Geschichte herausgeprügelt"[8]. Diese Sympathie ist oft aus den Texten Birkners herauszulesen und gibt den Erzählungen eine emotionale Tonalität, wie aus den nächsten Beispielen ersichtlich wird.

Das Sammelsurium an Nationalitäten und Ethnien, die Unterschiede sozialer Herkunft werden bei Birkner mit Selbstverständlichkeit zur Sprache gebracht, geben aber keinen Aufschluss über den Ausgang einer Geschichte oder die moralische Wertezugehörigkeit einer Gestalt. Am besten lässt sich dieser Sachverhalt anhand der *Katzengeschichte* erörtern: Da leben im selben Lehmhüttendorf während ihres Zwangsaufenthalts der prunkende Rumäne Varlam Afloarei, über dessen uneheliche Herkunft der Erzähler spöttelt, seine womöglich englische Frau, das überaus religiöse Ehepaar Ludwig und Grete Fromm, der ehemalige Minister Solomon und unzählige andere, die ihr Schicksal teilen.

Die Normalität der ethnischen ‚Mischung' kann anhand der Gestalt des Bergmanns Csáky in der Erzählung *Der Bergmann und sein Hund* verdeutlicht werden. Nicht seine Herkunft wird als Ursprung seines rohen Verhaltens angesehen, es ist eher ein Ergebnis der Sozialisation und steht im Zusammenhang mit seinem Beruf:

> Er war ein ganz gewöhnlicher Mann, wie es ihrer tausend gibt, nicht sehr klug, aber auch nicht gerade dumm, genauso also wie alle andern, die es im Leben zu was bringen. […] der Mann, der den madjarischen Namen Csáky führte, aber vorgab, von deutschen Bergleuten abzustammen, wobei er sich ausschließlich der rumänischen Sprache bediente, was in Siebenbürgen nicht eben eine Seltenheit ist. […] Er war ein Bergmann, und das ist allerdings aufschlussreich, denn da weiß man sogleich, dass er alles, was er sich in den Kopf setzt, auf Biegen und Brechen auch bis ans Ende bringt.[9]

In *Strenge Rechnung erhält die Freundschaft* versucht der rumänische Bauer Pavel Morun, geschuldetes Geld beim sächsischen Kaufmann Stoll und dem rumänischen Regimentsoberst Fortun einzutreiben. Dabei wird er beim sehr beschäftigten Kaufmann Stoll etwas unwirsch, aber gerecht behandelt und schnell bedient, während er sich im Haus des Obersts Stunden mit dessen Frau unterhält und betrinkt, später auch zufrieden davongeht, obwohl er das geschuldete Geld nicht erhält. Die Darstellung des Kontrasts zwischen den beiden Schuldnern ist aufschlussreich.

Die Ironie des Erzählers gilt hier der Art, wie der Bauer die Wirklichkeit wahrnimmt, sich an Oberflächlichkeiten orientiert und den ethnischen Zuge-

---

[8] Andreas Birkner in: Stefan Sienerth im Gespräch mit Birkner (Anm. 2), S. 176.
[9] Andreas Birkner: Der Bergmann und sein Hund. In: Birkner, Der Brautschmuck (Anm. 6), S. 239.

hörigkeiten fälschlicherweise Charaktereigenschaften zuordnet. Der Bauer nimmt den Schuldner vor seiner Frau in Schutz: „Der Oberst und seine Frau sind nette und gebildete Leute, die allemal wissen, was sich gehört. Aber dieser Stoll ist ein aufgeblasener Niemand, der imstande wäre, dir den Hals umzudrehen."[10] Es ist nicht der Beruf des Bergmanns oder die Tätigkeit des Bauern, die bei Birkner ironisch gebrochen werden. Stattdessen sind es ihre menschlichen Gebrechen, die angeprangert werden: die mangelnde Menschenkenntnis des Bauern, die rohe Gewalt und die Bosheit des Bergmanns, der versucht, seinen altersschwachen Hund in die Luft zu jagen. Nicht der Beruf eines alten Dieners oder seine Sozialisierung sind wichtig, sondern seine schlaue, Streit schlichtende Art.

Im Hinblick auf die Biografie des evangelisch-lutherischen Pastors Birkner ist es nicht verwunderlich, dass viele seiner Gestalten Pfarrer oder Bischöfe sind oder zumindest mit Geistlichen in Kontakt kommen. Das garantiert den Charakteren jedoch keinen moralischen Vorteil. Auch Pfarrer verhalten sich menschlich-allzumenschlich. Viel stärker als in der weltlichen Gesellschaft muss hier mit Hierarchien gerechnet werden, wie zum Beispiel in der Erzählung *Der lange Segen*, wo ein Pfarrer dessen ungewöhnliche Tat, einem Paar von der anderen Seite eines Flusses den Ehesegen zu erteilen, aus Neid beim Bischof angezeigt wird. Die Antwort des Pfarrers auf die nicht uneigennützige Wut des Bischofs zeugt von Menschlichkeit und Würde:

> Wenn der Segen Gottes, den ich Euer Hochwürden danke, nicht einmal von einem Ufer des Flusses bis zum anderen reicht, dann will ich ihn Euer Hochwürden zurückgeben, mitsamt der Soutane, die mir Euer Hochwürden zur Priesterweihe geschenkt.[11]

Die Gestalt des Hermannstädters Heinrich Glorius aus der Erzählung *Freundschaftsdienste* gehört zu denen, die schwer kategorisiert werden können, weder nach sozialen noch nach beruflichen, ethnischen oder familiären Kriterien:

> Was war es dann, dass ich mich Glorius so freundschaftlich annahm? Ich denke, es war ein verhohlener Neid auf den Mann der Farbe, der jenseits aller Zeichnung und Kontur, ledig jeden Korsetts, in einer Freiheit lebte und reden und tun konnte, wonach ihm der Sinn stand, in einer Freiheit also, zu der es noch kein Pfarrer und nicht einmal ein Dichter je gebracht hatten, und schon gar nicht irgendein Bewohner unseres Städtchens.[12]

Heinrich Glorius steht für den Anderen, für den, der sich nicht unterordnet und der deswegen auch nicht belangt werden kann. Bei ihm handelt es sich aber nicht um eine politische Freiheit, sondern um eine, die der Unstetigkeit

---

[10] Andreas Birkner: Strenge Rechnung erhält die Freundschaft. In: Birkner, Der Brautschmuck (Anm. 6), S. 204.
[11] Andreas Birkner: Der lange Segen. In: Birkner, Der Brautschmuck (Anm. 6), S. 218.
[12] Andreas Birkner: Freundschaftsdienste. In: Birkner, Der Brautschmuck (Anm. 6), S. 227.

des Lebens entspringt. Die Faszination des Anderen, des von jeglichen Zwängen, Pflichten, aber auch Rechten Befreiten wirkt hier als Versuchung, die man als Mitglied der Gesellschaft aus der Entfernung beneiden mag, zu der man aber nicht den Mut aufbringen kann.

Meistens sind die Erzähler Männer, die über ihre Schwierigkeiten in der Haft sprechen. Nur ab und an gibt es auch eine Frauenstimme, die das Leben aus der Sicht der Hinterbliebenen darstellt. Die Erzählung *Der fromme Spruch*, in der die narrative Stimme der Frau eines verhafteten sächsischen Pfarrers laut wird, führt die Gestalt der Arzthelferin und Hebamme Lene ein: Fünfundzwanzig Jahre alt, ein Waisenkind und fremd im Dorf, fällt es ihr schwer, sich dort einzuleben, zumal sie, wie von der Obrigkeit verordnet, einen Teil der Wohnung des verhafteten Pfarrers bezieht. Ihre Außenseiterrolle könnte ihr im Dorf zum sozialen Verhängnis werden, doch die politischen Umstände holen das Beste aus ihr heraus.

Im Laufe der Handlung steht Lene der Pfarrersfrau mit Rat und Tat zur Seite, z. B. als der Gerichtsvollzieher kommt, um das ganze Hab und Gut der Pfarrersfamilie zu beschlagnahmen, und sie aus eigenem Antrieb die Möbel bei sich versteckt. In Situationen, in denen die eigene Familie nicht mehr helfen kann oder will – Bruder und Schwester der Pfarrersfrau hatten abgelehnt, diese bei sich wohnen zu lassen, weil die Verhaftung des Schwagers zur Exmatrikulation der Kinder von der Universität hätte führen können –, ist Menschlichkeit, so wie sie Lene zeigt, nicht selbstverständlich. Lene ist, urteilt am Ende die Erzählerstimme:

> [...] das beste Mädchen, das mir begegnet ist, ein ungebildetes Waisenkind mit dem Wissen aus der Volksschule [...], ein verzagtes Menschenkind, das nie den Mut aufgebracht hätte, laut heraus zu lachen. Auch über den geprellten Gerichtsvollzieher lachte sie nur mit vorgehaltener Hand. Das ist es, weshalb ich nicht herausfinden kann, wieso denn meine Erinnerung mir diese Jahre so erhalten hat, als hätte es täglich Anlass zum Lachen und Heiterkeit gegeben, gerade so und wortwörtlich, als habe sich Gott jedes Mal gebückt und den Packen Sorgen, den wir ihm vor die Füße werfen, sorgsam aufgehoben und selber weitergetragen.[13]

Es sind Geschichten, wie die der Pfarrersfrau und ihrer Freundschaft zu der Außenseiterin Lene, in denen Birkner einfühlsam die Stärken und Schwächen des menschlichen Charakters darstellt. Als eine der wenigen Erzählungen von Birkner, die vorrangig Frauen handeln lässt, kann sie für den Leser besonders aufschlussreich sein. Die Stellung der Frau in der damaligen Gesellschaft wird von der Pfarrersfrau wiedergegeben:

> Mein Mann hatte mir oft gesagt: „Den gesellschaftlichen Standort einer Frau bestimmt trotz der grundgesetzlichen Gleichschaltung bis auf den heutigen Tag die Stellung ihres Mannes – auch wenn du das Oberste zu unterst kehrst, wie wir das jetzt erleben, daran än-

---

[13] Andreas Birkner: Der fromme Spruch. In: Birkner, Der Brautschmuck (Anm. 6), S. 153f.

dert sich nichts; verwitwet sie, so sinkt sie automatisch um mehrere Stufen hinab, da hilft ihr nicht, dass sie drei Männer zu ersetzen imstande ist."[14]

Ihre eigene Meinung ist nicht zu hören, sie ist nur als Echo des verhafteten Mannes wahrzunehmen, dessen Meinung durch seine Stellung als Pfarrer und seine Gefangennahme die Erzählung aus dem Schatten dominiert.

Andreas Birkner bringt es zustande, Frauengestalten nebeneinander zu stellen, die grundverschieden sein können. Beispiele sind die alte Jungfer, die im letzten Moment ihre russischen Angreifer mit ihrer Zahnprothese wegscheucht (*Grenzen der Erotik*), eitle (*Sulamith*), verzweifelnde oder starke Frauen wie die liebevoll sich aufopfernde Frau von Altdorfer in der *Katzengeschichte*, „unerschöpflich wie die erste Liebe. Dabei war ihr Haupt ergraut, nur ihr Gesicht so, als käme sie eben aus dem Bad"[15].

In einem Gespräch der Männer über ihre Frauen erinnert Altdorfer daran, dass diese nicht den Schrecken des Gefängnisses in den Gliedern hätten, worauf Ludwig Fromm antwortet, sie hätten es viel schwerer gehabt.[16] Die Männer sehen sich selber als Krüppel, während die Frauen in Abwesenheit der Männer ihr Leben unter schwierigen Bedingungen gemeistert haben. Hinter dieser abgekürzten Darstellung verbergen sich die vielen Familiendramen der von ihren Ehemännern gewaltsam getrennten Frauen. In manchen Fällen wurden sie plötzlich zum Familienoberhaupt und einzigen Ernährer, in anderen wurden sie von der Gesellschaft und der eigenen Familie verstoßen, wiederum in anderen wurden sie zu reuelos Geschiedenen. Draußen, außerhalb des Gefängnisses, hatten sie die Möglichkeit, sich, wenn auch mit bescheidenen Mitteln, zu wehren und zu bewähren.

Eine weibliche Machtposition, sozusagen die Stellung einer grauen Eminenz in der Familie, die im *Frommen Spruch* ironisch angedeutet wird, erscheint für die Pfarrersfrau angesichts der moralischen ‚Größe' ihres Mannes als verwerfliche, völlig absurde Möglichkeit:

> Der Vorgesetzte meines Mannes gab mir zu verstehen, ich hätte es mir selber zuzuschreiben, wenn mein Mann im Gefängnis säße und ich auf der Straße, denn es sei ja bekannt, wie ich zu seinen Geschichten auch noch applaudiert hätte, statt ihm den Mund zu verbieten. Dazu sagte er mir einen frommen Spruch, in dem von der Obrigkeit die Rede war, der jedermann untertan zu sein habe.[17]

Die Angst vor der Obrigkeit wird von der Angst um die Angehörigen potenziert. Wenn man sich auch selber entscheidet zu widerstehen, muss man auch in Erwägung ziehen, dass die Familie aufgrund der Entscheidung zu leiden hat. So erklärt man – wenigstens psychologisch, wenn das moralisch

---

[14] Ebenda, S. 145.
[15] Andreas Birkner: Katzengeschichte. In: Birkner, Der Brautschmuck (Anm. 6), S. 82.
[16] Ebenda, S. 118.
[17] Birkner, Der fromme Spruch (Anm. 13), S. 144.

nicht möglich ist – auch die Fälle, in denen die Familie den Verhafteten verstößt, nichts mehr von ihm wissen möchte, um nicht vom langen Arm des Staates für die Dazugehörigkeit bestraft zu werden.

Nicht die Zugehörigkeit zu einer bestimmten Gruppe wird von Birkner mit beißender Ironie angeprangert, sondern allgemein menschliche Gebrechen: Dummheit, Prahlerei, Überheblichkeit. Die Handlungen des Erzählers Altdorfer, dessen Hassliebe zu einer Katze den Titel der Geschichte liefert, lassen auf tiefere psychische Hintergründe schließen. Solche Handlungen gewinnen umso mehr an Bedeutung, wenn man, wie Hans Bergel, um die autobiografischen Bezüge der *Katzengeschichte* weiß. Die Katze in der angeführten Erzählung ist aber nicht das einzige Tier, das anthropomorphisierend behandelt wird und somit – beabsichtigt oder nicht – Ironie durchscheinen lässt.

So kann man bei Birkner entdecken, dass auch Tiere als Gestalten eine wichtige Rolle spielen. Ob der alte Gaul, der sich in *Der fromme Spruch* weigert, den Wagen zu ziehen, der alte taube Hund, der sich nicht in die Luft jagen lässt, bevor er nicht das Haus des Bergmanns mitnimmt, oder die Katzen der *Katzengeschichte,* die jung und agil oder alt und träge sind – sie alle existieren neben ihren Herren, teilen ihr Schicksal und spiegeln oft Charakterzüge der Eigentümer wider. Außerdem definiert sich mancherorts die Gestalt des Eigentümers im Umgang mit den Tieren, die als Projektion der eigenen Ängste gelten können.

Ein gutes Beispiel dafür sind die Katzen der *Katzengeschichte*, vor allem, weil der ausgesprochene Zweck der verhältnismäßig langen Erzählung ist, „lediglich einiges wenige über die Natur der Katzen festzuhalten [...], von denen es in diesem Sträflingsort so viele gab"[18]. Die Katze, die Altdorfer vom vorherigen Besitzer des Hauses übernimmt, „ein junges schlankes Tier [...], als Unschuld gestempelt, die Naive des Theaters"[19], löst eine sofortige Reaktion in ihm aus:

> Dort saß sie also, die Katze und wartete auf ihn. [...] Das hätte ihn zu Mitleid, zu Erbarmen rühren müssen, sollte man meinen. Der unterschätzt freilich die Festigkeit der Entschlüsse eines Mannes, der fünf Jahre lang im Gefängnis die Zähne zusammenbeißen musste, um nicht vor Scham für die Zeugen seines Prozesses umzukommen. Mit einem Fußtritt beförderte er die Katze in die Gartenbeete.[20]

Die aufgestaute Wut des Mannes lässt erkennen, dass die Katze als Symbol zu betrachten ist, als Symbol des ehemals Unkontrollierbaren, dessen sich der Häftling nun zu bemächtigen versucht, um die seelischen Wunden zu heilen. Es ist ein Kampf um Dominanz und auch ein ungleich ausgetragener

---

[18] Birkner, Katzengeschichte (Anm. 15), S. 80.
[19] Ebenda, S. 85f.
[20] Ebenda, S. 96f.

Konflikt mit dem Feind, den der Mensch in der Katze zu erkennen glaubt oder den der Mensch durch die Katze substituiert. In Gegenwart seiner Frau, die die Katzen füttert, duldet Altdorfer die Vierbeiner, in ihrer Abwesenheit wird er durch die Katze Sonja an das erinnert, was ihm genommen wurde: Wärme, Liebe, das „nicht zu unterdrückende Bedürfnis nach Gespräch und Gemeinschaft"[21]. Angesichts der in der Sonne liegenden Katzen empfindet er Neid und Bitterkeit in seiner gegenwärtigen Lage und ruft aus: „Ein Katzenglück. Hier war die Welt am schönsten."[22]

Den anthropomorphisierten Katzen der Geschichte werden menschliche Sünden zugeschrieben. So nimmt die Suche nach einer Kükenfresserin Züge einer Hexenjagd an, mit ähnlichen Etappen, wie die ehemaligen Häftlinge sie selber durchlebt haben, einschließlich falscher Beschuldigungen und Advokatenschlichen. Als allzumenschlich ist ein solches Verhalten einzustufen, sogar psychoanalytisch deutbar. Im Vergleich zu den Katzen erscheint der Mensch selber einerseits als ein Tyrann, der sich nicht davor zurückhalten kann, anderen anzutun, was gegen ihn verbrochen wurde, andererseits als Behüter des Erhabenen. So ist zu verstehen, warum für Altdorfer der Tag, an dem Sonja einen erlegten Vogel an die Türschwelle bringt, eine traurige Erinnerung an seine nicht verwirklichten Träume darstellt. Als Motivation des Vogelmordes wird allerdings nicht der wilde Trieb eines Raubtiers angeführt, sondern – fast wie eine Erklärung des erlebten Zeugenverrats – der Wunsch nach Anerkennung und Lob:

> Nicht einmal Katzen wollen ohne Beifall leben. [...] Er [...] säbelte das Besenkraut um, damit sich niemals wieder ein Vöglein darin niederließ und in der grünen Wildnis sicher fühlte, bis es die Katze im Sprung erhaschte.[23]

Aufschlussreich ist auch, dass die Katzenhandlung der Erzählung, trotz aller Anthropomorphisierung und Sündenbockstilisierung, in ein Happy End mündet, während die Menschen in Wirklichkeit sowohl der Natur als auch der Gesellschaft und der repressiven Autorität ausgeliefert sind. So werden die Katzen zum Mittel der Identitätsfindung der Gestalten und zur Veranschaulichung der seelischen Prozesse, die jene durchmachen.

In der *Katzengeschichte* beschreibt Altdorfer auch das ethnische Miteinander während seiner Kindheit und den darauffolgenden Verlust der Heimat:

> In meiner Jugend haben wir im Alt gebadet. Die Rumänen des Nachbardorfs badeten im selben Fluss. Es gab mitunter Streit zwischen uns, um die beste Badestelle haben wir uns geprügelt und uns gegenseitig die Köpfe eingeschlagen. Das eine Mal vertrieben uns die Rumänen, das andere Mal trieben wir sie in die Flucht – unsinnigerweise, denn der Fluss war groß genug für beide, und er hörte nicht auf zu fließen, von beiden Ufern konnte man

---

[21] Ebenda, S. 109.
[22] Ebenda, S. 121.
[23] Ebenda, S. 109.

in ihn hineinsteigen. Wenn ich sagen muss, was ich mir unter Heimat vorstelle, dann denke ich an den Altfluss. Ich kenne den Ort, wo das Glück wohnt. […] Jetzt aber ist es soweit. […] Man lässt uns die Badestelle nicht mehr verteidigen. Es ist aus.[24]

Hier und auch an zahlreichen anderen Stellen bei Birkner geht es um die Entfremdung von Heimat, um den Verlust des Zugehörigkeitsgefühls. Wenn das, was als Heimat empfunden wird, nicht mehr existiert, gerät das Ich in eine Krise. Hat man erst die Wahl, wird die Entscheidung, ob man bleibt oder geht, unumgänglich, und die schwarz-weiße Zeichnung der Möglichkeiten, z. B. Bleiben als Martyrium und Gehen als Desertion, hat schwerwiegende Folgen für das Leben der Betroffenen.
Intellektuelle und Analphabeten, Vagabunden und ehemalige Minister, Pfarrer und Fabrikarbeiter, Polizisten und Gerichtsvollzieher, sie alle sind bei Birkner der gleichen unterdrückenden Obrigkeit preisgegeben, sie werden zu Opfern, Tätern, Mitläufern im Lager:

> Ein ehemaliger Konsul, […] er hieß Adrian, den Familiennamen brauchte man sich gar nicht zu merken, es gab ihn in jeder Straße des Dorfes noch dreimal, Polizeipräfekten, Popen, Gerichtspräsidenten, lauter Ehemalige natürlich. Und neben ihm hauste der Herr Minister Solomon.[25]

Zu den Gestalten Birkners gehören auch Frauen und Kinder, Jugendliche und Greise, die unter denselben erschwerten Bedingungen überleben müssen. Im Lehmhüttendorf im Bărăgan gibt es aus dem Gefängnis gekommene Frauen, die da ihre verbliebene Strafe verbüßen, aber auch Ehefrauen, die zeitweise ihre Männer besuchen dürfen, drei Monate lang übers Jahr verteilt. Manche Ehen überleben, andere zerbrechen, Familien zerschellen an der Angst vor dem politischen Druck. So wird der Konsul Adrian von seiner Familie abgewiesen, und Grete Fromm stürzt sich aus dem Fenster, als sie erfährt, dass sie und ihr Mann endlich zu den Kindern nach Deutschland ausreisen können.
Die bevorzugte soziale Position für Menschen ab einem gewissen Alter ist die des Dorfältesten oder des Weisen. Birkner scheut sich nicht, ein Thema von besonderer Brisanz anzuschneiden: Als es Zeit war, auszusiedeln, was passierte da mit den Alten? Zwei prägnante Gestalten Birkners bringen die Tragik in den Vordergrund: Grete Fromm in der *Katzengeschichte* und Sophia Lindert in der Erzählung *Die Totenglocke*.
Grete und Ludwig Fromm sind schon über siebzig, und Grete selber scheint nicht viel gegen ein Altern in der Steppe zu haben. Sie hat die Opferidentität verinnerlicht. Altdorfer soll, auf Wunsch ihres Ehemannes, der Frau gut zureden, damit sie sich entschließt, zu den Kindern auszuwandern.

---

[24] Ebenda, S. 131.
[25] Ebenda, S. 86f.

Einmal will sie, dann sieht sie wieder in der Auswanderung das größte Unglück, das ihr zustoßen könnte. [...] Grete war augenblicklich zu Streit und Widerspruch aufgelegt, sobald die Rede auf eine mögliche Auswanderung kam. Es ging ja schließlich um die Heimat in Siebenbürgen und ob einer sie verlassen oder ob er bleiben sollte, beide Male handelte es sich um die Liebe zu ihr.[26]

Als dann die Botschaft von der Ausreisegenehmigung eintrifft, lässt sich Ludwig Fromm von Altdorfer beruhigen: „Wir wissen alle nicht, wie wir damit fertig werden. Es wird deiner Grete aber so wenig schaden, wie meiner Frau, wenn sie vor Schrecken und Glück ein wenig weint."[27] Am Ende steht die verzweifelte und trotzdem lakonische Aussage Fromms: „Sie hat sich entschieden."[28] Grete begeht Selbstmord. Sie, die sich schon immer im Geheimen gewünscht hatte, dass ihr Mann den Märtyrertod für sein Volk stirbt, hat schließlich selber diesen Ausweg gewählt, unfähig, den Entscheidungsdruck zu lösen. Die Männer, die in ihren langen Gefängnisjahren aus der Gesellschaft entwurzelt worden sind, haben nichts mehr zu verlieren. Es sind die Frauen, die um ihre Position gekämpft haben oder es hätten tun wollen, die vom Gedanken der Auswanderung in Panik versetzt werden.

Eine der besonders gelungenen Gestalten Birkners, die für sich die Frage des Auswanderns gelöst hat, ist die letzte Siebenbürger Sächsin in der Erzählung *Die Totenglocke*. Als danach gefragt wird, ob im Dorf noch Sachsen lebten, fällt die Antwort negativ aus. Allerdings erinnert sich jemand, dass Sofia Lindert noch leben müsste, da kein Rumäne auf ihren Hof gezogen sei. Diese befremdend erscheinende Weise, sich der Präsenz einer Person zu vergewissern, beschreibt eine im kommunistischen Regime äußerst schmerzliche Wirklichkeit: Die Auswandernden müssen Hab und Gut zurücklassen, meist ohne irgendeine Entschädigung. Es erscheint niederschmetternd, dass man die Alten vergisst, dass in einem kleinen Dorf ihr Leben und Tod von der Ablösung durch das Neue bestimmt werden.

Sofia Lindert gegenüber benutzen die Hermannstädter Männer, die die alte Kirchenglocke holen wollen, einen herablassenden Ton. Sie fragen nach dem Schlüssel zur Kirche und fragen gerade sie, nur weil es in der Gemeinde keinen Pfarrer mehr gibt und auch keinen Burghüter mehr. Die Alte lässt sich aber nicht überrumpeln und lässt ihren Zweifel laut werden. Die Glocke möchte sie nicht hergeben, denn sie ist noch da, die letzte Sächsin, und die Glocke werde zu ihrem Tode läuten. „Wer wird sie denn läuten, wenn Sie gestorben sind?" [...] „Auch wenn sie keiner läutet, werde ich die Glocke hören."[29]

Die Erzählung ist mit Hilfe von Gegensätzen aufgebaut: Alt gegen Neu, mehrere Männer gegen eine alte Frau, Rumänen gegen Sachsen, freier Zu-

---

[26] Ebenda, S. 119f.
[27] Ebenda, S. 124.
[28] Ebenda, S. 129.
[29] Andreas Birkner: Die Totenglocke. In: Birkner, Brautschmuck (Anm. 6), S. 190.

gang gegen gehütete Ordnung, die Stille des Todes gegen den Klang des Lebens, Anwesenheit gegen Leere, Gegenwart gegen Vergangenheit. Der unterschwellig geführte Konflikt wird von der Alten entschieden, die Respekt gebietet und für den Augenblick die Männer wegscheucht: „Sie begriffen es schnell. So ist das hier. Ja, so also war es."[30] Die Gestalt der Frau beeindruckt durch ihre Stärke und Standhaftigkeit und lässt eine Vergangenheit erahnen, die fast mythisch scheint. Wie muss es denn früher gewesen sein, wenn eine alte, verlassene Frau, noch so einen Widerstand leisten kann und sich Gehör verschafft? Sie trägt nicht nur persönlich einen Sieg davon, sondern auch symbolisch, indem sie die Glocke behält, deren Stimme und Geschichtsträchtigkeit.

Inwieweit Heimat und Fremde einen Menschen prägen bzw. verändern, nur um ihn dann wiederum an seiner Identität zweifeln zu lassen, offenbart auch Birkners Erzählung *Schwarzer Schnee*. Zwischen denen, die auswandern konnten oder wollten, und denen, die aus verschiedenen Gründen zurückgeblieben sind, schwelt ein Konflikt, den Birkner meisterhaft darstellt. Im Abseits des Anonymen steht eine sächsische Frau, die über Weihnachten vorzeitig aus dem Krankenhaus entlassen wurde und im Zug auf eine nach Deutschland ausgewanderte Heimkehrerin trifft. Die Misere der aus Kleinkopisch stammenden kranken Frau, die zu hungrigen Kindern heimkehrt, wird dramatisch geschildert. Die Frau wurde mit anderen Kranken drei Tage vor Weihnachten entlassen, ein Komplott, wie sie vermuten, um den Ärzten zu Weihnachten Arbeit zu ersparen, wobei eine Entlassung für sie selber bedeutet, dass sie arbeiten müssen: „[...] wir übrigen müssen allerdings an allen drei Weihnachtstagen an unseren Webstühlen stehen."[31] Das Schlangestehen um Lebensmittel, ohne Aussicht, etwas von den erwünschten Nahrungsmitteln zu ergattern, machen die Anweisung des Arztes, dass sie essen und trinken können, was sie wollen, zum Hohn. Die Wirklichkeit der Daheimgebliebenen wird symbolisch von dem durch Ruß geschwärzten Schnee geprägt: Trauer, Mangel, Sorge um den nächsten Tag.

Zwei Welten prallen im Zug aufeinander: Die Ausgewanderte fällt sogleich durch Kleidung und Gepäck auf, wird von den Rumänen bewundert. Die Sächsin bemerkt eher den Unterschied zwischen den Gesichtszügen der Ausgewanderten und denen ihres dagebliebenen Bruders, ein krasser Gegensatz zwischen Erfüllung von und Mangel an Entfaltungsmöglichkeiten. Das Spiel der Beobachtung von Fremden im Zug erhält dramatische Züge in dem Augenblick, als die Beobachterin in der heimkehrenden Ausgewanderten eine Rivalin vermutet und sich fragt, ob ihr Gegenüber im Zug die zweite Frau ihres nach Deutschland ausgewanderten und durch die Umstände von ihr geschiedenen Mannes Michael sein könnte.

---

[30] Ebenda, S. 191.
[31] Andreas Birkner: Schwarzer Schnee. In: Birkner, Brautschmuck (Anm. 6), S. 177.

Die Ausgewanderte ist auf Besuch gekommen und bekommt von ihrer Mutter einen Schuhkarton mit Weihnachtsgebäck. Obwohl sie sich bewusst sein muss, welchen Einsatz ihre Mutter für das Gebäck geleistet hat, oder vielleicht gerade deswegen, weigert sie sich, den Karton mitzunehmen. Der beobachtenden Sächsin erscheint diese Haltung zugleich als Frevel und als unerwartetes Glück, da sie wegen des Krankenhausaufenthaltes nichts für ihre Kinder vorbereiten konnte. Für sie ist dies das kostbarste Weihnachtsgebäck der Welt, in mehr als nur einer Hinsicht: Es ist ein unverhofftes Weihnachtsgeschenk für ihre Kinder, die sonst nichts haben, aber auch ein Zeichen der inneren Wärme und der Zusammengehörigkeit, demgegenüber sich die fremde Frau verschließt.

Dabei können die Welten der zwei Frauen nicht krasser kontrastiert werden. Die Ausgewanderte gibt zu bedenken, von den Süßigkeiten bekomme man nur Durst. Gemeint ist auch ein symbolischer Durst nach dem Vergangenen, den sie nicht mehr stillen kann. Da verzichtet sie lieber von vornherein. Für den, dem die Mühe der Nahrungsbeschaffung nicht mehr gegenwärtig ist, ist die liebevolle Aufopferung der Mutter auch nicht mehr wahrnehmbar. Die Ich-Erzählerin hingegen zittert schon vor Hungersschwäche und quält sich obsessiv mit der Frage, ob ihre Rivalin den Karton zurücklässt oder nicht. Trotz der Unhöflichkeit der Rivalin, die beim Gehen nicht grüßt, erinnert die Sächsin sie an das vergessene Päckchen. Eine Kommunikation zwischen den beiden Frauen kommt nicht zustande. Die Rivalin geht, wortlos, mit verdüstertem Gesicht, der Hauptgestalt wie dem Leser durch ihre Haltung völlig entfremdet.

Die Faszination des Fremden entfaltet sich in dieser Erzählung in voller Breite. Für die Daheimgebliebene verkörpert die Fremde das gelobte Land, wo ihr geschiedener Mann mit einer neuen Frau lebt, wohin sie selber samt Kindern nicht ziehen durfte und aus diesem Grund mit der Scheidung konfrontiert wurde. Es ist aber auch das Land der seelischen Kälte und des mangelnden Zusammenhalts, wie aus ihrer Beobachtung der Rivalin hervorgeht. Auffällig ist, wie ihre anfänglichen Gedanken über Gehen oder Bleiben, Sachsen und Rumänen, über ihren geschiedenen Mann, die Rivalin und die eigene Weiblichkeit plötzlich von dem Gedanken an den Gebäckkarton völlig verdrängt und ersetzt werden. Die Sorgen um die Nahrungsbeschaffung, aber auch die um das Wohl der Kinder haben Vorrang. Birkner beschreibt allerdings auch den Anflug von Stolz und Moral, die die Sächsin schließlich dazu veranlassen, die andere Frau, bevor diese aussteigt, auf den zurückgelassenen Karton aufmerksam zu machen. *Schwarzer Schnee* wird somit zu einer tiefgründigen Beschreibung der Zurückgebliebenen und ihres inneren Konflikts. Zugleich zeigt die Ausgewanderte in diesem Fall eine der Vergangenheit und der Heimat völlig entrückte Haltung, die auf Kälte hindeutet, mit etwas Mühe aber als düsterer Schmerz erkennbar ist.

Es gelingt Andreas Birkner in seinen Erzählungen, zu zeigen, wie die Gefühlswelt des Menschen unter widrigen Umständen umgewälzt wird. Die menschliche Psyche wird von ihm in all ihren Tiefen durchleuchtet und präzise dargestellt, ungeachtet der vorhandenen oder nicht vorhandenen Sympathien für die im Realen verankerten Gestalten. Für denjenigen, dessen Heimat zur Fremde wird und der sich entschließt, Fremde zur Heimat werden zu lassen, ist eine Identitätskrise keine Seltenheit. Aber ein Konflikt besteht auch für die Zurückgebliebenen. Birkner thematisiert das an zahlreichen Stellen in seinen Romanen und Erzählungen, ohne für sich selbst oder für seine Gestalten eine endgültige Antwort zu finden. Was bleibt, ist ein erzählerisches Werk, das den Leser in seinen Bann zieht und ihn zwingt, sich mit der Erfahrung der Entwurzelung zu beschäftigen und für sich selbst eine Identität stiftende Antwort zu suchen.

# „Wein aus zwei Gläsern"

## Zur Poetik der Grenze bei Hölderlin und Celan

TORGEIR SKORGEN (Bergen)

„Unterschiedenes ist gut". Dieses Zitat aus einem der späten rätselhaften Fragmente Hölderlins setzte Peter Szondi einst seinen Hölderlin-Studien voran.[1] Dass Unterschiedenes gut ist, gilt ebenso sehr für das Weintrinken als für Lyrik und das philosophische Nachdenken. „Ich trink Wein aus zwei Gläsern", schreibt Paul Celan in den berühmten Anfangsversen eines posthum erschienenen Gedichts aus dem Band *Zeitgehöft* (1976). Es empfiehlt sich, zum Beispiel Weißwein und Rotwein aus zwei verschiedenen Gläsern zu trinken. Das Gedicht, das zu einer umfangreichen Kommentarliteratur geführt hat, gehört zu einem Zyklus, der um Celans Reise nach Israel und Jerusalem im Jahre 1969 kreist. Dementsprechend haben einige Interpreten das Motiv der beiden Gläser in Celans Gedicht als Metapher einer Grenzlage und doppelten Orientierung im Gedicht interpretiert: an Jerusalem und an die Hölderlin-Städte im deutschen Abendland.[2]
1970 las der vereinsamte Celan auf Einladung Bernhard Böschensteins bei der Jahrestagung der Hölderlin-Gesellschaft in Stuttgart Gedichte aus seinem noch unveröffentlichten Gedichtband *Lichtzwang* vor. Böschenstein zufolge wurden diese auf „Hörreste" und „Sehreste" reduzierten Gedichte, die Celan „im Ton eines Abgewandten" preisgab, damals kaum verstanden.[3] Das lyrische Ich, das in Celans Gedicht Wein aus zwei Gläsern trinkt, könnte somit auch als eine Metapher der Vereinsamung interpretiert werden, als Verweis auf ein fehlendes Du, für welches das andere Weinglas bestimmt wäre. Diesem fehlenden Du entspricht auch das deiktische Pronomen „Jener", mit dem das Ich sich vergleicht:

---

[1] Vgl. Peter Szondi: Hölderlin-Studien. Mit einem Traktat über philologische Erkenntnis. Frankfurt a. M. 1970, S. 5.

[2] Vgl. z. B. Otto Pöggeler: Hölderlin und Celan. Homburg in ihrer Lyrik. In: Bad Homburger Hölderlin-Vorträge 1988/89. Hrsg. von der Stadt Bad Homburg v[or]. d[er]. H[öhe]. in Zusammenarbeit mit der Hölderlin-Gesellschaft. Bad Homburg [1990], S. 65–77.

[3] Vgl. Bernhard Böschenstein: Celan und Hölderlin – Gespräch als Gegenwort. In: Hölderlin: Sprache und Raum. Hrsg. von Valerie Lawitschka. Tübingen 2008 (Turm-Vorträge 6, 1999–2007), S. 290–304, hier S. 300.

> ICH TRINK WEIN aus zwei Gläsern
> Und zackere an
> der Königszäsur
> wie Jener
> am Pindar[4]

In Tübingen hörte Celan auch Wolfgang Binders Vortrag *Hölderlin und Sophokles*. In seinen rätselhaften Anmerkungen zu *Antigonä* und *Oidipus* widmet Hölderlin den Reden des blinden Theiresias besondere Aufmerksamkeit und vergleicht ihre Funktion mit der Wirkung der Zäsur, der rhythmischen Pause in der Metrik, die Hölderlin auch als „gegenrhythmische Unterbrechung" bezeichnet. Durch die tragischen Zäsuren wird die Tragödie, so Hölderlin, als ein gottdurchwirktes Ereignis erkennbar, wo der Mensch in die äußerste Selbstvergessenheit gerät:

> In der äußersten Grenze des Leidens besteht nemlich nichts mehr, als die Bedingungen der Zeit und des Raumes. In dieser vergißt sich der Mensch, weil er ganz im Moment ist, der Gott, weil er nichts als Zeit ist.[5] (StA Bd. 5, S. 202)

Binders Vortrag resümierend, schrieb Celan nur diesen einen Satz auf: „In der äußersten Grenze des Leidens vergißt sich der Mensch."[6] Diesen äußersten Moment der Selbstvergessenheit der Tragödienhelden, der für Celan mit der *Atemwende* und der im Gedicht beschworenen „Königszäsur" zusammenhängt, nennt Hölderlin die „'allvergessende Form der Untreue'", wo der Mensch und der Gott sich gegenseitig vergessen müssen: „'denn göttliche Untreue ist am besten zu behalten.'"[7] Darin lässt sich auch eine romantische Tendenz erkennen, Gegensätzliches und Widersprüchliches zusammenzutragen. Celans Bezugnahme auf Hölderlin kommt nicht nur im Motiv des Weintrinkens zum Ausdruck, sondern auch durch die Verbindung des Pindar-Motivs mit der eigentümlichen schwäbischen Ausdrucksweise „zackern" in der Fortsetzung:

> Und zackere an
> der Königszäsur
> wie Jener
> am Pindar

---

[4] Paul Celan: Gesammelte Werke in sieben Bänden. Hrsg. von Beda Allemann u. Stefan Reichert unter Mitwirkung von Rolf Bücher. Bd. 3. Frankfurt a. M. 2000, S. 108.
[5] Friedrich Hölderlin: Sämtliche Werke. Große Stuttgarter Ausgabe. Hrsg. von Friedrich Beißner. Bd. 5. Stuttgart 1943–85, S. 202. Im Fließtext und in den Fußnoten unter Hölderlin StA zitiert.
[6] Bernhard Böschenstein: Hölderlin und Celan. In: *Hölderlin-Jahrbuch* 23(1982/1983), Nr. 23, S. 147–155, hier S. 152.
[7] Ebenda.

In einem Brief aus dem Jahre 1805 schrieb der Homburger Hofrat Gerning nach Jena und Weimar vom schwer erkrankten Hölderlin, dem sein Freund Isaac von Sinclair eine Stelle als Hofbibliothekar bei dem der religiösen Melancholie verfallenen Landgrafen Friedrich von Hessen-Homburg pro forma vermittelt hatte: „Hölderlin, der immer halb verrückt ist, zackert auch am Pindar."[8] „Zackern" bedeutet so viel wie „pflügen" und ist wahrscheinlich vom Ausdruck „zum Acker gehen" abgeleitet.[9] Wer den Acker pflügt, zieht auch Grenzen hinter sich, durch welche etwas ursprünglich Verborgenes gewendet wird und ans Licht tritt. Beim Zackern wird nicht nur die Erde gewendet, der Pflug macht auch Wendungen den Acker hinauf und hinab. Das Wort „Vers" rührt bekanntlich vom Lateinischen *verso* her, das „wenden" bedeuten kann. Pflügen ist deshalb von alters her mit dem Vorgang des Schreibens und Dichtens verbunden. Das Motiv der beiden voneinander abgegrenzten Gläser könnte somit auch als eine polyvalente Metapher für die Grenze zwischen Gott und Mensch, Erinnerung und Vergessen, Außen und Innen, Liebe und Tod, Freundschaft und Einsamkeit, Ich und Du verstanden werden, die ja auch zentrale Oppositionspaare in Hölderlins Lyrik darstellen. Wein aus zwei Gläsern zu trinken heißt zwei verschiedene Inhalte mittels der beiden Gläser voneinander zunächst getrennt zu halten, deren Inhalte dann beim Trinken miteinander in Verbindung gebracht werden; die Gläser leeren heißt zugleich die Gläser wenden. So werden Pflügen und Weintrinken im Gedicht miteinander verbunden und auf ein Schreiben bezogen, das vielleicht zugleich ein Lesen ist: Celans Zackern an Hölderlin und Pindar. Voraussetzung dieses produktiven Lese- und Schreibvorgangs ist in beiden Fällen die Unterscheidung durch Grenzen. Derjenige Grenzgang, von dem ich in diesem Aufsatz ausgehe, ist vor allem Celans produktive und ambivalente Abgrenzung gegenüber Hölderlins Lyrik und Biografie. Andere Bezüge und Grenzgänge sind natürlich auch von Belang, wie das Verhältnis zu Ossip Mandelstam, Rainer Maria Rilke oder zur jüdischen Mystik, wo die zehn Potenzen Gottes, die Zefiroth, als „Kronen" dargestellt wurden.[10] In dieser Tradition wurde der männliche Aspekt Gottes auch als „Antlitz des Königs" aufgefasst. Dieses mystische Königsmotiv bezieht Celan wiederum auf Hölderlins mühevolle Beschäftigung mit Pindar in den sogenannten Pindar-Fragmenten. Von besonderem Belang für das Königsmotiv in Celans Gedicht ist folgendes Pindar-Fragment, das in Hölderlins Übersetzung den Titel *Das Höchste* trägt:

---

[8] Hölderlin StA (Anm. 5), Bd. 7.2, S. 287.
[9] Adelungs *Grammatisch-kritischem Wörterbuch der Hochdeutschen Mundart* von 1801 zufolge ist „zackern" ein Verb, das „nur in der niedrigen Sprache üblich ist". Es bedeutet „oft und in kleinen Abständen ziehen. Am häufigsten ist es in den abgeleiteten abzackern oder abzäckern, welches sowohl nach und nach abpflügen, als auch durch unaufhörliches Bitten von jemand erhalten, bedeutet." Vgl. Johann Christoph Adelung: Grammatisch-kritisches Wörterbuch der Hochdeutschen Mundart. Bd. 4. Leipzig 1801, S. 1643.
[10] Vgl. Böschenstein, Hölderlin (Anm. 6), S. 148.

> Das Gesetz,
> Von allen der König, Sterblichen und
> Unsterblichen: das führt eben
> Darum gewaltig
> Das gerechteste Recht mit allerhöchster Hand.[11]

Nach Hölderlins Erläuterung steht das Gesetz hier für das Prinzip der strengen Mittelbarkeit, das die unendliche und unbedingte Sphäre der Götter von der bedingten und begrenzten Sphäre der Menschen unterscheidet. Das Gesetz ist paradoxerweise das trennende und vereinigende Prinzip, durch welches „der Mensch sich und der Gott begegnen":

> Das Unmittelbare, streng genommen, ist für die Sterblichen unmöglich, wie für die Unsterblichen; der Gott muss verschiedene Welten unterscheiden, seiner Natur gemäß, weil himmlische Güte ihret selber wegen, heilig seyn muß, unvermischet. Der Mensch, als Erkennendes, muß auch verschiedene Welten unterscheiden, weil Erkenntnis nur durch Entgegensetzungen möglich ist. [...] Die strenge Mittelbarkeit ist aber das Gesez.[12]

Von Bernhard Böschenstein wird dieses Gesetz als „der Ort der Begegnung von Gott und Mensch" erläutert, der für Hölderlin auch den Ort ihrer Unterschiedenheit bedeutet:

> Die Gesetze der Kirche und des Staates befestigen die heilige Natur des Gottes und die erkennende Natur des Menschen, wobei das Heilige als dasjenige verstanden wird, was nur bei sich selber bleiben darf, das Erkennende dagegen als das, was sich als das andere im Gegensatz zum Heiligen versteht, als das ihm Entgegengesetzte.[13]

So wird durch das Gesetz „eine Trennlinie festgesetzt", die bei Hölderlin eine tragische Poetik der Grenze motiviert, welche die Tragödie als ein von Gott durchgewirktes, überindividuelles Ereignis versteht.[14] Dementsprechend wird der blinde Seher Theiresias von Oedipus als „König" angerufen, weil er als göttlicher Seher das wahre Verhältnis der Götter und Menschen zueinander überschaut; seine Rede stellt als eine den Göttern und Menschen übergeordnete Instanz sowohl eine Zäsur der tragischen Handlung als auch ein königliches Gesetz dar.

Durch die Selbstvergessenheit der tragischen Charaktere und die Zäsuren bildenden Reden des Theiresias wollte Hölderlin einen geschichtsphilosophischen Vorgang darstellen, in dem die Geschichte als ein dynamisches Balance-Verhältnis zwischen der elementaren, schöpferischen und vereinigenden Natursphäre einerseits und der begrenzenden, reflektierenden und befes-

---

[11] Hölderlin StA (Anm. 5), Bd. 5, S. 285.
[12] Ebenda.
[13] Böschenstein, Hölderlin (Anm. 6), S. 149.
[14] Vgl. Pöggeler, Hölderlin (Anm. 2), S. 74.

tigenden menschlichen Sphäre andererseits erscheint. Die begrenzende menschliche Tätigkeit wird von Hölderlin als „Kunst" bezeichnet. Am Anfang sind Natur und Kunst, Gott und Mensch vereinigt, bis sie von einem historischen Schicksal getrennt werden, damit sie sich selbst durch das ihnen Entgegengesetzte „fühlen" können. Die Trennung von Subjekt und Objekt, Kunst und Natur stellt die Voraussetzung des menschlichen Selbstbewusstseins dar. Dabei besteht aber die Gefahr, dass das reflektierende und bildende Subjekt die ihm entgegengesetzte Natursphäre zu sehr in sich aufnehmen gewillt ist, dabei selbst zur vereinigenden Naturmacht wird und sich selbst verliert. Diese tragische geschichtsphilosophische Tendenz haben Horkheimer und Adorno später bekanntlich auch als *Dialektik der Aufklärung* bezeichnet. Andererseits besteht die Möglichkeit, dass die alles vereinigende und begeisternde Naturmacht die menschlich begrenzte Kunstsphäre in sich aufnimmt und sich dabei verliert, weil sie sich selbst nicht mehr durch das ihr harmonisch-entgegengesetzte fühlen kann. In beiden Fällen ist der geschichtsphilosophische Vorgang tragisch, weil die Bewusstsein vermittelnde Grenzlinie zwischen Natur und Kunst, Sein und Bewusstsein oder Gott und Mensch überschritten wird.[15] In diesem Sinne will Hölderlin auch die sophokleischen Tragödien als einen Vorgang der höchsten Vereinigung und darauffolgenden höchsten Scheidung von Gott und Mensch verstehen.

In der philosophischen Sprache seiner poetologischen Aufsätze bezeichnet Hölderlin die Tragödie auch als „Metapher einer intellectuellen [sic!] Anschauung"[16], deren Sinn sich am leichtesten aus dem Paradoxon verstehen lassen solle.[17] Hölderlins Bezeichnung der Tragödie als „Metapher einer intellectuellen Anschauung" erinnert an die entscheidende Funktion der Grenze für Hölderlins frühere philosophische Dichtungs- und Erkenntnistheorie. Aus der Lektüre von Johann Gottfried Herders pantheistischer Empedokles-Deutung *Liebe und Selbstheit* und Friedrich Heinrich Jacobis *Briefen über die Lehre des Spinoza* leitete Hölderlin die pantheistische Leitformel *hen kai pan* („Ein und Alles") ab. Er wollte im Gegensatz zu Fichte das Sein nicht vom Denken, sondern umgekehrt das Denken vom Sein ableiten: „Das Denken ist nicht die Quelle der Substanz; sondern die Substanz ist die Quelle des Denkens."[18] Dieses Denkprinzip übertrug Hölderlin auch auf seine ästhetischen Theorien und dichterischen Selbstreflexionen, als er die Sphäre der

---

[15] Vgl. Friedrich Hölderlin: Grund zum Empedokles. In: Hölderlin StA (Anm. 5), Bd. 4, S. 152ff.
[16] „Das Tragische, dem Schein nach heroische Gedicht ist in seiner Bedeutung idealisch. Es ist die Metapher einer intellectuellen Anschauung." Friedrich Hölderlin: Über den Unterschied der Dichtarten. In: Hölderlin StA (Anm. 5), Bd. 4, S. 266.
[17] Im Hinblick auf Hölderlins Empedokles-Entwurf bemerkt Rüdiger Görner: „Empedokles verkörpert sowohl den Gegensatz zur Eindimensionalität der Agrigenter als auch das Widersprechende in sich, nämlich den inneren Widerstreit zwischen Grenzen überschreitendem Wirken-Wollen und reflektierender, die Grenzen achtender Distanz." Rüdiger Görner: Grenzen, Schwellen, Übergänge. Zur Poetik des Transitorischen. Göttingen 2001, S. 94.
[18] Friedrich Hölderlin: Zu Jacobis Briefen über die Lehre des Spinoza. In: Hölderlin StA (Anm. 5), Bd. 4, S. 209.

Vereinigung, die er auch „Seyn", „Liebe" oder „Substanz" nennt, von der Sphäre der Reflexion trennte und die Sphäre der Vereinigung als nicht mehr einholbar durch den begrenzenden Verstand erklärte.[19] Stattdessen müsse sie, so Hölderlin, ästhetisch in einer intellektuellen Anschauung erfasst werden.[20] Und mit diesem platonistisch konzipierten Begriff der ästhetischen „intellectualen Anschauung" wollte er auch einen Schritt weiter über die kantische Grenzlinie zwischen Erscheinungen und Dingen an sich gehen, als Schiller es gewagt hatte.[21] Das von Hölderlin so bezeichnete tragische Paradoxon besteht nun darin, dass „das Ursprüngliche eigentlich nur in seiner Schwäche erscheinen kann", „insofern aber das Zeichen selbst als unbedeutend=0 gesetzt wird, kann auch das Ursprüngliche, der verborgene Grund jeder Natur sich darstellen"[22].

In Hölderlins Hymne *Der Rhein* wird diese paradoxe Erscheinung des göttlichen Ursprungs des Rheins und der Rhein-Hymne selbst in jenem Rätsel verdichtet, das Celan später in sein berühmtes Hölderlin-Gedicht *Tübingen, Jänner* aufnimmt und pluralisiert: „Ein Rätsel ist Reinentsprungenes." Von Pindar inspiriert sind Hölderlins bündig und einprägsam formulierte Einsichten, die so genannten Gnomen, wie auch sein triadisches Bauprinzip, das jeweils drei Strophen zu einer Dreiergruppe ordnet. Am Anfang der zweiten Trias der 15-strophigen Rhein-Hymne tritt das Rätsel vom Ursprung des Rheins auf, für Hölderlin um 1800 immer noch Zeichen einer glücklichen Geburt, die durch die liebend vereinten Eltern, Himmel und Erde, begünstigt wurde und zu einer unverlierbaren Freiheit bestimmt war. Das Reine und Offene, das die Rhein-Hymne heraufbeschwört, steht somit für eine utopisch entworfene Grenzüberschreitung zwischen Natur und Kunst, Himmlischen und Sterblichen. Demgegenüber thematisieren der hymnische Entwurf *Wie wenn am Feiertage ...* und das daraus entstandene wohl berühmteste Hölderlin-Gedicht *Hälfte des Lebens* die Möglichkeit einer gefährlichen und tragischen Grenzüberschreitung, in der das Gedicht im ersten Fall aus seinen selbsterhaltenden Grenzen gerät und das Subjekt in beiden Fällen sich selbst und seine Sprache verliert. In der Fragment gebliebenen Hymne *Wie wenn am Feiertage...*, Hölderlins erstem Versuch im freirhythmischen Hymnenstil, wird die politische republikanische Begeisterung zunächst mit dem Naturereignis des Gewitters und anschließend mit der Entstehung des Gedichts durch die vom Weingott vermittelte Begeisterung verglichen. Doch erweist sich das Einswerden des Dichters mit dieser elementaren Inspiration und dem revolutionären Erneuerungsgeist auch als verhängnisvolle Grenzüber-

---

[19] Friedrich Hölderlin: Urtheil und Sein. In: Ebenda (Anm. 5), Bd. 4, S. 216f.
[20] Friedrich Hölderlin: Brief 117 (An Immanuel Niethammer, Frankfurt am Main d. 24. Februar 1796). In: Ebenda (Anm. 5), Bd. 6, S. 203.
[21] Vgl. Friedrich Hölderlin: Brief 88 (An Neuffer, Walterhausen bei Meiningen, d. 10. Okt. 94). In: Ebenda (Anm. 5), Bd. 6, S. 137.
[22] Friedrich Hölderlin: Die Bedeutung der Tragödie. In: Ebenda (Anm. 5), Bd. 4, S. 274.

schreitung, durch welche sowohl das lyrische Ich als auch sein Gedicht haltlos werden und sich verlieren. Dementsprechend schreibt Hölderlin in einem poetologischen Aufsatz: „Da wo die Nüchternheit dich verläßt, da ist die Grenze deiner Begeisterung."[23]

Die zu innige Vereinigung von Gott und Mensch schlägt dann in der Fragment gebliebenen Schlussstrophe in die höchste Trennung von Gott und Mensch um. Ein ähnlich tragischer Vorgang, wo sich das höchste „harmonisch-entgegengesetzte" Gleichgewicht von Natur und Kunst über die verhängnisvolle Vereinigung von Gott und Mensch in einen Zustand der höchsten Trennung und Vereinsamung im Zeitalter der Götterferne verwandelt, wird im zweistrophigen Gedicht *Hälfte des Lebens* dargestellt. Als Übergang zwischen der herbstlich-harmonischen Fülle der ersten Strophe und der winterlichen Starrheit der zweiten gestaltet Hölderlin die verhängnisvolle Grenzüberschreitung zwischen Gott und Mensch oder Natur und Kunst durch die Anspielung auf den Mythos von der sterblichen Leda, die Zeus in der Gestalt eines Schwans verführte:

> Ihr holden Schwäne,
> Und trunken von Küssen
> Tunkt ihr das Haupt
> Ins heilignüchterne Wasser.[24]

Als einprägsame Metapher der Grenze zwischen göttlich geweihter Sprache und Nicht-Kommunikation stehen die Mauern und die mit dem christlichen Abendland verbundenen klirrenden Dachwimpel der Schlussverse:

> Die Mauern stehn
> Sprachlos und kalt, im Winde
> Klirren die Fahnen.

Dementsprechend bemerkt Rüdiger Görner in seinem Aufsatz „*Poetik" der Grenze*:

> Kunst gestaltet Grenzen, artikuliert oder transformiert sie, zeigt das Scheitern ihrer Überwindung oder verbrämt sie durch das emphatische Beschwören ihres Gegenteils: des Offenen – bei Rilke in einem Maße wie zuvor nur in Hölderlins Dichtung.[25]

Und über Hölderlins Grenzenpoetik als wirkungsvolle Exposition von Gegensätzen, auch im Gedicht *Hälfte des Lebens*, resümiert Görner in seinem Buch *Grenzen, Schwellen, Übergänge*:

---

[23] Hölderlin StA (Anm. 5), Bd. 4, S. 274.
[24] Hölderlin StA (Anm. 5), Bd. 2, S. 117.
[25] Rüdiger Görner: „Poetik" der Grenze. In: Nachdenken über Grenzen. Hrsg. von R. G. u. Suzanne Kirkbright. München 1999, S. 105–118, hier S. 111.

> *Hälfte des Lebens* ist ein Gedicht der Grenzerfahrung, und des Schwellenbewußtseins; aber es ist auch ein Gedicht, das zum Übergang ins Andere, Angstvolle verleitet. An eine diese Gegensätze aufhebende Synthese ist nicht zu denken. Hier soll der Gegensatz als Gegensatz wirken, als reines Aber, wenn man so will, jedoch als ein Aber, das zur Sprachkunstform geworden ist.[26]

In Celans Gedicht erweisen sich der von Hölderlins Rhein-Hymne gefeierte Ursprung und der verborgene göttliche Grund der tragischen Zäsuren als Abgrund und unüberbrückbarer Einschnitt. Denn das Wort Zäsur bedeutet für Celan einerseits Wende, auch im Sinne der Rilkeschen *Atemwende* zwischen Innen und Außen, vor allem aber Zerschneidung. So erweist sich Celans Gedicht als Versuch, eine Wende herbei zu beschwören, die sich zuerst trauernd und erinnernd vor den in Auschwitz ermordeten Verwandten verneigen muss. Ein früher Hinweis Celans auf Hölderlin im Jahre 1959 betrifft eben die Rhein-Hymne und das darin auftretende Motiv des Brautfestes zwischen Göttern und Menschen, dem Celan einen ganz anderen historischen Sinn verleiht. Schon hier bezieht er nämlich das metaphysische Brautfestmotiv auf das schockierende konkrete Motiv des zum Himmel emporsteigenden Rauches der in den KZ-Lagern Ermordeten.[27] Durch den verheerenden Missbrauch von Hölderlins Dichtung von der NS-Propaganda wurden auch die von der Rhein-Hymne beschworenen Worte „Reinheit" und „Ursprung" rassenideologisch als Reinheitsideale instrumentalisiert, welche die Vernichtung der „Unreinen" rechtfertigen sollten. Diese Ideologie, der Celans Eltern zum Opfer fielen, hatte für Celan auch seine deutsche Muttersprache gewissermaßen kompromittiert, die zugleich „die Sprache der Mörder seiner Mutter" war.[28] Zugleich ist Celans Sprache eine Sprache, die diese prekäre Ambivalenz als eine Grenzlage thematisiert. Dabei sucht sein dichterisches Wort nach möglichen Gesprächspartnern, die einen neuen Anfang mit einer neuen Zuordnung von Außen und Innen, Sprache und Erfahrung ermöglichen können, die sich aber letztendlich als unansprechbar erweisen. Als anagrammatischer Hinweis auf die KZ-Lager und auf die nie mehr zu schließende Lücke der nicht mehr anwesenden Ermordeten ist somit auch der Neologismus „Königszäsur" ausgelegt worden. Diese Königszäsur führte Celan letztendlich auch zu einem ambivalenten Grenzgang gegenüber Hölderlins Dichtersprache und Biografie, die Celan sowohl zur kritischen Distanz als auch zur Identifikation veranlasste.
Dass dieser Grenzgang in mehrfacher Hinsicht auch einen produktiven und innovativen Vorgang bedeutete, zeigen auch die letzten Strophen von Celans Gedicht *Ich trink Wein*:

---

[26] Görner, Grenzen (Anm. 17), S. 99.
[27] Vgl. Pöggeler, Hölderlin (Anm. 2), S. 70.
[28] Vgl. Milo Dor: Paul Celan. In: Über Paul Celan. Hrsg. von Dietlind Meinecke. Frankfurt a. M. 1970, S. 281.

> Gott gibt die Stimmgabel ab
> als einer der kleinen
> Gerechten,
>
> aus der Lostrommel fällt
> unser Deut.

Durch das Bild der von Gott abgegebenen Stimmgabel, die ihrer Form nach der Heraklitischen Leier ähnelt, stellt Celan die von Hölderlin angenommene harmonisch-entgegengesetzte göttliche Weltordnung des Einen in sich Unterschiedenen in Frage, indem er sie mit den namenlosen Leiden der in den KZ-Lagern Ermordeten konfrontiert. In dieser Lage erscheint Gott als ein kleiner Gerechter, indem er die Stimmgabel abgibt und sich in die Sphäre der Sterblichen und der Ermordeten begibt, um von ihnen ausgehend eine neue sprachliche Wende einzuleiten:

> Er gibt nicht mehr das alldurchwaltende Maß an, mit dem er als Träger der Stimmgabel einst die Welt durchdrang. Er hat sich klein gemacht und statt seiner die Lotterie, den Zufall, walten lassen.[29]

Der aus der Lostrommel fallende „Deut" verweist sowohl auf eine geringwertige holländische Münze als auch auf die Entwertung des Gesetzes der scheinbar weiter funktionierenden offiziellen Umgangssprache und ihrer Deutungen. Angesichts der hier erfahrenen Leiden und Erinnerungen an die Ermordeten verwandelt sich die Sprache in eine an Nicht-Kommunikation grenzende selbstverstümmelnde Sprache von Seh- und Hörresten. Diese Sprache von untertauchenden, zu den Toten gehenden Wort-Silben wird im 1961 entstandenen Gedicht *Tübingen, Jänner* am Beispiel des neugeborenen lallenden Dichters und der Hölderlin'schen Neuwortbildung „Pallaksch" dargestellt, die für den geisteskranken Dichter sowohl Ja als auch Nein bedeuten konnte.[30] Die Sprache, welche den Erfahrungen Celans als eines rumänisch-deutschen jüdischen Nachkriegsdichters entsprechen könnte, ist somit eine verfremdete, ambivalente, selbstverstümmelnde, teils an den Wahnsinn grenzende, teils sogar dem Wahnsinn abgerungene lallende Sprache. In seinem Aufsatz *„Poetik" der Grenze* fasst Rüdiger Görner diese Lage folgendermaßen zusammen:

> In der Lyrik der Spätmoderne versteht sich das Gedicht selbst als Grenzfall der Kommu-

---

[29] Böschenstein, Celan (Anm. 3), S. 300.
[30] Vgl. Christoph Theodor Schwabs Bericht über seine Besuche bei dem kranken Dichter: „Ein Lieblingsausdruck war das Wort pallaksch! Man konnte es das eine Mal für ja, das andere Mal für nein nehmen." Zit. nach Bernhard Böschenstein: Paul Celan: „Tübingen, Jänner". In: Über Paul Celan (Anm. 28), S. 104.

nikation. Zeile um Zeile ist Grenze zwischen Verstehen und Nicht-Verstehen-Können. Im Hermetischen des lyrischen Sprechens ereignet sich eine Grenzziehung, die sich ihrer Überschreitung ins Umgangssprachliche widersetzt. Im hermetisch abgeschlossenen Sprechen radikalisiert sich ein poetisches Grenzenbewußtsein, das aber auch Widerstand gegen geschichtsvergessenes Parlando leisten will. Das unerreichbare Ideal solcher Lyrik besteht darin, die Grenze, die zwischen Alltäglichkeit und existenzieller Erschütterung verläuft, selbst zum Sprechen zu bringen.[31]

---

[31] Görner, „Poetik" der Grenze (Anm. 25), S. 115f.

# "– diese Ausrichtung auf das Traumhafte hin"

## Zur Poetik der Grenze und der Entgrenzung bei Paul Celan

SISSEL LÆGREID (Bergen)

In einem Gespräch mit Karl Schwedhelm im Süddeutschen Rundfunk vom 7. April 1954[1] bejahte Paul Celan die Frage, ob seine Gedichte auf Träume zurückgingen: Seine Gedichte hätten, so Celan, „diese – vielleicht – diese Ausrichtung auf das Traumhafte hin"[2].
Die Antwort Celans bezieht sich wie das Interview auf die frühen, im 1952/1953 erschienenen Band *Mohn und Gedächtnis* enthaltenen Gedichte: Celan liest während des Interviews drei Gedichte aus diesem Band vor, die im Hinblick auf die „Ausrichtung auf das Traumhafte hin" beispielhaft sind. Am deutlichsten sehen wir dies im Gedicht *Der Reisekamerad*:

> Deiner Mutter Seele schwebt voraus.
> Deiner Mutter Seele hilft die Nacht umschiffen, Riff um Riff.
> Deiner Mutter Seele peitscht die Haie vor dir her.
>
> Dieses Wort ist deiner Mutter Mündel.
> Deiner Mutter Mündel teilt dein Lager, Stein um Stein.
> Deiner Mutter Mündel bückt sich nach der Krume Lichts.

Von diesem Gedicht sagt Celan im oben erwähnten Interview, er habe sich, als er den Titel dafür suchte,

> dabei ertappt, daß es sich nun wieder um eine Kindheitserinnerung handelte, und zwar um ein Märchen von Andersen, das ich durchaus nicht in Erinnerung hatte, als ich die Zeilen dieses Gedichts schrieb, das aber nachher, das also später sich doch noch kundtat.[3]

Obwohl der Inhalt des Gedichts nicht „auf augenfällige Weise", so Celan einige später Jahre in einem Brief an Walter Jens vom 16. Mai 1961, mit dem

---

[1] Am 15. Juni 1954 gesendet.
[2] Paul Celan: Theoretische Prosa. In: P. C.: Mikrolithen sinds, Steinchen. Die Prosa aus dem Nachlaß. Kritische Ausgabe. Hrsg. von Barbara Wiedemann u. Bertrand Badiou. Frankfurt a. M. 2005, S. 188.
[3] Ebenda, S. 192.

Märchen Andersens übereinstimmt, gehe das Gedicht von diesem Märchen aus und gehe seine eigenen Wege weiter. Dabei weist der Autor darauf hin, dass er und seine Frau dem Sohn Eric viel von Andersen vorlesen würden, und daher sehe er, wie da vieles in seinen Gedichten „mitgesprochen" habe.[4] Celan bezeichnet im Interview einige Zeilen vor dieser Aussage Gedichte als „ein Wiedererinnern, manchmal sogar ein Vorerinnern", was sich insofern auf seine Beschäftigung mit Platons *Phaidros* beziehen lässt[5], als er in diesem Text das Wort *Anamnesis*, also Wiedererinnerung unterstrich. Darüber hinaus schrieb er in einer undatierten Notiz im Zusammenhang mit dem erwähnten Interview „Dichtung als Anamnese, Wiedererinnerung, (über den Text), auch Vorerinnerung auf anderer Ebene", und direkt nach dieser Notiz folgt der Titel *Der Reisekamerad*.[6]

Diese Details und besonders die drei Wörter „Anamnese", „Wiedererinnerung" und „Vorerinnerung" sind für mein Anliegen besonders interessant. Und ich komme sowohl darauf zurück wie auch auf einige Schlüsselbegriffe aus Sigmund Freuds Beschreibung der Traumarbeit, mit der, wie ich meine, die Poetik Celans eng verknüpft ist.

Doch zuerst zum Gedicht *Der Reisekamerad*, das sich im Band *Mohn und Gedächtnis* unter dem Zyklustitel *Halme der Nacht* findet. Dieser Zyklus fängt mit dem Gedicht *Schlaf und Speise* an, wo die Finsternis der Nacht das Du zugleich zu Leben und Schlaf weckt, und der Schlaf den Tod herbeiruft. Er endet mit dem Gedicht *Zähle die Mandeln*, wo der letzte Zweizeiler lautet: „Mache mich bitter./ Zähle mich zu den Mandeln."

Die zitierten Zeilen spielen deutlich, wie auch der Rest des Gedichts und die übrigen Gedichte des Zyklus', auf das jüdische Schicksal der Shoah an, die Vernichtung der Juden, von Celan bevorzugt als „Churban" bezeichnet. Das Wort „Mandeln", gelesen als metonymische Umnennung oder Umschrift des jüdischen Volkes, spielt – darauf weist Wiedemann in ihren Erläuterungen[7] zum Gedicht hin – auf ein Wortspiel in Luthers Übersetzung einer Stelle aus dem Buch des Propheten Jeremia an:

> Jeremia, was siehst du? Ich sprach: Ich sehe einen erwachenden Zweig. Und der Herr sprach zu mir: Du hast recht gesehen; denn ich will wachen über mein [sic!] Wort, dass ich's tue. (Jer. 1, 11f.)

Durch den „erwachenden Zweig" spielte Luther mit den zwei Bedeutungsmöglichkeiten eines hebräischen Wortes, das je nach Vokalisierung entweder „Mandel" (*schaked*) oder „ich will wachen" (*schoked*) bedeuten kann.

---

[4] Paul Celan: Todesfuge und andere Gedichte. Text und Kommentar. Ausgewählt und mit einem Kommentar von Barbara Wiedemann. Frankfurt a. M. 2004, S. 134.
[5] Vgl. dazu Celan, Mikrolithen (Anm. 2), S. 819.
[6] Ebenda, S. 816.
[7] Paul Celan: Die Gedichte. Kommentierte Gesamtausgabe in einem Band. Hrsg. von Barbara Wiedemann. Frankfurt a. M. 2005, S. 619.

Und dieses Wortspiel setzt nun Celan fort und spielt dazu noch durch die Aussage „mache mich bitter" auf die Bitterkräuter zum Sedermahl in Erinnerung an die in Ägypten durch das jüdische Volk erlittene Bitterkeit an.[8] Celan hat sogar ein Gedicht geschrieben – auch das findet sich im Band *Mohn und Gedächtnis* –, das sich wieder- und vorerinnernd auf die erlittene Bitterkeit bezieht, *In Ägypten*:

> Du sollst zum Aug der Fremden sagen: Sei das Wasser.
> Du sollst, die du im Wasser weißt, im Auge der Fremden suchen.
> Du sollst sie rufen aus dem Wasser: Ruth! Noëmi! Mirjam!
> Du sollst sie schmücken, wenn du bei der Fremden liegst.
> Du sollst sie schmücken mit dem Wolkenhaar der Fremden.
> Du sollst zu Ruth und Mirjam und Noëmi sagen:
> Seht, ich schlaf bei ihr!
> Du sollst die Fremde neben dir am schönsten schmücken.
> Du sollst sie schmücken mit dem Schmerz um Ruth, um Mirjam und Noëmi.
> Du sollst zur Fremden sagen:
> Sieh, ich schlief bei diesen!

Diese Zeilen, die auf das jüdische Schicksal hinweisen, tragen also zum Kontext der Erinnerung bei, in dem Celan, der Exilant und „Zeltlose", sowohl beim Schreiben dieses wie auch anderer Gedichte zu Hause war. Doch obwohl der jüdische Kontext den unumgänglichen Hintergrund seiner Dichtung bildet, soll im Folgenden nicht explizit darauf eingegangen werden. Wie schon angedeutet, steht Poetologisches im Vordergrund: Der Blick wird nicht ausschließlich auf die Poetik der frühen Gedichte gerichtet, sondern soll auch spätere Lyrik sowie poetologische Selbstaussagen Celans umfassen.

Ich möchte dabei zu zeigen versuchen, dass es bei Celan um eine Poetik der Grenze und deren wiederholte Entgrenzung geht, welche sich auf die von Freud beschriebene Entstellung der Traumarbeit beziehen lässt. Als Vorgang der Verdichtung, Verschiebung und Rücksicht auf Darstellbarkeit, d. h. der Symbolisierung im Sinne der Veranschaulichung des Geträumten, ist die Traumentstellung der Vorgang der Entgrenzung par excellence: Im Traum werden die Grenzen der Realwelt und der Rationalität systematisch überschritten und die Begrenzungen der Zensur und der Norm überwunden. Wie bei der durch Julia Kristeva in Anlehnung an Freud und Michail Bachtin entwickelten Intertextualität als polyphonem Vorgang der entstellenden Zitattechnik werden dabei durch neue Konstellationen, die im Hinblick auf das Normale stets Verfremdung bewirken, neue, traumhaft-utopische Wirklichkeiten geschaffen. Insofern trifft sich die dem Traum zugrundeliegende In-

---

[8] Ebenda.

tention mit derjenigen der avantgardistischen Literatur, um die es Kristeva bekanntlich bei der Entwicklung ihrer Konzeption der Intertextualität ging.

Freud wies schon 1908 in der kleinen Abhandlung *Der Dichter und das Phantasieren* auf die enge Verbindung zwischen Kunst, darunter auch Literatur, und Traum, vor allem dem Tagtraum hin. So verglich er in der erwähnten Abhandlung den Künstler mit dem Tagträumer und verwies dabei auf das spielende Kind, das auf dem Wege des Phantasierens die ihn bedrohende Welt in seinem Bilde von dieser nach seinen Regeln gestalte. Ohne das Spiel des Kindes mit dem erwachsenen Tagträumer oder mit der Arbeit des Künstlers, an anderer Stelle auch Sublimierung genannt, gleichzusetzen, konnte Freud feststellen, dass es sowohl beim Phantasieren wie auch beim Tagträumen darum ging (und immer noch geht), irgendwie mit der Welt fertig zu werden. Und vor allem handelt es sich wie im Nachttraum, wo es noch radikaler zugeht, um Wunschvorstellungen, um der Zensur und deren Begrenzung zu entkommen. Sofern dies gelingt, haben wir es mit Wunscherfüllungen zu tun.

Obwohl es Freud vor mehr als hundert Jahren nicht in erster Linie um die Spielart der Kunst oder um Poetik ging, sondern um den Versuch, den Künstler und das spielende Kind aus der Sicht der Psychoanalyse zu verstehen, haben wir es in beiden Fällen, im Falle des Traumes wie auch im Falle des poetischen Schaffens, vor allem dem der Moderne, mit einem Spiel in und mit Sprache zu tun, das stets auf Subversion und Kritik am Bestehenden zielt.

Auch die Psychoanalyse Freuds liest sich über deren Behandlungsintention hinaus durchaus als eine kritische Hermeneutik. Paul Ricœur hat Freud neben Friedrich Nietzsche und Karl Marx zu den Hermeneutikern des Verdachts gezählt, die, im Gegensatz zu den so genannten Hermeneutikern des Vertrauens, Bedeutungen stets kritisch-subversiv auf ihre „Wahrheit" hinterfragen.

Der Sprach- und Kulturkritiker und Umwerter aller Werte Friedrich Nietzsche nannte in der Abhandlung *Über Wahrheit und Lüge im aussermoralischen Sinne* die Wahrheit „ein Heer von Metaphern, Metonymien und Anthropomorphismen"[9], mit anderen Worten eine rein sprachliche Konstruktion. Marx war seinerseits auf die Subversion der bürgerlich-kapitalistischen Werte aus.

Die psychoanalytische Verfahrensweise Freuds war dementsprechend, wie schon die Bezeichnung „Psycho-Analyse" andeutet, nicht in erster Linie synthetisch, sondern analytisch und somit grundsätzlich auf Zergliederung aus. Im Zentrum des Interesses standen also vor allem die Teile und nicht das

---

[9] Friedrich Nietzsche: Über Wahrheit und Lüge im aussermoralischen Sinne. In: F. N.: Sämtliche Werke. Kritische Studienausgabe. Hrsg. von Giorgio Colli u. Mazzino Montinari. Nachgelassene Schriften Bd. I. München 1980, S. 335.

Ganze oder Ganzheitliche als das festzuschreibende „Wahre" und unveränderlich Kohärente. Dabei waren und sind die Teile, vor allem im Hinblick auf ihre Wirkung auf das Ganze, das sich je nach Verständnis der Teile ändert, von besonderem Interesse.

Freud unterstrich daher in seinen Schriften zur Behandlungstechnik, dass es bei der Analyse nicht um Rekonstruktionen der wahren Geschichte des Analysanden gehe, sondern stets um Konstruktionen, die nicht endgültig, sondern nur vorläufig „wahr" seien. Denn die Gesprächskur blieb als Behandlungsform prinzipiell stets unabgeschlossen und im Hinblick auf die Wahrheit immer offen und unentschieden. So lässt sie sich gerade in diesem Sinne mit dem Titel einer der Schriften zur Behandlungstechnik benennen: *Die endliche und die unendliche Analyse*.

Doch verlassen wir jetzt die Metaebene der Psychoanalyse, behalten aber weiterhin das Vorläufige und vor allem das Offene und Unentschiedene als Prinzipien der Psychoanalyse vor Augen. Denn es handelt sich dabei nicht nur um eine Behandlungstechnik, sondern um eine Perspektive auf das menschliche Dasein, mit der auch Paul Celan vertraut war. Celan hat sich mit Texten der Psychoanalyse auseinandergesetzt, die Lektürespuren in seinem privaten Exemplar der *Traumdeutung* Freuds, das sich in der Handschriftenabteilung des Marbacher Literaturarchivs befindet, zeugen davon.

Ich möchte aber im Folgenden weder Paul Celan noch seine Gedichte psychoanalytisch behandeln. Vielmehr geht es mir um bestimmte und, wie ich meine, nachweisbare Merkmale der Poetik Paul Celans oder um eine poetologische Praxis, in der auf dem Wege der Entstellung wie im Traum stets Grenzen und deren Entgrenzung vorkommen und in der die Wunschvorstellung scheinbar in Erfüllung geht, wenn das Gedicht als Flaschenpost Gestalt annimmt, „die irgendwo und irgendwann an Land gespült werden könnte, an Herzland vielleicht"[10].

Hier meldet sich, besonders durch die Wörter „könnte" und „vielleicht", das Offene und Unentschiedene zu Wort. Dementsprechend hieß Dichtung und Dichten für Celan „Ereignis, Bewegung, Unterwegssein"[11]. Ich möchte daher an dieser Stelle auf die Konzeption des Offenen und Unentschiedenen näher eingehen, um dabei die Perspektive der Freudschen Psychoanalyse, der Wunschvorstellung und der potentiellen Wunscherfüllung auf eine dieser in vielerlei Hinsicht entsprechende Konzeption der Wunschvorstellung und -erfüllung zu erweitern, wie sie Ernst Bloch vor allem in *Das Prinzip Hoffnung*[12] beschrieben hat. Dort geht es, wie schon erwähnt, um die Utopie und um das utopische Bewusstsein.

---

[10] Paul Celan: Ansprache anläßlich der Entgegennahme des Literaturpreises der Freien Hansestadt Bremen [1958]. In: Gesammelte Werke. Hrsg. von Beda Allemann u. Stefan Reichert. Bd. III. Frankfurt a. M. 1992, S. 186. Im Folgenden abgekürzt mit GW.
[11] Ebenda.
[12] Ernst Bloch: Das Prinzip Hoffnung. In fünf Teilen. Gesamtausgabe. Bd. 5. Frankfurt a. M. 1959.

Celan hatte nicht nur Freud gelesen, sondern beschäftigte sich auch mit Blochs Schriften: In seiner privaten Bibliothek in der Handschriftenabteilung des Deutschen Literaturarchivs in Marbach befinden sich sowohl Blochs 1935 erschienenes Buch *Erbschaft dieser Zeit*, wo dieser seine Konzeption von der Gleichzeitigkeit des Ungleichzeitigen, besonders im Hinblick auf die Entstehung des Faschismus und dessen Folgen entwickelte, wie auch das im amerikanischen Exil der Jahre 1938 bis 1948 entstandene *Prinzip Hoffnung*, das mit Blochs *Geist der Utopie* auf das Engste verbunden ist. Diese Bücher waren Celan also bekannt, haben wahrscheinlich sein Denken beeinflusst und, wie anzunehmen und bald zu zeigen ist, seine Poetik geprägt.

Im einleitend zitierten Interview sprach Celan zuerst von der „Ausrichtung auf das Traumhafte hin" als Merkmal seiner Gedichte und kam danach im Hinblick auf die frühen Gedichte sowohl auf das Märchenhafte wie auch auf das Volksliedhafte zu sprechen, das in einigen der Gedichte deutlich spürbar sei. Und gerade in diesem Zusammenhang fügt er etwas hinzu, das für mein Anliegen im Folgenden interessant ist: Er stellt zuerst fest, dass in Gedichten manchmal das Volksliedhafte wiederkomme, „wie [...] so manche Erinnerung aus früheren Jahren wiederkommt", und fügt dann hinzu:

> Gedichte sind ja irgendwo auch ein Wiedererinnern, manchmal sogar ein Vorerinnern. Und bei diesem Vorerinnern, wenn ich das Wort gebrauchen darf, lebt man den Gedichten irgendwie nach. Damit sie wahr bleiben.[13]

Diese Aussage erinnert an eine Stelle im *Meridian*, wo Celan Gedichte mit Daseinsentwürfen vergleicht und „ein Sichvorausschicken zu sich selbst"[14] nennt. Denjenigen, denen Martin Heideggers Daseinsphilosophie, vor allem die Konzeption der Geworfenheit oder des Entwurfs als Kennzeichen des menschlichen In-der-Welt-Seins geläufig ist, fällt dabei wahrscheinlich noch eine mögliche Verbindung ein. Und diese ist auch nicht unwahrscheinlich, denn Celan hat sich zur Zeit des Interviews 1953/1954 auch mit Heidegger beschäftigt, vor allem mit dessen Buch *Holzwege* (1950). Ohne darauf näher einzugehen, sei zumindest darauf hingewiesen, dass sich in den Fragmenten der theoretischen Prosa deutliche Hinweise auf Heideggers Denken befinden. Zum Beispiel gibt es Eintragungen und kurze Notizen wie „Vorgang, <u>Ereignis</u> im Gedicht" [Hervorhebung – P. C.] oder die Vorstellung von „Dichtung als Geschehen."[15] An einer anderen Stelle in den theoretischen Fragmenten und Entwürfen stellt Celan im Sinne Heideggers sogar fest, dass „Gedichte [...] wohl nicht die Welt [ändern], aber sie verändern das In-der-

---

[13] Celan, Mikrolithen (Anm. 2), S. 191.
[14] Paul Celan: Der Meridian. Rede anläßlich der Verleihung des Georg-Büchner-Preises [1960]. In: GW III, S. 201.
[15] Celan, Mikrolithen (Anm. 2), S. 96f.

Welt-Sein"[16].

Diese und auch andere Spuren der Heidegger-Lektüre ließen sich verfolgen. Bleiben wir aber wegen der „Ausrichtung auf das Traumhafte hin" bei Bloch, denn diese und andere Aussagen im eingangs zitierten Interview sind im Hinblick auf das menschliche In-der-Welt-Sein besonders interessant, vor allem deshalb, weil sie auf Blochs Beschreibung der Utopie im schon erwähnten *Prinzip Hoffnung* vorauszugreifen scheinen: Celan hat sich nämlich erst 1965, also zehn Jahre nach dem Interview und der zitierten Aussage über das Traumhafte seiner Gedichte, näher mit Bloch und dessen Buch beschäftigt, obwohl nicht auszuschließen ist, dass er mit Blochs Denken schon früher in Berührung gekommen ist. Die vielen Lektürespuren in Celans Ausgabe des Buches *Das Prinzip Hoffnung* deuten zumindest entschieden darauf hin, dass er Blochs Ausführungen gut nachvollziehen und auf seine eigene Situation beziehen konnte. Insofern lässt sich auf Seiten Celans, wenn nicht von einem Vorwissen, so doch von einer kommunikativen Offenheit des empathischen Lauschens im Hinblick auf den Blochschen Text sprechen, und zwar von einer Offenheit im Sinne der Vorstellung eines Vorerinnerns, von der Celan im Interview spricht, wenn er sich Gedichte sowohl als ein Wieder- wie auch als ein Vorerinnern vorstellt.

Insofern scheint auch, was die Weltanschauung betrifft, eine kongeniale Verwandtschaft zwischen Celan und Bloch vorzuliegen: Zwar existiert der Begriff des „Vorerinnerns" bei Bloch nicht, dafür betont er „das Träumen nach vorwärts" im Sinne einer Antizipation des Noch-Nicht-Gewordenen, welches im Gegensatz zum betrachtenden Wissen, das sich nur auf Gewordenes bezieht – in Anlehnung an die platonische *Anamnesis* oder die Lehre, dass „alles Wissen lediglich Wiedererinnerung sei", als „bewusste Theorie-Praxis [...] Werdendes betrifft"[17].

Und gerade diese Stelle, wo Bloch auf die Anamnesis und die Wiedererinnerung bei Platon hinweist und sich gleichzeitig davon absetzt, scheint die Vermutung zu bestätigen, dass Celan Blochs Denken schon zur Zeit des Schwedhelm-Interviews, also im Jahre 1954, kannte: Er sprach damals von Gedichten als einem Wieder- und Vorerinnern zugleich und wies in einer undatierten Notiz in Verbindung mit dem Interview auf Platons *Phaidros* hin, in dem es um Anamnesis und Wiedererinnerung geht.

Einer Notiz in den theoretischen und kritischen Fragmenten zufolge handelt es sich darüber hinaus beim Gedicht im Hinblick auf das Verhältnis zwischen Dichtung und Handwerk um „<u>Anschauung – nicht Beobachtung</u>", denn nur wer „experimentiert, stellt Beobachtungen an. Der Dichter <u>schaut, schaut an</u>"[18]. [Hervorhebungen – P. C.]

---

[16] Ebenda, S. 126.
[17] Bloch, Das Prinzip (Anm. 12), S. 7.
[18] Es handelt sich um einen 1954 geplanten poetologischen Text für die Anthologie Hans Benders *Mein Gedicht ist mein Messer. Lyriker zu ihren Gedichten* (Heidelberg 1955), zu der Celan zunächst einen

Diese Aussage liest sich am besten im Zusammenhang mit der folgenden, die in den theoretischen Fragmenten auf die schon zitierte folgt. Dort steht: „Wie im Traum – ich spreche ungern davon – ist der Dichter in das Geschehen einbezogen, partizipiert er, entbehrt also jeden Abstands gegenüber dem Geschauten." Und weiter heißt es zum Verhältnis Experimentieren und Dichten:

> – ich kenne das Experiment nicht – Experimente in der Dichtung fallen unter den Tisch. Es gibt einen, vielleicht längeren Augenblick lang, ein Präludium, wo Fehlschlag und Gelingen noch nicht geschieden sind, ein kurzes Entweder/Oder –.[19]

Folglich scheint Celans Denken über das Dichten die Vorstellung von der einleitend erwähnten Entgrenzung zugrunde zu liegen. Denn im Dichten als Vorgang gibt es nur „ein kurzes Entweder/Oder", dort herrsche, besonders weil es sich dabei um „ein Präludium" handle, das nur Vorläufige und Unentschiedene des Vorspiels vor.

Der Eindruck verstärkt sich, wenn er an einer anderen Stelle mit Blick auf eines seiner Gedichte sagt: „vor der Zweiteilung der Wirklichkeit in eine äußere und innere machen diese Verse keineswegs halt."[20]

Darauf folgt ein paar Seiten weiter eine Textstelle, die die Dialektik Grenze–Entgrenzung als Weg zur Utopie noch deutlicher, wenn auch fragmentarisch andeutet: „Die Flüchtigkeit des im Gedicht Gesagten als Konstituens seines – begrenzenden und entgrenzenden – Sinns."[21]

Bloch seinerseits bezieht sich in seiner Philosophie der Utopie bei der Vorstellung des „Träumens nach vorwärts" auf Lenin, es geht ihm vor allem um Subversion gesellschaftlicher Verhältnisse. Dabei ist aber das Vorläufige und noch nicht Entschiedene wichtig, vor allem das, was in der Zukunft als Möglichkeit der Utopie da sein mag: Das Prinzip Hoffnung ist nach Bloch demgemäß ein „Hoffen über den gewordenen Tag hinaus"[22].

Das Ziel des Marxisten, Juden und Utopisten Blochs war bekanntlich die Veränderung der Welt auf Grundlage der marxistischen Ideologie. Mein Anliegen betrifft aber nicht diese Ideologie an sich, sondern – im Hinblick auf die Poetik der Lyrik Celans – das der Ideologie zugrundeliegende Prinzip Hoffnung, das in der Vorstellung oder im Bewusstsein der Utopie als Wunschvorstellung wurzelt.

Und gerade in dieser Hinsicht lassen sich, wie ich meine, einige der Gedich-

---

Text beitragen sollte, was er dann aber nicht tat. In der zweiten erweiterten Taschenbuch-Auflage der Anthologie (München 1961) hingegen veröffentlichte er den Beitrag *Ein Brief* [an Hans Bender] und stellte darin fest, „Handwerk [sei], wie Sauberkeit überhaupt, Voraussetzung aller Dichtung". Weiter fügte er hinzu: „Und daneben gibt es eben, an jeder lyrischen Straßenecke, das Herumexperimentieren, mit dem sogenannten Wortmaterial." Vgl. Celan, Mikrolithen (Anm. 2), S. 98.

[19] Ebenda, S. 101.
[20] Ebenda, S. 122.
[21] Ebenda, S. 124.
[22] Bloch, Das Prinzip (Anm. 12), S. 9.

te Celans als Wunschvorstellungen lesen, die irgendwo und irgendwann auf dem Wege der Entgrenzung vielleicht in Erfüllung gehen könnten. Denn sowohl im Sinne Freuds wie auch im Sinne Blochs haben wir es bei Celan deutlich mit einer Ausrichtung auf das Traumhaft-Utopische zu tun, das sich in vielen seiner Gedichte als Anschauung des In-der-Welt-Seins poetologisch zu Wort meldet.

Als poetologische Tendenz im Sinne einer Wunschvorstellung von einem Ort, der immer noch und noch nicht gewesen und insofern „da" ist, kommt das Traumhaft-Utopische beispielhaft in den Zeilen „(Ungewesen und Da,/ beides zumal,/ geht durch die Herzen)" aus dem 1958 im Band *Sprachgitter* erschienenen Gedicht *Windgerecht* zum Ausdruck.

Ich gehe auf dieses Gedicht nicht näher ein, sondern zitiere nur diese Zeilen, weil sie für die Poetik der Entgrenzung beispielhaft sind. An dieser Stelle sei noch auf die Zeiträumlichkeit des Sprachbildes Celans in den zitierten Zeilen hingewiesen: Wir haben es, wie ich in anderen Zusammenhängen gezeigt habe[23], mit einem Chronotopos im Sinne Bachtins zu tun, der sich im Sinne Blochs und, wenn man will, auch Walter Benjamins auf die Formel der Gleichzeitigkeit des Ungleichzeitigen bringen lässt. Dabei handelt es sich um Entgrenzungen, wo, wie bei Bachtin und auch mit Blick auf seinen Begriff der Heterochronie, die Dichotomie von Kontinuität und Diskontinuität aufgehoben wird und die Vorstellung von Räumlichkeit in die Zeitlichkeit mündet.[24]

Bei Bloch und auch bei Benjamin ist ein ähnliches Denkbild zugleich mit der Vorstellung oder – um noch die Psychoanalyse Freuds vor Augen zu behalten – mit der Wunschvorstellung und deren Erfüllung oder mit dem Traum von der Utopie verbunden.

Damit die Wunschvorstellung von der Utopie, wo im Sinne der Verse „beides zumal/ [...] durch die Herzen [geht]", in Erfüllung gehen kann, bedarf es in den Worten Celans also der Bewegung: „Fort von der Grenze – oder hinüber, hinweg ins Unbegrenzte!"[25]

Celan richtet diese poetologische Aufforderung an den Dichter, er muss, „wenn er dem Prinzip der Freiheit Treue bewahren will, das sich im Reim bekundet, [...] nun dem Reim den Rücken kehren". Denn er muss „[f]ort von der Grenze – oder hinüber, hinweg ins Unbegrenzte!"

Um das poetologische Anliegen Celans etwas verständlicher zu machen, ist der Zusammenhang dieser beiden Zitate wichtig. Sie befinden sich im fol-

---

[23] Vgl. zum Chronotopischen bei Celan meine beiden Aufsätze: Augenstimmen durch die Pforte der Chronotopoi. Zum Chronotopos des Exils bei Paul Celan. In: *Wirkendes Wort* 56(2006), H. 3, S. 435–454; „Denn wo ist Heimat? Keiner weiss Bescheid." Zur Ästhetik der Deterritorialisierung in Gedichten von Paul Celan, Rose Ausländer und Nelly Sachs. In: Minderheitenliteraturen, Grenzerfahrung und Reterritorialisierung. Festschrift für Stefan Sienerth. Hrsg. von George Guţu, Ioana Crăciun u. Iulia Patrut. Bucureşti 2008, S. 65–76.

[24] Michail Bachtin: Die Ästhetik des Wortes. Hrsg. von Rainer Grübel. Frankfurt a. M. 2001, S. 72.

[25] Celan, Mikrolithen (Anm. 2), S. 96f.

genden kleinen Text, wo m. E. die beiden Begriffe Grenze und Entgrenzung von besonderem Interesse sind:

> Echte Dichtung ist antibiographisch. Die Heimat des Dichters ist das Wort, sie wechselt vom Gedicht zum Gedicht. Die Entfernungen sind die alten, ewigen: unendlich wie der Weltenraum, in dem jedes Gedicht sich zu behaupten sucht – als – winziges Gestirn. Unendlich auch die Entfernung zwischen seinem Ich und seinem Du: von beiden Seiten her wird die Brücke geschlagen: in der Mitte auf dem halben Wege, da wo der tragende Pfeiler erwartet wird, von oben her oder von unten her, ist der Ort des Gedichts. Von oben her: unsichtbar und ungewiß. Von unten her: aus dem Abgrund der Hoffnung auf den fernen, den zukunftsfernen Nächsten. Gedichte sind Paradoxe. Paradox ist der Reim, der Sinn und Sinn versammelt, Sinn und Gegensinn: An einem Zufallsort in der Sprachzeit, den niemand vorauszusehen vermag, lässt er dieses Wort mit jenem anderen zusammenfallen – für wie lange Zeit? Für eine beschränkte. Der Dichter, der dem Prinzip der Freiheit Treue bewahren will, das sich im Reim bekundet, muß nun dem Reim den Rücken kehren. Fort von der Grenze – oder hinüber, hinweg ins Unbegrenzte![26]

Was an diesem Text auffällt, ist die Tendenz der Entgrenzung im Sinne der Hervorhebung des nur Vorläufigen, Unabgeschlossenen und Wechselnden, des noch nicht Gewesenen und Entschiedenen also, was auf Wunscherfüllung hoffen lässt, die durch Worte wie „antibiographisch", „unendlich", „in der Mitte auf dem halben Wege" ausgedrückt wird. Danach folgen die Konstellationen „erwartet wird", „unsichtbar" und „ungewiss", und darauf, um das Noch-Nicht-Da des Nur-Erwarteten zu unterstreichen, folgt die „Hoffnung auf den fernen, den zukunftsfernen Nächsten", welche sich auf die Feststellung der unendlichen Entfernung zwischen dem Ich und dem Du des Gedichts bezieht.

Das Gedicht ist bei Celan, wie er in der Bremer Rede feststellte, grundsätzlich dialogisch. Wenn auch einsam und unterwegs, halten Gedichte, sagt er, auf etwas zu, „auf ein Offenstehendes, Besetzbares, auf ein ansprechbares Du, auf eine ansprechbare Wirklichkeit". Vor dem Hintergrund dieses Zitats liest sich nun die oben zitierte Aussage „Gedichte sind Paradoxe", denn – der Etymologie des Wortes Paradox entsprechend – Gedichte sind im wahrsten Sinne des Wortes „widersprüchlich", zumal sie wegen des Reims, der ein konstituierendes Moment der Poetik ausmacht, Orte sind, wo sich Sinn und Gegensinn miteinander im Gespräch befinden. Allerdings sind sie nur für eine beschränkte Zeit „da", denn sofern es sich beim Gedicht nur um einen „Zufallsort in der Sprachzeit" handelt, wo der Dichter mit Hilfe des Reims „dieses Wort mit jenem anderen zusammenfallen" lässt, und nicht um einen Ort in der Zeit der Realwelt, ist alles Spiel, das je nach Wahl der rhetorischen Mittel bzw. des Reims stets ein anderes ist.

Dies entspricht der Aussage am Anfang des obigen Zitats: „Die Heimat des Dichters ist das Wort, sie wechselt vom Gedicht zum Gedicht." Was bleibt,

---
[26] Ebenda, S. 95f.

ist also die Hoffnung auf das Werdende, das sich weder ein- noch begrenzen lässt. Und gerade darin liegt auch die Hoffnung auf Subversion und Entgrenzung, auf Freiheit von der Begrenzung, wie sie sich in den abschließenden Worten des Zitats ankündigt: „Fort von der Grenze – oder hinüber, hinweg ins Unbegrenzte!"[27]

Vor diesem Hintergrund möchte ich auf einige Gedichtbeispiele eingehen, in denen sich Spuren dieser Anschauungsweise verfolgen lassen, welche, wie ich meine, die Poetik Celans deutlich geprägt hat.

Zuerst zurück zum Gedicht *Der Reisekamerad* aus dem Band *Mohn und Gedächtnis*. Von diesem Gedicht sagte also der Dichter, dass darin das Traum- und Märchenhafte zum Ausdruck komme. Er habe sich dabei ertappt, dass es sich um eine Kindheitserinnerung handele, und zwar um ein Märchen von Hans Christian Andersen, das er beim Schreiben des Gedichts zwar nicht in Erinnerung hatte, das sich aber nachher doch noch kundtat.[28]

Celan stellt also die Verbindung zwischen dem Traum- und Märchenhaften und der Erinnerung her, was wiederum darauf schließen lässt, dass wir es mit einer Erinnerung wie im Traum zu tun haben und insofern mit der Traumarbeit, die, wie schon erwähnt, auf dem Wege der Entstellung auf Entgrenzung aus ist. Denn nur so lässt sich die Wunschvorstellung von der Utopie erfüllen.

Der Titel des Bandes, in dem das Gedicht enthalten ist, *Mohn und Gedächtnis*, ließe sich als möglicher Hinweis auf eine solche Lesart sehen, nämlich als „Ausrichtung auf das Traumhafte hin".

„Mohn" liest sich etymologisch als „tiefer Schlaf", und das „Gedächtnis", das dem Bewusstsein von der eigenen Geschichte und somit der Identität „Wer bin ich" zugrundeliegt, ist nach Freud eine vorläufige Konstruktion, die auf Erinnerungen zurückgeht, die auch im Traume bearbeitet werden.

Dabei handelt es sich erneut um eine „Umschrift nach neuen Bedingungen", um auf Freuds Worte in einem Brief an Wilhelm Fließ hinzuweisen, wo er die diskontinuierliche Arbeitsweise des Systems Wahrnehmung–Bewusstein beschrieb.

Wie sieht es im Gedicht *Der Reisekamerad* aus, inwiefern kommt darin die Poetik der Grenze und Entgrenzung zum Ausdruck?

> Deiner Mutter Seele schwebt voraus.
> Deiner Mutter Seele hilft die Nacht umschiffen, Riff um Riff.
> Deiner Mutter Seele peitscht die Haie vor dir her.
>
> Dieses Wort ist deiner Mutter Mündel.
> Deiner Mutter Mündel teilt dein Lager, Stein um Stein.
> Deiner Mutter Mündel bückt sich nach der Krume Lichts.

---

[27] Ebenda, S. 95f.
[28] Ebenda, S. 192.

Was im Gedicht poetologisch auffällt, ist vor allem die metonymische Tendenz der Metaphorik, also die Kombination von Verdichtung und Verschiebung wie in der Traumarbeit, wo auf dem Wege der Verschiebung die Seele und das Mündel stellvertretend für die Mutter stehen. Die Mutter Celans war im Winter 1942/1943 im Lager Michailowka durch Genickschuss umgebracht worden. Und das Gedicht liest sich als erklärbare Wunschvorstellung, die, indem sich die Mutter, wenn auch nur für einen Augenblick, vorstellen lässt, vorübergehend in Erfüllung geht.

Dazu wird die Entstellung durch die Inversion verdeutlicht, vor allem durch die dreimal wiederholte metonymische Metapher der drei ersten Zeilen „Deiner Mutter Seele" und der drei letzten „deiner Mutter Mündel". Wir haben es hier mit einer Genitivmetapher zu tun, mit „der Seele deiner Mutter", wo entsprechend dem Prinzip der Identifikationsmetaphorik die Seele bzw. das Mündel der Mutter im Sinne der Personifikation Gestalt annehmen und somit „dingfest"[29] gemacht werden, um mit Celan zu sprechen. Zugleich lesen sich diese beiden Metaphern, wie schon angedeutet, metonymisch, wo zuerst die Seele und dann das Mündel der Mutter stellvertretend als Teile für das Ganze, also für die Mutter, stehen.

Diese rhetorisch bewirkte Duplizität des Sowohl-als-auch bewirkt eine Paradoxie, die durch die formelhafte Wiederholung eine beschwörende Wirkung hat, wobei wie im Märchen die Existenz der verstorbenen Mutter heraufbeschworen werden soll, um, wenn auch nur stellvertretend, entsprechend dem Prinzip des pars pro toto, als „deiner Mutter Seele" und „deiner Mutter Mündel" als Wunschvorstellung wie im Augenblick des Traumes noch-immer-und-nicht-mehr-da-zu-sein.

Diese auf Celans Biografie bezogene Lesart, in der gerade die Flüchtigkeit der Wunscherfüllung in den Blickpunkt rückt, entspricht der folgenden poetologischen Aussage Celans:

> Ich hatte, um meine Vorstellung davon, daß sich das Wirkliche, wie es jeweils vom schöpferischen, wortgebenden Ich verstanden sein mag, im Gedicht neu konstituiert [Hervorhebung – P. C.], d. h. mit dem sich anbietenden Wort zusammenwächst und mithin dessen Beziehungssphäre zu der seinen macht – und die Sphäre dieser Beziehungen ist, da sie, sozusagen nur „im Kleinen", die der ganzen Sprache ist, schlechthin unbegrenzt –
> Der Dichter, mag er dieses Wirkliche für den Augenblick des Gedichts auch freisetzen, er fällt nichtsdestoweniger in seine (alte) Befangenheit zurück – aus der ihn, wenn je, erst das nächste Gedicht wieder befreit – auch diesmal für einen „Augenblick",
> [...]
> punktuell und gleichzeitig geräumig.[30]

---

[29] Vgl. Celan, Mikrolithen (Anm. 2), S. 146. Celan spricht hier von „[den] dingfest gemachten Worte[n], [den] Wortdinge[n] im Gedicht".
[30] Celan, Mikrolithen (Anm. 2), S. 105. Das Druckbild entspricht dem Druckbild des Prosabandes.

Eine ähnliche Vorstellung, die auf Entgrenzung der Realitätsgrenzen aus zu sein scheint, sehen wir im folgenden Gedicht, das in einem Brief Celans an Gisela Dischner vom 10. August 1967[31] abgedruckt ist. Im Brief schreibt Celan zuerst: „Heute fiel mir Folgendes ein", und trägt darauf folgende Verse ein:

> Sink mir weg
> aus der Armbeuge,
>
> nimm den Einen
> Pulsschlag mit,
> verbirg dich darin,
> draußen.

Das Gedicht scheint, wie wir sehen, durch die paradoxe Aufforderung an das Du, sich „darin,/ draußen" zu verbergen, der oben zitierten Aussage Celans zu entsprechen, denn „vor der Zweiteilung der Wirklichkeit in eine äußere und innere machen diese Verse keineswegs halt"[32].
Bei Celan gibt es, wie schon angedeutet, viele Beispiele dieser Art der Entgrenzung als gezielter Bewegung „Fort von der Grenze – oder hinüber, hinweg ins Unbegrenzte!" Ich hätte also mehrere nennen können, doch ich begrenze mich, trotz der Aufforderung Celans, und lasse abschließend folgende Gedichte für den Rest stellvertretend stehen.
Als Erstes das 1967 entstandene, aus dem Band *Fadensonnen*:

> NAH, IM AORTENBOGEN,
> im Hellblut:
> das Hellwort.
>
> Mutter Rahel
> weint nicht mehr.
>
> Rübergetragen
> alles Geweinte.
>
> Still, in den Kranzarterien,
> unumschnürt:
> Ziw, jenes Licht.

Auffällig im Hinblick auf die Ausrichtung auf das Traumhafte als Tendenz der Entgrenzung, welche auch die Poetik dieses Gedichts kennzeichnet, sind

---

[31] Paul Celan an Gisela Dischner: Briefe aus den Jahren 1965–1970. Hrsg. von Jens Runkehl und Torsten Siever. Hannover 1996, S. 13.
[32] Celan, Mikrolithen (Anm. 2), S. 122.

hier vor allem die beiden Worte „[r]übergetragen" und „unumschnürt" sowie die letzte Zeile „Ziw, jenes Licht", dies insofern, als in der Kabbala Ziw, das Licht der Schechina, der „Einwohnung Gottes" unter den Menschen, Gottes verborgene oder sichtbare Gegenwart bezeichnet, die sich – entsprechend der Wunscherfüllung des Traumes – in einem überirdischen Lichtglanz manifestieren kann.

Eine ähnliche Tendenz sehen wir auch in dem im Jahre 1957 im Band *Sprachgitter* publizierten Gedicht *Tenebrae*, wo sich die Entstellung und Entgrenzung im Sinne einer Umkehrung der geltenden Logik im Verhältnis der Menschen zu Gott wie folgt ausdrückt:

>Nah sind wir, Herr,
>nah und greifbar.
>
>Gegriffen schon, Herr,
>ineinander verkrallt, als wär
>der Leib eines jeden von uns
>dein Leib, Herr.
>
>Bete, Herr,
>bete zu uns
>wir sind nah.
>
>Windschief gingen wir hin,
>gingen wir hin, uns zu bücken
>nach Muld und Maar.
>
>Zur Tränke gingen wir, Herr.
>
>Es war Blut, es war,
>was du vergossen, Herr.
>
>Es glänzte.
>
>Es warf uns dein Bild in die Augen, Herr.
>Augen und Mund stehen so offen und leer, Herr.
>Wir haben getrunken, Herr.
>Das Blut und das Bild, das im Blut war, Herr.
>
>Bete Herr.
>Wir sind nah.

In den beiden nächsten, 1967 im Band *Fadensonnen* publizierten Gedichten *Augenblicke* und *Frankfurt, September* kommt im ersten das Utopische zum Ausdruck, während das zweite ein Beispiel für die Intertextualität als poetologische Praxis der Entstellung wie im Traum ist.

Zuerst das sehr kurze Gedicht *Augenblicke*, wo das Utopische als Nicht-Ort der Hoffnung durch das Nicht-Wort „Unentworden" erscheint – entsprechend der Aussage Celans, „[d]as Gedicht bringt das Andere ein"[33]:

> AUGENBLICKE, wessen Winke,
> keine Helle schläft,
> Unentworden, allerorten,
> sammle dich,
> steh.

Im zweiten Gedicht *Frankfurt, September* kommt die Entgrenzung vor allem durch die Zitattechnik der Intertextualität zum Vorschein:

> Blinde, licht-
> bärtige Stellwand.
> Ein Maikäfertraum
> leuchtet sie aus.
>
> Dahinter, klagegerastert,
> tut sich Freuds Stirn auf,
>
> die draußen
> hartgeschwiegene Träne
> schießt an mit dem Satz:
> „Zum letzten-
> mal Psycho-
> logie."
>
> Die Simili-
> Dohle
> frühstückt.
>
> Der Kehlkopfverschlußlaut
> singt.

Interessanterweise sind in diesem Gedicht Freud – synekdochisch durch seine Stirn – und auf dem Umweg der Stellvertretung auch Franz Kafka mit ins Spiel gebracht worden: „Zum letztenmal Psychologie" in der dritten Strophe zitiert eine Tagebuchstelle bei Kafka, und auch „Dohle" in der vierten Strophe liest sich als Anspielung auf Kafka, weil die Dohle im Tschechischen *Kavka* heißt. Darüber hinaus ließen sich die letzten Zeilen „Der Kehlkopfverschlußlaut/ singt" als traumhaft entstellende Anspielung und Erinnerung

---

[33] Celan, Mikrolithen (Anm. 2), S. 126.

an Kafkas Leben und Tod lesen: Er starb bekanntlich an Kehlkopftuberkulose und hatte vor seinem Tod sein Sprechvermögen verloren. Dafür singt im Celanschen Gedicht stellvertretend synekdochisch der „Kehlkopfverschlußlaut". Das Gedicht ist besonders in diesem intertextuellen Sinn und Kontext für die Poetik Celans als Praxis der Entgrenzung und entstellenden Erinnerung wie im Traum interessant.

Im Hinblick auf die „Ausrichtung auf das Traumhafte hin" sei schließlich ein kleines Gedicht aus dem unvollendeten Zyklus *Schneepart* zitiert. Es wurde am 23. August 1968 geschrieben, zwei Tage nach dem Einmarsch der Warschauer-Pakt-Truppen in Prag. Celan war von den Ereignissen stark berührt, sie beschäftigten ihn, wie er an seine Frau schrieb, mitten in dem, was er schreibe und zu schreiben versuche.[34] Und vor diesem Hintergrund liest sich das Gedicht je nach Perspektive entweder als Aufforderung zum Träumen und Weiterträumen oder – wegen der erwähnten realpolitischen Situation – umgekehrt als eine Aufforderung aufzuwachen.

Oder aber – sofern sich über die richtige oder falsche Lesart nicht entscheiden lässt – sind wir vielleicht bei den schon zitierten Gedichtzeilen, wo das Entweder-oder durch das Sowohl-als-auch aufgehoben wurde, und stellen fest, ein „beides zumal geht durch die Herzen" – entsprechend dem Prinzip der Entgrenzung, das die Poetik Celans kennzeichnet:

>
> ZERR DIR den Traum vom Stapel,
> pack deinen Schuh rein,
>
> Rauschelbeeräugig, komm,
> schnür zu.

---

[34] Celan, Todesfuge (Anm. 4), S. 182.

# „(und du zitierst noch immer)"

## Spielarten der Intertextualität im Werk von Oskar Pastior

MICHAEL GROTE (Bergen)

## 1. Zitieren

„Sprechen = Wörter zitieren" – diese Aussage Oskar Pastiors, entnommen einem poetologischen Kommentar des Autors aus dem Jahre 1987[1], gibt ein wesentliches Grundmoment seines literarischen Schaffens wieder: Jede dichterische Äußerung, sei sie noch so individuell, noch so originär, noch so innovativ, ist doch immer angewiesen auf den vorhandenen Bestand sprachlicher Ausdrücke, die immer schon vor ihr da sind und aus denen sie lediglich „zitieren" kann. Die Sprache ist kein neutrales Medium, sondern trägt die Spuren ihrer Verwendungen mit sich. Wesentliches Merkmal der modernen experimentellen Literatur, so stellte auch Helmut Heißenbüttel 1978 in seiner These zur konstituierenden Sitzung des *Bielefelder Colloquiums Neue Poesie* fest, sei das „Arbeiten im unbeschränkten Zitatcharakter der Sprache"[2]. Heißenbüttels Kennzeichnung der experimentellen Poesie beschreibt diese damit als eine zugleich *offene* und *sprachmateriale* verfahrende Literaturform. Oskar Pastior hat diesen Gedanken wiederholt aufgegriffen und seine Folgen auch für die Konstituenten der literarischen Kommunikation, Autor, Text und Leser, eingehend reflektiert:

> All das nun, wenn und wie ich sprachlich, d. h. wenn und wie Sprache ichlich „sich" herstellt – „mich" herstelle; ein Beziehungsgeflecht; nicht unbedingt verfügbar: doch verfugt: Material sozusagen.
> Kraft des Materials im Herstellungsstreit (des „Lesens", der Sinnkonstitution) mit dem Material gegen das Material für eine materiale Textauffassung (das nehm ich mir heraus) verschwimmt oder verschwindet sogar der Materialbegriff – er wird selbstverständlich.

---

[1] Oskar Pastior: Jalousien aufgemacht. Ein Lesebuch. Hrsg. von Klaus Ramm. München, Wien 1987, S. 41.
[2] Helmut Heißenbüttel: Konkrete Poesie als Alternative? Ein Kolloquium an der Universität Bielefeld. In: *Die Zeit*, 24. Februar 1978, S. 34. Die Veranstaltung bildete den Auftakt zu einer Institution, die 25 Jahre lang der wichtigste Treffpunkt internationaler experimenteller Literatur sein sollte. Pastior, der bei dem Bielefelder Treffen schon 1978 als „Außenseiter" anwesend war, wie Heißenbüttel schrieb, sollte zu einem der beständigsten Mitglieder des Colloquiums werden.

Ich kann auch sagen, ich habe einen Blindfleck fürs Material, weil ich selber Material im Spiel bin.³

„Sprechen = Wörter zitieren": die Zitation, gemeinhin das Paradebeispiel intertextueller Bezugnahme, ist bei Pastior nicht lediglich ein Mittel der Selbstversicherung, des Verweises auf Gewährstexte oder der Schaffung eines Referenzrahmens, sondern eine produktive experimentelle Praxis, in deren „Versuchsanordnungen" literarische Textsplitter ebenso verarbeitet werden wie Redewendungen und einzelne Wörter aus der Alltagssprache. Die materiale Sprachauffassung behandelt alle Elemente als „Fertigbauteile", die unterschiedlichen poetischen Verfahren unterworfen werden.⁴ Die Voraussetzung für diese Poetik ist die Einsicht, „daß die Wirklichkeit ein virulentes Sprachproblem sei"⁵ – und entsprechend konzipiert sie Literatur nicht als μίμησις, sondern als ποίησις, nicht als *Nachahmung*, sondern als *Hervorbringung* von Wirklichkeit. Diesen Gedanken radikalisierend, beschränkt sich die Zitation in Pastiors Werk auch nicht nur auf das deutsche Lexikon, sondern sie greift zum einen auf andere Sprachen über, zum anderen bricht sie die deutsche Sprache bis in ihre lautlichen und grafischen Mikrostrukturen auf, um die einzelnen Elemente anschließend einer neuen Kombinatorik zu unterwerfen. Dabei kann das Zitieren zum konstitutiven Bestandteil des literarischen Verfahrens werden, etwa wenn, wie in Anagramm und Palindrom, die permutierende Wiederholung (und also eine Art „Selbstzitat") des Ausgangsmaterials den Textverlauf bestimmt, oder wenn Pastior ein multilinguales „Privatidiom" konstruiert, wie es in den Liedern und Balladen des *Krimgotischen Fächers* hörbar wird, in denen die Sprachbiografie des Autors ganz bewusst als Materiallager verwendet wird⁶; hier fand Pastior

Reste von all dem, was sich im Laufe meiner Biographie (also in einem ganz bestimmten Mengen- und Schichtenverhältnis) im Kopf angesammelt hatte: SPRACH-SATZ, der poetologisch ja schon immer nicht wegzudenken gewesen war. Konkret: die siebenbürgisch-sächsische Mundart der Großeltern; das leicht archaische Neuhochdeutsch der Eltern; das Rumänisch der Straße und der Behörden; ein bissel Ungarisch; primitives Lagerrussisch;

---

³  Oskar Pastior: Das Unding an sich. Frankfurter Vorlesungen. Frankfurt a. M. 1994, S. 43.
⁴  Der Materialbegriff der experimentellen Literatur nach 1945 wurde von ihren Vertretern sehr unterschiedlich begründet; neben dem Verweis auf künstlerische und literarische Traditionen fanden sich hier, vor allem in Deutschland, historische, politische und sprachtheoretische Verweise. Bei Pastior ist zudem der biografische Aspekt seiner Herkunft von Bedeutung, wie der Autor selbst hervorhebt; vgl. Pastior, Jalousien (Anm. 1), S. 11.
⁵  Oskar Pastior: Und Nimmt Sinn und Gibt Sinn. Aus der Werkstatt der Nämlichkeit. In: *Schreibheft. Zeitschrift für Literatur* (1993), Nr. 43, S. 148–154, hier S. 154.
⁶  Oskar Pastior: Der krimgotische Fächer. Lieder und Balladen. Mit 15 Bildtafeln des Autors. [1978] In: O. P.: „Minze Minze flaumiran Schpektrum". Werkausgabe Bd. 3. München, Wien 2004, S. 51–153.

Reste von Schullatein, Pharma-Griechisch, Uni-Mittel- und Althochdeutsch; angelesenes Französisch, Englisch ... alles vor einem mittleren indo-europäischen Ohr ...[7]

Doch werden im Werk von Pastior nicht nur Buchstaben und Laute, Wörter, Redewendungen, Sätze und Texte zitiert. Auch strukturell verweisen Pastiors Texte auf historische Vorbilder, indem in ihnen eine Vielzahl literarischer Formen aufgegriffen und variiert wird:

> Anagramme, Idiome, Vokalisen, Palindrome; Listen Schnüre Häufungen; Zero-Prä- wie Lipogramm-Absenzen; Pingpong-Kreuzungen mit anderen Autoren oder mehrerer Verfahren untereinander; frei flottierte Rösselsprünge „um drei Ecken" oder, streng, die Transformationsmasche „+7" nach irgendeinem Wörterbuch; hin und wieder einfach Oberflächenübersetzung; schließlich die Sestinen – und sicher eine Menge anderen Procederes hinzu.[8]

Literarische Formen, so zeigt die Aufzählung, sind für Pastior vor allem generative *Verfahren*, denen er ein bestimmtes Textmaterial unterwerfen kann. Sie bilden gleichsam Textregeln für die „Versuchsanordnungen", als die Pastior seine Gedichte gelegentlich bezeichnet hat.[9] Dabei ist die literarische Form jedoch keinesfalls bedeutungsleere Hülle für einen zu überliefernden Sinn, sondern selbst schon bedeutsame Anordnung, die das zeitliche und räumliche Kontinuum des Textes strukturiert. Die Sestine etwa, eine Gedichtform, die Pastior der mittelalterlichen Troubadour-Dichtung abgewonnen hatte, beschrieb der Autor in Anlehnung an eine Formulierung Georg Christoph Lichtenbergs als „generatives Paradigma, in dem sich die Entstehung und das Material ‚höchst merkwürdig' umarmen und weiterführen ‚möchten'"[10]; das Palindrom, schreibt Pastior über sein Hörspiel *Mordnilapsuspalindrom*, sei „ein verzweifelnder Vorgang der Rücksicht auf der und auf die Zeitachse, die ja nur in einer Richtung läuft, eine entsetzliche Geschichte mit Südseezauber im Abendwind"[11],

> halt ein höchst künstlicher Ausnahmefall eines Textes und deshalb, in seiner Ausnahme, ein gleichzeitig ungleichzeitiges Analogmodell verkörpernd für das was beim Lesen, Sprechen, Schreiben, Denken – kurzum beim Verstehen als „poesis in nuce" ohnehin und ehwieso ständig passiert: Text, der selber sich liest – das Unding.[12]

---

[7] Pastior, Jalousien (Anm. 1), S. 34. Vgl. zu den Transsilvanismen bei Pastior die Untersuchung von Michael Markel: „Anziklapedia Transsylvanica": Transsilvanismen in den Texten Oskar Pastiors. In: *Akzente. Zeitschrift für Literatur* 44(1997), Nr. 5, S. 446–476.
[8] Pastior, Unding (Anm. 3), S. 122.
[9] Vgl. Oskar Pastior: Vom Umgang in Texten. In: *manuskripte. Zeitschrift für Literatur* 35(1995), Nr. 128, S. 20–47, hier S. 22: „Das Wort von der *Versuchsanordnung*, die mir in allen Existenz- und Wahrnehmungsbereichen plausibel erscheint – bereits in dem Versatzstück ‚Bewußtsein' alias ‚Leben' alias ‚Sprache'."
[10] Pastior, Unding (Anm. 3), S. 46.
[11] Ebenda, S. 32.
[12] Ebenda, S. 8.

Beinahe wörtlich zitiert die poetologische Aussage die „Urschrift" des modernen Intertextualitätsbegriffs, einen zuerst 1967 veröffentlichten Aufsatz von Julia Kristeva über Michail Bachtin: „Celui qui écrit est le même que celui qui lit. Son interlocuteur étant un texte, il n'est lui-même qu'un texte qui se relit en se réécrivant."[13] Wenn Pastior den „Text, der selber sich liest", ironisch als „Unding" bezeichnet, markiert er damit zugleich Nähe und Distanz zu Positionen poststrukturalistischer Theoriebildung, die mit der Entdeckung der Intertextualität zugleich eine Absage an idealistische und essentialistische Vorstellungen von der Literatur verbanden und die mit der Rede vom „Tod des Autors" eine radikale Dezentrierung des modernen Subjektbegriffes forderten.[14] Die Einsicht in den fehlenden Ursprung der Schrift und eine Präferenz für die materiale Textbehandlung, die bei Pastior etwa als „Skandal des Anfangs"[15] und als „Geschichte im Material"[16] aufscheinen, finden sich allerdings ähnlich bereits in poetologischen Texten der experimentellen Literatur der 1950er Jahre, mit der Pastior vertraut war. Vor allem die Schriften Franz Mons nehmen vieles von dem vorweg, was seit den sechziger Jahren von Frankreich ausgehend international Karriere machte.[17] Gegenüber dem oft recht feierlich vorgetragenen theoretischen Diskurs poststrukturalistischer Prägung nehmen sich Pastiors poetologische Überlegungen vergleichsweise vorsichtig aus. Während dort der „Tod des Autors" regelrecht proklamiert wurde, wird die Autorposition im literarischen Prozess für Pastior zu einem Problem, das er bis in die Formulierung seiner poetologischen Überlegungen hinein verfolgt: „Damit die Dinge weiter unterwegs sind, weigere ich mich, eine umfassende Projektpoetik zu projizieren. Ich will mich weiter überraschen lassen können."[18]

Diesseits der ontologischen Fragen um die Konsequenzen der Intertextualität bleibt festzuhalten, dass Heißenbüttels Wort vom „Arbeiten im unbeschränkten Zitatcharakter der Sprache" auch für Pastiors Literatur ohne Einschränkungen Gültigkeit beanspruchen kann. Die intertextuellen Bezüge überschreiten dabei sowohl nationalsprachliche Grenzen als auch die Grenzen des bloßen Wortmaterials, indem dieses bis in seine elementaren Bestandteile aufgespalten und einer neuen Kombinatorik unterworfen wird. Doch auch die Verfahrensweisen der Texte selbst haben Zitatcharakter – die

---

[13] Julia Kristeva: Le mot, le dialogue et le roman [1966]. In: J. K.: Σημειωτική. Recherches pour une sémanalyse. Paris 1969, S. 143–173, hier S. 170.
[14] Es würde zu weit führen, an dieser Stelle eine genaue Analyse der Nähe und des Abstands der Poetik Pastiors zu poststrukturalistischer Theorie durchzuführen. Bei aller Übereinstimmung mit Kristevas Intertextualitätsbegriff, Derridas Schriftphilosophie oder Barthes' Plädoyer für die Materialität der Literatur bleibt in jedem Falle festzuhalten, dass Pastior in seinen literarischen und poetologischen Schriften konkret *erprobt*, was in theoretischen Essays lediglich *besprochen* werden kann.
[15] Pastior, Unding (Anm. 3), S. 106, 123.
[16] Ebenda, S. 76.
[17] Vgl. beispielsweise Franz Mon: Artikulieren und Lesen [1959]. In: F. M.: Gesammelte Texte 1: Essays. Berlin 1994, S. 44–49.
[18] Pastior, Unding (Anm. 3), S. 123.

überlieferten oder auch beinahe vergessenen literarischen Formen, die Pastior für seine Arbeit fruchtbar macht, bilden einerseits formale Regelwerke für seine Literatur, andererseits sind sie jedoch auch selbst schon mit Bedeutungen behaftet, als intertextuelle Referenzen, poetische Versuchungsanordnungen und experimentelle Gedankenmodelle.

## 2. Übersetzen

Analog zum Formzitat, das die Textregeln historischer Dichtungsformen wie Sestine, Pantum oder Villanella auf ein neues Textmaterial anwendet, hat Pastior auch die *Übersetzung* wiederholt als intertextuelles Verfahren für seine Arbeit produktiv gemacht. Schon die Anfänge von Pastiors dichterischem Schaffen waren Übertragungen aus dem Rumänischen gewidmet – für Autoren aus der deutschsprachigen Minderheit in Siebenbürgen ein nicht unüblicher Weg, um sich auf dem literarischen Markt zu etablieren. Doch blieb der Vorgang des Übersetzens für Pastior auch späterhin immer wieder eine Herausforderung, als eine Form der Entdeckung und Aneignung literarischer Traditionen und zugleich ein durch und durch selbstreflexiver Vorgang, jede Übersetzung immer schon eine Reflexion der Möglichkeit und Unmöglichkeit von Übersetzung überhaupt:

> Nichts ersetzt das Original. Im Grunde ist ja Übersetzung nicht möglich. Übersetzung ist das falsche Wort für einen Vorgang den es nicht gibt. In einer anderen Sprache denkst du anders, sprichst du anders, agierst du anders, bist du anders.[19]

Der ironische Anfang, ganz im Gestus einer Reklamebotschaft gehalten, lässt zugleich die Doppelbödigkeit dieser Aussage mitklingen. Denn natürlich muss dennoch übersetzt werden, wie Pastior 1983 in seinem Selbstkommentar „Vom geknickten Umgang mit Texten wie Personen" festhält: „Erst übersetzt heißt richtig gelesen. Erst ausformuliert heißt etwas verstanden."[20] Übersetzen ist für Pastior ein „Sonderfall des Selberschreibens; und im weitesten Sinne immer ein Experiment, dessen einmalige Anordnung, die von der Sache kommt, auch eine zum Projekt gehörende Ästhetik generiert"[21]. Dementsprechend kann es keine formalisierbare Technik und keinen Begriff *des Übersetzens* geben, sondern immer nur einzelne Übersetzungen, die sich an ihrem Original zu messen haben, wie sich etwa an den Chlebnikov-Übertragungen ablesen ließe, die Pastior bereits kurz nach seiner Übersiedlung nach Berlin als Teilnehmer eines von Peter Urban initiierten Übersetzungsprojektes anfertigte. Hier wurden auch die Anfänge gelegt für die

---

[19] Pastior, Unding (Anm. 3), S. 102.
[20] Pastior, Jalousien (Anm. 1), S. 17.
[21] Ebenda, S. 20.

interlingualen Lieder und Balladen des *Krimgotischen Fächers*, in denen Pastior den Übersetzungsvorgang gleichsam umkehrt und interlinguale Sprachgebilde schafft, die nun ihrerseits selbst nicht mehr übersetzbar sind:

> Ich lese die Dinge so selbstverständlich, weil sie mir total plausibel sind, so wie sie sind, ohne sie „übersetzen" zu wollen. Etwas wie eine Privatsprache; aber „Sprache" ist schon zuviel, denn es ist kein System und gilt immer nur für das eine Gedicht.[22]

„Texte sind Primzahlen", schreibt Pastior, „je primer umso besser".[23] Literatur erscheint hier als ein Vollzug von Texten, die dem Verstehen, der Übersetzung, dem Übergangenwerden in ihrer konkreten Gestalt einen prinzipiellen Widerstand entgegensetzen:

> Im einzelnen Text bricht sich das Verfahren anders an den Wörtern und die Wörter anders am Verfahren. Konkrete Wirbel. Seltsame Attraktoren. Das Begriffs-Arsenal der Chaostheorie geistert hier herum und macht es möglich, daß ich sagen kann: Nein, es gibt keine allgemeine Grammatik – jeder Text schafft sich seine eigene.[24]

Diese beinahe romantisch anmutende Vorliebe fürs Unikat lässt sich auch an Pastiors Verfahren der Übersetzung erkennen. Übersetzen ist hier kein reproduktiver, sondern ein grundsätzlich produktiver Vorgang. Pastior versucht nicht, einen vorhandenen Text in einer anderen Sprache „wiederzugeben", sondern betrachtet die Übersetzung von vornherein als ein generatives Verfahren, das einen vorgefundenen Text zur Vorlage nimmt, um von hier aus einen neuen, eigenen Text zu konstruieren. Nach welchen Maßstäben die Übersetzung vorgeht, hängt dabei entscheidend vom Original ab. Und dieses besteht seinerseits nicht lediglich aus Bedeutungen, die in einem neutralen Medium „vermittelt" werden, sondern es hat eine materiale Gestalt, die ihrerseits überliefert werden will und also textstrukturierend wirkt, durchaus wie ein Formzitat, das ja ebenfalls ein vorgegebenes textuelles Muster aufgreift und in einen neuen Kontext verschiebt.[25] Der Versuch, die Fülle des sprachlichen Originals in seiner semantischen, formalen und klanglichen Struktur in einer anderen Sprache zu aktualisieren, legt den Rückgriff auf die Textgenese der Vorlage nahe. Je dichter das Original strukturiert ist, je enger dort Bedeutungs- und Ausdrucksseite der Sprachzeichen miteinander verknüpft sind, desto stärker wird die prozessuale Dimension der Textgenese auch in der Übertragung eine Rolle spielen müssen. Eine so verstandene Nachdichtung kann sich weder mit einer reinen Informationsver-

---

[22] So Pastior in einem Brief aus dem Jahre 1985, zit. nach Pastior, Jalousien (Anm. 1), S. 36.
[23] Pastior, Unding (Anm. 3), S. 110: „Texte sind generell Primzahlen. Je primer umso besser. / Gibt es primere Primzahlen als andere? Ja. Die Eigenschaft ‚nur durch sich selber teilbar' ist in besseren Exemplaren insoweit gesteigert, als sie nicht zu vollziehen ist."
[24] Pastior, Unding (Anm. 3), S. 42.
[25] Zum Begriff vgl. Andreas Böhn: Das Formzitat. Bestimmung einer Textstrategie im Spannungsfeld zwischen Intertextualitätsforschung und Gattungstheorie. Berlin 2001.

mittlung noch mit einer reinen „Oberflächenübersetzung"[26] noch mit einer willkürlichen Mischung aus beiden begnügen, sondern muss über das Original hinaus- und vor allem vor das Original zurückgreifen, um zu einem befriedigenden Ergebnis zu kommen. Entsprechend hatte Pastior schon in seinen Chlebnikov-Übertragungen versucht, die generischen Verfahren der Vorlage zu rekonstruieren:

> Ich glaube, mich reizte das Problem; die Unmöglichkeit, diesen Wortgebilden mit einer Sinn-Klang-Rhythmus-Übertragung beizukommen; die Herausforderung, [Chlebnikovs – Anm. M. G.] Methode, die er als „Sternensprache" universell theoretisiert, aber den Ableitungs-, Kombinations- und Flexionsmöglichkeiten der russischen Sprache entnommen hatte, auf die im Deutschen angelegten Möglichkeiten zu übertragen. [...] Was da alles innerhalb des Russischen passiert; und was das Deutsche an Möglichkeiten bereithalten könnte, müßte. Wahrig, Kluge, Dornseiff und andere Wörterbücher halfen mir, deutsche Stammsilbenfamilien, oft bis zum Indoeuropäischen hin, zu durchforsten. Wirkliche Hilfe im einzelnen, waren, glaube ich, die Ko- und Tugendbolde meiner durch relative Mehrsprachigkeit, durch ein eklektisches Germanistikstudium und durch die Liebe zu barocker und experimenteller Literatur erworbenen „Aufweichung" des normativen Denkens – sie gaben mir den Mut zu Hochstapelei & Invention. Klanglich war auch einiges zu bewältigen; ich hielt mich lesend ans Original.[27]

So verstanden ist Intertextualität nicht mehr ausschließlich textuelle Qualität, sondern Teil der Textproduktion. Lesen und Schreiben werden zu zwei Seiten desselben Vorgangs.

### 3. Petrarca / Pastior

Die intertextuellen Verfahren der Zitation und der Übersetzung hat Oskar Pastior auf eine ganz neue Weise in einem Projekt miteinander kombiniert, das sich mit insgesamt 33 Sonetten Petrarcas auseinandersetzt.[28] Wie schon in den Chlebnikov-Übertragungen strebt Pastior auch hier die intertextuelle Annäherung an das Original durch den Blick auf dessen Entstehungsprozess an,

> und zwar: versuchsweise einmal zu sehen, was innerhalb der poetischen Vorgänge, im Spannungsfeld der Begriffs- und Metaphernbildung, sich während der Kenntnisnahme durch Sprache ergeben könnte. [...] Neugierig war ich auf den fremden, also „meinen" Petrarca; durch den methodischen Trick, seine Metaphern „in statu nascendi" zu überraschen, konnte ich durch die Zeitfalte schlüpfen und mich ihm nähern – ein wenig.[29]

---

[26] Zum Begriff vgl. Hans-Jost Frey: Das Zwischen-Wissen. In: *Zwischen den Zeilen. Eine Zeitschrift für Gedichte und ihre Poetik*, Heft 7/8 (März 1996). Bereits Mitte der 1950er Jahre hatte Ernst Jandl eine eigene Technik der Oberflächenübersetzung entwickelt. Vgl. Ernst Jandl: Oberflächenübersetzung. In: Ders.: Gesammelte Werke 1. Gedichte. Hrsg. von Klaus Siblewski. Frankfurt a. M. 1990, S. 321. Vgl. zum Begriff auch Pastior, Vom Umgang in Texten (Anm. 9), S. 45.
[27] Pastior, Jalousien (Anm. 1), S. 18f.
[28] Oskar Pastior / Francesco Petrarca: 33 Gedichte. München, Wien 1983.
[29] Ebenda, S. 78.

Während Pastior in den Chlebnikov-Übertragungen eine Rekonstruktion der textgenerativen Verfahren des Originals innerhalb der deutschen Sprache anzuwenden versuchte und in anderen Übersetzungsprojekten die Ausdrucksseite der sprachlichen Zeichen durch Oberflächenübersetzungen, Anagrammierungen oder lexikalische Verschiebungen in den Vordergrund rückte[30], spielt in seinen Petrarca-Übertragungen die klanglich-rhythmische Vorgabe, vor allem die konventionelle Sonettform der Vorlagen (die in den herkömmlichen Nachdichtungen mehr oder weniger verbindlich nachgeahmt wird), eine untergeordnete Rolle. Im Fokus der Aufmerksamkeit steht nunmehr ganz im Gegenteil die Bedeutungsseite des Originals, ohne dass diese jedoch lediglich übersetzt würde:

> Plump gesagt, die Metaphern (und auch der Umgang mit ihnen in manchen vorhandenen deutschen Übersetzungen) schienen mir unzuverlässig, aus zweiter Hand; es reizte mich, sie abzuklopfen, anzurubbeln, wie Abziehbilder; bloß mit dem Unterschied, daß ich hier ja die glänzend-bunte Oberflächenschicht der Bilder probeweise „beseitigen" wollte, um herauszufinden, was sich, eher matt, monochrom, an Anschauung, Erkenntnisvorgängen, ja vielleicht Erkenntnistheorie, „darunter" verbirgt; bei Petrarca verborgen haben mag.[31]

Eine genaue Erläuterung seines Übersetzungsverfahrens gibt Pastior nicht, und dieses lässt sich auch seinen Texten nicht mehr ablesen; das Ergebnis seiner Übertragungen, merkt Pastior im Nachwort an, „läßt, für sich betrachtet, kaum Rückschlüsse auf die Zwischenstufen, in denen es zustande kam, zu. Das ‚Verfahren' ist am Text nicht mehr zu erkennen; es ist auf der Strecke geblieben, oder passiert, oder ausgeklammert"[32]. Der Abstand zwischen den Gedichten Petrarcas und den Texten Pastiors ist auch durch die räumliche Trennung im Buch dokumentiert, in dem „Original" und „Nachdichtung" nicht nebeneinander, sondern als zwei Abteilungen reproduziert werden. Die Sonette Petrarcas, schreibt Pastior, „werden von meinen Gedichten nicht berührt. Denn wenn ich es für unsachdienlich halte, diese als Übersetzung (Übertragung, Nachdichtung) zu bezeichnen, so deshalb, weil, wie ich meine, nicht im Vergleich mit dem Original der Angelpunkt liegt, sondern in der künstlichen Gleichzeitigkeit beider – zumindest hier im Buch, durch das die Zeitfalte geht [...]."[33]

Unternimmt man dennoch einmal den Versuch einer direkten Gegenüberstellung, bestätigt sich zunächst der Eindruck einer deutlichen Distanz zwischen „Übertragung" und Vorlage:

---

[30] Vgl. beispielsweise Oskar Pastior: o du roher jasmin. 43 intonationen zu „Harmonie du soir" von charles baudelaire. Weil am Rhein, Basel, Wien 2002.
[31] Oskar Pastior: Nachwort zum Projekt. In: Pastior / Petrarca, 33 Gedichte (Anm. 28), S. 78.
[32] Ebenda, S. 82f.
[33] Ebenda, S. 83.

Wenn das, was als Gedanke in der Mitte zu wachsen anfängt, „nicht ist" – was bleibt dir „zu fühlen"? Und „ist" es – mein Gott, wie muß es beschaffen sein? Meint (und du zitierst noch immer) „das, was in der Mitte zu wachsen anfängt" es gut mit dir, wenn eben sein Ende dein Ende ist? „Tut" das weh – oder „ist" das schlimm? Ohne Wurzel, aber wachsend; die Lust, die Pein; du schürst, um auszulöschen; wohl oder übel – Geschwätzigkeit. „Ein Mißverständnis, und wir gehn daran zugrunde"; noch ein Zitat. Und es widert dich an, an diesem Halm zu kauen („Tod und Leben", „erquickender Verschleiß") – und braucht, um zu geschehen, dein Einverständnis nicht; da stimme ich zu; auch eine Art von Trauer. So hin und her, zerbrechlich, außer Kontrolle, fern von Dingen; so unwissend leicht, den Wünschen irrtümlich verwandt, und „doch" entwöhnt – kläglich; der Gedanke überläuft mich heiß „und" kalt.[34]

Den Text hat Pastior auch in die Auswahl seines „Lesebuches" aufgenommen und hier zusammen mit dem Sonett Petrarcas, einigen Vorstufen und poetologischen Kommentaren veröffentlicht, ebenso zitiert er ihn in seinen „Frankfurter Vorlesungen".[35] Insofern kommt ihm zumindest von Autorenseite eine herausgehobene Stellung innerhalb der Übertragungen zu. Bei dem Originalgedicht von Petrarca handelt es sich um ein Sonett, das die widersprüchlichen Empfindungen der Liebe zum Gegenstand hat:

> S'Amor non è, che dunque è quel ch'i' sento?
> Ma s'egli è Amor, per Dio che cosa, e quale?
> Se buona, ond'è l' effetto aspro mortale?
> Se ria, ond' è sì dolce ogni tormento?
>
> S'a mia voglia ardo, ond'è il pianto e' l lamento?
> S'a mal mio grado, il lamentar che vale?
> O viva morte, o dilettoso male,
> Come puoi tanto in me, s'io nol consento?
>
> E s'io 'l consento, a gran torto mi doglio.
> Fra sì contrarj venti in frale barca
> Mi trovo in alto mar senza governo,
>
> Sì lieve di saver, d' error sì carca,
> Ch'i' medesmo non so quel ch'io mi voglio,
> E tremo a mezza state, ardendo il verno.
>
> *Le Rime, CXXXII*[36]

Will man das Verhältnis zwischen beiden Texten beschreiben, so fallen zunächst vor allem die Unterschiede ins Auge. Weder formal noch inhaltlich scheinen Kontinuitäten von Petrarcas Sonett zu Pastiors Übertragung zu bestehen. Erst auf den zweiten Blick zeigen sich gewisse Übereinstimmungen, die Pastiors Text in Teilen durchaus als *Übersetzung* erkennen lassen: So erscheint das „che dunque è quel ch'i' sento" in dem „was bleibt dir ‚zu füh-

---

[34] Ebenda, S. 24.
[35] Pastior, Jalousien (Anm. 1), S. 40f. und Pastior, Unding (Anm. 3), S. 97.
[36] Zit. nach Pastior / Petrarca, 33 Gedichte (Anm. 28), S. 60.

len'", das „per Dio" wird in der umgangssprachlichen Wendung des „mein Gott" wiederholt, das Thema von Lust und Schmerz, das für Petrarcas Sonett bestimmend ist, taucht auch bei Pastior in einer Reihe von Begriffen auf. Die Terzette des Sonetts, die den inneren Widerstreit des Liebenden auf einem abstrahierenden Niveau reflektieren, finden sich bei Pastior mit den Themen des Einverständnisses („s'io nol consento? / E s'io 'l consento"), des Kontrollverlustes („senza governo"), des Nichtwissens („Sì lieve di saver"), des Irrtums („d' error sì carca") und des Wünschens („quel ch'io mi voglio") in den Schlusszeilen wieder: „So hin und her, zerbrechlich, außer Kontrolle, fern von Dingen; so unwissend leicht, den Wünschen irrtümlich verwandt." Die Thematik von Irrtum und Orientierungsverlust, ihres ursprünglichen psychologischen Grundes beraubt, schlägt hier in eine erkenntnistheoretische Reflexion um, die sich auf den Übersetzungsprozess selbst zu richten scheint. „Daß ich nicht italienisch spreche, war ja nicht ausschlaggebend"[37] – die lakonische Anmerkung Pastiors im Nachwort macht deutlich, dass die Petrarca-Übertragungen vor allem auch Experimente mit dem Vorgang des Übersetzens selbst sind. Die wortwörtliche Übersetzung des Originals bei gleichzeitiger Unkenntnis der italienischen Sprache unterläuft jede Form routinierter Übertragung und lenkt die Aufmerksamkeit auf die sprachliche Differenz des Originals. Zwar habe das Rumänische „gewisse Vergleichsmomente" geboten, schreibt Pastior; dennoch war dem Übersetzer das Italienisch Petrarcas immer noch „fremd genug, um es nicht auf Anhieb zu verstehen"[38]. Entsprechend hält bereits die erste wortwörtliche Übersetzung, die Pastior als Ausgangsmaterial für seine weitere Arbeit nutzte[39], eine Distanz zur Vorlage, die durch die weitere Bearbeitung noch vergrößert wird. Einzelne Wörter und sprachliche Wendungen sind in Pastiors Text zwar als Übersetzungen aus Petrarcas Sonett erkennbar, ihr syntaktischer und thematischer Zusammenhang ist aber weitgehend aufgegeben. Stattdessen wurden sie ergänzt durch neues Textmaterial, das in keinem unmittelbaren Zusammenhang zur Vorlage zu stehen scheint.

Neben den begrifflichen Berührungspunkten ist es jedoch auch die rhetorische Dimension, die Petrarcas Sonett und Pastiors Übertragung miteinander verbindet. Der fragende Gestus der Quartette und die hypotaktische Satzstruktur, die bei Petrarca die strenge Form des Sonetts umspielt, finden sich bei Pastior ebenso wieder wie der Aufbau von Oppositionen, die bei Petrarca wiederholt in die Figur des Oxymorons überführt werden. Der Ausruf „O viva morte, o dilettoso male" erscheint bei Pastior wie in einer „dilettantischen" Übersetzung als Zitat in Parenthese („Tod und Leben", „erquickender Verschleiß"); die Figur des Schlussverses („E tremo a mezza state, ardendo

---

[37] Ebenda, S. 78.
[38] Ebenda, S. 78f.
[39] Vgl. die Vorstufen des Gedichtes in Pastior, Jalousien (Anm. 1), S. 42f.

il verno"), die die Gefühlslage des lyrischen Ichs expressiv bebildert, wird von Pastior in das Stereotyp einer Redewendung übersetzt. Die sprachlichen Oppositionen, die in Petrarcas Dichtung noch unhinterfragt eine widersprüchliche Seelenlage ausdrücken, werden in Pastiors Text ironisch hervorgekehrt; Petrarcas Rhetorik der Individualität und Unmittelbarkeit ist bei Pastior in die Form der zitierten Rede übersetzt, in die Redewendungen und stereotypen Zitate aus dem lexikalischen Bestand: „wohl oder übel", „so hin und her", „der Gedanke überläuft mich heiß ‚und' kalt". Die unscheinbare Konjunktion „und", die mit ihrer gleichgeordneten Verknüpfung einen Zusammenhang und eine Kommensurabilität simuliert, die tatsächlich nur in der sprachlichen Metapher zu haben ist, wird durch die Anführungszeichen mit einem weiteren Vorbehalt versehen. Anführungszeichen und eingestreute metatextuelle Kommentare – „(und du zitierst noch immer)", „noch ein Zitat" – machen Pastiors Text als (zumindest in Teilen) zitierte Rede kenntlich.

Für eine „Übersetzung" ist dies zweifellos ungewöhnlich. Übersetzung und Zitat sind nur schwer miteinander vereinbar, ist doch das Übersetzen ein Vorgang der Übertragung von einer Sprache in eine andere und sein Resultat daher prinzipiell nicht identisch mit seiner Vorlage, während das Zitieren als exakte Wiederholung der Vorlage eben gerade diese Identität behauptet. Die Kombination von Übersetzung und Zitat hingegen lenkt die Aufmerksamkeit auf ihre pragmatische Ähnlichkeit – beide sind generative intertextuelle Verfahren.

### 4. „noch ein Zitat"

In einer poetologischen Notiz hat Oskar Pastior den Einsatz von Zitaten in seiner Petrarca-Übertragung ausführlich erläutert. Der Begriff des Zitats erscheint hier radikal geöffnet und auf die Sprachtätigkeit generell bezogen:

> Was ist „Zitat"? Alles, weil alles Wort für Wort aus Petrarca hervorgegangen und jeweilig seine „Substanz" ist? Die reichlich verwendeten Anführungszeichen sind nur ein zusätzliches Stilmittel, um augenfällig zu machen, wie durchsetzt von ständigem Zitieren Sprechen überhaupt ist (Sprechen = Wörter zitieren).[40]

---

[40] Pastior, Jalousien (Anm. 1), S. 41. Es handelt sich bei dieser und der folgenden zitierten Äußerung Pastiors ursprünglich um eine Passage aus einem Brief an János S. Petőfi aus dem Jahr 1987, die in das Lesebuch übernommen wurde. Dass diese auch poetologischen Wert für Pastior hatte, zeigt die – für seine häufig selbst- oder fremdzitierende Schreibweise im Übrigen charakteristische – Übernahme der Passage in die Poetikvorlesungen von 1994 (Pastior, Unding (Anm. 3), S. 97f.). Die Briefpassage wurde schließlich von Pastior noch einmal übernommen in Pastior, Vom Umgang in Texten (Anm. 9), S. 36, wo auch der Adressat des Briefes genannt wird.

Die Anführungszeichen sind also nicht als philologische Markierungen, sondern als semantisch besetzte *Stilmittel* zu verstehen. Im Weiteren macht Pastior jedoch deutlich, dass auch intertextuelle Referenzen im engeren Sinne durch literarische Zitate im Text aufgerufen werden:

> Eindeutig, daß es sich nicht mehr um Petrarca sondern um einen anderen Autor (von dem ich wünschte, daß man ihn kennt und erkennt) handelt: dort wo ich das Wort „Zitat" gebrauche (zitiere). Also Kafka und Kleist. Beide Zitate hatte ich zufällig kurz hintereinander in einem Wortbeitrag (Buchrezension?) im Radio, SFB, gehört, während ich an der Fassung II saß, und sie mir sofort, vielleicht ungenau, notiert.[41]

Der Verweis auf Kafka bezieht sich auf eine Notiz in den Tagebüchern aus dem Jahre 1910. Die in Pastiors Text zweimal vorkommende Wendung „das, was (als Gedanke) in der Mitte zu wachsen anfängt", die in der Übertragung ein Substitut für den „Amor" Petrarcas bildet, war bei Kafka eine Metapher für das kreative Denken:

> Alle Dinge nämlich die mir einfallen, fallen mir nicht von der Wurzel aus ein, sondern erst irgendwo gegen ihre Mitte. Versuche sie dann jemand zu halten, versuche jemand ein Gras und sich an ihm zu halten das erst in der Mitte des Stengels zu wachsen anfängt.[42]

Die Tagebuchnotiz reflektiert ein Grundproblem der literarischen Moderne, das Denken ein Text, dessen Autor zweifelhaft geworden ist, das Subjekt als Textfunktion – in die Materialität des Textvorgangs gewendet taucht dieser Gedanke in der experimentellen Literatur seit den 1950er Jahren wieder auf, die mit dem „Arbeiten im unbeschränkten Zitatcharakter der Sprache" die Intertextualität zu einem Leitparadigma erhob. „Die Frage nach dem Anfang", schrieb Franz Mon 1960, „ist eigentlich die nach dem Subjekt. Und das ist kaum zu identifizieren, wenn es überhaupt angedeutet wird. [...] Auch das Subjekt entsteht erst unterwegs im Prozeß zwischen Anfang und gegebenem oder gefundenem Muster."[43] Und an anderer Stelle:

> Da Gedicht Vorgang, Geschehen, Ablauf winziger Dramatik ist, muß es immer schon begonnen haben. Niemand vermag sich seinen Beginn auszudenken. Man sagt: Er fällt einem ein. Besser hieße es: Man gerät, sich konzentrierend, in den Ablauf hinein – was so spezifisch sich als Anfang darbietet, ist die Verdichtung beim Übersprung aus Hinfälligem ins hochgespannte Fluidum, in dem sich der unabschließbare Prozeß abspielt.[44]

---

[41] Pastior, Jalousien (Anm. 1), S. 41.
[42] Franz Kafka: Tagebücher. Band 1: 1909–1912 in der Fassung der Handschrift (Franz Kafka: Gesammelte Werke in zwölf Bänden. Nach der Kritischen Ausgabe hrsg. von Hans-Gerd Koch. Bd. 9). Frankfurt a. M. 1994, S. 15.
[43] Franz Mon: An einer Stelle die Gleichgültigkeit durchbrechen [1960]. In: Mon, Gesammelte Texte (Anm. 17), S. 169–172, hier S. 169.
[44] Franz Mon: Der nie begonnene Beginn. In: Mon, Gesammelte Texte (Anm. 17), S. 31f., hier S. 31. Wie nahe die Ausführungen Mons der Rede Pastiors von der Zitathaftigkeit des Sprechens liegen, zeigt sich in der Fortführung des Gedankens bei Mon: „Denn nicht ich habe die Artikulationen erfunden, ich benutze sie nur. Ich meinte dabei, ihre Schemata seien beliebig zur Hand, beliebig verwendbar. Diese Schemata (das sind sie, Worte, Silben, Buchstaben ..., weil beliebig wiederholbar und

„Der nie begonnene Beginn", den Mon hier beschreibt, erscheint beinahe wie eine genaue Charakterisierung der Literatur Pastiors, eine intertextuelle Praxis sprachlicher „Wechselbälger", „nichts anderes als hin und wieder zu Papier gebrachte Strecken eines Sprachflusses, eines Kontinuums, dem Organischen und Fließenden verwandt, also auch ohne feste Anfangs- und Endpunkte"[45]. Und wenn Oskar Pastior etwa die Sestine mit ihrer Fähigkeit, „in ständig verschobenen Rückversicherungs- und prospektiven Falsifikationsschlaufen sich herzustellen", gelegentlich als „Analogmodell für das Zustandekommens des Gedankens beim Denken von Gedanken"[46] bezeichnete, so erinnert die Formulierung nicht zufällig an Heinrich von Kleists Aufsatz *Über die allmähliche Verfertigung der Gedanken beim Reden*. Auch Kleists Aufsatz liegt die Vorstellung eines unendlichen Textes zugrunde – seine Betrachtung antizipiert die Einsicht in eine Vorgängigkeit und Eigendynamik der Sprache, wie sie für die experimentelle Literatur des 20. Jahrhunderts und gerade auch für Pastior zu einer wesentlichen Voraussetzung der poetischen Produktion wurde. Kleist beschreibt den engen Zusammenhang von Denken und Sprache in der Form einer minuziösen Selbstbeobachtung:

> Aber weil ich doch irgend eine dunkle Vorstellung habe, die mit dem, was ich suche, von fern her in einiger Verbindung steht, so prägt, wenn ich nur dreist damit den Anfang mache, das Gemüt, während die Rede fortschreitet, in der Notwendigkeit, dem Anfang nun auch ein Ende zu finden, jene verworrene Vorstellung zur völligen Deutlichkeit aus, dergestalt, daß die Erkenntnis, zu meinem Erstaunen, mit der Periode fertig ist. Ich mische unartikulierte Töne ein, ziehe die Verbindungswörter in die Länge, gebrauche auch wohl eine Apposition, wo sie nicht nötig wäre, und bediene mich anderer, die Rede ausdehnender, Kunstgriffe, zur Fabrikation meiner Idee auf der Werkstätte der Vernunft, die gehörige Zeit zu gewinnen.[47]

Die Konsequenz, die die Beobachtung der Textualität des eigenen Denkens für die eigene Subjektivität hat, formulierte Kleist bereits mit aller Deutlichkeit:

> Denn nicht *wir* wissen, es ist allererst ein gewisser *Zustand* unsrer, welcher weiß.[48]

---

halbwegs neutral gegenüber dem Gebrauch), sie sind doch nichts als Spuren, die von jeder Berührung neue Spuren empfangen, sich so langsam verschieben, daß sie als stabil gelten, indes sie wie Dünen voranrieseln. Und sie verlieren nichts. Alles Geschehene ist in ihnen bewahrend ‚vergessen'[...]." Ebenda, S. 32.

[45] Pastior, Ms. 1968, in: Pastior, Jalousien (Anm. 1), S. 90.
[46] Pastior, Unding (Anm. 3), S. 82.
[47] Heinrich von Kleist: Über die allmähliche Verfertigung der Gedanken beim Reden. In: H. v. K.: Sämtliche Werke und Briefe. Hrsg. von Helmut Sembdner. Bd. 2. München 1984, S. 319–324, hier S. 319f.
[48] Ebenda, S. 323. Die Frage nach der Souveränität des Autors wurde im 19. Jahrhundert vor allem durch die Sprach- und Subjektkritik Nietzsches weiter verschärft. Nietzsches bekannter Satz vom Schreibzeug, das an unseren Gedanken mitarbeite, wird von Pastior in einer Formulierung aufgegriffen, die die Autorproblematik schließlich in die Textualität zurückführt: „Ja, ich teile Nietzsches

Die Frage nach der Souveränität des Autors angesichts einer ihm vorgängigen und sein Denken vorstrukturierenden Sprache hat auch für das Schreiben Pastiors konstitutive Bedeutung, und so kann die hohe Frequenz, mit der der Name Kleists in Pastiors poetologischen Schriften auftaucht, kaum überraschen.

Heinrich von Kleist – dies war zugleich der zweite Autor, der, neben Kafka, laut Pastior in der Petrarca-Übertragung zitiert wurde: „'Ein Mißverständnis, und wir gehn daran zugrunde'; noch ein Zitat." Im Selbstkommentar merkt Pastior lakonisch an:

> Wo das Kleistzitat vom Mißverständnis, an dem wir zugrunde gehen, genau zu belegen wäre, weiß ich leider nicht.[49]

„Wie weit darf man Selbstauskünfte eines Autors, selbst wenn sie ernst gemeint sind, wissenschaftlich ernst nehmen?"[50] Die Frage ist berechtigt, nicht nur als poetologische, sondern auch im konkreten Fall – denn tatsächlich handelt es sich bei dem von Pastior zitierten Satz mitnichten um ein Kleistzitat, sondern vielmehr um den leicht verkürzten Schlusssatz aus der Erzählung *Ein altes Blatt* von Franz Kafka, die dieser 1917 in der expressionistischen Zeitschrift *Marsyas* zum ersten Mal veröffentlichte: „[...] Ein Mißverständnis ist es, und wir gehen daran zugrunde."[51] Noch einmal Kafka also, nicht Kleist – die Verwechslung verdankt sich offensichtlich einem durchaus produktiven Missverständnis, das in Pastiors Poetik häufiger auftaucht. „Mein offener Schiffbruch kleistert gleich die Mißverständnisse zu", schreibt Pastior etwa in einem poetologischen Aufsatz 1983[52], und einige Jahre später:

> Das Wort „Mißverständnis", im Kleistzitat vergegenwärtigt, geistert schon seit Jahren, wenn auch recht vage, durch meinen Kopf – auch angesichts aller, selbst der besten, Rezensionen, die zu meinen Texten geschrieben wurden; sozusagen als eine „Ästhetik (Rezeptionsästhetik) des Mißverständnisses", die aufgestellt werden müßte.[53]

---

Meinung, mit einer Einschränkung: unser Schreibzeug arbeitet mit am Text, nicht an unseren Gedanken. Ich weiß nicht, was Gedanken sind." Pastior, Jalousien (Anm. 1), S. 85.
[49] Oskar Pastior: [Briefauszug, 1987]. In: Pastior, Jalousien (Anm. 1), S. 41.
[50] Oskar Pastior: [Briefauszug, 1987]. In: Pastior, Jalousien (Anm. 1), S. 105.
[51] Franz Kafka: Ein altes Blatt. In: *Marsyas. Eine Zweimonatsschrift.* Jg. 1, Heft 1 (Juli/August 1917), S. 81.
[52] Zit. nach Pastior, Jalousien (Anm. 1), S. 22.
[53] Oskar Pastior: [Briefauszug, 1987]. In: Pastior, Jalousien (Anm. 1), S. 49. Den Zusammenhang zwischen Kleist und Kafka hat Pastior immer wieder hergestellt, beispielsweise auch in einem Kommentar zu seiner *Berliner Kontamination* eines Benn-Gedichts mit einer Kleist-Anekdote, in dem Pastior seine Kleistlektüre der fünfziger Jahre beschreibt, „ein Kleist also, sehr löcherig, wie heute noch, sehr torsohaft und ungeheuerlich zum Fürchten – eine Syntax wie Schicksal, mit der subversiven Versuchung, sie (und es) zu lesen wie Kafka ‚in jedem Teil das Ganze'." Oskar Pastior: Die Baxer am Brückenwehr / Berliner Kontamination. In: Pastior, Jalousien (Anm. 1), S. 199–207, hier S. 203. Vgl. auch Pastior, Unding (Anm. 3), S. 40: „(Kleist und Kafka sei Dank!)".

Dabei kommt es nun gar nicht so sehr auf die Verifizierung von Zitaten an.[54] Pastior selbst rechnet offensichtlich damit, dass im intertextuellen Verweisspiel Fehler auftreten können: „Vielleicht sind die Zitate bekannt, vielleicht auch nicht – blühendes Mißverständnis."[55] Dass sich die intertextuelle Referenz zum Werk Kleists in der Petrarca-Übertragung entgegen der Behauptung des Autors nicht durch ein echtes Zitat ausweisen lässt, enthält eine textuelle Ironie, die noch einmal ganz konkret die Infragestellung einer souveränen Autorposition im literarischen Prozess zu dokumentieren scheint. Trotz des ‚Missverständnisses vom Kleistzitat' bleibt der Zusammenhang zu Heinrich von Kleist von Bedeutung, in dessen Dramen und Erzählungen das Missverständnis ja allgegenwärtig ist, ebenso wie der Zufall, der in den Werken Pastiors und Kleists gleichermaßen, wenn auch auf unterschiedliche Weise, eine wesentliche Rolle spielt.[56] Das Missverständnis ist, bei Pastior wie bei Kleist und Kafka, die zentrale Metapher[57] für ein Ungenügen der Sprache als Medium der Verständigung des modernen Individuums mit sich selbst und mit anderen. In einem Brief an seine Halbschwester Ulrike vom 5. Februar 1801 hat Kleist diesen Sachverhalt detailliert ausgeführt:

> Ach, Du weißt nicht, wie es in meinem Innern aussieht. Aber es interessiert Dich doch? – O gewiß! Und gern möchte ich Dir alles mitteilen, wenn es möglich wäre. Aber es ist nicht möglich, und wenn es auch kein weiteres Hindernis gäbe, als dieses, daß es uns an einem Mittel zur Mitteilung fehlt. Selbst das einzige, das wir besitzen, die Sprache taugt nicht dazu, sie kann die Seele nicht malen, und was sie uns gibt sind nur zerrissene Bruchstücke. Daher habe ich jedesmal eine Empfindung, wie ein Grauen, wenn ich jemandem mein Innerstes aufdecken soll; nicht eben weil es sich vor der Blöße scheut, aber weil ich

---

[54] Im Zusammenhang eines Selbstkommentars, der lexikalische Hintergründe einiger krimgotischer Neologismen erläutert, resümiert Pastior abschließend: „Muß man, frag ich mich, der ich im Gestus des Bannens im Heraufbeschwören davon nicht absehen kann, das alles wissen." Vgl. Pastior, Unding (Anm. 3), S. 66.

[55] Pastior, Unding (Anm. 3), S. 98.

[56] Diese Übereinstimmung reicht bis hin zum Motiv des anagrammatischen Buchstabentauschs, der beispielsweise in Kleists Erzählung *Der Findling* das Geschehen regiert, wenn etwa der Titelheld Nicolo, getrieben von der Absicht, seine Stiefmutter zu verführen, seine anagrammatische Verwandtschaft zu deren unglücklicher Jugendliebe entdeckt: „Da nun Nicolo die Lettern, welche seit mehreren Tagen auf dem Tisch lagen, in die Hand nahm, und während er, mit dem Arm auf die Platte gestützt, in trüben Gedanken brütete, damit spielte, fand er – zufällig, in der Tat, selbst, denn er erstaunte darüber, wie er noch in seinem Leben nicht getan – die Verbindung heraus, welche den Namen: Colino bildet." Vertauschungen, Verwechslungen, Missverständnisse – natürlich deutet Nicolo diese Zeichen falsch, und die Geschichte nimmt ihren tragischen Lauf. Vgl. Heinrich von Kleist: Der Findling. In: Kleist, Sämtliche Werke (Anm. 47), S. 199–215, hier S. 210.

[57] In einem poetologischen Kommentar aus dem Jahre 1978 stellte Pastior fest, „daß das Denken & Sprechen schlechthin metaphorisch ist. Deshalb schreibe ich einzelne Gedichte oder Texte und nie im Leben Literatur. Unter dem Gesichtspunkt der Metapher ist alles was ich schreibe ein Beweis für, gegen und durch die metaphorische Beschaffenheit des Geschriebenen. Die Metapher drückt sich nämlich hartnäckig vor Definitionen. (Definitionen in meinen Texten sind hingegen natürlich Metaphern!)" Oskar Pastior: Lieber Gregor in Utrecht. (Absagebrief auf die Bitte um einen Beitrag zu der geplanten Metapher-Tagung [an Gregor Laschen vom 8.5.1978].) In: O. P.: Ingwer und Jedoch. Texte aus diversem Anlaß. Göttingen 1985 (sudelblätter 3. Hrsg. von Heinz Ludwig Arnold.), S. 24 f., hier S. 25.

ihm nicht *alles* zeigen kann, nicht *kann*, und daher fürchten muß, aus den Bruchstücken falsch verstanden zu werden.[58]

Während bei Kleist das Missverständnis jedoch vor allem noch als Mangel begriffen wird, der von einer verlorenen Unschuld kündet – „das Paradies ist verriegelt und der Cherub hinter uns; wir müssen die Reise um die Welt machen, und sehen, ob es vielleicht von hinten irgendwo wieder offen ist", heißt es im Aufsatz *Über das Marionettentheater*[59] –, wird es bei Pastior zum produktiven Ausgangspunkt des poetischen Prozesses:

> Also lobe ich mir ein bestimmtes, füglich virtuelles Mißverständnis, das imstande ist, jene entscheidende Unschärferelation des Textvorganges zu generieren, die uns ästhetisch oder schön erscheint, indem sie abdriftet [...].
> Das Wuchern mit dem Mißverständnis: Wucherungen.[60]

In diesem Sinne rechnet auch Pastiors Petrarca-Übertragung mit dem Missverständnis – als notwendiger Voraussetzung eines Übersetzungsvorgangs, der der routinierten Beherrschung der Fremdsprache die mühsame und immer wieder scheiternde Entzifferungsarbeit am Text entgegensetzt: „Das Risiko, falsch zu liegen, empfand ich ständig als nötig, ja unabdinglich; wie für jedes Verstehen."[61]

„Übersetzung" ist für Pastior demnach nicht nur eine Bezeichnung für unterschiedliche Übertragungsvorgänge zwischen unterschiedlichen Sprachen, sondern zugleich auch ein Modell für Lese- und Schreibvorgänge (also für Vorgänge der Bedeutungsvermittlung zwischen Texten) allgemein. Als Metapher für das Verstehen, für die Überlieferung von Bedeutungen in der Sprache überhaupt, wird das Übersetzen bei Pastior auch innerhalb seiner Übersetzung immer wieder thematisiert. Das Sonett Petrarcas wird für Pastior zum Medium einer eigenen Sprachkritik, die sich insbesondere an der Rhetorik seines Vorbildes abarbeitet. Petrarcas sprachliche Oppositionen sind der strukturelle und gedankliche Ausgangspunkt für Pastiors

> Löcken wider die unselige Bipolarität in Sprache und Denken, und in der durch Sprache und Denken doch auch geformten Umwelt [...], gegen diese binäre, bipolare Art des Denkens und Sprechens – aus der wir ja nicht herauskönnen ...[62]

---

[58] Heinrich von Kleist: [Brief an Ulrike von Kleist vom 5. Februar 1801] In: Kleist, Sämtliche Werke (Anm. 47), S. 626.
[59] Heinrich von Kleist: Über das Marionettentheater. In: Kleist, Sämtliche Werke (Anm. 47), S. 338–345, hier S. 342.
[60] Pastior, Unding (Anm. 3), S. 96, 114. Vgl. ähnlich auch Pastior, Vom Umgang in Texten (Anm. 9), S. 23: „Das ganze Debakel des Mißverständnisses, genannt Verständigung, mit seinen interpretatorischen Schranken. Die ja überhaupt erst seine Chancen sind."
[61] Pastior / Petrarca, 33 Gedichte (Anm. 28), S. 79.
[62] Pastior, Jalousien (Anm. 1), S. 87.

In diesem Zusammenhang gewinnen die Anführungsstriche um das „und" am Ende von Pastiors Text einen neuen Sinn. Sie unterlaufen die unbefragte Gültigkeit der Konjunktion, indem sie diese als rein sprachliches Konstrukt ausweisen, zugleich befreien sie sie jedoch aus ihrer selbstverständlichen, unscheinbaren, ausschließlich der Verständigung dienenden Funktion. „Daß unser *und*, das heldenlose Unding, der Zeitort wie die Ortszeit aller Texte sei (Petrarca, Telefonbuch, Kleist bis Kafka)"[63] – in seinen Frankfurter Vorlesungen hat Pastior die Konjunktion zum titelprägenden Begriff erhoben, in einem Terminus, der seine eigene Negation bereits enthält: „Das Unding an sich". Das „und" ist gewissermaßen der Zielpunkt der Petrarca-Übertragung – dies zeigt auch ein rückblickender Kommentar Pastiors, der für seine Poetik überaus aufschlussreich ist. Die Intertextualität erscheint hier als der Antriebsmotor eines poetischen Prozesses, in dem jedes Lesen schon ein Schreibvorgang, jedes Schreiben ein Lesevorgang ist. Mit einer weiteren intertextuellen Referenz, die ohne den Hinweis Pastiors freilich kaum zu identifizieren wäre, gewinnt der Text dabei eine zusätzliche emblematische Dimension, die dem „und", Ausdruck des sprachlichen Verknüpfungsmechanismus schlechthin, ein ironisches Denkmal setzt:

Und nun Kafkas „Gedanke" (sowohl, als auch), und über das „Gras" sofort der „Grashalm" und daraus „Halm-Messen" (aus meiner Bukarester Uni-Zeit: das Lied von Walter von der Vogelweide muß irgendwo in einer Anthologie auch unter dem Titel „Halm-Messen" gestanden haben). Hinzu das Bild (ich sehe es vor mir, wahrscheinlich aus einem ganz beliebigen Film, Bukarester Jahre): der Junge und das Mädchen haben *einen* Grashalm im Mund (waagrecht), an dem sie kauen, wetteifernd, wer zuerst schneller beim anderen, also in der *Mitte* (beim Kuß) angelangt ist. Von beiden Seiten her auf eine Mitte zu. Und nun Kafkas entgegengesetzte Aussage: von der Mitte aus (auf der Vertikalen, die Schwenkung um 90 Grad!) nach beiden Seiten: das ist doch herrlich! Was entsteht, ist nämlich auch ein Zeichen: +. Das ganze Problem des Redens und Schreibens und der Kunst reduziert sich auf das armselige Bindewort – *der Gedanke überläuft mich heiß „und" kalt*.
Das, kurz und bündig, ist auch die Interpretation. Ein Text. Und ein Text.[64]

---

[63] Pastior, Unding (Anm. 3), S. 20.
[64] Pastior, Vom Umgang in Texten (Anm. 9), S. 36. Der Verweis auf das Gedicht von Walter von der Vogelweide bezieht sich auf das Gedicht *In einem zwîvellîchen wân*, das wegen der Thematik der zweiten Strophe in neuhochdeutschen Übersetzungen häufiger auch als „Halm-Messen" überliefert wurde. Vgl. Walter von der Vogelweide: Gedichte. Berlin 1965, S. 94f.

# Translatio imperii mundi

## Kursorische Bemerkungen zu Pastiors Petrarca-Übertragungen

ULRICH VAN LOYEN (Siegen)

## I.

Die Renaissance wäre nicht die Renaissance, trüge sie nicht weiterhin den Keim mannigfaltiger Auffrischung in sich. In diesem Sinn besitzt sie keinen repräsentativeren Dichter als Francesco Petrarca (1304–1373), dessen *Canzoniere* nicht nur vorbildhaft ist als Begründer einer ganz eigenen Betrachtungsweise der Liebe, sondern darüber hinaus als poetisches Reflexionsmodell, das die Ambivalenz von Gegenwart und Entzug in seiner Bedeutung für das literarische Schreiben schlichtweg erschlossen hat und bis heute seinen Nachfolgern bereitstellt.[1] Petrarcas eigenwillige Modernität, mit der er das Mittelalter hinter sich lässt, gründet nämlich in der Temporalisierung seines lyrischen Ich, das sich sprichwörtlich um Kopf und Kragen redet, dem das Angesprochene zum Führer der eigenen Rede mutiert, das, je näher es ergriffen sein soll, sich umso weiter entfernt. Damit wird die Subjekt-Objekt-Struktur, die ja der Erfahrung, aber auch der Explikation eines Ich zugrunde liegt, problematisch; sie ist nicht auf den Punkt zu bringen, bezeichnet vielmehr eine Bewegung, die im Leben selbst an kein Ende kommen wird. Ihre ikonografische Bewältigung in Petrarcas Lyrik ereignet sich im Zeichen des Apoll-Daphne-Mythos, mit allen zugehörigen moralallegorischen und travestieähnlichen Zügen, die der Stoff seit Ovids *Metamorphosen* in sich trägt. Eine positive Wendung könnte man dieser Bewegung geben, wenn der permanente Entzug des Objekts so gedeutet würde, wie ihn die Romantiker interpretiert haben: als Beweis ewiger Dynamis, an der der Tod keinen Teil besitzt, als ewiges Leben. Zugegebenermaßen ist dieser Optimismus heute erloschen, der Tod schert sich wenig um ästhetische Bewäl-

---

[1] Die Ausführungen zu Petrarcas Poetik verdanken sich wesentlich der Publikation von Karlheinz Stierle: Francesco Petrarca. Ein Intellektueller im Europa des 14. Jahrhunderts. München 2004, sowie einigen Münchener Gesprächen, namentlich mit Gerhard Regn und Thomas Kisser. Versuche, die mehrere Bibliotheken füllende Sekundärliteratur anzutippen, sollen gar nicht erst unternommen werden.

tigungsstrategien und nimmt keine Rücksicht darauf, ob das Leben seines Kandidaten gerundet ist oder einen ewigen Beginn darstellt.
Damit seien die Aspekte kurz angerissen, die in stets wiederkehrende Petrarca-Revivals hineinspielen. Petrarca ist eine historische Referenz für den Zusammenschluss von Leben und Dichtung, für die dynamisierende Energie, die dann eintritt, wenn Text und Dasein sich nicht bloß gegenseitig beäugen oder beargwöhnen, sondern eine Allianz eingehen. Nicht weit von Padua, südlich der saftig grünenden Colli Euganei hat er seine letzten Jahre verbracht, und wer einmal dort wandern durfte, mag ihn sich nicht anders denn als einen glücklichen Mann vorstellen. Vermutlich hat daran nicht nur der Ort seinen Anteil, sondern in erster Linie die Arbeitsweise, die jene Autonomie zuallererst ermöglichte: Wessen Lebensvollzug so sehr Schreiben, wessen Schreiben so sehr Leben geworden ist, wird – ganz egal, wo er sich gerade befindet – einen Zustand der Autonomie erreichen, in dem alles zur ‚Seelenlandschaft' aufsteigen kann: Voraussetzung zur Kultivierung der Erde. Damit ist bereits ein entscheidender Punkt angesprochen: Wir begegnen in Petrarca nicht nur einem literarischen, sondern, in genauer Konsequenz, einem politischen Ideal, einer Lebensform nämlich, wie sie vor allem unter spätmodernen Bedingungen attraktiv werden soll. In dem Maße, wie im *Canzoniere* Subjektivität ausgeleuchtet wird, lösen sich sämtliche akzidentiellen Verpflichtungen und Zuschreibungen, jedoch ohne dass ein essenzialistischer Wesenskern von ‚Individualität' übrig bliebe. Petrarcas Subjekt, dem es, um ein Wort Heideggers zu verwenden, in seinem Sein um dieses Sein selbst geht, und das darum unabgeschlossen und in gewisser Hinsicht transzendental heimatlos sein muss, verfällt eben nicht in die Niederungen authentischen Selbst-Seins, wie es sich das frühe zwanzigste Jahrhundert, wenigstens in Deutschland, gewünscht hätte, nein: Von Petrarca lernen heißt, sich einzugestehen, dass Authentizität jenseits einer Spielform nichts anderes als ein brutaler, zivilisationsloser Kurzschluss ist. Anders ausgedrückt: Petrarca ist der Dichter der Entfremdung, aber so, dass Entfremdung nicht als Zumutung, sondern als Ermöglichung des Ich erlebt wird. Darauf gründet seine bis heute ungebrochene Faszination für jeden, der sich mit den Voraussetzungen von Zivilisation, mit den hierfür unabdingbaren Tugenden beschäftigt, er ist in letzter Linie ein Ideal all derer, die sich für ‚Gesellschaft' und gegen ‚Gemeinschaft' ausgesprochen haben, um einen Diskurs des vergangenen Jahrhunderts zu bedienen. Das sollte, wann immer von oder über Petrarca die Rede ist, nicht vergessen werden.
Nun gibt es wohl kaum einen Dichter, der in der abendländischen Literaturgeschichte stärker rezipiert worden wäre als diese toskanische Jahrtausendgestalt. Die europäische Lyrik, wenigstens bis in die Anfänge des 19. Jahrhunderts, verdankt dem Petrarkismus fast alles: die Liebessemantik, seine spezifischen Diskurse von Subjekt und Objekt, schließlich seine Konzepte von Poiesis und Autopoiesis. Und sie verdankt ihm auch die Möglich-

keit ihrer Kritik, den sogenannten Antipetrarkismus. Der allerdings steckt implizit bereits in Petrarcas überwiegend genutzter Sonettform, die das Gedicht als Ort einer dialektischen Bewegung sanktioniert, wie Hugo Friedrich in den *Epochen der italienischen Lyrik* (1964) dargelegt hat. Philosophische Dignität erhielt Petrarcas Schreiben endgültig dank Fichtes Begriff der „intellektuellen Anschauung", der den Dreischritt von Setzung, Entgegensetzung und im Bewusstsein aufgehobener Entgegensetzung für die Romantiker plausibilisierte. Der höhere Bewusstseinzustand kann allerdings in einem nachsthoheren wiederum ‚objektiviert' werden, er ist weiterer ‚Potenzierung', wie Friedrich Schlegel das Verfahren in deutlicher Aufnahme einer operabel gewordenen Metaphysik nannte, durchaus zugänglich.

## II.

1983 veröffentlichte der aus Siebenbürgen stammende Dichter Oskar Pastior (1927-2006) in der Edition Akzente des Hanser Verlags ein schmales Büchlein mit 33 Bearbeitungen Petrarca'scher Sonette.[2] Welchen Sinn diese Aneignung – oder: Zueignung? – haben mochte, soll hier Gegenstand näherer, aber unmöglich ausführlicher Überlegung sein. Denn dafür müsste nicht lediglich das Schreibverfahren untersucht werden – ein, falls Pastior sich auf petrarkaeske Momente konzentriert haben sollte, ohnehin auswegloses Unternehmen –, sondern im gleichen Maße auch der literatursoziologische Aspekt, d. h. die Frage: Was schreibt, wer 1983 als rumäniendeutscher Dichter „Petrarca" schreibt?
Zunächst nimmt man das Buch in die Hand mitsamt einem ganzen Apparat impliziter literaturhistorischer Fußnoten, die sich sogleich im Hinterkopf einnisten. Noch bevor die erste Seite aufgeschlagen ist, rollen die Vermutungen ab: Pastior wird gewiss keine traditionelle „Übersetzung" einiger Sonette anbieten wollen, er wird sich vermutlich nicht einmal auf die hergebrachte Sonettform stützen. Und das *Nachwort zum Projekt* (77-83) – der verstehenslustige Leser goutiert es als Erstes – gibt sogleich unumwunden zu, es sei dem Autor weniger um getreue Überlieferung, als vielmehr um die „Anschauung, Erkenntnisvorgänge, ja vielleicht Erkenntnistheorie darunter" (78) gegangen, unter den Petrarca'schen Versen nämlich, und damit auch unter sechshundert Jahren Lyrikgeschichte. Einwenden mag man, dass dieses „Darunter" in eine irreführende Richtung weist: Bei Petrarca ist bekanntlich alles „drin", ausgeschrieben bis zum Exzess. Verräumlichung ist eine sehr deutsche, sehr romantische Vorliebe. Die erste Lektüre festigt den Eindruck: Pastiors Übertragungen sind Experimente, mit denen die Gedichte eines Ande-

---

[2] Oskar Pastior – Francesco Petrarca: 33 Gedichte. München 1983. Die Zitate aus diesem Band sind – mit Angabe der Seitenzahl – im Fließtext nachgewiesen.

ren den eigenen Texten eingeschrieben werden sollen, was zur Bedingung macht, dass die Gedichte erst wieder dahin zurück müssen, woher sie kamen – in einen unfertigen „Status nascendi", in dem sie selbst „Texte" sind, verschiebbare Materialanordnungen und keine statischen Gebilde. Das heißt dorthin, wo die Sonettordnung, die den Worten einen Anschein von Natürlichkeit verleiht, freigelegt ist. Vielleicht eignete sich Petrarca in Pastiors Augen dafür gerade deshalb, weil er über einen relativ überschaubaren Schatz an Isotopien verfügt, die nur jeweils anders kombiniert zu werden brauchen. Das erlaubt, die Gedichte gleichsam semantisch auszuziehen und die Kleider neu anzulegen. Nur welche Schaufensterpuppe als ‚Substrat' des Gedichts ließe sich dafür engagieren? Dieser Frage soll im Folgenden anhand zweier Beispiele nachgegangen werden.
Zuerst das Eingangsgedicht, einmal in originaler, dann in Pastiors Fassung:

> Quand'io movo i sospiri a chiamar voi,
>     E'l nome che nel cor mi scrisse Amore;
>     LAUdando s'incomincia udir di fore
>     Il suon de' primi dolci accenti suoi.
> Vostro stato REal, che n'contro poi,
>     Raddoppia all'alta impresa il mio valore:
>     Ma, TAci, grida il fin: che farle onore
>     E' d'altr'omeri soma, che da'tuoi.
> Così LAUdare, e REverire insegna
>     La voce stessa, pur ch'altri vi chiami,
>     O d'ogni reverenza e d'onor degna:
> Se non che forse Apollo si disdegna,
>     Ch'a parlar de' suoi sempre verdi rami
>     Lingua mortal presuntuosa vegna. (48)


> Wenn, um mir Luft zu machen, ich den Laut
> bewege, der dich bei mir „wie eingefleischt"
> vertritt, nennt er, kaum über die Lippen ge-
> bracht, bereits sich selber „wie selbstverständ-
> lich" und „so wertvoll" – er wird zum eigent-
> lichen Anwalt, außerhalb von mir. Sein Wir-
> kungsgrad („die Realität") fällt andererseits
> mit doppeltem Gewicht auf mich zurück: Aber
> sei still, aber empöre dich endlich: Aber was
> wäre „im eigenen Namen" denn anderes als „im
> Hinblick auf dich"? Wer Namen einwirft, über-
> nimmt Verantwortung – das machen Klänge
> wahr; obwohl es Allerwelts- und Lückenfüller
> sind; sich für dich verwendend, wirklich wie
> unwirklich, sind meine Seufzer Stöße – ins All-

> gemeine und in mich besonders. Erst wenn mein
> Blatt, samt seiner öffentlichen grünen Seite, von
> dem du abhebst, Name, dich in den Schatten
> stellt, ist es gestört, gewendet, „überhoben",
> bloß noch die Zunge. (7)

Petrarca spricht davon, wie das Aussprechen des geliebten Namens eine Realität erzeugt, die noch einmal auf den Sprecher zurückschlägt.[3] Im Rühmen ihres Namens erscheint die Angebetete selbst – laudare Laura. Dabei spielt Petrarca mit einem Dreiklang aus „Laura", „laudare" und „reale"; es ist die Wirklichkeit („realità") des Lobens, die die Gepriesene auftreten lässt, wo immer oder was auch immer der Dichter im Einzelnen sagen mag. Pastior gibt den Sachverhalt des ersten Quartetts sehr deutlich wieder, wenn er den ‚vertretenden' – das impliziert, in seiner ursprünglichen deutschen Bedeutung, zugleich ‚wegtretenden' – Laut aus dem Bereich des stummen und darum ungeschiedenen Ich in die Realität übertreten lässt, wo er zum „Anwalt" aufsteigt, also selbst die Verhandlungen führt. Mit diesem Übertritt konstituiert sich der Laura-Name als Faktum und als Botschaft, ohne indes seinen Sprecher zu entlassen. „Wer Namen einwirft, übernimmt Verantwortung", heißt es weiter, denn es ist nun die Unabhängigkeit und relative Selbständigkeit des Namens, derentwegen der Urheber erst verpflichtet werden kann. Entlassen wird er erst, indem das „Blatt […] den Namen […] in den Schatten stellt". Das Blatt steht hier für die zur poetischen Autonomie geronnene Sprache, auf die jedermann Anspruch erhebt. Pastiors Interpretation – denn eigentlich handelt es sich bei seinen Übertragungen genau darum – hebt auf diesen paradoxen Moment ab, da Petrarcas lyrisches Ich, sich in tiefster Verpflichtung wissend, diese Verpflichtung aufhebt, indem er sie öffentlich macht, Laura zu einer durch den Leser neu zu aktualisierenden Chiffre ausschreibt und somit eine, nennen wir es: Laura-Maschine, in Bewegung setzt. Im Kunstwerk tritt so ein Missverhältnis vor Augen: Es zerstört in gewisser Hinsicht die Privatheit, aus der es lebt, es tritt aus ihr heraus und muss sie doch beständig wieder neu zu finden suchen. Privatheit indes ist hier zu verstehen als kleine Spanne zwischen ungeschlachter Identität und Öffentlichkeit.

Für Petrarca stellt sich die Schwierigkeit aber noch an anderer Stelle. Was sein lyrisches Ich treibt, bewegt sich auf mehrfach vermintem Terrain: Einerseits ist da die Dame gehobenen Standes, der er nicht ohne Weiteres nachstelzen kann, andererseits beinhaltet das zur Hauptbeschäftigung erhobene Frauenlob eine Gefahr für die Mission als Mensch. Wo von der Liebe gesprochen wird, ist Gott bekanntlich nicht fern. Und Gott ist eifersüchtig.

---

[3] Gar so einfach verhält es sich freilich nicht: Das Sprechen des lyrischen Ich ist ein Seufzen über die durch die ‚Herzensschrift' Amors verursachten Schmerzen, erst von außerhalb („di fore") kehren die Worte als ‚Klänge' zurück. Schmerzursachung, Symptom und Lösung sind eins.

Dies bedeutet nichts anderes, als dass das Rühmen zu seinem Grund gehen soll, das heißt, den zu rühmen hat, der es allererst ermöglicht. Petrarca besetzt diese Stelle, natürlich auch aus Gründen der sprachlichen Kombinatorik, mit Laura. Aber es ist nicht nur ein sittlicher, sondern geradezu ein poetologischer Anspruch, diesen höchsten Zurechnungsmoment mit dem Absoluten selbst kongruent setzen zu können, um das Ziel zu erreichen, nämlich ein Gedicht zu schaffen, das sich selbst transzendental einholt.[4] Petrarca weiß, wie sehr die Fülle des Wohlklanges in Gefahr steht, ins Minime und Gefällige abzurutschen, er fürchtet ja als *poeta doctus* nichts mehr, als dass man ihm die Ausgestaltung einer dekorativen Privatmythologe vorwerfen würde. Im Verlauf des *Canzoniere* entscheidet er sich also, die Dame mit der Muttergottes zu verschränken, das heißt, im Bereich menschlichen Maßes und menschlichen Sprechens zu verbleiben, und doch etwas Übermenschliches zu signifizieren. Durch diesen Umstand erscheint des Sprechens tragender Grund noch einmal abhängig von der Rede selbst, wie auch Maria schließlich zur Gottesmutter aufsteigt, indem sie von Gott gewählt wird. So setzt die berühmt gewordene Marienkanzone den Schluss- und Eckstein für die Architektur des *Canzoniere*, in dem sich das Bemühen, das Kontingente qua Dichtkunst unsterblich werden zu lassen, trifft mit dem, die Dichtkunst vom Unsterblichen her zu durchleuchten. Das wechselseitige Verschieben von Madonna und Laura erzeugt darüber hinaus Ambivalenzen erotischer, vor allem aber moralischer Art. Davon spricht das letzte der Sonette in Pastiors Buch:

> Amor m' ha posto come segno a strale,
>     Com' al Sol neve, come cera al foco,
>     E come nebbia al vento; e son già roco,
> Donna, mercè chiamando; e voi non cale.
> Dagli occhi vostri uscío 'l colpo mortale,
>     Contra cui non mi val tempo nè loco:
>     Da voi sola procede (e parvi un gioco)
>     Il Sole, e 'l foco, e 'l vento, ond'io son tale.
> I pensier son saette; e'l viso un Sole;
>     E 'l desir foco; e 'nsieme con quest'arme
>     Mi punge Amor, m'abbaglia, e mi distrugge:
> E l' angelico canto, e le parole,
>     Col dolce spirto, ond'io non posso aitarme,
>     Son l' aura innanzi a cui mia vita fugge. (75)

---

[4] Dabei ist der Laura-Code schon Kosmologie pur: Laura, L'Aura, Lauro, Oro, Reale – Homonyme und Akronyme sonder Zahl schaffen einen Verweisungszusammenhang, der eigentlich ohne Bewegung auskommt.

Auf den Wegen Amors, also der irdischen Liebe, umschleicht das Ich die Frau, die ihn jeweils von einem in den anderen Zustand verwandelt und der er sich unendlich entgegengesetzt weiß: „Wie Sonne zum Schnee, wie Asche zum Feuer / Und wie Wind zum Nebel". Es scheint, als stünde eine Befreiung von dieserart Turbulenzen weder in seiner noch in ihrer Macht, denn es ist Amor, das Medium ihrer Begegnung, der ihn gefangen hält und der Todsünde – dem Fetischismus, der Abkehr von Gott – nahe bringt: undenkbar, im „colpo mortale" nicht die „colpa mortale" durchäugen zu sehen. Die Semantik des abschließenden Terzetts aber liefert eine Gegenanzeige: Vom „engelsgleichen Gesang" geht die Rede, von jenem „süßen Geist", der die Aura bildet, vor der die Zeit, das Leben, verfliegt. Das von Amor begonnene Werk kulminiert also nicht in der „Zerstörung" – „distrugge" heißt es ja am Ende des vorhergehenden Terzetts –, sondern in der „süßen" Gefangenschaft. Es setzt ein Begehren frei, das unendlich nach dem Begehren des Anderen begehrt, wie Lacan formulieren würde, und damit in der ewigen Kreisbewegung hält, in der sämtliche Extrempunkte engstens miteinander verknüpft sind. Das ist, zumal für ein katechontisches Christentum, der Sinn des Lebens: Absolut gesetztes Streben und dabei Verwirklichung repräsentativer Ordnung. Bei Petrarca ist die Harmonie gerade aus der Entgegensetzung aufgebaut, und er scheint sehr stolz darauf zu sein. Darauf lässt wenigstens die Prädikation des „angelico canto" schließen, die engelsgleiche Rede, die auch theologisch satisfaktionsfähig ist, nämlich als Attribut göttlicher Schöpfung, von Vielheit und Harmonie. Darüber wird nicht zuletzt auch die kosmologische Tragweite sichtbar, die der Dichter in seinem Werk verwirklicht sehen wollte, die mit dem vorletzten schwergewichtigen Ausdruck, der „Aura" noch einmal angezeigt wird, die selbst natürlich ein Homonym von „Laura" darstellt.

Das zitierte Gedicht ist in mehrfacher Hinsicht Beispiel einer kopernikanischen Wende: Indem Petrarca das Prinzip des unerreichbaren, gleichwohl immerfort anzustrebenden Göttlichen sich im Bereich des Irdischen, d. h. seines Bildes, noch einmal verdoppeln lässt, unterstreicht er einerseits das alte patristische Konzept der „analogia entis", zieht andererseits eine radikale Konsequenz: die Weltimmanenz ist unhintergehbar.

Wie Pastior mit diesem Material verfährt, lesen wir im Folgenden:

> Entworfen also – und dann aufgestellt, genau,
> und freigegeben: Pappkamerad? – oder Komplize? Da fällt Sonne, da schmilzt Schnee, da
> ist „Wachs" ein Notwort für „Bestürzung".
> Der Nebel teilt sich – hier ist Wind; und ich
> rede mich um deinen Kopf, lesendes Moment,
> und heiser, damit was rüberkommt, rübergeht
> Aussicht auf einen zugeschneiten Paß. Denn

> was mich herstellt, trickst mich augenblicklich
> weit hinaus – unweigerlich; umsonst sind bald
> Subjekt und Zeit und Ort gewechselt; du bestimmst jetzt das Spiel mit „Eis" und „Sonne",
> „Wärmefluss" und „Wolkenspaltung"; kurzum
> den Vorgang, der insgesamt so schmelzend
> heißt; und ist; und schon dich ausmacht, weil
> ich drin vergehe ... Gewiss, ich mute zu; und
> etwas anschaun heißt was anderes zu sein; und
> es beschwören heißt es aufbrauchen – Spitzfindigkeiten; nur dass auch sie mich nicht fixieren
> können – ein verrücktes Sirren ist im Gang, infinitesimale Dinge; während mein Sang &
> Klang fürs Kinderherz mit seiner rettungslosen
> Schwelle nur immer kleiner wird in diesem
> Windstoß, der den Exodus einleitet. (40)

Noch offensichtlicher als in der vorangegangenen Übertragung wird hier Pastiors Ansinnen, das „Darunter" von Petrarcas Sonett aufzuspüren. Zwar beschäftigt er sich mit jener Topik, an der die Metaphorik des Gedichts aufgehangen wird – mit den Isotopien von Wärme und Kälte, mit der phänomenologischen Semantik von Wachs, Nebel und Wind –, aber er führt sie als signifizierende, gleichsam symptomatische Momente seines Lese- und Schreibprozesses vor. Als Sprachbilder durch Anführungszeichen hervorgehoben, scheinen sie für Pastior eher Emergenzphänomene des übertragenen Gedichts zu sein. Die Frage lautet: Woher kommen sie? Und die Antwort: Sie sind wörtliches Äquivalent jenes subjekteinschmelzenden, es sogleich wieder heraussetzenden Vorgangs, dem sich das Ich unterzieht. Damit rückt die Betrachtung der Verfertigung der Gedanken beim Sprechen in den Fokus. Darauf weist auch jenes eher technische „Entworfen" zu Beginn hin, während Petrarcas „Amor m' ha posto" eher als Ausdruck eines ‚Geworfenseins' zu übersetzen gewesen wäre. Während der Renaissancedichter Liebesgott und Donna für seinen Zustand verantwortlich machte, weist Pastior die Verantwortung einem Prozess zu, nämlich jenem, „der insgesamt so schmelzend heißt; und ist".

Aber wer spricht eigentlich in Pastiors Übertragung? Jemand, der sich einem „lesenden Moment" gegenüber weiß, sich hergestellt und abgewiesen sieht, wie etwas, das begehrt wird und gerade darum unantastbar bleiben soll. Es scheint, und das indizieren schließlich auch die in Anführungszeichen gesetzten Bilder und Metaphern, als spräche der Text selbst, denn er „mutet zu" und lässt sich „nicht fixieren". Offenbar spricht er von seiner Herstellung. Wie erfolgt diese? Auf der einen Seite dadurch, dass der Autor ihn zu polarisieren, auszuspannen versucht, zwischen „Eis" und „Sonne", „Wärmefluss" und „Wolkenspaltung", Ausdrücken, die in ihren impliziten

Unterschiedenheiten sich selbst zu reproduzieren vermögen. Über den, wenn man so will, ontologischen Status informiert das Wort „Herstellung": was hergestellt wird, ‚hat' sich nicht, seine Selbstidentität hängt am seidenen Faden. Es bleibt dem anderen gegenübergesetzt. Das meint aber nichts weniger, als dass hier die Möglichkeit zur „Übersetzung" schlechthin anwesend ist, ja erzwungen wird, nämlich die von Subjekt zu Objekt und vice versa. In umgekehrter Perspektive spricht Petrarcas berühmte Bestimmung des Fragments im *Secretum* davon: „Adero michi ipse quanto potero, et sparsa anima fragmenta recolligam moraborque mecum sedulo". Dieser Satz, ins Allgemeine gewendet, besagt, dass Subjektivität im Lesen und Einsammeln vorgängiger Entfremdung – romantischer: „Veranderung" (Friedrich Schlegel) – besteht, in einer Bewegung, die Entäußerungen einstreicht, damit aber unweigerlich weitere Entäußerungen schafft, die wiederum gesammelt werden müssen. Das Ich ist nur es selbst, weil es sich nicht hat; genauso wie der Text nur Text ist, weil er hergestellt und damit abhängig ist. Text und Subjektivität sind strukturidentisch, denn einzig der Text, der um seine Veranderung im Kopf des „lesenden Moments" wüsste, könnte sich restlos selbst verstehen, bei sich sein. Man darf auch sagen: Der ‚Sinn' des Textes – und ein Text, der über sich selbst spricht, wird von nichts anderem reden wollen – ist weder in diesem noch in seinem Produzenten gegenwärtig, sein Ort ist der Aufschub, der ewig weitertreibende Prozess. Genau diese Intention schimmerte durch in der letzten Zeile des Petrarca-Originals: „Son l' aura innanzi a cui mia vita fugge." Was bleibt, ist dann in der Tat eine „rettungslose Schwelle": Man muss sie immer und immer wieder überqueren.
Pastiors Bearbeitung ist, wie eingangs erwähnt, keine Übersetzung eines Textes im herkömmlichen Sinn einer Übermittlung. Sie ist jedoch insofern Übersetzung, als dass sie die gegenseitige Vermittlungsbedürftigkeit von Schreiber und Geschriebenem vorstellt – den Leser natürlich einbegriffen, der weitgehend mit dem Autor identisch ist, denn er aktualisiert ja die Bedeutungen und ist zugleich deren erstes Opfer. Pastiors Text ist mithin das Gedicht, insofern es zurückschaut. Überblendet werden dabei die in Petrarcas Fassung virulenten ideologischen Debatten, die Sakularisierung einer Auto-Referenz, die nun nicht länger repräsentiert wird, sondern unmittelbar Teil des Geschehens ist. Donna, Laura und Amor als ästhetische Konzepte in ihrer historischen Gewordenheit auszulegen, liegt ebenso wenig in Pastiors Interesse; diese Chiffren und Indizien eines hochgradig selbstbezüglichen poetischen Kosmos' hat die akademische Literaturwissenschaft bereits zur Genüge seziert und archäologisiert.

## III.

Eine letzte Beobachtung (oder Behauptung): Pastior schreibt, seine erste Erfahrung mit dem italienischen Dichter habe an dessen Orten im Gefolge von Autoren-Treffen stattgefunden. „Frühsommerliche Anlässe gemeinsamen Sehens und Wiedersehens" (77) rund um den einstmaligen Petrarca-Preis, der seit 1999 als Hermann-Lenz-Preis fortexistiert. Sicher in der Provence, wo Petrarca die besten Schaffensjahre in Avignon, dem Exil der römischen Päpste, verbrachte, sicher auch in Arquà bei Padua, in einer der behutsamsten und fruchtbarsten Vulkanlandschaften Europas. Noch vor den schriftlichen Hinterlassenschaften streift der gebürtige Siebenbürger Petrarcas Lebenswelt, begutachtet gewiss die Blick- und Perspektivenanmutungen der als Kreuzungspunkte errichteten Petrarca'schen Behausungen. Inmitten des konfliktreichen 14. Jahrhunderts haben sich darin Freiheits- und Überlebensräume ausgebildet, deren Anliegen in der Schrift überdauert. Es sind, genauso wie Pastiors Herkunftswelt, europäische Landschaften, ergo imaginäre Orte. Unter dem Aspekt historisch-politischer Zuordnung hängen sie allesamt in der Luft.

Francesco Petrarca, der in diesen Orten wohnte, und von dem man doch nicht annahm, dass er ihnen zugehören würde – sein Sarg in Arquà steht als Mausoleum vor der Kirche –, hat mit seinem Schreiben ein außerordentliches Beispiel von Autonomie vorgeführt, einer Autonomie freilich, die er sich schwer erobert hatte: gegen Fürsten, wie auch gegen die Nomenklatur der offiziellen kirchlichen Doktrin. Trotz aller zeitlicher Fremdheit hat sein Freiheitsbegriff mit dem unsrigen etwas gemeinsam: Freiheit bedeutete für ihn, selbst auf jene Kräfte stoßen zu können, die binden. Oskar Pastiors Entwicklung könnte man vermutlich ähnlich beschreiben: Nach einem Band, der trotz *Offne[r] Worte* Kompromissbereitschaft einräumte, kehrte er 1968 von einer Reise nach Österreich nicht mehr nach Rumänien zurück und ließ sich in Westberlin nieder. Vom langen Schatten jener Sprachregeln, denen er sich unterworfen hatte, vermochte er sich im Laufe vieler Jahre, vor allem unzähliger Papierstapel, zu befreien. Seine Lyrik verbot sich jede Bindung an vorgegebene Sprachspiele, mit deren Befolgen man nicht bloß Kompetenz, sondern immer auch Einverständnis ausdrückt. „Unterschiedenes ist gut", schrieb er in Anlehnung an Hölderlin, aber diese Unterschiede zu machen, und zwar fortlaufend, grenzt die Anschlussmöglichkeiten vehement ein. Hier erscheint ein Indifferenzpunkt von Freiheit und Anarchie auf der einen, Isolierung und Zwang auf der anderen Seite. Unter diesem Gesichtspunkt mag die Bekanntschaft mit Petrarca vielleicht dazu geführt haben, sich von jenem Solipsismus fern zu halten, in den innovatorische Schreibweisen historisch gesehen je wieder zu verfallen drohen. Wenn ‚Ich' aber ‚Welt' ist, d. h. nichts anderes als Produktion, so wird jene Gefahr gebannt. Denn da zeigt sich gleichermaßen die Unverfügbarkeit des Textes wie des Lebens; ein Wissen, von dem ich glaube, dass es sehr befreiend ist. Vielleicht sollte man deshalb Petrarcas und natürlich auch Pastiors Gedichte einmal unter ethischen Gesichtspunkten studieren, eine Lektüre, die im 14. Jahrhundert nicht ungewöhnlich war und heute mehr denn je vergessen zu werden droht.

… # „wie/ läßt sich der duft/ einer gogoaşe/ ins deutsche übersetzen?"

Rezeptionsästhetische Überlegungen zur rumänischen Dimension der Lyrik Rolf Bosserts

IOANA CRĂCIUN (Bukarest)

Die Lyrik des Banater Autors Rolf Bossert (1952–1986), die der Literaturkritiker und Übersetzer Gerhardt Csejka in einem sorgfältig edierten Band mit dem Titel *Ich steh auf den Treppen des Winds*[1] einem breiten Lesepublikum in Deutschland vor nicht allzu langer Zeit zugänglich gemacht hat, entstand in den 1970er und den 1980er Jahren, als im diktatorisch geführten Heimatland des Dichters die ideologische Zensur und die willkürliche Einschränkung der bürgerlichen Freiheit und der Menschenrechte nicht nur die rumäniendeutsche, sondern auch die rumänische Poesie zur Subversivität der ‚Sklavensprache' zwang. Die Alltagsrealitäten der kommunistischen Diktatur in Rumänien haben dem poetischen Schaffen Rolf Bosserts jenen unverwechselbaren Ton verliehen, der als Mischung aus Ironie, Selbstironie, unterschwelliger Revolte und melancholischem Außenseitertum nach wie vor fasziniert. Viel von dieser Faszinationskraft verdankt die Lyrik Rolf Bosserts ihrem rumänischen Lokalkolorit: den düsteren Bildern der Großstadt Bukarest, den Naturerlebnissen im Prahova-Tal und an der Schwarzmeerküste, dem tristen Alltag in der rumänischen Provinzstadt Reschitza, der dialektalen Färbung ihrer Sprachartistik. Die vorliegende Arbeit setzt sich zum Ziel, die rumänischen ‚Ingredienzien' der Lyrik Rolf Bosserts herauszudestillieren und sie aus rezeptionsästhetischer Perspektive als Chance der rumäniendeutschen Literatur zu analysieren, ihre unverwechselbare Identität im Kontext der deutschsprachigen Gegenwartsliteratur zu behaupten.
„wie/ läßt sich der duft/ einer gogoaşe/ ins deutsche übersetzen?" – fragt sich Rolf Bossert in einem seiner autobiografisch gefärbten Großstadtgedichte, die zwischen 1971–1975 während seiner Studienzeit in Bukarest entstanden

---

[1] Rolf Bossert: Ich steh auf den Treppen des Winds. Gesammelte Gedichte 1972–1985. Hrsg. von Gerhardt Csejka. Frankfurt a. M. 2006. Die Gedichte Rolf Bosserts werden sowohl im Fließtext als auch in den Anmerkungen mit Angabe der jeweiligen Seitenzahl nach dieser Ausgabe zitiert.

sind.² Diese Frage ist insofern rhetorisch, als sie das poetologische Dilemma vieler rumäniendeutscher Autoren zum Ausdruck bringt, die die Realitäten ihrer rumänischen Lebenswelt in der Sprache ihrer Poesie, im Deutschen, zu gestalten bestrebt waren. Der Duft der „gogoașe"³ ist als immaterielle Dimension einer rumänischen Lebenswelt kaum ins Deutsche übertragbar, da er eng mit dem Lebensgefühl einer in Rumänien aufgewachsenen Schriftstellergeneration deutscher Sprache zusammenhängt, die trotz Armut und politisch bedingter Perspektivlosigkeit ihren Weg zu gehen versuchte. Pars pro toto versinnbildlicht der Duft der rumänischen „gogoașe" eine sprachtranszendente poetische Realität, die nur in der flüchtigen Konkretheit einer nostalgisch evozierten Jugendzeit in einem Bukarester Studentenwohnheim existiert. Aus dem Bewusstsein der Unübertragbarkeit dieser paradoxen, weil immateriellen rumänischen Realität erwächst in Rolf Bosserts Lyrik das Bedürfnis nach einer poetischen ‚Metasprache', die als Brücke zwischen der rumänischen Lebenswelt des Dichters und seiner deutschen Muttersprache zu fungieren vermag. Diese Metasprache, ein zuweilen ‚hybrides' Deutsch, scheut nicht davor zurück, auf rumänische Sprachelemente zurückzugreifen und mit ihrer Hilfe den lyrischen Diskurs zu verfremden. In einem selbstironisch grundierten Gedicht (*Regen am Strand*, 146f.) wird der Frust eines verregneten Urlaubstages am Strand des Schwarzen Meeres mit „Rom/ superior"⁴ weggespült, in einem anderen, in Banater Mundart verfassten Gedicht (*im sommagoatn paim horvath*, 21) wird die Identität des lyrischen Ichs mit unverkennbarer Selbstironie durch die billige Zigarettenmarke „maraschescht"⁵ signalisiert und mit der Identität eines Kollegen namens Tea kontrastiert, der die unwesentlich teurere Zigarettenmarke „karpatz"⁶ bevorzugt. Weder der Duft der „gogoașe", noch der Duft der Zigarettenmarken „maraschescht" und „karpatz" oder der Geschmack des „Rom/ superior" lassen sich – metaphorisch ausgedrückt – „ins deutsche übersetzen", weshalb der Lyriker sich entscheidet, die rumänische Bezeichnung dieser Produkte zu übernehmen, was seinem lyrischen Diskurs zwar Lokalkolorit verleiht, ihn jedoch zugleich auch hermetisiert. Rolf Bossert scheint eine – zumindest lyrische – Vorliebe zu haben für billige rumänische Genussquellen jenseits des folkloristisch anmutenden Pathos, mit dem andere Autoren das so genannte ‚typisch Rumänische' – etwa die *țuică* [Schnaps], die *mămăligă* [Maisbrei] die *mititei* [Rostbratwürstchen] oder die *sarmale* [Krautwickel mit Fleisch] – in ihren Werken beschwören. Es ist die Vorliebe des Bohemiens für den pro-

---

² Rolf Bossert: *studentenheime grozăvești, bukarest*. In: Ebenda, S. 29.
³ Für das rumänische Substantiv *gogoașe* gibt es im Deutschen mehrere regionale und überregionale Entsprechungen, wie etwa: Berliner Pfannkuchen, Amerikaner, Kräpfel, Kräppel, Faschingskrapfel, Berliner Krapfen usw.
⁴ Gemeint ist Rum.
⁵ Es handelt sich hier um die phonetische Wiedergabe des Namens der rumänischen Zigarettenmarke *Mărășești*.
⁶ Phonetische Transkription des Namens der rumänischen Zigarettenmarke *Carpați*.

letarisch anmutenden Konsum von Massenwaren, der nicht zuletzt als Form der Solidarität mit dem verarmten und geknechteten Volk verstanden werden muss.

Lokalkolorit gewinnt Rolf Bosserts Lyrik auch durch die phonetische Verdeutschung rumänischer Termini, für die es im Deutschen adäquate lexikalische Entsprechungen gibt. Anstatt das Substantiv „Seilbahn" zu verwenden, verdeutscht er beispielsweise in *reschitza. ein dialektgedicht* das rumänische Substantiv *funicular* zu „funikular" („mir mach ma/ [...]/ funikulars firn semenik/ turbinan firs aisani tur", 20) und erzielt dadurch einen Verfremdungseffekt, der durch die dialektale Färbung des Diskurses und durch die Evozierung rumänischer Landschaften („semenik", d. h. der Berg *Semenic*; „aisani tur", d. h. Eisernes Tor) potenziert wird. Denselben Verfremdungseffekt erzielt der Lyriker durch die Verdeutschung des rumänischen Substantivs *termocentrală* zu „thermozentrale" im Gedicht *studentenheime grozăvești, bukarest* (29), das ‚richtig' „Fernheizung" heißen müsste. Es geht Rolf Bossert jedoch weniger um den Gebrauch des ‚richtigen' Wortes im Deutschen als vielmehr darum, die Spezifik der evozierten rumänischen Lebenswelt poetisch zu artikulieren.

Unmittelbare Übertragungen bestimmter Wörter und Redewendungen aus dem Rumänischen ins Deutsche fungieren in der Lyrik Rolf Bosserts nicht selten als Quelle des Humors. Sie werden mit Selbstironie als Teil einer Geheimsprache unter Freunden in den lyrischen Diskurs eingeflochten: „'Und mach mich nicht lachen'", heißt es im Gedicht *Abbruch* (180) – eine wortwörtliche Übersetzung des rumänischen Syntagmas *nu mă face să rîd*.[7] Allerdings kann man nicht immer mit Sicherheit entscheiden, ob solchen Abweichungen von der Sprachnorm eine wohlüberlegte dichterische Intention zugrunde liegt oder ob diese Abweichungen auf den Einfluss des Rumänischen auf die Muttersprache des Dichters zurückzuführen sind. In einem Gedicht des Banater Lyrikers heißt es beispielsweise: „Zeigt mal,/ womit ihr euch lobt!" (*Frühlingsgedicht*, 123) Ob diese unmittelbare Übersetzung des rumänischen Syntagmas *cu ce vă lăudați* im Kontext eines Naturgedichtes semantisch anders befrachtet ist als die ‚richtige' Formulierung *womit ihr prahlt*, möchte ich an dieser Stelle bezweifeln. Noch sprechender ist folgendes Beispiel, das dem *kurze[n] gedicht vom kleinen, frierenden vogel* (7) entnommen wurde: „sagte der kleine vogel/ und *installierte* [Hervorhebung I. C.] sein nest/ unter der schützenden hülle/ einer vogelscheuche." Die ‚korrekte' Formulierung wäre „richtete sein Nest ein" oder „machte sein Nest". Rolf Bossert hat unter dem Einfluss des Rumänischen das Verb „installieren" gewählt (*și-a instalat cuibul*), das im Deutschen eine technische Aktivität suggeriert. Dadurch wird eine Personifizierung erzeugt, die vom Lyriker

---

[7] Der untersuchte Satz ist freilich auch im Deutschen möglich, wo er gehoben, poetisch, gedrechselt wirkt.

höchstwahrscheinlich kaum intendiert wurde. Entgegen der dichterischen Intention wird hier ein vermeintlicher Sieg der Technik über die Natur beschworen, wobei der Parabelcharakter des Gedichtes in den Hintergrund tritt. Wie tief die Lyrik Rolf Bosserts in der rumänischen Sprache verwurzelt ist, zeigen die intertextuellen Anspielungen auf Namen und Werke der rumänischen Literatur, deren Zahl die Menge der Anspielungen auf Namen und Werke der deutschen Literatur übersteigt. Im Titel des Gedichtes *winter. kein märchen* (44) ist die Anspielung auf Heinrich Heines Werk *Deutschland. Ein Wintermärchen* kaum überhörbar, genauso wie in den Titeln der Gedichte *wer aber ist die realität?* (15) und *Fragen eines lesenden Maulwurfs* (247) die Anspielungen auf Bertolt Brechts Lyrik unüberhörbar sind. Die Welt der deutschen Poesie, der deutschen Literatur und Kultur, wird im Vergleich zur lebendigen rumänischen Realität als eine kalte, abstrakte geschildert, die das lyrische Ich kaum zu tangieren vermag. Wenn Rolf Bossert in seiner Lyrik Werke der deutschen Literatur zitiert, insbesondere solche, die aus ‚revolutionären' Federn stammen, dann immer in ironischer Distanzierung davon und ausnahmslos in polemischer Absicht, während den Anspielungen auf Namen und Werke der rumänischen Literatur ein gewisses Identifikationspathos eigen ist. Das ist beispielsweise der Fall bei der rumänischen Volksballade *Miorița* [Das Lämmchen], die im melancholisch tönenden Gedicht *splaiul independenței, frühjahr 1975* als idyllisches Symbol der „kirschblütenzeit der kindheit" (S. 49) evoziert wird, oder mit Ion Creangăs Märchen *Capra cu trei iezi* [Die Geiß mit den drei Geißlein], von dem es im Gedicht *hallo* heißt: „aus dem rauch hörten wir creangăs geiß/ mit den drei geißlein, bis aufs ende/ ins deutsche gebracht, dann kam/ melanie, fast hätte der wolf sie/ gefressen, so ernst meint es gerhardt./ [...]/ werner spricht von baconsky [...]/ [...] später tranken wir auf die zukunft in bukarest." (75) Ein Schlüsselgedicht über einen engen Freundeskreis ist dieser Text, in dessen Mittelpunkt ein Leitmotiv der Bossertschen Lyrik steht: das Motiv der Übertragung dichterischer Werke aus dem Rumänischen ins Deutsche. Die Protagonisten dieses Schlüsselgedichtes sind bezeichnenderweise sowohl Vertreter der rumäniendeutschen Literatur, wie etwa „gerhardt" (gemeint ist der Literaturkritiker und Übersetzer Gerhardt Csejka ) oder „werner" (gemeint ist Werner Söllner, selber Lyriker und Übersetzer), als auch Ion Creangă und Anatol Emilian Baconsky, zwei bekannte Namen der rumänischen Literaturgeschichte: Creangă – ein Klassiker der rumänischen Erzählkunst, Baconsky – ein zeitgenössischer Dichter, Essayist und Übersetzer, während des großen Erdbebens 1977 in Bukarest ums Leben gekommen. Die Erwähnung rumäniendeutscher Autoren im Kontext der rumänischen Literaturgeschichte ist nicht zuletzt auch als ein Versuch zu würdigen, ein Charakteristikum der rumäniendeutschen Literatur herauszudestillieren: ihre vielfachen Verbindungen zur rumänischen Literaturgeschichte, die, anders als ihre rein akademischen[8] Verbindungen zur deutschen Literatur, genauso lebendig wie persönlich sind. Welche „Zukunft" die rumäniendeutsche Literatur in Bukarest haben wird, bleibt in Rolf Bosserts Gedicht offen. Aus heutiger literarhistorischer Perspektive darf man mit Recht behaupten, dass sich die beschworene Zukunft als ein schöner Tagtraum erwies.

Auch wenn Rolf Bossert die rumänische Literatur als sein geistiges Zuhause empfindet, so heißt das nicht, dass er sich auch mit seinem Herkunftsland Rumänien als einem Zuhause im Sinne eines positiv konnotierten Lebensraumes identifiziert. Die „transzendentale Obdachlosigkeit" des Dichters – um Georg Lukács' prägnante Diagnose des modernen Menschen zu bemühen –, sein fragiler Zuhause-Ersatz „auf den Treppen des Winds" ist politisch bedingt. Im *Vaterland*[9] des Dichters, das unter der todbringenden Herrschaft eines unschwer zu identifizierenden „Gartenzwergs" „langsam in die Knie [geht]"[10] – mit „Gartenzwerg" ist Nicolae Ceaușescu gemeint, dessen Spitzname im Volksmund *piticul* [der Zwerg] lautete –, ist die Diktatur an jeder Straßenecke, in jeder staatlichen Institution, in jedem öffentlich gesprochenen Satz gegenwärtig. Aus dem Geist der Diktatur sind die hohlen Worte geboren, die „im Mund der Funktionäre" rasseln.[11] Ihn, diesen Geist, verkörpert der „totgesagte [...] Zensor", der „nach Belieben"[12] streicht. Den Geist der Diktatur atmet „die Zitadelle/ geistiger Unmacht", eine architektonische Kopie der Moskauer Lomonossow-Universität, wo „steile [...] Gesichter" „Worte wie Kalk" sprechen (*Tagesbericht*, 90). Das Bild der vor 1989 so genannten *Casa Scînteii* in Bukarest, wo viele Verlage und Zeitungsredaktionen ihren Sitz hatten, ist im Bild der Bossertschen Wahnsinnszitadelle, der „Zuckertorte" mit ihren grotesken „Türmchen und Funken" (*Tagesbericht*, 90), unschwer identifizierbar. Die schonungslose Kritik der Diktatur, die das gedruckte Wort als Instrument der Machtausübung missbraucht, wird hier unmissverständlich zum Ausdruck gebracht. Die Kulturfunktionäre, die in der „Zitadelle/ geistiger Unmacht" wirken, sind nichts als Marionetten des diktatorischen Regimes, „willige Vollstrecker"[13] eines „Gartenzwergs", dessen makabres Attribut ein Galgen[14] ist und dessen ‚Untertanen' lebendige „schießbudenfiguren"[15] sind, „täglich totgeschossene"[16], die „das überleben an einer straßenecke [erlernen]"[17].

---

[8] Vgl. Rolf Bosserts Gedicht *seminar deutsche nachkriegslyrik (germanistikfakultät bukarest)*, S. 26.
[9] So der Titel eines Wolf Biermann gewidmeten Gedichtes, vermutlich Anfang der 1980er Jahre entstanden. (S. 95)
[10] *Vierzeiler*, S. 121.
[11] *Vaterland*, S. 95.
[12] Ebenda.
[13] Ich verwende dieses Syntagma in Anlehnung an Daniel Jonah Goldhagens Buch *Hitlers willige Vollstrecker. Ganz gewöhnliche Deutsche und der Holocaust*. Berlin 1996.
[14] Vgl. den Vers „Ein Kunststoffgalgen auf dem Berg". (*Vierzeiler*, S. 121)
[15] *studentenheime grozăvești, bukarest*, S. 29.
[16] Ebenda.
[17] Ebenda.

Vom Geist der Diktatur zeugen in Rolf Bosserts rumänischer Großstadtwelt die „zynischen[n] fenster" der „rauhe[n] Wohnblocks"[18] – zynisch deshalb, weil man durch sie nichts anderes erblicken kann als weitere „rauhe Wohnblocks". Vom Geist der Diktatur zeugen auch die „wunden im straßenpflaster"[19] von Bukarest und die unnütz gewordenen Straßenbahnhaltestellen, nachdem man die metaphorisch zu verstehenden Straßenbahnschienen gewaltsam entfernt hat, um die (geistigen) Bewegungsmöglichkeiten der Bürger einzuschränken. Die „metallne[n] rote[n] Sterne zwischen/ Kreuzen" zeugen im Gedicht *Erinnerung an die Stadt R.* (80) – gemeint ist Reschitza, die Geburtsstadt des Lyrikers – vom Konflikt zwischen der christlichen Tradition Rumäniens und dem Atheismus des kommunistischen Regimes, das durch die roten Sterne an den Gräbern der sowjetischen Soldaten evoziert wird. Die einst leuchtende Utopie des Kommunismus, deren Wahlkampfzeichen die Sonne war, entpuppte sich als hohles Versprechen angesichts der notorischen Versorgungslücken („im Stadtzentrum klappts noch/ zur Not/ mit der Versorgung"[20]), der endlosen Schlangen („Schlangestehn, zwei/ Dutzend Minuten den Geschmack/ eines Frauennackens/ auf der Zunge der Nase"[21]), der früh beginnenden Indoktrinierung der jungen Generation („die Rolle der Arbeit/ bei der Menschenwerdung des Affen/ und der folgsamen Kinder"[22]) und der überall herrschenden Willkür („Wir sprachen mit dem Bürgermeister, Parteisekretär:/ ‚Bis auf weitere Anordnungen wird die Nacht,/ Genossen, vertagt.'"[23]). „Wählt/ die Sonne" (*Lied in den Frühling,* 267), so lautete der Wahlslogan der ersten Nachkriegsjahre, der den Rumänen eine leuchtende Zukunft versprach. Die kommunistische Sonnenutopie hat sich als die finsterste Zeit in der Geschichte Rumäniens, des Landes der „Nashörner"[24], erwiesen, in dem nicht nur der Alltag der Bürger, sondern auch ihre Privatexistenz strikt überwacht und geregelt wird: „Geregelt sind auch:/ das Frühaufstehnmüssen, die Folgen/ des Nichtfrühaufstehnkönnens, des Beischlafs/ […] und/ die nächsten -zig Sätze."[25]

Das Leben unter den entwürdigenden Bedingungen der kommunistischen Diktatur wird in Rolf Bosserts Lyrik ohne Selbstmitleid und meistens mit ätzender Selbstironie geschildert. Die Selbstironie schont auch die Intimsphäre erotischer Begegnungen nicht. Durch die erzwungene körperliche Nähe in der Schlange oder in der überfüllten Straßenbahn („Glieder stehn in der

---

[18] *Oktober in Balta Albă. Werner Söllner zugeeignet,* S. 179.
[19] *splaiul independenței, frühjahr 1975,* S. 49.
[20] *Gedicht für einen Mittwoch,* S. 83f., hier S. 83.
[21] Ebenda. Vgl. auch den Vers „Die Volkswirtschaft steht tapfer ab vier Uhr morgens Schlange." (*Vaterland,* S. 95)
[22] *Der erste Schultag,* S. 150f., hier S. 150.
[23] *Lyrische Reportage über den frühen Morgen,* S. 86f., hier S. 86.
[24] Die Anspielung auf Eugène Ionescos Metapher der Barbarei und des Totalitarismus, so wie sie im Theaterstück *Die Nashörner* begegnet, ist deutlich wahrnehmbar in Rolf Bosserts Gedicht *vorfall* (S. 14).
[25] *Vier Anläufe vor dem Schlafengehn,* S. 136f., hier S. 137.

Straßenbahn,/ Kunststück bei meinem:/ Hat ja auch acht Stunden lang/ unter der Schreibtischplatte/ geschlafen, allein."²⁶) wird der Eros entmythisiert und zugleich politisiert: „Man schafft im Land mit Hysterie/ Eine Zeugungsindustrie:/ Jeder Mann wird flugs zum Stier,/ Das Gebären zum Turnier." (*Märzchen 1984*, 96) Die Kritik an die Adresse der demografischen Politik des Diktators, der ein drakonisches Abtreibungsverbot verhängt hatte, wird in diesem Gedicht um den ironischen Kontrast zwischen der Bedeutung des Substantivs „Märzchen" und den grausamen Folgen des Abtreibungsverbots gebildet. Das „Märzchen" – es handelt sich um die Übersetzung des rumänischen Terminus *mărțișor* – ist in der rumänischen Kultur ein Geschenk, das traditionellerweise am 1. März Frauen als Zeichen der Liebe und des Respekts gemacht wird. Das makabre „Märzchen" des Diktators für Rumäniens Frauen ist bekanntlich vielen von ihnen zum Verhängnis geworden.

Unter diesen Umständen ist es dem Dichter allzu bewusst, dass er „für Taube und Blinde/ So um die Dinge herum"²⁷ redet, während er sich den Anordnungen des Regimes widerstandslos fügt („ich war schippen/ gewesen, der Volksrat/ hatte verfügt"²⁸), ja an den grotesken politischen Ritualen der Diktatur partizipiert, ohne sich dagegen zu wehren: „Und mit Händen aus Schlaf wähln wir ein klingendes Parlament."²⁹ Das hindert die berühmt-berüchtigte Securitate nicht daran, den Dichter, der jenseits jeglicher Heldenallüren eher still gehorcht als laut protestiert, auf Schritt und Tritt zu überwachen: „Schickt doch den Kerl arbeiten, der mir/ ein Abhörgerät zwischen den ohnehin stinkenden Lilien/ gebastelt hat, in der Hoffnung, er kriegt meinen letzten/ Furz mit." (*Danach*, 91f.) Die bewusst grob gewählte Sprache dieses autobiografisch grundierten Gedichts, das ein traumatisches Erlebnis Rolf Bosserts verarbeitet, der am 10. März 1981 beim Verlassen des Bukarester Schriftstellerrestaurants vermutlich von Geheimdienstoffizieren krankenhausreif geschlagen wurde, suggeriert die maßlose Brutalität eines Regimes, das seine Künstler überwacht und systematisch daran hindert, sich geistig frei zu entfalten. „'Lieber Genosse mit dem Ausreisevisum hat es/ Leider nicht geklappt'"³⁰, wird dem ständig überwachten Dichter mit scheinheiliger Freundlichkeit mitgeteilt. Über die verheerenden Konsequenzen der kulturellen Isolation der Künstler durch eine willkürlich agierende Staatsmacht redet Rolf Bossert in seiner Lyrik mit kaum gezügelter Ironie: „Als ich ihn sprechen hörte/ wußte ichs plötzlich:/ Bukarest ist eine schöne Stadt/ Die Hauptstadt unseres Landes/ Bușteni ist eine schöne Stadt/ Eine Perle des Prahova-

---

²⁶ *Gedicht für einen Mittwoch*, S. 83.
²⁷ *Gartenlokal*, S. 174.
²⁸ *Schnee*, S. 256.
²⁹ *Lied in den Frühling*, S. 267.
³⁰ *Meine Polenreise, organisiert vom ZK des VKJ und dem Schriftstellerverband, August 1979*, S. 88f., hier S. 89.

tals/ Reschitza ist eine schöne Stadt/ die Feuerfeste im Banater Bergland"[31]. Die bewusst nichts sagenden, ja ‚debilen' Verse über Bukarest, Bușteni, Reschitza und das Prahova-Tal sind das poetische Ergebnis der kulturellen Isolation des Landes und der geistigen Unfreiheit seiner Dichter. Die Diktatur zerstört Geist, Kultur, Poesie, und diese Zerstörung wird im Gedicht in Form von Pseudoversen geschildert.

Für den literarischen Hermeneuten stellt sich nun die Frage nach der ‚Lesbarkeit' und der Rezeptionsmöglichkeit der Bossertschen Lyrik in einem deutschsprachigen Kulturraum, der mit der rumänischen Sprache und Literatur, der rumänischen Lebenswelt, den Lebensbedingungen in Rumänien während der kommunistischen Diktatur nicht vertraut ist. Zweifelsohne bleibt die Rezeption mancher Aspekte der Lyrik Rolf Bosserts einem Leserpublikum vorbehalten, das in beiden Sprachen und Kulturen – der rumänischen und der deutschen – gleichermaßen bewandert ist und dem Namen wie „reschitza" (*reschitza. ein dialektgedicht*, 20), „nei-arad" (ebenda), „oltenja" (ebenda), „semenik" (ebenda) „die dîmbovița" (*studentenheime grozăvești, bukarest*, 29), das „prahovatal" (*herbst im prahovatal*, 51), „Doi Mai" (*Camping, Doi Mai*, 140f.) usw. etwas sagen. So fremd, wie sie einem Leser erscheinen mögen, der mit der rumänischen Lebenswelt des Dichters nicht vertraut ist, sind diese rumänischen Realitäten jedoch auch vom Lyriker selber intendiert. Die Dîmbovița, der Stadtfluss in Bukarest, den Bossert während seiner Studentenzeit erlebte, ist beispielsweise „undurchsichtig und seicht" (*studentenheime grozăvești, bukarest*, S. 29), die Karpaten, in deren unmittelbarer Nähe er eine Weile als Lehrer in Bușteni lebte, sind „gekrümmt" (*Karpaten, gekrümmt*, 207), das Donauufer ist von Dornen überwuchert (*Neuntöter*, 200), an der Kokel kommt er sich wie „Zwischen Hölle und Herbst" vor (*Traum an der Kokel*, 183). Das Prahova-Tal, das Rolf Bossert in zwei Gedichten – *abendliche zugfahrt durchs prahovatal* (52) und *zugfahrt durchs prahovatal, 2* (53) – evoziert, zeigt sich als feindliche Lebenswelt, in der sich das lyrische Ich physisch wie psychisch gequält fühlt. In der Lyrik Rolf Bosserts begegnet dem Leser keine enthusiastische Schilderung der schönen Landschaften Rumäniens. Die durch eine diktatorische Industrialisierungspolitik geschändete Natur des Heimatlandes wird als grau, monoton, dämonisch empfunden: „Auf hellem Feld ein Gartenzwerg./ Daneben stampft die Industrie./ Ein Kunststoffgalgen auf dem Berg./ Ein Land geht langsam in die Knie." (*Vierzeiler*, 121) Es ist einerlei, ob man die Zugfahrt durch das Heimatland fortsetzt oder ob man aussteigt, zumal die Fahrt als körperliche Qual empfunden wird und der Zug nirgendwo anzukommen scheint: „wirbelsäule/ in fahrtrichtung/ gekrümmt, so sitze ich auch heute/ im zug,/ ohne sonnenbrille, gedrückt/ ins kunst-/ leder zweiter klasse, da/ schwitzt man, was poren können." (*zugfahrt durchs prahovatal, 2*, 53) Die

---

[31] Ebenda.

orthografische ‚Pointe' dieses Gedichts – die Trennung des Substantivs „kunstleder" in „kunst" und „leder" – suggeriert, dass das wahre Zuhause des lyrischen Ichs die Kunst ist. Die Natur bietet ihm keine Zuflucht, sondern ist ihm wie der apokalyptische Lebensraum der Großstadt Bukarest kalt und fremd: „Öffne den Kühlschrank,/ mich friert! Verbrenn einen Festtag!"[32] (*Bukarester Januar, 1985*, 251) Die Versöhnung mit der rumänischen Lebenswelt ist in Rolf Bosserts Lyrik nur in der Ekstase möglich, einer Ekstase, die entweder Bacchus als Gott des Weins (*Traum an der Kokel*, 183) oder Eros als Gott der Liebe ermöglichen. In einer selbstironisch grundierten Romantik verklärt die Liebe die ubiquitäre Misere und lässt alles zur Poesie werden: die Armut, den Hunger, die Zigarettenkippen, die Müllberge und ihren „Müllgott"[33]: „Wir erklären die Nacht zum Lied,/ neben lodernden Autoreifen/ les ich dir vor, was dort steht, zwischen/ den Zeilen der Sterne."[34]

---

[32] Der hier evozierte Festtag mag eine Anspielung auf den 26. Januar sein, den Geburtstag des Diktators Nicolae Ceaușescu, der im ganzen Land mit viel Pomp gefeiert wurde, während die Bevölkerung unter der chronischen Unterversorgung und der drastischen Energiesparpolitik des Regimes zu leiden hatte. Ohne diese den Realitäten Rumäniens entnommenen Hintergrundinformationen wäre der Titel des Gedichtes – *Bukarester Januar, 1985* – kaum adäquat interpretierbar.
[33] *Camping, Doi Mai*, S. 140f., hier S. 141.
[34] Ebenda.

# Gedächtnismotive in Herta Müllers Essays

ESPEN INGEBRIGTSEN (Bergen)

## 1. Einleitung

In ihren Essaybänden *Der Teufel sitzt im Spiegel*[1], *Hunger und Seide*[2] und *Der König verneigt sich und tötet*[3] thematisiert Herta Müller Erfahrungen der Repression während des totalitären Ceaușescu-Regimes in Rumänien. Indem sie die Bedingungen der schriftlichen Darstellung von eigenen Erfahrungen in Zeiten der Diktatur untersucht, setzt sich die Autorin wiederholt mit der Thematik des Erinnerns auseinander. Weil Müller bis zu ihrer Ausreise in die Bundesrepublik Deutschland 1987 als Kritikerin des Regimes verfolgt wurde und in dieser Zeit die Repression miterlebte, kommt ihren Texten eine besondere Authentizität zu. Aus der Position der Zeitzeugin stellt Müller Motive persönlicher und politischer Art zusammen und verbindet ihre autobiografischen Erfahrungen mit einer kritischen Reflexion über den immer noch als präsent erlebten Einfluss der Diktatur. Aus den persönlichen Erlebnissen mit der Diktatur entwickelt sie dabei die von ihr so genannte „erfundene Wahrnehmung", die auch als Kritik an den Grundlagen des schriftlichen Gedächtnisses und der autobiografischen Erinnerung verstanden werden kann.

## 2. Erfahrung und Text

Herta Müller diskutiert an mehreren Stellen ihres essayistischen Werkes den prinzipiellen Unterschied zwischen einer Erfahrung und deren Darstellung. Das Erlebte, so Müller, umfasse immer mehr als das, was schriftlich ausgedrückt werden könne. In dem Essay *Wenn wir schweigen, werden wir unangenehm – wenn wir reden, werden wir lächerlich*[4] vertritt Müller die These, dass eine schriftliche Mitteilung nie den Tatsachen gerecht werden könne, weil die Darstellung des Geschehens immer unbekannte und unkontrollier-

---

[1] Herta Müller: Der Teufel sitzt im Spiegel. Wie Wahrnehmung sich erfindet. Berlin 1991.
[2] Herta Müller: Hunger und Seide. Reinbek bei Hamburg 1995.
[3] Herta Müller: Der König verneigt sich und tötet. München 2003.
[4] Ebenda, S. 74–105.

bare sprachliche Komponenten einschließe: „Die Innereien der Tatsachen werden in Wörter verpackt, sie lernen laufen und ziehen an einen beim Umzug noch nicht bekannten Ort."⁵ Herta Müller beschreibt die Übertragung des Erlebten in Schrift als ein Verfahren, bei dem die Authentizität der selbst erlebten Erfahrung vom medialen Charakter der Schrift grundsätzlich in Frage gestellt wird:

> Das Gelebte als Vorgang pfeift aufs Schreiben, ist mit Worten nie kompatibel. Wirklich Geschehenes läßt sich niemals eins zu eins mit Worten fangen. Um es zu beschreiben, muß es auf Worte zugeschnitten und gänzlich neu erfunden werden. Vergrößern, verkleinern, vereinfachen, verkomplizieren, erwähnen, übergehen – eine Taktik, die ihre eigenen Wege und das Gelebte nur noch zum Vorwand hat.⁶

Aus Müllers Sicht steht der schriftliche Ausdruck dem Erlebten immer unproportional gegenüber, denn das „wirklich Geschehene" könne in schriftlicher Form nur noch als „Randerscheinung" vertreten werden. Insofern enthalte jede Erfahrung, und insbesondere jede totalitäre Erfahrung, eine Dimension der Unaussprechlichkeit. Müller formuliert das Bewusstsein von den Grenzen der Sprache als ein Wissen über „ein Leben am dünnen Faden, an dem ich immer mehr wußte, was man mit Worten nicht sagen kann"⁷. Ihr Schreiben nimmt die Distanz zwischen einem äußerlichen Geschehnis, einer innerlichen Wahrnehmung und deren Formulierung auf radikale Weise zur Kenntnis und kritisiert die Vorstellung einer „Übersetzbarkeit" des Erlebten, da Müller sich der grundlegenden Bildhaftigkeit einer sprachlich formulierten Erinnerung bewusst ist. Dabei könne das Erlebte weder vergessen noch in den Hintergrund gestellt werden, da es Spuren im Subjekt hinterlassen habe, die trotz der zeitlichen und räumlichen Distanz zum Geschehenen noch als präsent erlebt würden. Obwohl die Erfahrungen der Diktatur zeitlich in immer weitere Ferne rücken würden, kehrten die mentalen Eindrücke in Form lebendiger Erinnerungen zurück.⁸

Eine weitere Schwierigkeit bei der schriftlichen Darstellung traumatischer Erlebnisse sieht Müller bei ihren Rezipienten, die zumeist keine eigenen Erfahrungen mit dem Totalitarismus gemacht haben. Als die Essayistin nach der Übersiedlung in die Bundesrepublik Deutschland ihre totalitären Erfahrungen darzustellen versuchte, habe ihrer Ansicht nach immer die Gefahr bestanden, dass die Mitteilung als nicht repräsentativ verstanden werde. Sie beschreibt in dem eingangs zitierten Essay, wie sie sich aufgrund der Drastik ihrer Erlebnisse „harmloser Beispiele" habe bedienen müssen, weil ihre Geschichte sonst nicht als glaubwürdig empfunden worden wäre. Sie habe ge-

---

[5] Ebenda, S. 85.
[6] Ebenda, S. 86.
[7] Ebenda, S. 104.
[8] In *Hunger und Seide* heißt es über die Erinnerung von Geschehenem: „Zeitraffer gibt es nicht im Kopf." Vgl. Müller, Hunger (Anm. 2), S. 32.

merkt, „daß die Warnung richtig war, schon die harmlosen Beispiele galten hierzulande [in Westdeutschland – Anm. E. I.] als übertrieben"[9].

Die Autorin thematisiert hier das Fehlen einer adäquaten Sprache, die eine Art „Authentizität" der schriftlich formulierten Erinnerungen gewährleisten könnte. Allerdings gibt es an sich keine „Leidensschrift", die die traumatische Vergangenheit „authentisch" wiedergeben könnte. Dieses Problem spricht Müller an, indem sie beschreibt, wie die schriftliche Erinnerung ihre eigenen Wege gehe und stets Erinnerungsdokumente erzeuge, bei denen man nicht wisse, mit welchen Bedeutungen und Bedeutungsaspekten die Erfahrungen bei der Darstellung angereichert würden. Zwar sei ein Text eine „Realität", sobald er gedruckt sei[10], aber er lasse auch das Reale „anders erscheinen" und decke das zu, was wir mit den „Händen anfassen" könnten, da er einen Gegenstand „zwischen unseren Schläfen, unter der Schädeldecke" darstelle.[11] Müller zufolge wird das Erlebte in einer schriftlichen Darstellung so stark auf das Bildhafte hin geändert, „dass selbst Autobiographisches, Eigenes im engsten Sinne des Wortes, nur noch vermittelt, nur noch im weitesten Sinne des Wortes mit meiner Autobiographie zu tun hat".[12] Wie unter Punkt 5. noch ausführlicher dargestellt werden soll, setzt Müller eine komplexe bildliche Sprache ein, um sich mit den eigenen totalitären Erfahrungen auseinanderzusetzen.

## 3. Gedächtnis

Der französische Soziologe Maurice Halbwachs beschreibt, wie das kollektive „Gruppengedächtnis" an einen Träger gebunden und durch die Zeichen und Symbole eines überindividuellen Kollektivs innerhalb eines sozialen Rahmens („cadres sociaux") definiert werden kann.[13] Erinnerungen sind demnach von einem kollektiven, kommunikativen Rahmen bedingt, der als ein Sitz der Traditionen die mediale Form der Erinnerung vorgibt. Jan Assmann erläutert die Interdependenz zwischen einem Subjekt und dessen sozialem Rahmen in seinem Standardwerk zur Gedächtnistheorie *Das kulturelle Gedächtnis* folgendermaßen: „Subjekt von Gedächtnis und Erinnerung bleibt immer der einzelne Mensch, aber in Abhängigkeit von den ‚Rahmen', die seine Erinnerung organisieren." Die Mitteilung von Erinnerungen einer Person erfolge deshalb kraft „ihrer Teilnahme an kommunikativen Prozes-

---

[9] Müller, Der König (Anm. 3), S. 104.
[10] Müller, Der Teufel (Anm. 1), S. 38.
[11] Ebenda, S. 42.
[12] Ebenda, S. 43.
[13] Maurice Halbwachs: Das kollektive Gedächtnis. Aus dem Französischen von Holde Lhoest-Offermann. Frankfurt a. M. 1985, S. 72.

sen"¹⁴ innerhalb eines vorgegebenen Rahmens wie etwa einer literarischen Gattung. Das individuelle Gedächtnis ist demnach auf überindividuelle, kulturell kodifizierte Formen und Medien angewiesen, damit es überhaupt als „Gedächtnis" erkannt werden kann.

Das kulturelle Gedächtnis hat dabei konnektiven Charakter innerhalb einer Gemeinschaft. Das erinnernde Subjekt hat laut Aleida Assmann ein „bewohntes Gedächtnis", das gegenüber seinen Themen und Motiven selektiv verfährt und Werte vermittelt, „aus denen sich ein Identitätsprofil und Handlungsnormen ergeben"¹⁵.

Da sich die Zeitzeugin Herta Müller literarischer Formationen bedient, um an die jüngste deutsch-rumänische Vergangenheit zu erinnern, repräsentieren ihre autobiografischen und essayistischen Texte ein kulturelles Gedächtnis, das im Kontext der Auseinandersetzung mit dem sozialistischen Regime in Rumänien für ein „bewohntes" Funktionsgedächtnis steht. Denn Herta Müllers Texte organisieren das Vergangene gruppenbezogen, selektiv und wertegebunden.¹⁶ Sie verortet sich innerhalb des historisch festgelegten Rahmens der Essayistik und artikuliert dort ein Gruppengedächtnis der Marginalisierten und der Unterdrückten. Ihre Durcharbeitung der Vergangenheit perspektiviert die Realität und hinterfragt durch ihren Konstruktcharakter die Neutralität der Schrift.

## 4. Der persönliche und der politische Horizont

Indem Herta Müller in der Essayform einen Ausschnitt der jüngsten banatschwäbischen Vergangenheit darstellt, rekonstruiert sie mit literarischen Mitteln einen individuellen Erfahrungshorizont, der mit überindividuellen zeitgeschichtlichen Strukturen eng verflochten ist. Es gibt in Müllers Essays keine trennscharfe Linie zwischen den persönlichen Erinnerungen und den Erinnerungen an die damaligen politischen Verhältnisse, vielmehr fügt das Thema der Repression den persönlichen Erinnerungen jeweils eine politische Dimension hinzu und verschmilzt im Motivkomplex alltäglicher Episoden und Gegenstände das Persönliche und das Überindividuelle zu literarischen Momentaufnahmen des erinnernden Subjekts.

Müller organisiert Erfahrungen wie Bespitzelung, Verhöre oder Hausdurchsuchungen durch die Securitate zu einem Textdiskurs, in dem auch Themen wie Kindheitsgeschichten oder Kontroversen innerhalb der banatschwäbischen Minderheit Seite an Seite mit den Erfahrungen der Repression

---

¹⁴ Jan Assmann: Das kulturelle Gedächtnis. Schrift, Erinnerung und Identität in frühen Hochkulturen. 6. Aufl. München 2007, S. 36f.
¹⁵ Aleida Assmann: Erinnerungsräume. Formen und Wandlungen des kulturellen Gedächtnisses. München 1999, S. 133.
¹⁶ Ebenda, S. 134.

stehen. Diskontinuierliche und plötzliche Übergänge zwischen autobiographischen Erinnerungen und politischen Urteilen kennzeichnen Herta Müllers schriftliches Einkreisen der traumatischen Vergangenheit und den dadurch entstehenden Gedächtnisdiskurs. Die Auslotung der Vergangenheit beginnt dabei oft mit der Auswahl eines persönlichen Erlebnisses, das den Ausgangspunkt einer weit reichenden Reflexion bildet. In *Der Teufel sitzt im Spiegel* erinnert sich die Autorin an ihren Vater und zitiert aus dem Frühwerk *Niederungen*, wie sie ihrem Vater Kopftücher aufbinden, ihn aber nie im Gesicht berühren durfte.[17] Außer auf eine schwierige Vater-Tochter-Beziehung deuten die Wutausbrüche des Vaters bei der Berührung seines Gesichts auch auf ein Tabu in Bezug auf seine unbewältigte SS-Vergangenheit während des Zweiten Weltkrieges hin. Obwohl es keinen einleuchtenden Zusammenhang zwischen dem Gesicht des Vaters und dessen SS-Vergangenheit gibt, legt der Text es nahe, eine Verbindung zwischen seinen somatischen Störungen und dem unbewältigten historisch-politischen Kontext herzustellen. Das aus dem Alltag gewählte Motiv des Gesichts verkörpert metonymisch einen Bezug zur tabuisierten Vergangenheit und zu einem Thema, das in der Familie verschwiegen worden ist. Zwischen dem privaten und dem überindividuellen Erfahrungshorizont kann keine Grenze gezogen werden.

Auf ähnliche Weise vernetzt Müller individuelle Erfahrungen mit Erfahrungen der Diktatur, wenn sie sich in *Hunger und Seide* mit der Verfolgung von Freunden und Bekannten auseinandersetzt. Von alltäglichen Geschehnissen ausgehend, kehrt sie ständig zu Vorfällen zurück, in denen der Staat seinen totalitären Charakter zeigt. Einige Beispiele dafür sind als Mordfälle verschleierte Suizide oder die Rolle von Medizin und Justiz als Handlanger des Geheimdienstes, der vor Geburtenkontrolle und Abtreibungen durch psychischen Terror nicht zurückschreckte.[18] Im totalitären Kontext verdeutlichen diese auf den ersten Blick scheinbar persönlichen Erinnerungen das Ausmaß der Diktatur und deren Bereitschaft, ins Leben des Einzelnen einzugreifen. An anderer Stelle schildert die Autorin hungernde Menschen, die einen Eisblock aus gefrorenen Hühnerköpfen und Hühnerflügeln zerhacken.[19] Das Bild des aus Tieren bestehenden Eisblocks ruft die Erinnerung an die unzulängliche Verteilungspolitik des Ceauşescu-Regimes und an die verzweifelten Lebensbedingungen der Bevölkerung hervor. Die Erinnerung an die Vergangenheit ist in Müllers Perspektive immer mit einer totalitären Erfahrung verbunden. Durch die Darstellung von Gesten der Unterdrückung und von einer Gestik des Leidens rücken die individuellen Erinnerungen in einen politischen Kontext. Die Texte im Essayband *Hunger und Seide* entlarven

---

[17] Müller, Der Teufel (Anm. 1), S. 17.
[18] Müller, Hunger (Anm. 2), S. 79ff.
[19] Ebenda, S. 65.

geflohene Mitläufer und bringen noch ungeklärte Verbrechen ans Licht.

## 5. Gedächtnis und Gedächtniskritik

Neben den Erinnerungen an die Diktatur zeigen die Essays auch, wie die Repression sich in den Körper des erlebenden Subjekts eingeprägt und eine negative Umwertung der äußeren Umgebungen bewirkt hat. Felder oder Straßen lösen Widerwillen und Melancholie aus, und Herta Müller sieht in alltäglichen Gegenständen totalitäre Symbole und ein „Gedärm unter der Oberfläche".[20] Die Lügen der Staatsmacht haben sich derart stark ins subjektive Wahrnehmungsvermögen eingeprägt, dass die äußere Welt in Form von Attributen der Macht wahrgenommen wird. Der Essayistin zufolge lauert der „Todeshauch des Geheimdienstes" in Steinen, Flüssen, Pflanzen, während in den roten Nelken und Thujapflanzen der Parteibonzen eine symbolische Machtarroganz stecke.[21] Ihr assoziativer Blick erkennt in den Landschaften Tod und Verwesung und in den Feldern ein „Panoptikum des Sterbens". Indem die rumänische Landschaft der 1970er und 1980er Jahre als eine Kulisse der Repression wahrgenommen wird, vergegenständlichen diese Motive der persönlichen Abscheu die negative Einstellung der Erzählerin zu ihrer physischen, sozialen und politischen Umgebung. Wie in einem fotografischen Prozess haben sich Institutionen von Macht und Gewalt in Körper und Gedächtnis eingeprägt, entsprechend Friedrich Nietzsches Diktum aus der *Genealogie der Moral*: „Nur was nicht aufhört, weh zu tun, bleibt im Gedächtnis."[22]

Die Repression wird auch in Form einer subjektiven, von der Alltagssprache abweichenden Metaphernbildung reflektiert, die Müller „die erfundene Wahrnehmung"[23] nennt. Die Literatur, so Müller, habe während der Diktatur „einen inneren Halt" gegen die Repression geboten und tue dies immer noch im Umgang mit ihr, denn erst durch die „erfundene Wahrnehmung" und ihr Spiel mit den Darstellungen der Wirklichkeit habe die Autorin der Repression entkommen können.[24] In *Der König verneigt sich und tötet* heißt es, dras-

---

[20] Müller, Der Teufel (Anm. 1), S. 17.
[21] Müller, Hunger und Seide (Anm. 2), S. 70.
[22] Friedrich Nietzsche: Zur Genealogie der Moral. Eine Streitschrift. In: Sämtliche Werke. Kritische Studienausgabe in 15 Bänden. Hrsg. von Giorgio Colli u. Mazzino Montinari. Bd. 5. München 1993, S. 293.
[23] Vgl. dazu Markus Steinmayr: „Ich wollte in der Tiefe der Bilder verschwinden" – Bildlichkeit als Lust am Text. Ein Versuch über *Der Teufel sitzt im Spiegel*. In: Der Druck der Erfahrung treibt die Sprache in die Dichtung. Bildlichkeit in den Texten Herta Müllers. Hrsg. von Ralph Köhnen. Frankfurt a. M. 1997, S. 139–154.
[24] In: Müller, Der Teufel (Anm. 1), S. 27f. wird dies deutlich, wenn das Ich einem Bild des Diktators ein Auge ausschneidet. Dieses omnipräsente „Auge der Macht" steht für die versuchte paternalistische Lenkung der Denkweise der Individuen. Dem omnipräsenten Auge entkommt man erst spielerisch, im privaten Kontext, indem das Verhältnis zwischen der Macht und den Machtlosen umgekehrt

tische Witze seien eine „imaginäre Demontage des Regimes" gewesen und die Poesie somit eine Überlebensstrategie, Gebrauchspoesie im wahrsten Sinne.[25] Die Erfahrungsrealität wird in eine negative Poesie umgesetzt, die nicht zuletzt die Funktion einer persönlichen Verweigerung erfüllt. So verwandeln sich beispielsweise im Essay *Die Insel liegt innen – die Grenze liegt außen* Dahlien in Requisiten des privaten Widerstands:

> Wie soll ich in Worten erklären, daß mir die Dahlie eine fast stabile innere Einstellung zu dem Gezerre von außen gab, dass in einer Dahlie ein Verhör sitzt, wenn man vom Verhör kommt, oder eine Zelle, wenn ein Mensch, den man mag und nicht verlieren will, im Gefängnis ist. Daß in einer Dahlie ein Kind sitzt, wenn man schwanger ist und das Kind auf keinen Fall haben will, weil man ihm dieses Scheißleben nicht zumuten will, für Abtreibung aber ins Gefängnis kommt, wenn man erwischt wird.[26]

Die „erfundene Wahrnehmung" repräsentiert eine Symbolsprache, deren Vergangenheitsbezug über die Funktionen der konventionellen Geschichtsschreibung hinausgeht. Sie problematisiert die Auffassung von Sprache als einem neutralen Instrument der Erinnerung und stellt zugleich eine Opposition gegen den instrumentellen Sprachgebrauch des Regimes dar. Denn „alle Diktaturen, ob rechte oder linke, atheistische oder göttliche, nehmen die Sprache in ihren Dienst"[27]. Müller widersetzt sich der Alltagssprache mit der Begründung, diese sei eine „überindividuelle Struktur". Erst durch die „erfundene Wahrnehmung" habe sich das Ich einen Freiraum schaffen können, da normalsprachliche Formulierungen von Wahrnehmungen und Erinnerungen zugleich eine Akzeptanz gegenüber den kommunikativen Strukturen der Machthaber bedeuten und die eigene Individualität gefährden würden. In *Der Teufel sitzt im Spiegel* heißt es über eine Mitteilung, dass „[d]as Fortschreiben des Satzes [...] das Aushöhlen der Gedanken" sei.[28]
Da die erlebte Erfahrungsrealität nicht in eine konventionelle Alltagssprache übertragbar ist, erweist sich das erlebende Ich als eine komplexere Instanz als das, was ein schreibendes Ich mit der Normalsprache auszudrücken vermag. Das, was der Autorin zufolge „im Kopf steht", entziehe sich dem rationalen und begrifflichen Zugriff. Verbindungen in den Texten Müllers zu suchen, so schreibt sie selbst, hieße auch, Abbrüche der normalsprachlichen Kommunikation hinzunehmen. Die grundlegende Sprachskepsis in Herta Müllers Gedächtnisarbeit erschwert sowohl das Schreiben wie auch das Lesen, da ihre Kritik am Regime auch eine Kritik an überindividuellen Sprachstrukturen einschließt. Indem Herta Müller komplizierte Ausdrucksweisen

---

wird. Das Spiel und die Erfindung neuer Redeweisen geben dem Subjekt eine flüchtige Möglichkeit, die Überwachung und Erniedrigungen zu überwinden.
[25] Müller, Der König (Anm. 3), S. 66.
[26] Ebenda, S. 77f.
[27] Ebenda, S. 31.
[28] Müller, Der Teufel (Anm. 1), S. 41.

als sprachlichen Widerstand gegen das Regime einsetzt und ihre Erinnerung punktuell auf die Referentialität verzichtet, fordert sie die schriftlichen Formationen des kollektiven Gedächtnisses heraus.

## 6. Essayistik

Das Medium der Literatur hat eine privilegierte Position in Bezug auf die narrative und diskursive Stellungnahme sowohl zu individuellen Erinnerungen wie auch historischen Geschehnissen. Herta Müllers Einbindung individueller Erinnerungsspuren in die kollektiven Gedächtnisformen zeigt, wie das literarische Gedächtnis jede kommunikative Form in die Darstellung des Vergangenen aufnehmen, kollektiv zugänglich machen und literarisch umsetzen kann. Herta Müllers Reflexionen über die Grundlagen des schriftlichen Gedächtnisses stehen in einer kritischen Essaytradition, die seit Michel de Montaigne konventionalisierte diskursive Schreib- und Denkmuster durch ein *systematisch unsystematisches* Verfahren überboten hat. Exemplarisch für die essayistische Schreibweise ist die Einkreisung von komplexen politischen, ästhetischen oder persönlichen Themen, die durch die Aufnahme neuer Techniken und Denkweisen stets neue formale und thematische Darstellungsmöglichkeiten der Gattung erprobt. Theodor W. Adorno erkannte in der Essayistik eine subversive Schreibform mit einem inhärenten „antisystematischen Impuls"[29], demzufolge das essayistische Thema aufgrund seiner formalen und gedanklichen Komplexität begrifflich nicht reduziert werden könne. Die sprunghaft-assoziative Gedankenfügung des Essays verzichtet auf systematische Analyse und Argumentation, wodurch der Essay jede Schreibweise in sich aufnehmen kann, die die Erforschung seines Themas fördert. Im Essay zeigt sich so die formale und thematische Freiheit der Literatur, er repräsentiert ein autonomes Diskursfeld nicht-verwalteter, individueller Integrität.
Auch auf dem Gebiet der kulturellen Erinnerung spielt der autonome Essay eine zentrale Rolle. Birgit Neumann beschreibt, wie die Literatur besondere Erfahrungsbereiche auszuloten und zum Gegenstand kultureller Sinnwelten zu machen vermag, „die in anderen Diskursen unartikulierbar bleiben"[30]. Indem literarische Texte transgressive Formate zur Deutung der Kollektivvergangenheit entwickeln, können sie „zur veränderten Deutung kollektiver Erinnerungen und Identitäten" anregen. Die Literatur, so Neumann, könne gesellschaftlich sanktionierte Erinnerungsformate reaktualisieren, indem sie sich „im Spannungsfeld zwischen subversiver Imagination und stabilitäts-

---

[29] Theodor W. Adorno: Noten zur Literatur. Hrsg. von Rolf Tiedemann. Frankfurt a. M. 1989, S. 20.
[30] Birgit Neumann: „Literatur, Erinnerung, Identität". In: Gedächtniskonzepte der Literaturwissenschaft. Theoretische Grundlegung und Anwendungsperspektiven. Hrsg. von Astrid Erll u. Ansgar Nünning unter Mitarbeit von Hanne Birk u. B. N. Berlin, New York 2005, S. 149–178, hier S. 170.

gewährender Reproduktion" verortet.[31] Herta Müllers Essayistik demonstriert dementsprechend, wie Autobiografie, Politik und Poesie Seite an Seite Eingang in das kollektive Gedächtnis finden können. Die Essays rufen stumme Zeugen der Repression wach und verschmelzen individuelle Erfahrung, Sprachreflexionen und Machtanalyse zu einem Gattungs- und Gedächtnisamalgam, das Erinnertes und Tabuisiertes mit Erfundenem und Privatem zusammenführt. Durch die Essayform erprobt Herta Müller die Relevanz einer marginalisierten Form der kulturellen Erinnerung und stellt einen Bezugspunkt für die verdrängten Stimmen und die betroffenen Subjekte der jüngsten deutschrumänischen Vergangenheit her. Die Darstellung der Repression gewährt den Unterlegenen der Repression eine schriftliche Repräsentation und stellt ihnen für die Auseinandersetzung mit ihrem Schicksal einen Raum im Medium der Literatur zur Verfügung, während gleichzeitig eine sprachskeptische Kritik an den Grundlagen des Gedächtnisses geübt wird.

## 7. Ausblick

Das Gedächtnis und der Körper werden in den Essays von Herta Müller als Schreibflächen der Macht inszeniert. Zugleich sprengt die „erfundene Wahrnehmung" den literarischen Raum der Innerlichkeit und markiert eine zugleich subjektive wie politische Abscheu gegenüber totalitären Strukturen. Der antitotalitäre Impuls geht so weit, dass auch sprachliche Maßgaben herausgefordert werden, da Herta Müllers Essays ein nicht reduzierbares, begrifflich nicht übersetzbares Gedächtnis bilden, das die Vergangenheit festhält, aber auch eine Kritik an deren sprachlichen Grundlagen übt.
Die „erfundene Wahrnehmung" bleibt manchmal in der Schwebe, ohne sich begrifflich festlegen oder übersetzen zu lassen. Diese Schreibweise ist ebenso komplex wie das Material der Erinnerung: Politisches, Kritisches, Privates und Traumatisches werden miteinander zu einem Text montiert, der dem Leser zugleich dokumentarische und poetische Einblicke in die Traumata des Individuums und in die Verelendung des sozialistischen Staates gewährt. Die Essays artikulieren ein kollektives Gedächtnis und holen „in ihrer bildgenauen Wahrheit [...] die Gemeinheiten, die Menschen einander zufügen, in die Gegenwart zurück", so Michael Naumann in seiner Rezension von *Der König verneigt sich und tötet*.[32] Herta Müllers Schreiben vereint individuelle und kollektive Erinnerung, indem es sich zwischen individueller Gedächtnisbildung und Gedächtniskritik verortet. Die systemkritische Essayform fordert die Konventionen der literarischen Mitteilung heraus und stellt dadurch die Grundlage des Gedächtnisses in Frage.

---

[31] Ebenda, S. 171.
[32] Michael Naumann: Mundhimmel. In: *Die Zeit*, 5. Februar 2004.

# „dreh dich nicht um, grenzgänger gehen um, ohne grenzen"

## Wortspiel und Witz in den Texten Hellmut Seilers

MARIANA-VIRGINIA LĂZĂRESCU (Bukarest)

Das *Literaturblatt* der *Neuen Banater Zeitung* (*NBZ*) vom 30. Juni 1984 widmet Hellmut Seiler, geboren am 19. April 1953 in Rupea (Reps), eine ganze Seite.[1] Unter dem Foto des Dichters ist zu lesen:

> [...] nach Abitur in Kronstadt (1972, Honterus-Lyzeum) Philologie-Studium (Deutsch und Englisch) an der Hermannstädter Fakultät (1972–76). Seither Fachlehrer für Deutsch und Englisch in Tîrgu-Mureș. Debüt mit Gedichten und Prosa in der Schülerbeilage ‚Debüt und Debatte' der „Karpaten-Rundschau" (1971), im gleichen Jahr Erstveröffentlichung in der „Neuen Literatur" mit Gedichten. Publizierte Lyrik und Prosa, Theaterchroniken, Interviews, Buchrezensionen sowie Übersetzungen in NW [*Neuer Weg*], NBZ, NL [*Neue Literatur*], KR [*Karpatenrundschau*], „Echinox", „Volk und Kultur", DW [*Die Woche*], „Vatra", „Tribuna", „Transilvania", „Rumänische Rundschau" u. a.

Seiner Buchveröffentlichung *die einsamkeit der stühle* (Klausenburg 1982) folgten Gedichte in den von Peter Motzan herausgegebenen Anthologien *Vînt potrivit pînă la tare* [Mäßiger bis starker Wind] (Bukarest 1982) und *Der Herbst stöbert in den Blättern* (Berlin 1984). Unter der Redaktionsleitung von Nikolaus Berwanger wurden die Gedichte *pastell III*, *blickwinkel*, *fortgang*, die Prosatexte *schreberansichten* und *zehn neue proportionen* sowie der Vermerk „Hellmut Seiler ist Preisträger '84 des AMG [Adam-Müller-Guttenbrunn]-Literaturkreises" abgedruckt.[2]
Im *NBZ-Kulturboten* schreibt William Totok über den Dichter, der mit dem schwindenden bzw. verschwundenen Hinterland im Kopf lebt: „Seiler lebt eigentlich wie wir alle, ‚im Schatten des Waldes, der vor lauter Schlagbäumen nicht zu sehen ist.'"[3] Für ihn sei die Sprache, so Totok, Zufluchtsort und selbstgewählte Strategie des Überlebens, die letzte Chance für jene bittere

---

[1] *NBZ-Literaturblatt*, 30. Juni 1984.
[2] Ebenda.
[3] *NBZ-Kulturbote*, 1. Juli 1984.

Heiterkeit, von der die meisten Texte dominiert seien. Totok weiß nicht recht, ob er Hellmut Seiler einen schüchternen Optimisten oder einen tapferen Pessimisten nennen soll. Aus diesem Paradox entstehe jedenfalls Literatur. „Hellmut Seiler bewegt sich hart an der Grenze der öffentlichen Nachsichtigkeit, weil er nur über die Gürtellinie zielt. Er bleibt im Schatten stehen, muss dort stehen bleiben", schließt Totok.
In der Dankrede anlässlich der Verleihung des AMG-Literaturpreises, die ebenfalls in dem erwähnten *NBZ-Kulturboten* erschien, signalisiert Seiler den Sprachenwirrwarr, der vor allem bei den Rumäniendeutschen sowohl den täglichen Umgang untereinander als auch die Medien beherrscht. Weiterhin bedauert er die Sprachverarmung, die sich im damaligen Literaturbetrieb in Rumänien bemerkbar macht.
Etwas später, in den 1990er Jahren, sollte Seiler in einer nüchternen Sprache gleichermaßen heitere und bittere Prosatexte über verschiedene groteske Begebenheiten schreiben, die sich im sozialistischen Rumänien abspielten und die er schließlich unter dem Titel *Glück hat viele Namen. Fünf Satiren* 2003 in Deutschland veröffentlichte.
Richard Wagner fragt sich in einem Aufsatz nach Erscheinen von Seilers Debütband, wo das Positive bleibe.[4] Er nennt Seiler den Autor mit dem umständlich orthografierten Vornamen und wirft ihm Mangel an Originalität vor, indem er behauptet, seine Gedichte würden Spuren der gesamten Entwicklungen der rumäniendeutschen Lyrik im letzten Jahrzehnt tragen. Manche Gedichte Seilers kommen Wagner wie eine Rekapitulation von Rastern aus den frühen Bänden Hodjaks und Söllners, wie Aphoristisch-Lakonisches oder wie eine Replik vor. Einige Texte würden, laut Wagner, ein Defizit an Substanz sichtbar machen. Wagner bemängelt auch das Fehlen der Erkenntnisfunktion. Das Wortspiel, meint er, führe manchmal zu Plumpheiten, der Aphorismus zur Entfernung von der Ästhetik, wie im Gedicht *abrüstungskonferenz*[5]:

> es kann meine herren
> an dieser stelle mit aller zuversicht
> erklärt werden daß
>
> DER GOLDNE MITTELWEG
> als glänzendst vollstreckt angesehn werden darf
> eben liegt er vor uns
> dank unserer neuesten
> mittelstreckenrakete

---

[4] Richard Wagner: ... wo das Positive bleibt ... Anmerkungen zu: hellmut seiler, „die einsamkeit der stühle", dacia verlag, cluj-napoca 1982. In: *Karpatenrundschau*, 3. März 1982.
[5] Hellmut Seiler: die einsamkeit der stühle. gedichte. Cluj-Napoca 1982, S. 44. Hinfort wird dieser Band im Fließtext mit *e. d. st.* abgekürzt. Auf Zitate daraus wird mit der Abkürzung und Seitenzahl verwiesen.

Als gelungen betrachtet Wagner die Gedichte, in denen Nonsensverse eingesetzt werden (beispielsweise in *tagtraum*), ein Sprachunfug vermittelt (wie in *ausgang zu zweit*) oder ein komisch-grotesker Vorgang wiedergegeben wird (wie in den Gedichten *umzug* und *das lachen im hals*). Das Positive, meint Richard Wagner in ironischer Anspielung auf einen bekannten Erich-Kästner-Vers und auf den Auftrag der kommunistischen Literatur, stehe in *holzgedicht* (*e. d. st.*, 18):

> verlässlich wie holz ist hier jede bewegung
> holzmündern entfährt bald bald eine segnung
> die schere im holzkopf lässt sich nicht lumpen
> holzfreunde sollst du nicht anpumpen
>
> holzmusterehen verlaufen ungeschieden
> dafür sorgen die gatten mit hölzernen gliedern
> holzkinder sodann
> wer denn legt feuer an?

Dieses Gedicht halte ich für symptomatisch in Bezug auf den gesamten Band, der meiner Meinung nach bereits fast alle Hauptthemen der Seiler'schen Lyrik enthält, die nach seiner Auswanderung wieder aufgenommen, an neue Umstände angepasst und erweitert werden.

Rolf Bossert äußerte sich ähnlich wie Wagner zu Seilers Debütband[6], in dem die lyrischen Töne der 1980er Jahre rekapituliert würden. Auch er betont das Spiel mit Worten und Gedanken in den Gedichten *türkischer kaffee* (*e. d. st.*, 17):

> im mund kann mir
> diesen satz
> keiner umdrehn

oder *beim zahnarzt* (*e. d. st.*, 43):

> die freiheit da
> den mund aufzumachen
> kann ich nur verwirklichen
>
> wenn ich keine angst habe

---

[6] Rolf Bossert: Was „stiften" die Dichter? Notizen zu Hellmut Seilers Debütband „die einsamkeit der stühle". In: *Neuer Weg*, 23. Oktober 1982.

Bossert würdigt die Gedichte *kosmetik* und *homo homini*, geht lobend auf die Gedichte *gaststättenmorgen, agronomisch, vorkehrungsmaßnahme, gedicht, pastell, tagtraum, herbstbild*, aber auch auf „Klartexte" wie *wortfolge, espenlaub* sowie auf die der „engagierten Subjektivität" verpflichteten Gedichte *wintermorgen II, abschied, party in Pasadena, reise Tîrgu Mureş-Reps, take it or leave it* ein. Sowohl Wagner als auch Bossert schätzen das *holzgedicht*. Während Wagner kritischer ist, erkennt Bossert die Originalität Seilers, lobt die Mehrdeutigkeit der Sprachbehandlung, die Assoziationen auf lexikalischer Ebene, die ironisch eingebauten Redewendungen und Zitate, die Verballhornungen und Wortspiele aller Art, von exzellent bis leicht verkrampft, die aphoristisch zugespitzten, pointierten Kurztexte. Typisch „seilersch" ist für Bossert das Gedicht *umzug* (*e. d. st.*, S. 11):

> erst fliegen einige leere flaschen vom balkon
> erleichtert ächzt in freiem fall der wurm
> stichige schreibtisch die alte jungfer von
> links oben schreit heiser zetermordio in schöner
> da abänderlicher reihenfolge kommen zeit
> schriftensamlungen dran da bricht den kerzen
> haltern der schweiß aus reißt die türrahmen mit
> samt zwölf stämmigen burschen aus dem bett
> leintuch der letzte gast schleudert sich bloß
> selber die zwölf treppen runter ihm nach
> sausen meine in gänsehaut eingepackten
> empfindungen.
>
> wie soll das so noch
> vonstatten vor sich
> weitergehen?

Von den einfallsreichsten Beispielen dieser Art zählt Bossert folgende auf: „schlaglöcher/ kommen keine vor oder schlagworte oder andre/ totschläger" (*take it or leave it*, 33), „im kaderwelsch" (*take it or leave it*, 34), „es bringt keinen auf trab oder/ auf den hund" (*take it or leave it*, 37), „wie herrlich leuchtet mir die natur/ heim" (*anhalterfahrt*, 55), „da sein oder/ nicht da sein/ das ist die frage/ der rest/ ist gerede" (*abc, Hamlet transsylvanicus*, 28), „my head is my castle" (*party in Pasadena*, 52), „der self-made-man von der selbst/ sicherheit" oder „der mundwerktätige" (*zum schießen*, 27).
Bossert schlussfolgert: „Seiler erweist sich als intelligenter Lyriker, der auch das Handwerkliche beherrscht. Ein Enfant terrible ist er, trotz einzelner Kraftakte, nicht. Und auch kein Wegbereiter."[7]

---

[7] Ebenda.

Über den ersten Band Seilers schreibt auch Annemarie Schuller sehr kritisch.[8] Sie urteilt: „[E]r dichtete oft anders und oft wie die andern, und was ihn von ihnen (Wagner, Söllner, Hodjak u. a.) unterschied, war nur, dass *sie* den Trend machten und er ihn *mit*machte." Das Wortspiel, fügt sie hinzu, das vom Einfall lebe, dessen Witz auf dem Aha-Effekt gründe, das nicht immer eigene Substanz besitze, werde in den meisten Fällen „zu einem spezifischen Kommunikationsgestus und Realitätsverhalten aufgebaut, so als gälte es, die verlogene Geistlosigkeit mediumverstärkten Redens in der schönen Freiheit geistreicher Wortassoziationen aufzuheben"[9].

Eduard Schneider widmet dem Band eine Rezension[10], die eher ausgewogen klingt. Den Einfluss der in Rumänien bis zu dem Zeitpunkt erschienenen Lyrikbände auf Seilers Schreibweise streitet auch Schneider nicht ab und unterstreicht die Ähnlichkeit seines Werdegangs als Dichter mit dem der Mitglieder der „Aktionsgruppe Banat".

Helmuth Frauendorfer[11] bemerkt auch, dass Seilers Verse sowohl an die aphoristischen Gedichte der 1970er Jahre als auch an die der „engagierten Subjektivität" erinnern würden, wie Walter Fromm[12] diese Etappe der rumäniendeutschen Lyrik kennzeichnete. Seines Erachtens beherrsche Seiler das Wortspiel einwandfrei, jage keiner Effekthascherei nach und verstehe es, in einem Zuge die Dimensionen eines Satzes durch gekonntes Aneinanderreihen von Substantiven aus verschiedenen Lebensbereichen auszuweiten, wie in den Beispielen: „guten tag ihre fahrkarten bitte/ ihren ausweis ihre meinung bitte" (*das lachen im hals* in *e. d. st.*, 12) oder „eintreten/ den huf ablegen die schuhe/ den verstand". (*wortfolge* in *e. d. st.*, 8)

Nach einem kurzen Überblick über einige Stimmen der Kritik möchte ich schlussfolgern, dass Seiler mit vielen Gedichten dieses Bandes und der späteren Publikationen kluge und originelle Antworten auf brisante Fragen des kleinen Mannes und der Menschheit im Allgemeinen – sei es in Sachen Politik oder Gesellschaft, sei es in Sachen Liebe oder Literatur – gibt, dass er mit einer Leichtigkeit für das Wortspiel begnadet ist, dass ihm subtile intertextuelle Vorgriffe gelingen und dass die Lektüre seiner Texte Denkanstoß sowie Genuss auslösen kann. Er war und ist Deutsch- und Englischlehrer, also ein guter Kenner der deutschen und englischen Literatur, ist in einem mehrsprachigen Gebiet in Siebenbürgen aufgewachsen, spricht mehrere Sprachen, übersetzt viel. Seine Gedichte sind demnach auch als Ergebnis seiner Lektüren zu lesen. Er webt in seine aphoristischen Texte Bruchstücke von Versen

---

[8] Annemarie Schuller: Über Einfälle und Reinfälle. Zu Hellmut Seilers Debütband „die einsamkeit der stühle." In: *Die Woche*, 13. August 1982.
[9] Ebenda.
[10] Eduard Schneider: „von der einsamkeit der stühle". Zu Hellmut Seilers Lyrikdebüt im Dacia Verlag Cluj-Napoca. In: *NBZ*, 5. September 1982.
[11] Helmuth Frauendorfer: „unruhig entgegentreten." Zu Hellmut Seilers Debütband „die einsamkeit der stühle", Dacia Verlag, Cluj-Napoca, 1982. In: *Forum studențesc*, 11(1982), Nr. 4, S. 13.
[12] Vgl. Walter Fromm: Vom Gebrauchswert zur Besinnlichkeit. In: *Die Woche*, 26. Januar 1979.

bekannter deutscher Dichter hinein, aktualisiert und spitzt ihre Botschaften zu oder widmet seine Gedichte deutschen und ausländischen Dichtern. Hier das von Heinrich Heines *Lorelei* inspirierte Gedicht *Ich weiß nicht, was soll* aus dem Band *An Verse geheftet*[13]:

> Ich weiß nicht, was das alles soll:
> Das Geflimmer vom „elften September"
> Das will mir nicht aus dem Sinn.
>
> Die statements sind cool, es wird finster,
> Beschränkte Bekenntnisse funkeln
> Aus wenig berufenem Mund.
>
> Der schönste Versprecher sitzet
> Auf uns ganz wunderbar;
> Wir lassen ihn auf uns sitzen.
>
> Sie kämpfen mit ganz neuen Bomben
> Und singen ein Lied dabei; das hat
> Eine gewaltige Melodei.
>
> Den kleinen Scheißer und Schiffer
> Ergreift es vergeblich mit Weh:
> Er ist doch nicht gefragt.
>
> Ich glaube, die Wellen, die uneingeschränkten,
> Verschlingen am Ende jeden,
> Der nichts dafür kann.
>
> Und das haben mit ihren vermeintlichen Achsen
> Die Maulaufreißer getan.

Charakteristisch für die „engagierte Subjektivität", die in Rumänien von Richard Wagner, Franz Hodjak, Werner Söllner, Rolf Bossert, Johann Lippet, William Totok, Horst Samson, aber auch von Hellmut Seiler vertreten wird, waren vor allem lange Texte, die, um Peter Motzan zu paraphrasieren, dem Prinzip kalkulierter Lässigkeit gehorchen, jeden Strukturzwang von sich weisen und schon dadurch Widerstand leisten gegen den Kanon präskriptiver Normen, so dass Schreiben zu einem Akt störrischer Selbstbehauptung, zu einem Medium der Selbstvergewisserung wird. Engagement werde durch das unbeschönigte Aufschreiben dessen, was den Autoren in der verwalteten

---

[13] Hellmut Seiler: An Verse geheftet. 77 Gedichte und Intermezzi samt einem Epilog. Ludwigsburg 2007, S. 46. Im Folgenden wird aus den Gedichtbänden Seilers mit verkürzter Titel- und Seitenangabe zitiert. Vgl. auch das Literaturverzeichnis.

Welt widerfahre, verbürgt, so Motzan.[14] Die Szenerien in den lyrischen Diskursen, die Motzan aufzählt – morgendliches Erwachen, der Weg zum Arbeitsplatz, ein Wochenende auf dem Lande, Busfahrten, Kino- und Kneipenbesuche, Spaziergänge und Schlangestehen, Büroplaudereien, Selbstgespräche und Gespräche mit Freunden, Wachträume in der Badewanne, Kopfreisen in nie betretene Länder, Liebesaffären –, kommen auch bei Seiler vor.

Was Seiler ein eigenes Profil verleiht, ist sein ausgeprägter Hang zum Witz, der einem einfallsreichen Wortspiel entspringt. Das Wortspiel wird im *Lexikon der Sprachwissenschaft* von Hadumod Bußmann als Sammelbegriff für verschiedene Formen beabsichtigter, „spielerischer" Veränderung oder Kombination sprachlichen Materials definiert.[15] Häufige Verfahren des Wortspiels sind zunächst die Umstellung von Lauten oder Silben, außerdem die morphologische oder semantische Umdeutung von Wörtern sowie lexikalische Kontaminationen. Der erweiterte Begriff des „Sprachspiels" umfasst auch syntaktische, phraseologische und intertextuelle Verfahren sowie rhetorische Figuren wie z. B. Chiasmus oder Anspielung. Das Wortspiel kann durch seine witzigen Effekte die Adressaten emotional und kognitiv ansprechen. Man verweist auch auf „spielerische" Figuren wie Paronomasie, Polyptoton, Malapropismus, Versprecher. Als wichtige Merkmale des Wortspiels betrachten die Forscher den kreativen Umgang mit der Sprache, Verletzung der Sprachnormen, Erzeugung des Unerwarteten:

> Das Wortspiel ist als ein Prozess kreativen Sprachverhaltens und experimentierenden Umgangs mit der Sprache anzusehen, der in Widerspruch steht zu festen sprachlichen Normen oder Konventionen des Sprachgebrauchs.[16]

Wortspiele sind demnach die Grundlage für Witze und Anekdoten. Jedes Wortspiel ist aus der Sicht der Norm ein Fehler. Aber es ist ein Fehler mit Sinn, wie der Sprachforscher Franz Josef Hausmann[17] meint. Im schwachen Wortspiel sei es der Sinn einer rein sprachlichen Logik. Im guten Wortspiel sei die sprachliche Logik Ausdruck einer aktuell sinnvollen oder vom Autor für sinnvoll gehaltenen sachlichen Beziehung. In diesem Fall mag das Wortspiel Mittel der Sprachmagie sein. Da es aber gleichzeitig auch die semasiologische Ökonomie der Sprache als sprachliche Unzulänglichkeit, Mangel, Quelle der Missverständnisse aufdecke, sei es ebenso sprachkritisch wie sprachmagisch, so Hausmann.

---

[14] Vgl. Peter Motzan: Rumäniendeutsche Lyrik der 70er bis 90er Jahre: „Aktionsgruppe Banat" – Richard Wagner – Franz Hodjak – Werner Söllner – Rolf Bossert – Klaus Hensel (1973–1997). In: Deutschsprachige Lyriker des 20. Jahrhunderts. Hrsg. von Ursula Heukenkamp u. Peter Geist. Berlin 2007, S. 732–746, hier S. 737.

[15] Lexikon der Sprachwissenschaft. Hrsg. von Hadumod Bußmann. 3. Aufl. Stuttgart 2002, S. 755f.

[16] Iwona Wowro: Deutsche Kalt- und Warmduschersprüche als Sprachspielkreationen. In: *Convivium. Germanistisches Jahrbuch Polen* 2004, S. 325–337, hier S. 327.

[17] Franz Josef Hausmann: Studien zu einer Linguistik des Wortspiels. Das Wortspiel im „Canard enchaîné". Tübingen 1974, S. 127.

Bei näherem Betrachten der Gedichte Seilers stellt man fest, dass fast kein Reim und keine Interpunktionszeichen vorhanden sind. Die Gedichte weisen aber eine strenge Struktur auf. Oft werden Homonyme verwendet, die einen komischen Effekt hervorrufen. Das folgende Beispiel ist dem Gedicht *Rudimenta mistica* entnommen, dem das Motto „Edel sei der Mensch, hilfreich und Amerikaner" vorangestellt ist und das auf den 11. September 2001 anspielt:

> deshalb machen wir
> auch keine Angaben
> ohne Gewehr[18]

Vom Genossen Erich Honecker gelangt Seiler zu „Honi honey" und schließlich zum geflügelten Wort „Honi soit qui mal y pense", von dem am Ende des Gedichts *Dresden. Im November 96* nur noch „Honi soit" übrig bleibt.[19] Ein anderes Beispiel für Homonyme ist „Phall" statt „Fall" in dem Gedicht *Aufbaum* (*An Verse geheftet*, 84).
Andere Beispiele von Wortspielen durch Alliteration sind: „zeitigt der Genius des Genus den Genuss" (*Schwankendes Geschlecht* in *Schlagwald*, 100) oder „spleenige, spinöse fette Spinnen" und „Es, *scheinbar*, des Scheines und/ *der* Scheine wegen" (*www* in *Schlagwald*, 57).
Oft kommen in den Texten Neubildungen vor wie beispielsweise: „trau schau wau" oder Kontaminationen, d. h. Wortverschmelzungen wie „Rosskurort", „Tonloskünstler", „Abgelage", „Überzeugungsorgane", „Präsidementialpaläste", „oligofrenetisch", „Endzeitlose", „Verbrauchsanweisungen". Erwähnenswert sind auch die in einem Wörterbuch nicht zu findenden Komposita wie „nichtendenwollende Taten" (*Gedanken* in *Schlagwald*, 33), „Liederlichbücher" (*Revolte der Unschuld* in *Schlagwald*, 21) oder „Morgenterziolett" (*Das zweifeltige Morgenterziolett* in *Schlagwald*, 9).
Paronomasien, d. h. rhetorische Figuren der Wiederholung durch Koppelung klangähnlicher, etymologisch und semantisch unterschiedlicher Wörter, sind oft anzutreffen: „Es, *scheinbar*, des Scheines und/ *der* Scheine wegen" (*www* in *Schlagwald*, 57), „Maddalena du mit deinen Megalithen" (*Aufbaum* in *An Verse geheftet*, 84).
Der permanente Hang des Dichters zum Wortspiel äußert sich nicht nur im Einsetzen von Klangähnlichkeiten, sondern auch in der Bildung ausgefallener Konnotationen. So wird z. B. die Verwendung des Dialektausdrucks „mir" für das Pronomen „wir" im Gedicht *MIR sind MIR* mit der Raumstation MIR in Verbindung gebracht. (*Schlagwald*, 73)

---

[18] Hellmut Seiler: Rudimenta mistica. In: Seiler, An Verse geheftet (Anm. 13), S. 52.
[19] Hellmut Seiler: Schlagwald. Grenzen, Gänge. 77 Gedichte und Exkurse. München 2001, S. 32.

Seiler beherrscht den spielerischen Umgang mit der Sprache sehr gut, besitzt das Talent, seine Wortschöpfungen satirisch zu nutzen wie in den Beispielen: „bei lauwarmen Witterungsumschlägen", „mit ihren Rücken brüsten", „Perverseschmied", „ewig burschikosender Bursche", „dreschflegelhafte Rohkostverächter", „speckige Schabernacke" usw. Er versteht es, ganze Wörter oder Endungen ineinander zu schieben und zu verdrehen, als würde er die Grenzen der Sprache ausloten wollen. Das Spiel mit Varianten – Sprünge, Mäander und Würfe im Satz, Spiralen auf eine Pointe zu – das sind nur einige Aspekte des stets grüblerischen, zweifelnden, alles in Frage stellenden Dichters Hellmut Seiler.[20]

Das Eingreifen in bekannte Wendungen wie „friss vögel oder stirb. Und werde" (*Aufbaum* in *An Verse geheftet*, 84) kann auch einen witzigen Effekt haben. Genauso das Spiel mit verschiedenen Bedeutungen eines Ausdrucks: „Kurz will ich mich fassen, bin jedoch/ Alles andere als gefasst; und will mich/ Auch nicht fassen lassen", wie Irmhild Oberthür in ihrer Arbeit *Zwei Heimaten, keine. Hellmut Seiler unternimmt Grenzgänge*[21] bemerkt.

Auf die Frage, welchen Platz Seiler in der rumäniendeutschen Literaturlandschaft der 1980er Jahre einnimmt, versuchte seinerzeit Rolf Bossert in der bereits zitierten Rezension zu dessen Debütband eine Antwort zu geben, allerdings nach dem Erscheinen des ersten Bandes des damals etwa 30jährigen Seiler. Bossert hebt hervor, dass Seiler erstens

> an den einzelnen Entwicklungsetappen dieser Lyrik *mitgeschrieben* hat, von Anfang an, wobei ein ähnlicher Erlebnishintergrund bewirkte, dass der Lernprozess zumindest in der Initialphase ein kollektiver war. Und zweitens gibt es die erwähnten Gedichttypen fast nie in Reinkultur, es bleibt immer noch ein genügend weiter Spielraum für das Eigene.[22]

Dem bereits erwähnten Adam-Müller-Guttenbrunn-Preis folgten in der Bundesrepublik Deutschland noch weitere Auszeichnungen für Hellmut Seiler wie z. B. 1998 der Literaturpreis der Künstlergilde Esslingen für die Prosa *Winters, wenn unter bleiernem Himmel sich Staatsreden blähen* oder 1999 der Lyrikpreis der Künstlergilde Esslingen für das Gedicht *Variation auf einen Mantel* (in *Schlagwald*, 81):

> Der Mantel des Schweigens, gebreitet
> in der Dunkelheit, der schützende Mantel
> des Zweifels, die gehütete Zunge;
> Gogols beredter Mantel, die Schatten

---

[20] Vgl. auch die Laudatio von Franz Josef Görtz auf Hellmut Seiler bei der Verleihung des Würth-Literaturpreises 2000. Das Typoskript wurde mir von Hellmut Seiler zur Verfügung gestellt.
[21] Irmhild Oberthür: Zwei Heimaten, keine. Hellmut Seiler unternimmt Grenzgänge. Typoskript einer Seminararbeit, vorgelegt am Deutschen Seminar der Albert-Ludwigs-Universität Freiburg im Breisgau, Dezember 2001.
[22] Bossert, Was „stiften" die Dichter (Anm. 6).

>  der Zweige draußen; sie alle
> geistern durch dieses alte, längst fällige
> Haus. – „Wie geht's, altes Haus?"
>
> Ich schütze ihn vor: den verschlossenen,
> verräterischen Mantel.
> Umgebe damit die Dunkelheit.
> Mich hütet die Zunge, es weiden die Worte,
> lauter fremdartige Tiere, meine Zweifel.
> Zweige geistern durch meinen Schatten:
> Er fällt. Das Schweigen bricht mich.

Am 19. Oktober 2000 erhielt der Remsecker Hellmut Seiler zusammen mit Fabienne Pakleppa aus München und Friedrun Schütze-Schröder aus Wien den Würth-Literatur-Preis, der im Rahmen der Tübinger Poetik-Dozentur verliehen wird.[23] 2002 bekam er den Reinheimer Satirelöwen und 2003 den Irseer Pegasus. Außerdem war er zweimal, 1997 und 2001, der Gewinner des Wettbewerbs „Lyrik in einem Zug" des Ministeriums für Wissenschaft, Forschung und Kunst Baden-Württemberg und von der Deutschen Bahn AG. 2000 bekam er ein Stipendium des „Writers' and Translators' Centre of Rhodes" als „Poet in Residence".

Im Band *die einsamkeit der stühle* zeichnen sich, wie bereits erwähnt, viele Themen und Motive ab, die Seiler auch weiterhin begleiten werden. Wichtig scheint mir die oft anzutreffende optimistische Haltung Seilers, der Aufforderungsgestus, der zu Bewegung, zu Initiative, zum Leben trotz der Diktatur einlädt. Viele Texte sind durchdrungen von Unternehmungslust, was nicht bedeuten soll, dass in einigen nicht auch von Pessimismus und Resignation die Rede sein kann, wie in *aufforderung* (*e. d. st.*, 6f.):

>  spring endlich auf [...]
> spuck den grashalm aus
> warte nicht wirf
> das buch weg [...]
> [...] schmeiß
> diese hinterhältige scheu
> über bord [...]
> [...] blühe aus dir heraus
> rühr dich geh
> deinem dir ungleichen gefährten
>
> unruhig entgegen.

---

[23] Ingrid Knack: Die Haifische im Kopfe eines Pädagogen und Schriftstellers. In: *Backnanger Kreiszeitung*, 21. Oktober 2000.

Sein Ziel ist es, die komplizierten Dinge zu vereinfachen und auf das Wesentliche zu reduzieren, nicht demagogisch und katzbuckelnd, sondern direkt und offen zu sein (*wortfolge* in *e. d. st.*, 8):

> wir können die einfachen dinge
> wieder einfach sagen
>
> z. b. die einsamkeit der stühle

Reisen ist ein Leitmotiv in seiner gesamten lyrischen Produktion. Die Reise kann nach Tîrgu-Mureş oder nach Afrika, nach Italien oder nach San Gimignano gehen. In *Schlagwald* heißt ein Kapitel *Blicke, ostwestwärts*; es enthält u. a. den *Kleinen rhodischen Zyklus* mit dem Exkurs *An den Pforten des Orients*.
Andererseits umkreist der Lyriker auch den Alltag der kleinen Leute in der kommunistischen Diktatur, beispielsweise in *wintermorgen II* (*e. d. st.*, 10):

> es ist sechs uhr früh
> die hausfrauen stürzen in ihren kopflosen alltag
> beim milchholen beeile ich mich genauso
> […]
> es wird langsam hell in den fenstern
> mit zerknautschten gesichtern die zähne geputzt
> „streben" alle der haltestelle zu
> den allmorgendlich frisch eingehandelten zwang
> der ihr winziges leben nährt […]

In dem Gedicht *Nänie* ist die Rede von Liebe (*e. d. st.*, 14). In den späteren Gedichtbänden wird der Wortschatz der Liebesgedichte vulgärer, trivialer, manchmal sogar obszön, aber dahinter steckt eine Form der Befreiung von jeder Einengung, eine Art Ent-Grenzung, keine pornografische Absicht. Ein Beispiel in diesem Sinn wäre das Gedicht *Refloration* (*Schlagwald*, 93):

> Einen flotten 68-er? 69-er? 3-er?
> Unter sowohl deiner als auch ihrer
> Mitwirkung? Oder aber: dass sie zuckt?
> Spuckt? Spukt? Ihnen durchs Hirn?

Oder das Gedicht *Ständer, geträumt* (*An Verse geheftet*, 32):

> Während einer Erektion träume ich
> von einer solchen, die, mich weiter,
> stärker erigierend, meine Traum
> vorstellung gieriger beflügelt […]

Die Verunsicherungspolitik und die Bespitzelungsmanöver, die Seiler vor der Auswanderung hautnah erlebte, sind in *schnapsgedicht* (*e. d. st.*, 26) zwischen den Zeilen zu lesen:

> [...] so also steht genosse
> zwischen uns mehr
> als nur dieser schnaps
> und uns erfüllt außer diesem
> ein leises misstrauen
> worten gegenüber.

Die Verlogenheit und die scheinheilige Moral der Menschen in Zeiten der Diktatur, die eigene Erfahrung mit den raffinierten Techniken und Strategien der Überwachung sind den folgenden Versen zu entnehmen (*abc* in *e. d. st.*, 28):

> 1
> früh übt sich
> was ein mundwerk
> werden will
>
> 2
> eine abgerundete persönlichkeit
> eckt nicht an
>
> 3
> (Hamlet transsylvanicus 1978)
>
> da sein oder
> nicht da sein
> das ist die frage
>
> der rest
> ist gerede.

Ingrid Knack forderte Seiler in ihrem Artikel anlässlich des Vorschlags, ihn 1999 in den P.E.N.-Club aufzunehmen, auf, von seinem Leben vor der Ausreise zu erzählen.[24] Dabei erfahren wir, dass er 1985 den Ausreiseantrag gestellt hat, nicht wegen Familienzusammenführung oder weil er der deutschen Minderheit angehörte, sondern vielmehr, weil er in Rumänien Deutsch als

---

[24] Ingrid Knack: Nach dem Berufsverbot war immer ein Spitzel in seiner Nähe. In: *Backnanger Kreiszeitung*, 27. März 1999.

Fremdsprache anhand von ins Deutsche übersetzten Ceaușescu-Reden unterrichten musste, was ihm zuwider war. Außerdem war er, so wie andere Schriftstellerkollegen, den Behörden und der Zensur ein Dorn im Auge, so dass allmählich der Wunsch in ihm heranreifte, auszuwandern. Es galt, die geografischen Grenzen und die Grenzen in den Köpfen der Vertreter des Staatsapparates zu überwinden, dem Publikationsverbot entgegenzuwirken. Sein Debütband erschien 1982 in 800 Exemplaren und war nach einer Woche vergriffen. Nach dem Ausreiseantrag wurde Seiler mit Berufsverbot belegt, mit der Begründung der Machthaber, er biete als Lehrer keine moralpolitischen Garantien mehr. Drei Jahre war er arbeitslos. 1987 entschied er sich, in einem offenen Brief an den damaligen Innenminister, die Situation der Schriftsteller und der Minderheiten in Rumänien, mit besonderer Berücksichtigung der Siebenbürger Sachsen, zu schildern. Der Brief gelangte zu einem Freund aus der DDR, der ihn über die Grenze schmuggelte. In einer Mail schrieb mir Hellmut Seiler:

> Bespitzelt wurde ich – sichtbar – (spätestens) von Januar 1985 an, de facto mit großer Wahrscheinlichkeit seit 1976, dem Einzug/Arbeitsantritt in (Neumarkt/Tg.-Mureș). Genaueres hoffe ich zu erfahren, sobald meinem Antrag auf Klärung meiner Verfolgung und Bespitzelung stattgegeben wurde – falls das Ganze überhaupt etwas ergibt. Jedenfalls hat mir die Securitate häufig einen Schatten beigegeben, der mir auch in die Lokale, Gartenwirtschaften usw. gefolgt ist – manchmal gut erkennbar, wenngleich wechselnde Gesichter. Meine Wohnung ist von 1985 bis zu meiner Ausreise im September 1988 des Öfteren durchsucht worden, auch Manuskripte, mitgenommen wurde aber nichts. Ich wurde mit falschen Beschuldigungen konfrontiert (ich hätte staatsfeindliche Verschwörungen angezettelt) oder auch mit richtigen (ich hätte Ausländer bei mir untergebracht, es waren Freunde aus beiden Teilen Deutschlands) und auf der Polizei verhört – unter erheblichen Einschüchterungs- und Zermürbungstechniken und Drohungen. Massiv wurden diese, nachdem mein Offener Brief an den damaligen Innenminister Tudor Postelnicu im BBC und [Radio] Freies Europa (beides auf Rumänisch) gesendet worden war. Ende Februar 1988, da bin ich eines Nachts stundenlang verhört worden, es wurden mir Verhörlampen ins Gesicht gerichtet und mir in Aussicht gestellt, ich würde NIEMALS ausreisen dürfen, sollten doch die von BBC und Radio Free Europe mir den Ausreisepass ausstellen. – Also, Du siehst, die ‚üblichen' Schikanen (oder ein bisschen mehr). Wenige Wochen danach bekam ich die ‚großen' Formulare – der Rest verlief wie bei vielen andern auch.

Die Vokabel „Grenze" erscheint immer wieder in Seilers Versen. Schon in der *einsamkeit der stühle* heißt es im Gedicht *bestandsaufnahme I* (24). „es hat alles seine Grenzen", in *take it or leave it* (S. 33ff.) lesen wir: „was du jetzt vor dir siehst/ befreit/ dich keineswegs und setzt dir keine grenzen [...]" (36). In *An Verse geheftet* finden wir auf Seite 44 das Gedicht *Grenzausfall*, auf der folgenden Seite *Grenzengenuss*. Das Gedicht *Grenzgänger* auf der Homepage des Dichters[25] ist ein weiterer Beleg für diese Feststellung:

---

[25] URL: http://www.hellmutseiler.gmxhome.de

Und als aus Ost plötzlich West geworden war,
Stellte sich heraus, dass dieser haarige, unangepasste
Mann nicht nur als ein *„ausgewiesener* Kenner"
Der Beziehungen zwischen diesen Systemen

*Galt*, nein, er war zu einem solchen regelrecht
*Geworden*: beide, Ex-Ost & Echt-Ost, wie auch
West, darf er heute, im Zeitalter und
Nach den Ereignissen

Nicht mehr betreten.

Hellmut Seiler wurden im Leben mehrmals Grenzen gesetzt: Zum einen Grenzen, an die jeder Dichter stößt, der sich als Weltverbesserer versteht, zum anderen solche, die einem Ausgewanderten die Sprache setzt. Somit wird alles, was mit Grenzen zu tun hat, zu einer obsessiven poetischen Beschäftigung.
In seinen lyrischen und epischen Texten nach der Auswanderung stellt Seiler ein besonderes Gespür für die Korrumpierbarkeit politischer Systeme unter Beweis. Die Erfahrung der Grenze hatte er bereits vor der Auswanderung machen müssen. Diese Erfahrung war ein ungewolltes Erlebnis, das zu seinem Schicksal wurde. Mit Pathos und Emphase darüber zu schreiben wäre nicht typisch für Seiler. Stilistische Mittel wie Wortspiel und Ironie sind viel bessere Lösungen für einen Dichter, weil daraus unendlich geschöpft werden kann. Wortspiel und Ironie verhelfen dazu, Grenzen zu überschreiten. Diese Schreibtechnik kann auch als Suche nach der eigenen Identität gedeutet werden. Die Erfahrung der Auswanderung und die Doppelbödigkeit dieser Existenz lassen Seiler sich „an Verse heften", die die Absurdität vieler Lebenssituationen und menschlicher Einrichtungen in einer bildhaften Sprache festhalten. Das Schreiben ist für Seiler nicht nur eine alte Leidenschaft, sondern auch eine Form der Vergangenheitsbewältigung.
Mit dem Erscheinen des Bandes *siebenbürgische endzeitlose* (1994) vollzieht sich der Wechsel in eine andere Heimat. Seiler bleibt weiterhin kritisch und setzt sich von nun an auch mit der deutschen Gesellschaft und der freien Marktwirtschaft auseinander, die auch ihre Schattenseiten haben. Über die Erlebnisse in Rumänien legt sich immer mehr Staub, er betrachtet sie aus der Ferne mit einem Gefühl der Versöhnung und mit Humor. Er wird zum „zweiheimischen Grenzgänger", weil er, biografisch bedingt, zwei politische Systeme, deren Anomalien und Zwielichtigkeiten sowie politische Propaganda und Demagogie am eigenen Leib bestens erfahren hat. Hinter den Wortspielen stecken Witz und Ironie, aber auch tiefer Ernst und Ratlosigkeit eines Dichters, der den Alltag wissbegierig beobachtet und immer wieder verantwortungsbewusst seziert. Mit jedem Gedicht formuliert Seiler eine

Einladung zum Mithandeln und Mitdenken, festigt er sein kritisches Bewusstsein. Als Beispiel dafür sei das Gedicht *Oder leben* (*Schlagwald*, 20) zitiert:

> Bedenke: was du auch machst
> Und tust: es ist endlich.
> Wenn's endlich vorbei ist,
> Gibt es nicht nur nichts mehr zu tun,
> Dann ist leider
> Auch nichts mehr zu machen.

2001 bringt Seiler seinen dritten Band *Schlagwald. Grenzen, Gänge* heraus, in dem er einen bewegenden autobiografischen Text (71) veröffentlicht:

> HINWEIS, WIE DEM LYRIKER HELLMUT S. IN SEINEN TRÜBSTEN MOMENTEN ZU HELFEN WÄRE, IN DENEN ER HARTE STIEFELSCHRITTE HINTER SICH VERNIMMT, SEINE ERBROCHENEN HOFFNUNGEN IM KÜBEL IN DER ECKE WINSELN, DIE WELT SICH IN QUIETSCHENDEN TÜRANGELN DREHT UND ER – EIN WEISSES STÜCK HIMMEL ALS AUGENBINDE – VOR DEM ABEND, EINEM ERSCHIESSUNGSKOMMANDO, STEHT:
>
> Gebt euch keine Mühe.

Begrenztheit, Eingrenzung und Ausgrenzung in Rumänien während der Diktatur, Grenzenlosigkeit nach der Ausreise in der Lyrik, Grenzenlosigkeit der Welt, in der wir leben: Rainer Wochele ist der Meinung, der nun in einem Nest im Neckartal sesshafte Seiler habe eine Grenze im Blut.[26] Seiler gesteht, dass er sich für das Aufzeigen von Bruchstellen, das Aufbrechen von verfestigten Sprachbildern und Verhaltensweisen interessiere.[27] Sowohl geografisch als auch literarisch lässt sich ein solcher Satz als Grenzüberschreitung verstehen. Seiler prägt mit dem Gedicht *Ausblicke während einer zugfahrt* (*siebenbürgische endzeitlose*, 66) seinen Begriff des „Zweiheimischen" für Menschen, die die Heimat doppelt in ihrer Seele haben, und rät, sich nach dem Weggehen aus einer Heimat nicht mehr umzudrehen (*daheim im aus* in *siebenbürgische endzeitlose*, 22):

> ist wer wo angekommen?
> hymnen gehen auf die suche nach ihrem land,
> ankömmlinge auf die suche nach ihrer ankunft
> begeisterung geistert umher.
> […]

---

[26] Rainer Wochele: Klarsichtige Grenzgänger. In: *Stuttgarter Zeitung*, 21. Februar 2000, S. 14.
[27] Ebenda.

> dreh dich nicht um,
> grenzgänger gehen um, ohne grenzen, es wimmelt
> von erspähten ohne späher, verfolgten ohne verfolger.
> nach erfolgreich verfolgten,
> nun? purzeln die
> vom erfolg verfolgten!
> die guten ins töpfchen, die schlechten ins kröpfchen!

Sich an den Wortspielen in Seilers Gedichten wie im obigen Beispiel zu berauschen, ist bestimmt lohnend. Georg Aescht stellte den Dichter anlässlich einer Lesung im Dezember 2007 in Hermannstadt folgendermaßen vor:

> Hellmut Seiler ist ein Spieler, allerdings ein ganz und gar besonnener, der weiß, was auf dem Spiel steht, wenn einer schreibt. Sein Sprachspiel ist nur scheinbar unverbindlich – er bewegt sich mit unnachahmlicher Eleganz auf der dünnen Eisschicht der Sprache im Bewusstsein, dass man einbricht, sobald man stillsteht. Er könnte, behaupte ich ziemlich frech, kein anderer Dichter sein als einer deutscher Sprache, denn nur sie kennt die vielfältigen Zusammensetzungen von Worten und Wendungen, die wie geschaffen scheinen, damit er sie kunstreich aufdröselt und neu fügt, so dass neuer Sinn und Hintersinn aufscheint.

Zum Schluss meiner Ausführungen sei das Gedicht *Intermezzo I. Immigration ab anno 1141* (*An Verse geheftet*, 35f.) zitiert, das an Oskar Pastior erinnert:

> Ze ïrscht kamen die Hundertbüchelner,
> auf hanebüchenem Fuß folgten ihnen
>     die Hahnbacher,
>     den Meschenern
>     die Hamlescher,
>     den Talmeschern
>     die Talmesch-Balmescher;
>     dann
> die Mergelner Malmkroger,
> die Frecker Seidener,
> die Tölzer Streitforter,
> gallig die Galtej,
> eisern die Steiner,
> rollend die Radelner,
> rappelig die Rapeser,
> hommelnd die Homoroder,
> buckelnd die Katzendorfer,
> gerade die Kerzer,
> kokelnd die Bekokktener,
> unterdrückt die Kreischer,

unter Anfällen die Tobsdorfer,
ëpesch die Eppeschdorfer,
        sodann
nach den Kalmücken
die Kukurutzen, gefolgt
von den Papanaschen,
mit den Katschalmaken
die Balbadacken,
nach den Borfaschen
die Balegaren.
Und die Balamucken
nach den Petschenegen.
Dann aber die Akumanen
und die Mintjenaschen,
die Peschkeschen
und die Bagalaschen
sowie die Teremtetten
        und die Bosmeken [...].

**Literaturverzeichnis**

Lăzărescu, Mariana: „Ich suche mir meine Themen nicht aus, sondern werde meistens von ihnen gefunden." Ein Gespräch mit dem Schriftsteller Hellmut Seiler. In: *Allgemeine Deutsche Zeitung für Rumänien*, 14. Dezember 2007 (Leicht verändert erschienen auch in *Siebenbürgische Zeitung* vom 15. Januar 2008 unter dem Titel „Hellmut Seiler: Schriftsteller der ‚Problemzonen'".

Seiler, Hellmut: die einsamkeit der stühle. gedichte. Cluj-Napoca 1982.

Seiler, Hellmut: siebenbürgische endzeitlose. Gedichte. Mit einem Nachwort von Dieter Schlesak. Frankfurt am Main 1994.

Seiler, Hellmut: Schlagwald. Grenzen, Gänge. 77 Gedichte und Exkurse. München 2001 (Lyrikedition 2000).

Seiler, Hellmut: Glück hat viele Namen. Fünf Satiren. Esslingen 2003 (Esslinger Reihe 32).

Seiler, Hellmut: An Verse geheftet. 77 Gedichte und Intermezzi samt einem Epilog. Ludwigsburg 2007.

# „Ich bin meine eigene Heimat"

## Das Rumänienbild in den autobiografischen Texten *Berlin ist mein Paris* von Carmen-Francesca Banciu

DANIELA IONESCU-BONANNI (Bukarest/Heidelberg)

Im Ton der vorangehenden Schriften der Autorin wäre in dem 2002 zuerst erschienenen Erzählzyklus ein Text zu erwarten gewesen, in dem sie mit ihrem Heimatland abrechnet, erneut die Grautöne der Vergangenheit beschreibt, ihren damit verbundenen Ängsten und den Leiden daran Ausdruck verleiht. Aber Carmen-Francesca Banciu entfernt sich in den 2007 neu aufgelegten autobiografischen Reportagen[1] *Berlin ist mein Paris. Geschichten aus der Hauptstadt* von diesem Bild. Stattdessen positioniert sie sich selber in einem zwischenkulturellen Raum, in dem die nationalen Identitäten keine Rolle mehr spielen. Die Texte sind alle durch einen Aspekt gekennzeichnet: eine Durchmischung der kulturellen Ausdrucksformen, wobei die Grenzen sich langsam auflösen. Durch ihre Persönlichkeit ist die Autorin selbst das beste Beispiel dafür: In Rumänien im Jahr 1955 geboren und hier aufgewachsen, mit nur einem entfernten Bezug zum deutschen Kulturraum, entscheidet sie sich nach der Wende für eine Übersiedlung nach Berlin. Somit geht es in diesem Fall nicht um rumäniendeutsche Literatur im engen Sinne, sondern um Literatur ausländischer Autoren im deutschsprachigen Raum, genauer gesagt – und die Schlussfolgerungen meiner Ausführungen etwas vorwegnehmend –, um Literatur im europäischen Raum, gekennzeichnet durch interkulturelle Prägungen. Carmen-Francesca Banciu reiht sich so in die Liste bekannter Namen ein, die ortsversetzt eine neue Literatur entstehen lassen, in der sich Herkunft und neue Erfahrung kreuzen und die im Zeichen der immer größer werdenden Mobilität im 21. Jahrhundert eine entscheidende Rolle spielt.

---

[1] Dass es sich bei *Berlin ist mein Paris. Geschichten aus der Hauptstadt* um „autobiographische [...] Reportagen" handelt, ist den Klappentexten der 2002 bei Ullstein und 2007 im Rotbuch Verlag erschienenen Ausgaben entnommen. Anlässlich einer Lesung am 10. Januar 2008 im New Europe College in Bukarest wies die Schriftstellerin allerdings darauf hin, dass die Gestalt auch hier Maria-Maria sei, die Hauptgestalt ihres neuen Romans *Das Lied der traurigen Mutter*, der 2007 im Rotbuch Verlag erschienen ist. Die Autorin vermeidet eine direkte Antwort auf die Frage nach den autobiografischen Bezügen ihres Prosawerkes.

Wenn man die *Geschichten aus der Hauptstadt* auf einen Nenner bringen wollte, wäre dieser wohl der Prozess der Identitätsfindung im weitesten Sinne. Die Autorin beobachtet in ihrem Stammcafé in Berlin die Umgebung, beschreibt das, was sie über einzelne Schicksale erfährt oder sich ausdenkt, und nimmt diese zum Anlass, um über die eigene neu entstandene Identität zu reflektieren. Die Analyse der eigenen Identität vollzieht sich entlang der Achse Bukarest-Berlin-Paris, wobei jede dieser Städte eine genau definierte Rolle spielt.

Paris ist das ferne Ideal eines jeden rumänischen Schriftstellers[2] und somit auch bezeichnend für die künstlerische Prägung der Autorin. Bukarest taucht in den meisten Fällen als Bild der Vergangenheit auf, von dem man sich distanziert. Jedoch werden mit Bukarest immer auch die Voraussetzungen verbunden, die zur Herausbildung der neuen Identität geführt haben, denn die Autorin bekennt in einem Interview für den Südwestfunk:

> Ich kann sagen, ich bin dankbar für die Zeit in Rumänien. [...] Es ist ein Kapital sozusagen, und ich möchte es nie mehr zurück haben, und ich bitte und bete, dass so was nie mehr zurückkommt. Aber ich bin dankbar, dass ich es erlebt habe, dass ich das kenne. Ich bin reicher, weil ich zwei Welten kenne.[3]

Berlin hingegen hält die Hauptstellung in diesem Trio der Metropolen: Es ist die Drehscheibe der europäischen Welt, auf der alle Kulturen verschmelzen. Eine Stadt im Entstehen, ähnlich wie die neue Identität der Autorin. Es ist die Messlatte des europäischen Gedankens:

> Dabei ist Berlin ein Konzentrat an Lebensenergien. An Improvisation und Überlebenskunst. Ein Konzentrat an künstlerischem und wissenschaftlichem Potential. Und vieles davon kommt aus dem Osten. Vieles kommt aus der weiten Welt. Berlin hat die Gabe, das alles anzuziehen. Und es zu verwandeln.
> Berlin ist eine Stadt in berauschender Bewegung. Eine junge Stadt. Von gewaltiger Erneuerung. Was sonst ist eine Metropole?
> Berlin liegt an der Kreuzung der Geschichte. An der Kreuzung der Welten. Der Zeitgeist ist in Berlin geboren. Er treibt uns weiter. Er provoziert uns. Er fordert von uns alle Opfer. (92)

Berlin ist insoweit sogar ein Katalysator, als sich hier auch die Exilautoren treffen und austauschen können, wie dies die Begegnung mit Alexander Solomonica zeigt. (104) Bezeichnend aber erscheint mir die Translation, die sich im Bewusstsein der Autorin vollzieht, und wo Berlin den Platz einzunehmen beginnt, den sie Bukarest verweigert. Es geht um das Thema der

---

[2] Vgl. Carmen-Francesca Banciu: Berlin ist mein Paris. Geschichten aus der Hauptstadt. Berlin 2007, S. 13. Das Werk wird hinfort im laufenden Text in Klammern ohne Abkürzung und mit Angabe der Seitenzahlen zitiert.

[3] Birgit Schönberger: Kraftquelle oder Kitschfalle. Dankbarkeit als Lebenshaltung. Rundfunkmanuskript. Ausstrahlung: Südwestdeutscher Rundfunk (SWR 2), 10. Februar 2004 u. 24. August 2004, 10:05 Uhr.

Verantwortung. Zwar ist die Verpflichtung den rumänischen Freunden gegenüber, gemeinsam etwas aufzubauen, in einer abstrakten Form präsent, jedoch findet diese keine konkreten Wurzeln:

> Bukarest oder Berlin? Muss ich denn nach Bukarest? Ich wollte schon immer im Ausland leben. Ich bin meine eigene Heimat. Und doch fühle ich mich jetzt Rumänien verpflichtet. Ich fühle mich meinen rumänischen Freunden verpflichtet, die etwas Neues aufbauen wollen. Ich schaue mich um. Ich schaue mich an. Ich versuche herauszubekommen, aus welcher Ecke das Verantwortungsgefühl kommt. Doch es ist nicht leicht zu erfahren. (31f.)

Hingegen ist mit Berlin ein eindeutiges Verantwortungsbewusstsein verbunden, das alles andere, inklusive die ideale Stadt Paris, verblassen lässt:

> Ich suche meinen Platz in der Welt. Hundert Mal am Tag denke ich an Paris. An Paris, Bukarest und Berlin. Dann weiß ich. Paris wird dort bleiben, wo es ist. Und wo es schon immer war. Ich weiß, Paris ist die Welt. Die Welt, wie sie war. Und wie sie immer bleiben wird. Und doch entsteht die Welt neu in Berlin. Eine Welt, an der ich mitbaue. Für Paris bleibt mir noch viel Zeit. (31)

Und an einer anderen Stelle über Berlin ist es das eigene Verlangen danach, Verantwortung übernehmen zu dürfen für die Stadt, die sich ständig verändert und immer mehr aufblüht:

> Noch verlangt man von mir nicht, im Interesse dieser Stadt zu denken. Doch bald weiß ich. Diese Stadt ist auch meine Stadt, ich bin verpflichtet, mich einzumischen. Und auch ich trage hier Verantwortung. (125f.)

Die Entscheidung für Berlin hat somit einen individuellen Charakter und ist auf die Neudefinierung der Identität zurückzuführen. Eine Abgrenzung von allem Rumänischen sowohl in der Vergangenheit als auch in der Zukunft – in der Form, jede Verantwortung abzulehnen – ist eine notwendige Voraussetzung für eine Identitätskonversion, wie wir sie aus den Schriften Aleida Assmanns[4] kennen.

Das Thema der Identitätssuche wird schon im Vorwort angeschnitten. In einem ironischen Ton werden innerdeutsche Diskrepanzen in der kulturellen Identität dargestellt, die dann auf die europäischen ausgeweitet werden. So wird die Autorin schon bei der Ankunft auf dem Münchner Bahnhof mit der bayerisch-preußischen Animosität konfrontiert und auf die intrakulturellen Differenzen aufmerksam gemacht:

> Die Preiss. Na, die sind anders. Mir sehn sie doch, wenn sie hier am Bahnhof ankommen. Mir sehn gleich, dass die Berliner sind. Die sind so anders.

---

[4] Vgl. hierzu Aleida Assmann: Einführung in die Kulturwissenschaft. Berlin 2006, S. 227.

Wie anders, wollte ich wissen. Na so, anders. [...] Die verstehen uns nicht, wenn wir reden. Und dann reden wir erst recht bayerisch. Damit die gua nix verstehen können. (7)

In diesem Kontext der Verschiedenheit, in dem sich die Bayern nicht mit den Preußen verstehen, in der ‚lustigere' Deutsche in Italien leben, weil die eigenen Landsleute zu ernst sind, erfährt und erlebt die Autorin das, was Europa anstrebt: die Grenzenlosigkeit. 1990, direkt nach der Wende, als die Autorin von Freunden abgeholt wird, um nach Deutschland zu fahren und den Internationalen Kurzgeschichtenpreis der Stadt Arnsberg entgegenzunehmen, der ihr lange Jahre vorenthalten geblieben war, macht sie eine merkwürdige Erfahrung: Sie entdeckt, dass die geografischen Grenzen eigentlich keine Grenzen sind, sondern nur künstliche Konstrukte. Keine Grenze kann den Eindruck vermitteln, dass eine Welt endet und eine andere anfängt. Und die „offene Wunde dazwischen, die noch immer eitert" (12), kann erst recht nicht wahrgenommen werden. Dies alles geschieht zum Entsetzen der Begleiter, die die Absicht hatten, aus der erstmaligen Grenzüberschreitung einer Dissidentin ein Buch zu machen.

Ganz anders verhält es sich jedoch mit den kulturellen Grenzen, die sich auftun, sobald man den fremden Raum betreten hat, die allerdings ganz anderer Natur sind:

> Überall lauern kleine Geheimnisse und Fallen auf mich. Ich übe, wie man Türen öffnet, Wasserhähne betätigt und Klospülungen in Gang setzt. Lerne, auf welchen Knopf man drücken muss, um sich die Hände einzuseifen. Und wie man sie trockenkriegt. Eine Welt voller Knöpfe. Ein breites Band von Knöpfen. Und kaum hat man sich mit einer Sorte vertraut gemacht, begegnet man schon einer anderen. (14f.)

Die Ironie entfaltet sich hier anhand der Überschreitung der kulturellen Grenze von der Außenseite zur Innenseite;[5] anfangs ist dies immer mit Anpassungsschwierigkeiten verbunden. Die äußeren Kontakte mit den kulturellen Grenzen eröffnen aber den weit wichtigeren Diskurs über die innere Grenze. Ein komplexes Phänomen, das sich unabhängig von den äußeren Gegebenheiten gestaltet und das paradoxerweise im Kontrast zu der äußeren Tendenz zu stehen scheint. So war es in Zeiten des Kommunismus beispielsweise unmöglich, die Persönlichkeit eines Menschen einzusperren, egal, wie sehr man seine äußere Freiheit eingrenzte:

> Fünfunddreißig Jahre habe ich die Grenzen Rumäniens niemals überquert. Das ist ein einfacher Satz. Doch sein Gewicht ist immens. Und für mich ist er noch nicht abgenutzt. Denn er enthält nicht nur meine Geschichte. Er enthält die Geschichte eines Landes. Eines Systems. Einer Zeit. Und so lange ich mich auf der Spur dieser Geschichte befinde, solange diese Spur noch sichtbar ist, wird mich dieser Satz verfolgen. Man kann Menschen

---

[5] Vgl. hierzu Matthias Schöning, Manfred Weinberg: Ironie der Grenzen – Horizonte der Interkulturalität. In: Positionen der Kulturanthropologie. Hrsg. von Aleida Assmann, Ulrich Gaier u. Gisela Trommsdorff. Frankfurt a. M. 2004, S. 204ff.

einsperren. Aber man kann ihre Neugier nicht zähmen. Ihren Geist nicht eingrenzen. Anketten. Ich bin aus meiner Stadt nach Bukarest gezogen. Aus der Provinz in die Großstadt. Ich bin aus der Enge geflüchtet. Aber die wirkliche Weite gab es nur in meinem Kopf. (19f.)

In dem Moment, in dem die Freiheit gewährleistet ist, tritt die Angst ein, vor der Öffnung, vor der Unsicherheit. (20) Dieses Gefühl der Unsicherheit wird auch noch durch das Fehlen der Ideologien verstärkt, die in der Heimat immer präsent waren. Angesichts der fehlenden propagandistischen Plakate ersetzt die Autorin diese durch Werbeplakate, mit denen sie versucht, den ideologischen Sinn zu deuten. Wenn es auch hier nur ein Zeichen der Unsicherheit ist, sobald man einer überreglementierten Welt entflohen ist, gibt es noch eine andere Stelle, die den nostalgischen Charakter der Erinnerungen an Rumänien aufweist. Dieter, der Freund, der die Autorin das erste Mal über die Grenze mitnimmt, scheint alles auf sie zu projizieren, was er an Gefühlen mit der Heimat verbindet, die er nun, seit seiner Flucht in den Westen, nach vielen Jahren zum ersten Mal wieder betritt. Das ist ein sehr schönes und subtiles Bild, das die Autorin gekonnt skizziert, um die Subjektivität der Empfindungen gegenüber dem Heimatland zu verdeutlichen: Sie, die aus dem Inneren des Systems kommt, empfindet die Überschreitung der Grenze im ersten Moment als enttäuschend, während dies beim Freund eine Entladung der Nostalgie hervorruft.
Für die Autorin selbst bedeutet es in erster Linie einen Selbstverlust. Sie kommt aus einer Randzone Europas, spricht als Muttersprache eine Sprache, die niemand wiedererkennt:

[...] und sobald ich hier angekommen war, ging ich mir selbst verloren. Ich konnte die einfachsten Dinge nicht mehr tun. Ich konnte Kopfschmerzen haben und einen steifen Rücken. Alles andere hatte ich verlernt [...]. Mein Englisch. Mein Ungarisch. Das Atmen. Das Schlafen. Das Sprechen. (49f.)

Es ist eine lähmende Angst, die sie in der Freiheit befällt. Während man im Heimatland aus den einfachsten Zutaten ein Gericht zaubern konnte, ja musste, verlernt man hier, angesichts des Warenüberflusses, das Kochen selbst (50) – und schließlich erscheint einem das eigene Leben als sinnentleert.
Stellenweise ist das Rumänienbild von Klischees durchsetzt, wobei verschiedene Schattierungen dieses Bildes zu betonen sind: Ein Monteur von der deutschen Telekom empört sich darüber, wie grausam der Diktator Nicolae Ceaușescu hingerichtet wurde (46), italienische Restaurantbesitzer zweifeln bei einem Ratespiel daran, dass die Autorin aus dem Osten kommt, da sie offensichtlich weder zum Putzen noch auf Männerjagd hier ist (58f.), Freunde beladen vor einer Reise nach Rumänien ihr Auto „mit riesigen Koffern für meine Familie". (25)

Ebenso suggestiv sind auch die grotesk gezeichneten Bilder der rumänischen Hühner:

> Die rumänischen Hühner waren seltsame Geschöpfe. Sie hatten unzählige Köpfe, Hälse und Füße. Die konnte man manchmal nach stundenlangem Schlangestehen in Kilopackungen ergattern und Suppe daraus machen. Das Huhn selbst war zum Export bestimmt. Um die Schulden des Landes zu bezahlen und den Palast des Volkes, die teuerste Baustelle Europas. (22)

Nach wie vor verbindet die Autorin das Rumänienbild mit Grautönen und Angstzuständen, beispielsweise wenn das Telefon klingelt und dadurch Erinnerungen an die Zeit der Bespitzelung durch die Securitate wach werden lässt. Diese Angst vor dem, was war, hält die Autorin nach eigenen Aussagen auch lange vom östlichen Teil Berlins fern, der sie mit den überfüllten Mülltonnen, ihrem Gestank und den Ratten zu sehr an die rumänische Hauptstadt erinnert. Doch dann wiederum werden positive Erinnerungen angeführt, wie zum Beispiel an Weihnachten, die nicht in der Öffentlichkeit gefeiert werden durften, und an die selbstgemachten Bonbons, mit denen man den Weihnachtsbaum schmückte – ein nostalgischer Blick auf die Zeiten, in denen man wenig brauchte, um glücklich zu sein. (vgl. 183, 189) Und idealisiert ist auch das Bild Rumäniens als eines Urlaubslandes, wo man die Natur noch unmittelbar erleben könne. (109ff.)

In den bisher angeführten Beispielen geht es in erster Linie um persönliche Erinnerungen, die nicht im Kontrast zum Deutschland-Bild aufgezeichnet werden. Es gibt allerdings auch Beispiele von kulturellen Interferenzen. Und besonders gelungen in diesem Sinne sind m. E. die linguistischen. Die Autorin vermerkt an verschiedenen Stellen im Zyklus die Abwesenheit einer rumänischen Entsprechung für unterschiedliche Begriffe: zum Beispiel „Termin" und „Genuss". Beides wird auf Mentalitätsunterschiede zurückgeführt, die mit der jüngeren geschichtlichen Vergangenheit zu tun haben.

Überhaupt ist das Thema ‚Sprache' wie in allen Fällen, wenn es um Identitätsfindung geht, zentral. Während die Autorin auf der einen Seite feststellt, dass es in Rumänien keine Gesprächskultur gegeben habe, da man weder über Geld noch über Politik oder Gesellschaft sprechen konnte, setzt sie, wie viele andere Vertreter der rumäniendeutschen Literatur, die Identität in der Sprache an. Ein Gefühl der Zugehörigkeit zu der Wahlheimat kann nur durch die Sprache entwickelt werden, und die Kinder sind die Ersten, die diese Konversion auch konsequent durchführen:

> Ein paar Wochen nach ihrer Ankunft sind meine Kinder entschlossen, in Berlin heimisch zu werden. Die Älteren kommen aus der Schule und sprechen mit mir deutsch. Ich stelle ihnen Fragen auf Rumänisch. Sie antworten auf Deutsch. Es ist ein komisches Deutsch voller Fehler. Aber sie sind nicht davon abzubringen. So wird Deutsch zur offiziellen Familiensprache [...].

> Meine kleine Tochter Meda macht es anders. Gerade vier Jahre alt geworden, hat sie ihr Deutsch selbst erfunden. Es klingt bekannt. Es klingt, als müsse man es verstehen. Und doch versteht es keiner. Im Kindergarten beschweren sich alle. [...] Ihre Sprache isoliert sie von den anderen. Mit der Zeit wird die Sprache durch deutsche Worte ersetzt. Bis sie sich ganz in Deutsch verwandelt. Endlich kann ihre Umwelt sie begreifen. (41)

Während die Kinder sich problemlos die Fremdsprache aneignen, die für sie nun zum Spiegel der Identität wird, ist es für die Mutter gerade der umgekehrte Prozess, sich von der Muttersprache loszukoppeln, um die neue Identität aufbauen zu können. Rumänisch hatte einen begrenzten Raum dargestellt, denn die Art zu denken war viel zu konkret und an die Erlebnisse gebunden, als dass die Aufgabe, sich selbst zu erkennen, damit hätte verknüpft werden können. Dies geschieht erst, nachdem sie Berlin entdeckt hat und durch die Stadt sich auch selber kennen lernt.

Der Horizont erweitert sich gemeinsam mit der Sprache, und es geht nicht um einen Verlust der alten Sprache, sondern eher um einen Gewinn der neuen, um eine Bereicherung. Und so weitet sich das Puzzle aus. (43ff.) Denn die Sprache einer Person ist auch ein multikulturelles Konstrukt, das vor allem im Gesamtkontext betrachtet werden muss.

Die Autorin lehnt sich bewusst und programmatisch gegen eine Vereinnahmung durch eine Kultur anhand irgendwelcher Kriterien auf, sei es die Herkunft oder die Sprache, in der sie schreibt. Viel wichtiger scheint ihr die Gleichberechtigung zwischen Muttersprache und angenommener Sprache. Die ‚Botschaft' der Autorin ist somit eindeutig: Die Verarbeitungsphase ist vorbei, in der sie in der neuen Sprache über alte Erfahrungen erzählte. Nun ist der Punkt gekommen, an dem es darum geht, die gesammelten Erfahrungen zum Ausdruck zu bringen. Die Haltung ist eine distanzierte: Sprache ist nicht mit Identität gleichzusetzen, sondern mit Heimat. Die Autorin gibt zu, in ihr unbekannten Sprachen zu träumen, somit werden Sprachen und dadurch die Heimat zu einem grenzenlosen Kontinuum, das beliebig erweitert werden kann. Carmen-Francesca Banciu sieht sich als Exponentin des Europäisierungsprozesses, den sie sogar überschreitet:

> Ich bin von einer Welt in die andere gesprungen. Hin und her gesprungen. Immer wieder. Über eine immer kleiner werdende Spalte. Ich habe eine Brücke gebaut. Wie ein Bogen. Dieser Bogen ist ein Raum, gefüllt mit Erfahrungen. Ich habe das Erlebte verinnerlicht. Ich habe mich erweitert. Ich bin mehr als die Summe dieser beiden Erfahrungen. Die Summe dieser Erfahrungen ist Europa. (153)

Sprache wird gesucht, als Instrument, um die Vergangenheit verarbeiten zu können. Bezeichnend für das Bild Rumäniens ist das Verhältnis zur Muttersprache:

> Ich lebe nicht mehr in der Muttersprache. Nicht nur. Ich lebe auch nicht nur in der fremden. Hat sich meine Muttersprache entfernt? Entfremdet? Nein. Ich verliere sie nicht. Ich

gewinne die andere. Jeden Tag. Mit jeder Präposition, die ich richtig zu setzen lerne. Ich gewinne jeden Tag ein Stück Geschichte. Die in meine Geschichte hineinpasst wie ein Puzzle. (45)

Das Leben der Autorin spielt sich in Berlin ab. Dort geht sie in ihre Stammcafés und beobachtet den Berliner Alltag. Die Drehscheibe Berlin zieht die unterschiedlichsten Erscheinungen an, die Carmen-Francesca Banciu aufspürt und beobachtet. Das geschieht aus ihrer eigenen Perspektive, die durch eine doppelte Prägung gekennzeichnet ist. Auf der einen Seite stammt sie aus Rumänien und auf der anderen Seite ist sie gerade dabei, sich an das Berliner Milieu anzupassen. Aus dieser Situation entstehen einerseits Reflexionen über die Vergangenheit in Rumänien. Für diese werden die Erlebnisse in Berlin als Kontrastfolie herangezogen. Andererseits besteht der Erzählzyklus vorwiegend aus Erlebnisberichten aus dem Berliner Alltagsleben. Diese nehmen die vorwiegende Stellung ein und erfahren durch den jeweiligen ergänzenden Hintergrund neue Konnotationen.
Dieser bezeichnende Hintergrund zeigt sich nicht zuletzt in der Barbiediskussion. Während in Deutschland die Barbies als Politikum angesehen werden und als Exponenten der Konsumgesellschaft – die Puppen werden von den Freunden der Autorin, „zumeist Intellektuelle" (119), konsequent boykottiert und verachtet –, entzieht sie sich diesem Diskurs. Für sie ist Barbie zwar „eine Puppe wie jede andere" (119), erweist sich jedoch als perfekte Darstellung der Übernahme des fremden Kulturgutes. Zwar ist im Bewusstsein der Autorin die Barbie mit einem Archetypus zu vergleichen, wie er in den rumänischen Märchen vorkommt, jedoch ist sie diejenige, die der Kritik an den Gefahren der Konsumgesellschaft verfällt und der Tochter dieses ersehnte Geschenk verweigert. Als die Tochter das Geschenk von einer Bekannten bekommt, wird sich die Autorin dessen bewusst, dass sie es hätte besser wissen müssen.
Berlin wird in allen Erlebnissen und Beobachtungen als Mittelpunkt der kulturellen Verschmelzung dargestellt: Nicht nur, dass sich hier Spanier mit Rumänen und Italienern treffen, aber hier sehen sich auch der Serbokroate Nedan und die Rumänin wieder, ehemalige ‚Nachbarn', er im serbischen, sie im rumänischen Banat aufgewachsen. Somit wird Berlin zu einem Sinnbild der Deterritorialisierung, zu einer Zukunftsplattform im Werden, in der nationale Grenzen aufgehoben werden, sich neue Identitäten herausbilden und ethnische Pluralität zur Bereicherung des Lebensraumes beiträgt.

# Ein banatschwäbischer Familienroman anno 2004

BIRGER SOLHEIM (Bergen)

## 1. Präliminarien

Richard Wagners 2004 erschienener Roman *Habseligkeiten* lässt sich als Familienroman bezeichnen. Thematisch geht es hier – im post-totalitären Zeitalter – um Selbstfindung und Identitätskonstruktion des Rumäniendeutschen Werner Zillich durch die Aufarbeitung der eigenen Familiengeschichte. Der Roman kreist sowohl um die Frage nach der eigenen, individuellen Identität als auch um die Frage nach der Identität der Volksgruppe der Banater Schwaben zu einem Zeitpunkt, wo das Selbstbild dieser Gruppe nicht länger unmittelbar an diesen abgegrenzten Landschaftsraum im Westen Rumäniens gebunden ist.
Unterwegs im Auto zwischen West-Deutschland und dem Heimatdorf im Banat befasst sich Werner Zillich gedanklich mit der Geschichte seiner banatschwäbischen Familie und versucht auf diese Weise, sich über sich selbst im neuen gesellschaftlichen Kontext klar zu werden. Dabei rekapituliert er zunächst die Familiengeschichte, so wie sie durch seine Vorfahren überliefert wurde. Früh beginnt Zillich aber daran zu zweifeln, ob diese Form der Aufarbeitung des Vergangenen hilfreich sein kann. Die Erzählungen der Vorfahren, die Werner sich zu Beginn ins Gedächtnis ruft, haben nämlich eine veraltete, für die Gegenwart eher lebensfeindliche Struktur: Sie weisen nicht in die Zukunft, sondern nur – gleichsam im Teufelskreis – zurück in die vergangene Welt. Die herkömmliche banatschwäbische Art, mit der Vergangenheit umzugehen, hat für Werner kein befreiendes Potenzial. Der Roman handelt davon, wie Werner nach dem Begräbnis seines Vaters nach und nach gegen diese Erzählungen zu rebellieren beginnt. Er entdeckt für sich die Möglichkeit, die eigene Familiengeschichte selbst neu zu erzählen oder sogar neu zu ‚erfinden'. Wie Werner Zillich dies bewerkstelligt, werde ich im Folgenden anhand einiger Beispiele veranschaulichen. Dabei ergeben sich auch andere Fragen: Wie legitim ist eine Form der Vergangenheitsaufarbeitung, die den Aspekt der Erfindung, d. h. der bewussten, pragmati-

schen Konstruktion so stark betont?¹ Sehen wir hier die Konturen einer kulturellen Erinnerungsstrategie, die für die Minoritäten Ost-Europas von Belang sein können? Oder steht die Lösung Werners eher im Zeichen des Versagens?
Zunächst werde ich die verzweifelte Ausgangslage Werners kurz erörtern, seine Existenz als Grenzgänger zwischen zwei Kulturen, als Mann, der nirgendwo wirklich zu Hause ist. Danach gehe ich dazu über, diese Krisenlage als ein Ergebnis fehlenden Vermögens, sich vom Gedankengut seiner Vorfahren zu emanzipieren, zu interpretieren. Vor diesem Hintergrund entwickelt Werner – so meine These im dritten Teil dieses Aufsatzes – eine alternative Strategie der Vergangenheitsaufarbeitung.

## 2. Werners Ausgangslage zwischen zwei Kulturen

Zu Beginn des Romans erscheint Werner Zillich als integrierter ‚West-Mensch'. Es wird aber früh deutlich, dass er in Deutschland unter einer Art Geschichtsvakuum oder Erinnerungslosigkeit leidet. Diese Erfahrung teilt er mit seinem Autor, der – nachdem er 1987 Rumänien verließ – in der Bundesrepublik Deutschland an Orten lebt, die, wie er sagt, „keimfrei sind. Frei von jedem Erinnerungsanstoß, von jeder Gedächtnisstütze"². Für die Achtundsechziger sei, so Wagner, jede Verbindung von Identität und Geschichte verdächtig geworden. Wagner kritisiert die Engstirnigkeit der Achtundsechziger, die „Heimat nur als politische Heimat gelten ließ[en]"³ und jeden Versuch, Geschichte mit Nationalidentität in Verbindung zu bringen, per se zurückwiesen.
Können wir nun in Werner einen Vertreter der entgegengesetzten Position sehen, d. h. einer Position, die Identität fest an Erinnerung, Nationalität und Geschichte binden will? Können wir Werner als Vertreter eines banatschwäbischen Nationalismus betrachten? Wahrscheinlich nicht, denn es gibt mehrere Stellen im Roman, die dieser Ansicht widersprechen. Werner leidet nämlich nicht nur unter dem Geschichtsvakuum im Westen, sondern ausdrücklich auch unter dem Druck der eigenen Familiengeschichte sowie unter einem gewissen Erinnerungszwang, der ihm gleichsam von seiner nationalistisch geprägten Umgebung auferlegt wird.

---

[1] Werners pragmatisch ausgerichtete Geschichtsauffassung weist eine gewisse Verwandtschaft mit den pragmatischen essenzialistischen Theorien Richard Rortys auf, so wie diese u. a. in *Philosophy and the Mirror of Nature* zum Ausdruck kommt. Richard Rorty: Philosopy and the Mirror of Nature. Princeton 1979, S. 174.
[2] Richard Wagner: Habseligkeiten. Berlin 2006, S. 8.
[3] Richard Wagner: Der deutsche Horizont. Vom Schicksal eines guten Landes. Berlin 2006, S. 78.

Trotz seines bewussten Abstandnehmens vom Erinnerungskult seiner Landesleute schafft Werner es aber anfangs nicht, sich von diesem Kult zu befreien. Die Handlungen der Vorfahren, so wie sie in den Erzählungen hervortreten, fungieren wie mythische Präfigurationen, die Werners Verhalten in der Gegenwart determinieren. Das unwillentliche In-den-Spuren-Gehen seiner Vorfahren scheint seinen Handlungsspielraum auf problematische Weise einzuengen. Zwischen zwei unbefriedigende Wahlmöglichkeiten gestellt, die eines geschichtslosen Daseins auf der einen und die eines zwar sinnstiftenden, aber vor allem sehr eingrenzenden Erinnerungszwangs der Familiengeschichte auf der anderen Seite, lebt Werner vor sich hin, orientierungslos und unzufrieden.

## 3. Eine Familiengeschichte auf Irrwegen

Das Geschichts- und Vergangenheitskonzept von Werners Familie ist deterministisch: Das Leben scheint sich im Kreis zu bewegen, alles wiederholt sich. Vor dem Wendepunkt des Romans, der mit der Reise zurück ins Banat zum Begräbnis des Vaters eintritt, sind die Entscheidungen, die Werner trifft, nicht als Ergebnisse bewusster Vorgänge, sondern eher als Wirkungen einer starr und unfruchtbar gewordenen Romanphantasie zu betrachten: Unwillentlich wiederholt Werner Handlungen seiner Vorfahren, so wie sie ihm durch mündliche oder schriftliche Erzählungen vermittelt worden sind. Andeutungen, dass die Vorfahren Werners durch bestimmte narrative Muster ferngesteuert sind, häufen sich im Roman, und eine Schreibweise entsteht, die einige Ähnlichkeiten mit Michael Rutschkys „Lebensromanen" hat. Geyersbach sagt Folgendes über Rutschkys Schreibstrategie:

> Nicht die Literatur bildet qua Lektüre die Projektfläche ungelebter Phantasien, nein, das Alltagsleben folgt in der Geschichtenproduktion literarisch vorgeprägten Genres. Das Leben unterschiedlicher Romane und Erzählungen, der Literaturwissenschaftler als Alltagsanalysant und (Nach-)Erzähler jener gelebten Literaturformen.[4]

Fast wie ein Musterbeispiel dieser Poetik Rutschkys lebt beispielsweise Werners Mutter Lissi in Strukturen, die von den romantischen Erzählungen in der *Gartenlaube* vorgeprägt sind:

> So macht sie [Lissi] aus jedem Tagesereignis eine weitere Komponente des großen sentimen-

---

[4] Ulf Geyersbach: Phantastisch und doch nicht alltäglich. Michael Rutschkys Lebensromane. URL: http://www.literaturkritik.de/public/rezension.php?rez_id=160.

talen Plots, der das Leben ausmisst. [...] Manchmal denke ich, alles, was sie sagt, ist das Ergebnis dieser unentwegten Lektüre von Spalten, von Zeitungspapier.[5]

Lissi ist unfrei, gleichsam in den Strukturen dieses sentimentalen Plots eingesperrt. Die Familie Zillich gehört dem Kleinbürgertum an, und als eine Folge davon scheint ihr Leben die Stationen eines konventionellen bürgerlichen Bildungsromans nachahmend zu wiederholen: Wo Abenteuerlust zu finden ist, wird sie ausschließlich als ein zu überwindendes Stadium betrachtet; der Held soll sich am Ende, wie im konventionellen bürgerlichen Roman, mit der bürgerlichen Welt versöhnen. Ein paar Beispiele können veranschaulichen, wie diese Bildungsromanstruktur dazu beiträgt, das Leben der Familie Zillich auf negative Weise zu lenken.

Wir fangen mit der Amerikareise von Werners Urgroßeltern Johann und Katharina an. Diese Reise findet schon zu Beginn mit dem klaren Ziel vor Augen statt, dass die beiden nach einer Weile wieder zurückkehren sollen – mit Geld und neu errungenem Status. Der Status soll es für sie leichter machen, von den Bürgern des Dorfes akzeptiert zu werden. Die Reise von Johann und Katharina steht also von Anfang an im Zeichen einer planenden, kleinbürgerlichen Vernunft – heimlich gelenkt durch die typische dreiteilige Struktur des Bildungsromans: 1) Heimat, Konflikt; 2) Ausreise, Abenteuer in der großen weiten Welt; 3) Rückkehr in die Heimat, Aussöhnung mit der Gesellschaft. Das Leben im Banne dieser Struktur wird sich aber als sehr verhängnisvoll erweisen, denn das Allzu-Vernünftige droht – wie sich zeigen wird – jede Spontaneität und jeden Keim echter Liebe zu ersticken. Dass die Eltern ihre eigene Tochter im banatschwäbischen Dorf zurücklassen, ist nur ein Zeichen dieser unmenschlichen Grundhaltung.

Eine Episode aus den Leben Johanns und Katharinas in Amerika bezeugt diese negative, von den genrebedingten Strukturen des Bildungsromans gleichsam determinierte Entwicklungslinie aus einer anderen Perspektive. Eigentum, Geld und Ehe sind drei wichtige Elemente der bürgerlichen Lebensweise, und im Roman sind alle diese Elemente auf negative Weise mit Aggression und Gewalt verbunden. In Cincinnati hat Johann angeblich einen Mann aus einem Fenster geworfen und auf diese Weise ums Leben gebracht. Zwei mögliche Gründe für diesen Gewaltausbruch werden im Roman angegeben, die beide mit bürgerlichen Werten zusammenhängen: Entweder treibt ein Streit um Geld[6] den Urgroß-

---

[5] Wagner, Habseligkeiten (Anm. 2), S. 5.
[6] Ebenda, S. 72.

vater zu dieser Handlung, oder die Episode wird von einer außerehelichen Liebesaffäre verursacht.[7]

Die Heimkehr in das Banat – das dritte Stadium des Bildungsromans – steht durch die Hervorhebung der „dicken Mauern"[8] des neuen Hauses deutlich im Zeichen der Abriegelung gegen andere. Viele negativ konnotierte Wörter unterstreichen, dass die Rückkehr Johanns und Katharinas in keinem positiven Licht gesehen werden kann. Die negative Entwicklungslinie, oder das Beschwören eines banatschwäbischen *nunc stans*, wird außerdem dadurch hervorgehoben, dass die Tendenz zur Gewalttätigkeit fortgesetzt wird: Johann beendet einen Pferdehandelsstreit mit einem Zigeuner, dem großen Georg, dadurch, dass er ihn so gründlich verprügelt, dass dieser „bis an sein Lebensende […] hinken wird"[9]. Geld und Gewalt gehen immer noch Hand in Hand.

Die negative Entwicklungslinie wirft auch Schatten auf die große Geschichte. Bald nach diesem Streit bricht nämlich der Erste Weltkrieg aus, und Johanns Ressentiment gegen andere Menschen, die sein Besitztum bedrohen, wiederholt sich nun auf der geschichtlichen Makroebene. Ein einmontiertes Zitat aus der Rede des österreichischen Kaisers Franz Joseph I. *An meine Völker* aus dem Jahr 1914 folgt – gleichsam um dies zu unterstreichen – direkt nach der Episode mit dem Pferdehandel:

> Die Umtriebe eines hasserfüllten Gegners zwingen mich, zur Wahrung der Ehre meiner Monarchie, zum Schutze ihres Ansehens und ihrer Machtstellung, zur Sicherung ihres Besitzstandes nach langen Jahren des Friedens zum Schwert zu greifen.[10]

Der anschließende Kommentar Zillichs macht die Verbindung zwischen der großen und der kleinen Geschichte transparent:

> Der Serbe ist frech geworden, der Russe, der Franzose, der Engländer und dann auch noch der Italiener. So geht das nicht weiter. Meint der Kaiser, und die Männer in den Wirtshäusern meinen es auch.[11]

Theresia, Johanns Tochter, heiratet aus Vernunftgründen Bastian Bieber, und beide setzen sie den Prozess der Verbürgerlichung fort. Bastian errichtet eine Wagnerwerkstatt, die sich bald zu einer Versammlungsstätte der Männer entwickelt, die zusammenkommen, um sich zu betrinken und über den Krieg zu re-

---

[7] Ebenda, S. 27.
[8] Ebenda, S. 29.
[9] Ebenda, S. 31.
[10] Ebenda.
[11] Ebenda.

den. Gleichsam als ob er durch den Mythos der Familiengeschichte determiniert sei, wiederholt Bastian die Gewalttätigkeit seines Schwiegervaters. Dies trägt wahrscheinlich maßgeblich dazu bei, dass die beiden Söhne, Franz und Paul, es zu Hause nicht länger aushalten und – um noch einmal die Verbindungslinie zur großen Geschichte zu ziehen – „ins Reich"[12] fliehen, um den Nationalsozialisten ihre Dienste anzubieten. Sogar die Beteiligung Pauls an der Waffen-SS lässt sich auf diese Weise auf die negative familiäre Identifikation mit Kleinbürgerlichkeit, Geld, Besitz und Fremdenhass zurückführen. Die unerwünschten Konsequenzen einer historischen Denkweise, die auf Begriffen wie ‚kulturelle Reinheit' und ‚nationale Abgrenzung' beruht (und bei der die Lage der Banater Schwaben bloß ein Beispiel ist), wird auf diese Weise stark akzentuiert.

Nach dem Krieg befindet sich die Familie mehr oder weniger in totaler Auflösung. Die Familienmitglieder sind überall in der Welt verstreut und in moralischer Hinsicht bankrott. Eine kritische Revision der eigenen Familiengeschichte stellt sich aber nicht ein, im Gegenteil: Auf dem Tisch im Wohnzimmer liegt nach wie vor das Fotoalbum als eine blank polierte Familienerinnerung, immer ein Anlass für sich ständig wiederholende Anekdoten, die wichtige Ereignisse der Familiengeschichte beschwören. Bei Werner kommt aber der Verdacht auf, dass das Album nur dazu da sei, um den Erwachsenen „über ihre Verlegenheit" hinwegzuhelfen und das „Schweigen durch die Familiengeschichte"[13] zu überwinden.

Wahrscheinlich macht die fehlende kritische Aufarbeitung der eigenen Geschichte Werner blind für die Konsequenzen seiner eigenen Handlungen, und er ist in Gefahr, die Fehler der Vorfahren zu wiederholen. Ist es der Kleinbürger in Werner, der ihn in seiner Studienzeit mit Monika, der Tochter von ehemaligen Großbauern, zusammenkommen lässt? Befindet er sich immer noch im Bann der Leitsterne Geld und Besitz? Vieles deutet darauf hin, denn in Monika hat er eine Frau gefunden, die die Ehe als „Wohlstandsgenerator"[14] betrachtet. Als die Ehe in die Brüche geht, findet er eine deutsche Frau in der Baufirma, in der er arbeitet – noch eine Beziehung also, die auf Vernunft und strategische Überlegungen gegründet ist. Nachdem er nun aus dem Banat nach Sandhofen zurückkehrt, trifft ihn fast der ‚Schicksalsschlag' der Geschichte, als er mit dem Architekten Blickmann in einen Streit um Geld, Nationalität und Frauen gerät. Jähzorn überfällt Werner, und einen Augenblick scheint es, als ob er die Handlung seines Urgroßvaters mythisch wiederholen werde:

---

[12] Ebenda, S. 47.
[13] Ebenda, S. 63.
[14] Ebenda, S. 40.

Plötzlich ist es mir, als sage er, du fickst Birgit, aber er sagt es nicht. Ich höre es trotzdem und gehe auf ihn los. Wir sind auf dem dritten Stock, und hinter ihm ist das Fenster noch nicht eingestürzt, und ich sehe mich ihn runterwerfen, durch das Fensterloch werfen. Ich sehe mich ihn runterwerfen, wie mein Urgroßvater seh ich mich den Mann herunterstoßen, in Cincinnati, in Sandhofen.[15]

Nun kommt es aber nicht so weit; wie eine Verkörperung des Schicksals steht plötzlich Béla hinter ihm, ein Pornofilmproduzent, mit dem er auf der Rückfahrt vom Banat flüchtige Bekanntschaft gemacht hatte. Die „Rettung" scheint unmotiviert zu sein, ist es aber nicht. Werner wird nämlich durch Béla gleichsam von seiner anti-bürgerlichen Seite her gerettet.

## 4. Werners alternative Familiengeschichte

Das Auftauchen Bélas ist ein Wendepunkt im Roman. Ist Werner bis jetzt orientierungslos in den Spuren der Vorfahren gegangen, setzt für ihn nun ein Prozess ein, die eigene Geschichte selbst in Besitz zu nehmen. Das Begräbnis von Werners Vater Karl Zillich im Jahr 1999 ist der Anlass einer Reise, die Werner in das Dorf seiner Kindheit unternimmt. Der Tod des Vaters und die Begegnung mit der Mutter lösen in Werner ein nie zuvor empfundenes Interesse an der Vergangenheit der Familie aus. Was unterscheidet aber Werners nun allmählich sich vollziehende Geschichtsaufarbeitung von der gängigen, bürgerlich-klaustrophobischen Geschichtsauffassung in seiner Familie?
Zuerst ist in diesem Zusammenhang Werners Fähigkeit zur Metareflexion zu nennen. Etwas Grundlegendes, das Werner von seinen Vorfahren unterscheidet, ist seine Entdeckung, dass die Geschichte einer Familie immer ein pragmatisches Konstrukt ist. Als ein Ergebnis dieser Entdeckung kann er einerseits das Fiktionselement der Familiengeschichte, so wie sie bisher erzählt worden ist, durchschauen und sich also durch kritische Erkenntnis von ihren determinierenden Elementen befreien. Andererseits kann er spielend und in voller Bewusstheit der eigenen Konstruktionsleistung Sinnkonstrukte ausprobieren, verschiedene Romangattungen als Modelle für seine eigene Vorgeschichte probeweise austesten. Im Folgenden werden wir einige Beispiele für diese alternative Geschichtsschreibungsstrategie Werners ins Blickfeld rücken.
Im Auto unterwegs findet Werner einen neuen Modus des erinnernden Reflektierens, in dem Gegenwart und Vergangenheit gleichsam verschmelzen. Asso-

---
[15] Ebenda, S. 249.

ziative Bezüge werden hergestellt zwischen seiner gegenwärtigen Reise und der Amerikareise seiner Vorfahren Johann und Katharina, zwischen einem Akazienwäldchen, an dem er zufällig mit dem Auto vorbeifährt, und der Kolonisation des Banats im 18. Jahrhundert.[16] So verbinden sich miteinander die Maroschbrücke in Neu-Arad[17], die Abkoppelung der Stadt Arad vom Westen durch die Grenzziehung der Türken, die Enteignung der Juden im Zweiten Weltkrieg, der kommunistische Terror, der Freitod eines Neffen in der Marosch, die Wassermühlen von Werners Urgroßvaters usw. usf. Dies alles versetzt Werner in einen verwirrten Zustand:

> Hinfahrt, Rückfahrt. Für Augenblicke weiß ich nicht mehr, in welcher Richtung ich unterwegs bin. Fahre ich nach Hause oder zur Beerdigung? Ist alles erledigt und begraben, oder steht es mir noch bevor? Ich fahre durch die Dämmerung, und es ist, als verdecke sie die Zeit.[18]

Durch diesen neuen Erinnerungsmodus vermeidet Werner, den „Fehler" seiner Vorfahren zu wiederholen, einen Fehler, der darin bestand, Familiengeschichte als etwas ein für allemal Unumstößliches zu betrachten. Die Familiengeschichte wird für Zillich ein Feld, wo Bezüge – im Zeichen des Lebens – produktiv neu hergestellt werden können. Die Parallele zu Nietzsches *Vom Nutzen und Nachteil der Historie für das Leben* ist deutlich: Die Anhäufung von Geschichtsmaterialien hat für Werner nur dann einen Wert, wenn sie sein gegenwärtiges Leben zu beleben vermag. Oder, mit Nietzsche gesprochen: „Nur soweit die Historie dem Leben dient, wollen wir ihr dienen." Werners Absage an die tradierte, lebensfeindliche Geschichte seiner banatschwäbischen Vorfahren ist die logische Konsequenz.

Als eine Folge dieses neuen Erinnerungsmodus' bevorzugt Werner systematisch andere Quellen als das Familienalbum. Statt das bürgerlich-konforme Album zu betrachten, benutzt er lieber unauffällige Habseligkeiten seiner Vorfahren als Erinnerungsstütze, z. B. Ausweise, einen Ahnenpass[19], Kleidungsstücke, ein „Lehrbuch zum Müller-Beruf"[20]. Den Titel des Romans kann man als einen Hinweis auf diese Geschichtspoetik Werners betrachten, die unauffällige, in ihrer Bedeutung noch nicht festgelegte Erinnerungsstücke als Anlass dazu verwendet, die Geschichte dichterisch fortzuschreiben.

Ein anderes Beispiel kann Werners Wendepunkt noch deutlicher veranschauli-

---

[16] Ebenda, S. 18.
[17] Ebenda, S. 36.
[18] Ebenda, S. 50.
[19] Ebenda, S. 122.
[20] Ebenda, S. 65.

chen: Auf dem Heimweg nach dem Begräbnis hätte Werner als guter, arbeitsamer Bürger die kürzeste Strecke wählen können, um so schnell wie möglich wieder zur Arbeit bei der Baufirma in Sandhofen zu erscheinen. Dann würde er gleichsam die Handlungsweise seiner Vorfahren Johann und Katharina wiederholen. Sein bürgerliches, pflichtorientiertes Zeitgefühl ist aber durch die schon erwähnte zeitlich-philosophische Verwirrung gestört worden. Er fragt sich, warum er es denn so eilig habe, und entscheidet sich stattdessen dafür, einen kleinen Aufenthalt in Budapest einzulegen. Wir erkennen also eine Tendenz, die Reise verlängern zu wollen, um die Heimkehr womöglich zu verschieben. Reise, Grenzüberquerung, das Unterwegssein treten im Leitmotivschema des Romans als etwas Positives hervor, während Heimat, Heimkehr und Herkunftsstolz als etwas Negatives, Lebensfeindliches wirken.

Budapest erhält in diesem Roman die Funktion, den symbolischen Überrest des Vielvölkerstaates Österreich-Ungarn zu repräsentieren, einen Schmelztiegel der Völker Europas. Mit der Stadt ist auf diese Weise eine gute Verheißung verbunden, denn für Werner muss alles positiv sein, was ihn vom deutsch-nationalen Wahn seiner Vorfahren fernhält. In Budapest lässt er sich mit zwei ungarischen Prostituierten und Pornodarstellerinnen ein, Clara und Sina. Eine Gruppensexszene, an der u. a. ein Transvestit teilnimmt, stellt den bürgerlichen Sexualkodex auf den Kopf. Werner wird Clara später über die Grenze schmuggeln und heiraten. Dass Werner Clara als Ehefrau wählt, bezeugt noch einmal seinen Willen, sich vom bürgerlich-aufstrebenden Familienmythos zu distanzieren. Clara unterscheidet sich nicht nur als Prostituierte wesentlich von den beiden anderen, durchaus im Banne der bürgerlichen Normen stehenden Freundinnen Werners. Es gibt zusätzlich andere Verhaltensweisen Claras, die Werner ansprechen müssen: In ihrer Tätigkeit als Prostituierte kennt sie keine nationalen Grenzen, sondern sucht sich ebenso deutsche wie amerikanische, russische, ungarische oder kroatische Kunden aus. Symbolisch steht sie also für eine Person, die keine Grenzen kennt. Für Werner ist dies aber, auf einer unterschwelligen Ebene, wahrscheinlich etwas Positives.

Diese positive, zu der banatschwäbischen Enge im Kontrast stehende Grenzüberschreitung Claras wird darüber hinaus dadurch unterstrichen, dass sie in der Puszta aufwuchs, einem Landschaftsraum in Ungarn, der, wie im Roman betont wird, von einem großen Einerlei gekennzeichnet ist, ohne räumliche Stützpunkte, ohne sichtbare geografische Grenzen. Aber nicht nur in Bezug auf räumliche Kategorien wie die Puszta oder Budapest, sondern auch in Bezug auf zeitliche Perspektiven sprengt Clara Grenzen. Dies wird symbolisch u. a. dadurch unterstrichen, dass sie türkischen Kaffee serviert, d. h. Kaffee aus der Zeit vor der Einwanderungswelle, die auf den Sieg Prinz Eugens über die Türken im 18.

Jahrhundert folgte. Clara steht sozusagen in Kontakt mit der großen Geschichte, d. h. mit einer Geschichte, die die „kurze" Geschichte der ethnischen Nationalitäten transzendiert. Béla macht darauf aufmerksam: „Den [diesen Kaffee] kriegst du nur in Budapest. Den haben uns die Türken hinterlassen, als Pfand für das Massaker an unserer Kultur."[21] In allem, was Clara tut, sehen wir, dass sich die Kulturen vermischen und geläufige Grenzen unklar werden.
Werners Reise wiederholt also – fast auf mythische Weise – die Reise seiner Urgroßeltern, aber mit einigen wesentlichen Unterschieden oder Akzentverschiebungen. Erstens: Johann und Katharina lassen ihr Kind zurück, während die Reise für Werner zum Anlass wird, nicht nur eine pragmatisch ausgerichtete Erinnerungsstrategie zu entwickeln, sondern auch mit seiner Tochter Melanie erneut Kontakt aufzunehmen. Zweitens: Werner kopiert die Mordtat des Urgroßvaters nicht. Drittens: Er heiratet nicht Birgit aus bloßen Vernunftgründen, sondern wählt stattdessen Clara aus echter Zuneigung.

## 5. Lösung im Zeichen der humoristischen Nachahmung

Als eine kleine Familie reisen nun Werner, seine Tochter Melanie und Clara in das Banat, um Werners Mutter zu besuchen. Clara versteht sich – überraschenderweise – gut mit dieser und übernimmt die Rolle einer banatschwäbischen Hausfrau. Spielend findet Werner auf diese Weise Anknüpfungspunkte zur eigenen Familiengeschichte, indem er und die Menschen um ihn herum sich als die Figuren eines banatschwäbischen Heimatromans inszenieren. Es ist aber – und das muss betont werden – ein Heimatroman, der sich von den negativen Elementen des deutsch-nationalen Ressentiments befreit hat. Letztendlich ist die Idylle, die Neubelebung des modernen banatschwäbischen Heimatromans, bloß als eine humoristische Nachahmung, als eine ernsthaft-unernste Parodie gemeint. Dies wird am Ende des Romans deutlich, als Werner, Clara, Melanie, Jan und die beiden Pornofilmproduzenten Béla und Andy auf den Seychellen Urlaub machen. Der Schein des Glücks ist so komplett, dass Werner der Versuchung nachgibt, eine „Habseligkeit", die für ihn mit Familiensymbolik verbunden ist, hervorzuziehen. Es handelt sich um den Brief, den der Großvater an Werners Vater geschrieben hat. Er liest den Brief vor, am Anfang mit einem Tonfall voller Familienpathos:

---

[21] Ebenda, S. 76.

„Leute", sage ich. „Ich lese euch was vor."
„Was liest du uns denn vor?" fragt Melanie, indem sie meinen Tonfall nachmacht.
„Ich lese euch den Brief meines Großvaters an seinen Sohn, also meinen Vater, vor. 1950 war das", sage ich, „zwei Jahre vor meiner Geburt."
Ich lese, und es klingt feierlich.
Es liegt an den Seychellen, daß es so feierlich klingt.
Ich lese etwas vor, das vielleicht gar nicht so auf dem Papier steht. Etwas von Liebe und Arbeit, von Familie und Geld. Und wie das alles zusammenkommt. Und sich auch verträgt. Die Arbeit mit der Liebe und das Geld mit der Familie und die Arbeit mit der Familie und das Geld mit der Liebe und die Liebe mit dem Geld. Ich lese vor, was ich mühsam entziffert oder mir zusammengereimt habe.
Es kommt mir plötzlich wie ein Schwindel vor und dann auch wieder nicht. Es ist Sütterlin, sage ich mir. Es ist von meinen Großvater und von meinem Vater und von mir. Und irgendwie ist es auch wahr, aber es hilft nicht. Denn alles ist, wenn es zusammenkommt, nur eine Beschränkung. Die Liebe und die Familie und die Arbeit und das Geld. Im besten Fall eine Selbstbeschränkung. Der Trick ist, die Beschränkung ins Positive zu wenden. Zum Erstrebenswerten zu erklären. Ich rede und schweige und weiß nicht, was ich sage.
„Es ist egal, ob man einen Brief vom Großvater hat oder nicht", sage ich. „Es spielt keine Rolle."[22]

Das Pathos geht langsam in eine kritische Haltung über, und die Stelle endet mit der Feststellung, dass es „nichts hilft", dass der Brief keinen sinnvollen Zusammenhang im Leben Werners etabliert, jedenfalls nicht so, wie es ein bürgerliches Fotoalbum verspricht. Wagner widersteht hier sozusagen der Versuchung, die spaßhafte Nachahmung des Heimatromans als eine neue Ontologie zu gestalten. Es gibt letztendlich für Werner keine Wahrheitssprache, sondern bloß verschiedene pragmatische, im Dialog entwickelte Versuche, eine Sprache oder ein „Vokabular" für das Nützliche oder Humane zu finden.[23]
Werner zieht Bilanz: „Die Toten kommen zu Besuch. Lass sie reden, denke ich mir. Sie sind Vorbild und abschreckendes Beispiel zugleich."[24] Werner lässt die Vorfahren zu Wort kommen, will mit ihnen diskutieren, ohne sie aber mythologisch zu überhöhen: Er lässt sie nicht das letzte Wort haben. Humorvolle Nachahmung ist besser: „Die Toten wissen nicht, dass sie tot sind, nur wir wissen es. Und lachen trotzdem über ihre Geschichten. So ist das Leben."[25] Das Stichwort „Leben" ist hier von Belang, denn ein Problem in Bezug auf die Geschichtsaufarbeitung der Familie ist ja eben die Abwesenheit des „Lebens". Die Familienmitglieder erscheinen mehr und mehr als lebendige Tote; es fängt mit Johann an, der, als er aus dem Krieg zurückkehrt, nur auf der Treppe sitzt und mit „tote[n]

---
[22] Ebenda, S. 279f.
[23] Noch einmal tritt eine Parallele zu Richard Rortys philosophischem Pragmatismus zutage. Vgl. Anm. 1.
[24] Wagner, Habseligkeiten (Anm. 2), S. 280.
[25] Ebenda.

Augen"[26] vor sich hin starrt.

Aber Leben – was ist das dann eigentlich? Die Antwort, die uns Wagners Roman gibt, lautet: Es ist ein richtiges und angemessenes Verhältnis zur Zeit, Leben ist, wenn man sich mit der Vergangenheit befassen kann, ohne die Gegenwart aus den Augen zu verlieren. „Gegenwart ist angesagt", sagt Werner nach seiner Seychellen-Rede, und fügt hinzu: „ewige Gegenwart"[27]. Was meint Werner damit? Plädiert er für eine geschichtslose Haltung? Nein. Was die Stelle besagt, ist eben eine Haltung zur Vergangenheit, die darin besteht, die Relevanz des Vergangenen für die Gegenwart transparent zu machen, um dadurch zu ermöglichen, dass wir nicht blind in die Fußstapfen der Vorfahren treten, sondern erkennen, wie wir durch kleine, bewusste Korrekturen selbst verhindern können, im Kreis zu gehen. Abbau von Denkbarrieren, Denkgrenzen jeder Art ist dafür die Voraussetzung. Werner findet auf diese Weise sozusagen den Ausgang aus der selbstverschuldeten Unmündigkeit seiner Vorfahren. Auf diese Weise – und damit komme ich zu den anfangs gestellten Fragen zurück – kann Werners Erinnerungsstrategie durchaus eine emanzipierende Richtung angeben auch für die Erinnerungsprojekte anderer Völker.

Der ganze Roman ist voller Symbole oder Leitmotive, die auf diesen neuen, grenzöffnenden und befreienden Umgang mit der Zeit hinweisen. Ein Zentralmotiv ist der Fluss, insbesondere die Stelle am Fluss, die Werner ständig aufsucht, das so genannte „scharfe Eck". Der Fluss strömt am scharfen Eck vorbei, und hier zu baden gleicht einem Baden in dem Element „Zeit". Auch räumlich kennt der Fluss keine Grenzen, er fließt über die Grenze zu Ungarn, ohne sich um die Grenzwächter zu kümmern. Und in diesem Fluss standen auch seinerzeit die Wassermühlen des Urgroßvaters und schöpften Energie aus der grenzüberschreitenden Flut. Die Wassermühlen sind in der Familiengeschichte symbolische Vertreter einer gebrochenen, aber positiven Tradition. Kurz nach dem Bau der Mühlen zu Beginn des 20. Jahrhunderts wurden sie von einer großen Flut mitgerissen. Vor dem Haus der Mutter liegt ein Mühlstein als Reminiszenz[28], ein Bild der Hoffnung auf einen neuen mythischen Anknüpfungspunkt der Geschichte. Der Mühlstein erinnert uns daran, dass es eine Alternative gibt zum bürgerlich-nationalen Familienchronikmodell, dass es eine Alternative gibt zum Denken innerhalb von Mauern und Grenzen. Am Ende des Romans ist Werner Zillich durch die Leitmotivik fest mit dem Motivbereich des Flusses verwoben, und die Umkehrung des negativen Familienmythos' ins Positive wird dadurch

---

[26] Ebenda, S. 34.
[27] Ebenda, S. 280.
[28] Ebenda, S. 6.

noch deutlicher unterstrichen, dass Werner und Clara zusammenfinden: Clara, deren Heimat die Puszta ist, die unendliche, ewige Landschaft ohne sichtbare Grenzen und mit Windmühlen als symbolischer Korrespondenz zu Werners Wassermühlen.

„Ewige Gegenwart ist angesagt", sagt Werner. Dies besagt, dass sich die Gegenwart erweitert, sich ausdehnt, so dass die „ewige Gegenwart" gleichsam sowohl Gegenwart und Vergangenheit als auch Zukunft in sich sammelt. Grenzen werden abgebaut, und man kann in den Fluss der Zeit hineintauchen, um sich zu erfrischen. Oder man steigt in das Meer hinein, wie Werners Tochter Melanie und ihr Freund Jan es am Ende des Romans tun:

> Melanie und Jan gehen ans Wasser. Sind weit weg. Schwimmen hinaus. Ich sehe ihre Köpfe über dem Wasser des Indischen Ozeans. Sie schwimmen aufeinander zu und voneinander weg und aufeinander zu. Ez az élet. Das ist das Leben.[29]

Auf diese Weise, im Zeichen der fließenden Zeit, der ewigen Gegenwart und des Lebens, gibt der Roman *Habseligkeiten* uns eine Antwort auf die Frage, wie man sich der eigenen Vergangenheit nähern kann: in einem experimentell-spielerischen Versuch, Geschichte als Stütze der eigenen Identität zu benutzen.

---

[29] Ebenda, S. 281.

# „Komplizierte Geschichte" – Erzählen im Namen Anderer

## Richard Wagners Roman *Das reiche Mädchen*

IULIA-KARIN PATRUT (Trier)

## 1. ‚Was nicht rubrizierbar ist': Subjektpositionen und die Macht über die Geschichte(n)

Der Roman *Das reiche Mädchen*[1] – so eine These dieses Aufsatzes – thematisiert die Kontingenz des Erzählten im Vorwissen und in der Lebensgeschichte der Erzählenden. Auf diesem Hintergrund verhandelt er Fragen der wissenschaftlichen wie ästhetischen Konstruktion und Repräsentation von Differenzen, aber auch der politischen Vertretung von Individuen und Gruppen. Er wirft die Fragen auf, wer in wessen Namen sprechen kann, wie Subjektpositionen in hegemonialen Diskursen zu- und aberkannt werden und wie Blickregime Selbst- und Fremdwahrnehmungen durchziehen und formen.[2] Was nicht „rubrizierbar" (26) ist, hat ebenso wenig einen Platz in den Formularen, die dem Rom-Flüchtling Dejan im Roman zum Asyl in Deutschland verhelfen sollen, wie es keinen Eingang in das Kollektivwissen über den Balkan findet. Die Gutachterposition des deutschen ‚reichen Mädchens' Bille Sundermann, die über den Status Dejans und somit über Leben und Tod zu entscheiden hat, geht einher mit einer

---

[1] Richard Wagner: Das reiche Mädchen. Berlin 2007. Alle Zitate sowie die Seitenangaben im Fließtext und in den Fußnoten beziehen sich auf diese Ausgabe.

[2] *Das reiche Mädchen* ist, wie sich zeigen wird, ein dezidiert theoriekritischer Roman. Dennoch trifft sich das Aussagespektrum des Textes in mancherlei Hinsicht mit Foucaults Ausführungen über die Selbstregulierungsmechanismen bestehender Machtverhältnisse und die Techniken der Subjektivierung. Bereits der frühe Foucault formuliert die Anpassungsfähigkeit bestehender Machtverhältnisse: „In Wirklichkeit ist der Eindruck, die Macht wanke, falsch, denn sie kann einen Umschlag herbeiführen, ihren Ort wechseln, anderswo besetzen [...] und die Schlacht geht weiter". Michel Foucault: Macht und Körper. In: M. F: Mikrophysik der Macht. Über Strafjustiz, Psychiatrie und Medizin. Berlin 1976, S. 105–113, hier S. 106. Ebenfalls von Foucault stammt die Analyse des sich reziprok stabilisierenden Wechselverhältnisses zwischen Wissen und Macht. Vgl. ders.: Die Macht und die Norm. In: Ebenda, S. 114–123, insbesondere S. 118ff.

grundlegenden Machtasymmetrie zwischen ihr und Dejan, die dann auch das Liebesverhältnis der beiden durchziehen wird. Der Erzähler, Carlo Kienitz, ist dabei in dem Hase-und-Igel-Spiel der Identitäten, in dem es um Macht, Urheberschaft sowie um die Aneignung der Lebensgeschichten Anderer geht, mehrfach befangen: Er schreibt nicht im eigenen Namen, sondern wirkt in subalterner Position an einem Filmskript mit, dessen Gegenstand fremde Biografien sind, nämlich die der deutschen Ethnologin Bille Sundermann und jene Dejan Feraris. Kienitz und die Regisseurin Anna Wysbar wollen die Stimmen und Lebensgeschichten Sundermanns und Feraris greifbar werden lassen. Die Geschichte, die sie über die beiden letztlich erzählen, handelt davon, wie Sundermann vergeblich versucht, angemessen über die Roma und in deren Namen zu sprechen. Es steht dahin, ob Kienitz und Wysbar damit Sundermann gerecht werden. So kommt es zu einem allgemeinen Scheitern des Erzählens im Namen Anderer. Strukturanalog dazu misslingt auch das Zusammenleben Billes und Dejans – Letzterer verliert den Verstand und ermordet Bille. Der Roman versucht, Nahaufnahmen und ursächliche Zusammenhänge dieses Scheiterns zu zeigen. Dazu gehört nicht nur das Ungleichgewicht zwischen beiden, sondern hierzu zählen auch individuelle biografische Aspekte, insbesondere die lieblose, sterile Internatskindheit Billes und das vaterlose Aufwachsen Dejans. In der Textlogik geben diese persönlichen Erlebnisse den Ausschlag für die Katastrophe, weil Bille sich das Leben als ein Planspiel in einem eigenen abgeschotteten Universum vorstellt und Dejan seine Orientierungslosigkeit schließlich durch einen imaginären Übervater kompensiert.

Wie bereits angedeutet, wird der Roman in hochgradig unzuverlässiger Weise erzählt. Von Anfang an steht fest, dass es sich um ein „Märchen" (7) handelt, und in diesem Falle bedeutet das, dass es eher um ein Ringen um Anschluss an bestehende Diskurse, um Erfolg und Vermarktung, aber auch um Diskurshoheit über Andere geht, als um ‚Wahrheit' oder ‚Authentizität': „Wer seine Märchen am besten zu erzählen weiß, gewinnt" (7), so eines der beiden Motti. Die halbfiktionalen Biografieverfilmungen Annas sind „[h]alb Spiel, halb Ernst, nicht ganz Fiktion, nicht ganz Dokument, sozusagen Dichtung und Wahrheit als Fernsehformat." (79)

Ausgehend von dem realen Leben Bille Sundermanns erstellen Kienitz, Wysbar und deren Assistentin und Geliebte Sujatmi ein Filmskript, in das außerdem noch weitere Stimmen einfließen, etwa jene von Billes Vater Georg Sundermann, von deren Freundin Cleo Hörnigke oder von Pater Claudius, dem Vorsitzenden der Menschenrechtsorganisation IRME, für die Bille mehrere Jahre erfolgreich gearbeitet hat.

Die geschäftige Filmemacherin Wysbar ist hauptsächlich auf Kriterien der Vermarktbarkeit und Massenrezeption bedacht, und der von der ersten Seite an in eine subalterne Position verwiesene Kienitz kämpft mit seinem „Ghostwriter"- oder „Nick-Neger"-Komplex (112), den er offenbar erfolglos in einem Roman, dem „Nick-Neger-Report" (12), zu verarbeiten versucht. Wysbar und Kienitz bereisen kostspielige Urlaubsorte wie Sylt und traditionelle Feriengebiete wie den Harz auf der Suche nach einer anregenden Arbeitsatmosphäre – und dies steht zum einen im Kontrast zu der Kritik am ‚reichen Mädchen' Bille, zum anderen jedoch durchaus im Einklang mit der Grundaussage des Romans, dass Reichtum die Definitionsmacht über die ‚Wahrheit' verleiht.

Der Gesamttext des Romans ist nicht identisch mit dem Filmskript, er beschreibt vielmehr die Arbeiten am Drehbuch aus der Perspektive Kienitz'. Die Heteroglossie im Roman wird stets von Kienitz gesteuert – nicht zufällig wird der Begriff im Gespräch mit Anna in einen zweideutigen Kontext gebracht, der auf die Gesamturheberschaft Kienitz' anspielt: „‚Weißt du, was eine Heteroglossie ist?' frage ich [Kienitz – Anm. I.-K. P.]. ‚Das hast du jetzt erfunden', sagt Anna." (88)

‚Heteroglossie' – so wie Mikhail Bakhtin den Begriff geprägt hat[3] – wird durch die Erzählstrategie des Romans insofern ad absurdum geführt, als der Romantext unterschiedliche Stimmen – von Tagebucheinträgen Billes über wissenschaftliche Texte bis zu den Roma-Märchen der Großmutter Majka – sprechen lässt, jedoch die Fäden der Macht über das Erzählen beim ‚Ghostwriter' Kienitz belässt. Dieses gesteuerte, zuweilen vieldeutige Stimmengewirr verweist, auf einer anderen Ebene betrachtet, auf tatsächliche Geschehnisse, wodurch sich die im Roman verhandelte Problematik der Referenz noch einmal verkompliziert: Die Figur Bille Sundermann erinnert stark an die Ethnologin und politische Aktivistin Katrin Reemtsma, die von ihrem Lebensgefährten, einem Rom, ermordet wurde.[4]

---

[3] Bakhtin bezeichnet mit ‚Heteroglossie' bekanntlich einen Rückzug des Erzählers, der einen tatsächlichen Dialog im Sinne einer Verhandlung unterschiedlicher Weltsichten – der Figuren-Stimmen ermöglicht. Vgl. Mikhail Bakhtin: Discourse in the Novel. In: M. B.: The Dialogic Imagination. Four Essays. Hrsg. von Michael Holquist. Austin 1981, S. 259–422. Dies ist in *Das reiche Mädchen* programmatischerweise nicht der Fall, weil die Einbettung der gesamten Erzählung in Machtverhältnisse und subjektive Interessen sowie der Kampf um Diskurshoheit im Vordergrund stehen.

[4] Auf diese Parallele weist bereits Markus Fischer in einer der bislang vorliegenden Interpretationen des Textes hin. Vgl. Markus Fischer: „Also sind wir Multikulti, oder nicht?" Zur Ethnologie der Identität in Richard Wagners Roman „Das reiche Mädchen". In: Minderheitenliteraturen – Grenzerfahrungen und Reterritorialisierung. Festschrift für Stefan Sienerth. Hrsg. von George Guțu, Ioana Crăciun u. Iulia Patrut. București 2008 (GGR-Beiträge zur Germanistik 19), S. 227–244. Der brisante Plot des Romans hat ein breites Medienecho erfahren. Vgl. hierzu u. a. Helmuth Frauendorfer: Am Ende triumphiert das Messer. Richard Wagner fasst in „Das reiche Mädchen" ein heißes Eisen an – den Kampf der Kulturen in unserer Gesellschaft, der von den Medien heruntergespielt wird. In: *Rheinischer Merkur*, 23. August 2007; Volker Sielaff: Dunkler Fleck. Multikulturelle Mythen entzaubern. Richard Wagners „Das reiche Mädchen". In:

Carlo Kienitz trägt außerdem Züge des banatdeutschen Schriftstellers Richard Wagner[5], der mit Katrin Reemtsma persönlich bekannt war – Kienitz wird im Roman aufgrund seiner Bekanntschaft mit Sundermann (und seiner Balkankenntnisse) von Wysbar zur Mitarbeit am Skript aufgefordert. Fluchtpunkte im realen Leben erhält die Thematik vor allem aufgrund der NS-Vergangenheit der Familie Sundermann, die in ihren Fabriken Roma als Zwangsarbeiter eingesetzt hatte. Gleiches gilt für die reale Geschichte der Familie Reemtsma. Katrin Reemtsma hatte, wie die Romanfigur Bille Sundermann, über Jahre hinweg an der politischen Unterstützung von Roma wie an der wissenschaftlichen Aufarbeitung der Diskursgeschichte der Stigmatisierung, Verfolgung und Ermordung der europäischen Roma gearbeitet.[6] Erst nach dem Völkermord während des Nationalsozialismus erkannte die Mehrheitsgesellschaft Roma als Subjekte ihrer eigenen Geschichte an, was ein stark ausgeprägtes Spannungsverhältnis zwischen Selbst- bzw. Fremdrepräsentation von Roma zur Folge hatte. *Das reiche Mädchen* greift die Probleme auf, die das ‚Sprechen im Namen Anderer' gerade im Falle der Roma in Anbetracht ihrer langen europäischen Verfolgungsgeschichte mit sich bringt, und erstellt eine schemenhafte Parallele zum ‚Sprechen über Osteuropa' – dem Herkunftsgebiet Dejans, aber auch Kienitz'.[7] Die Diskursgeschichten beider Alterisierungen – der Roma und Osteuropas –, werden in Bille Sundermanns politisch motivierter Jugoslawien-Reise zusammengeführt, die deutliche Züge einer ethnografischen Entdeckungsfahrt trägt, von der Verwechslung mit dem Land der Indianer und den „Tafelberge[n]" (42) bis zu der

---

*Der Tagesspiegel*, 2. September 2007; Rodica Binder: Un roman pe o temă fierbinte. [Ein Roman über ein heißes Thema]. In: *România Literară*, 7. Dezember 2007; Nico Bleutge: Eine Welt am Rand. Richard Wagners neuer Roman „Das reiche Mädchen". In: *Neue Zürcher Zeitung*, 20. Oktober 2007; Joachim Feldmann: Element of Frust. Richard Wagners neuer Roman „Das reiche Mädchen" kommt als kulturpessimistische These im epischen Gewand daher. In: *Freitag*, 26. Oktober 2007; Marie Frisé: Affäre aus Schuldgefühl. In: *Frankfurter Allgemeine Zeitung*, 18. März 2008; Stephanie Holzer: Das Leben als Buße. Roman über eine Liebe unter besonderen Bedingungen. „Das reiche Mädchen" von Richard Wagner. In: *Wiener Zeitung*, 1. März 2008; Ines Wallrodt: Werde, was du bist. Richard Wagner rechnet mit den 68ern und Multikulti ab. In: *Neues Deutschland*, 11. April 2008.

[5] Mit der banatdeutschen Herkunft Richard Wagners verbunden ist auch die Frage nach der Zugehörigkeit des Romans zur rumäniendeutschen Literatur, der sich Markus Fischer ebenfalls widmet. Vgl. Fischer, Multikulti (Anm. 4).

[6] Damit thematisiert der Roman auch die Geschichte der Roma, der bekanntlich mit zehn Millionen Menschen größten und mit ihrer achthundertjährigen Geschichte auf diesem Kontinent eine der ältesten Minderheiten Europas, zugleich aber auch, neben den Juden, eine besonders stark und anhaltend von den Mehrheitsgesellschaften stigmatisierte Gruppe. Vgl. hierzu Michael Zimmermann: Zwischen Erziehung und Vernichtung. Zigeunerpolitik und Zigeunerforschung im Europa des 20. Jahrhunderts. Stuttgart 2007; Wolfgang Wippermann: „Wie die Zigeuner": Antisemitismus und Antiziganismus im Vergleich. Berlin 1997; ‚Zigeuner' und Nation. Repräsentation – Inklusion – Exklusion. Hrsg. von Herbert Uerlings u. Iulia-Karin Patrut. Frankfurt a. M. 2008.

[7] Zur Herausbildung eines kolonialen Blickregimes auf Osteuropa im 18. Jahrhundert vgl. Larry Wolff: Inventing Eastern Europe. The Map of Civilization on the Mind of the Enlightenment. Stanford 1994.

Begegnung mit idealisierten „glückliche[n] Zigeuner[n]." (41) Selbstredend gelingt ihr kein Dialog mit diesen „Zigeunern", und ob diese Federsammler in der Tat glücklich waren, vermochte der Blick aus dem Wagen wohl nicht zu beurteilen; im weiteren Textverlauf erfährt man, dass Mirko, ein Freund Dejans, aus einer Federsammler-Familie stammt und mit diesem Beruf kein besonderes Glücksgefühl verbindet. Auch die im Roman mehrfach als Stimme einmontierte Roma-Hymne *Djelem, djelem* erzählt von einer Begegnung mit ‚baxtale romentsa' (‚glücklichen Roma') auf einer langen Reise; Beispiele ‚glücklicher Roma' gibt es im Roman aber keine. Billes Balkanreise bleibt, trotz ihrer Absicht, die Roma politisch zu unterstützen, im Exotismus befangen, das angebliche Glück der Roma bloße Projektion. Auch Dejan wird nicht glücklich, obwohl er mit Bille in den Augen seiner Freunde „eine Frau vom Feinsten" (135) findet.
In diesem Zusammenhang seien zunächst einige theoriekritische Aspekte des Romans erörtert. Versprechen, wie etwa jenes von der „Subversion durch Differenz" (16), führt der Text ad absurdum, indem er deutlich macht, dass Differenzzuschreibungen stigmatisieren und Inklusion verhindern. „Zum Rom wird man gemacht. Von Feinden wie von Freunden" (139) – dieser Satz aus der Perspektive Dejans hinterfragt Billes Lebenspraxis, insbesondere ihr Schreiben über Roma und damit über ihren Lebensgefährten: „Ihr Ethnologinnenblick kann wie ein Überfall sein. Er aber fühlt sich ertappt. Meint, den Rom geben zu müssen, der er so nicht ist, nicht sein will." (139)
Roma, das wird recht bald deutlich, dürfen lediglich ihre eigene Lebensgeschichte erzählen (nicht über Andere sprechen), und zwar in möglichst emotionsgeladener, authentischer Weise. „Ferari kämpft um die Lebensnähe seiner Geschichte" (30), weil er, je nachdem, wie eindrücklich er seine Biografie gestaltet und in welchem Maße er die in Deutschland geltenden Kriterien für ‚Verfolgung' erfüllt, bessere Chancen auf Asylgewährung besitzt. Auch Dejans Freund Mirko erfindet sich eine Biografie für die deutschen Behörden, indem er behauptet, die Serben hätten ihn aus Knin vertrieben, da sie ihn für einen Kroaten gehalten hätten. Der Chauffeur und Automechaniker Mirko „wäre gern Kroate" (46) und erfüllt sich diesen Wunsch mit seiner auf dem Balkan völlig unglaubwürdigen Flüchtlingsgeschichte. In Ex-Jugoslawien hätte ihn jeder ohne weiteres als Rom erkannt, und zwar aufgrund seiner Haut, die „[z]u dunkel für einen Kroaten" (47) sei, und aufgrund seines etwas zu heiteren Blicks, der in etwa aussage: „wir haben zu trauern, aber das macht nichts. Das würde ein Kroate nie sagen." (47) Doch diese ‚feinen Unterschiede' in den Binnendiskursen, die auf dem Balkan Differenzen strukturieren, zählen in Deutschland nichts, weil der hegemoniale Diskurs über Osteuropa ohne sie auskommt. Die dortige, Roma auf andere Weise stigmatisierende Organisation von Differenzen interessiert im

deutschen Diskurs nicht – auch Dejan wird nie danach gefragt. Die Lebensgeschichte, die „zur Flüchtlingsgeschichte" (26) wird, erfüllt ihren Zweck nur, „wenn sie in der einen einzigen Art erzählt wird, in jener, die rubrizierbar ist" (26). „Subversion durch Differenz" (16) – eine der Theorie-Parolen, die Kienitz ironisiert – ist allein schon deshalb nicht möglich, weil der Diskurs schon im Voraus alle vorgesehenen, relevanten und allein rubrizierbaren Differenzen vorformuliert, sie mit einer feststehenden Auslegung versehen und rechtlich kodifiziert hat. So betrachtet, ist das Erzählen der eigenen Lebens- bzw. Flüchtlingsgeschichte ein Akt der Unterwerfung, und die Subversionspotentiale, die dieser Situation innewohnen, sind gering und ändern nichts an dem stabilen, wirkungsmächtigen Machtdispositiv. Eine bestimmte Ausprägung des Rom-Seins wird zur Bedingung für das Bleiberecht in Deutschland; damit wird sie zum Zwang und zum Identitätsproblem für Dejan, Mirko und Maxim, die sich selbst nur noch als „verkommene Jugos" sehen, die „sich als stolze Roma getarnt haben" (176), als „Lügner und Betrüger" (176), die keine Subjekte ihrer Lebensgeschichten sind und nicht im eigenen Namen erzählen dürfen. „Die hohe Kunst der Darstellung des Verfolgtseins" (176) als Roma, wie Mirko ironisch formuliert, wird zu einem Mechanismus der Selbstzerstörung, die im Falle Dejans zum Wahnsinn führt.

Bille, die zunächst als Sachverständige Dejans Flüchtlingsgeschichte aufgenommen hat, ist in ihrer teils persönlichen, teils kollektiven Schuldproblematik befangen. „'Das ist eine komplizierte Geschichte'" (34) – so Billes Vater über den Einsatz von Roma-Zwangsarbeitern im Familienunternehmen – „'Da kommt man nicht so einfach heraus. Je mehr du versuchst, da herauszukommen, desto tiefer gerätst du hinein'" (34).

Sie findet letztlich zu keiner angemessenen Verarbeitung der Geschichte, und Dejan muss sich paradoxerweise für sie als „Zigeuner" (135) erfinden, damit sie an ihm Wiedergutmachung üben kann: „Erzähl mir dein Märchen, will das Gesicht [Billes – Anm. I.-K. P.] sagen. Dein Märchen und meines auch." (70) Sie liebt demnach auch nicht ihn als Person, sondern sein und ihr gemeinsames Märchen, und ihre eigene Rolle als „Star der Völkerverständigung" (198). „Ach, Romale. Sie liebt halt den Zigeuner" (135), so Mirko. Dieser Art von Liebe, die letztlich Eigenliebe ist, wirkt auf Dejan ähnlich wie der gesamte hegemoniale Diskurs über Roma und Osteuropa: zersetzend.

Dejan darf, ja soll sogar aus seinem früheren Leben in der Vojvodina, in der Stadt Novi Sad und im Roma-Dorf Mala Amerika erzählen – er liefert damit Rohstoff und Anschauungsmaterial für Billes politische, vor allem aber wissenschaftliche Schriften über die Roma. Exotistische Kurzschlüsse bleiben – so die Logik des Romans – jenen vorbehalten, die qua ihres Machtvorsprungs über

Andere sprechen dürfen. Sobald Dejan einmal versucht, aus dem hegemonialen Szenario, in das ihn Bille hineinzwängt, auszubrechen, sobald er ihr eine Indianergeschichte als Roma-Geschichte erzählt, wird er zur Rechenschaft gezogen: „'Wie viele Märchen hast du mir aufgetischt?', fragt Bille." (204) Sie wirft Dejan vor, er habe eine Erzählung, die nicht zufällig von einem Mann handelt, der seine Frau umbringt, weil sie sich seiner Kontrolle entzieht und ihn mit einer Schlange betrügt, aus dem „Indianerlexikon" „geklaut" (177) und habe sie daher „betrogen." (178) Damit unterlaufe Dejan die Arbeit an ihrer wissenschaftlichen Abhandlung über Roma, die um Wahrheit bemüht sei. Bille erlaubt sich dagegen zahlreiche Kurzschlüsse zwischen Roma und Indianern.[8] Die Konstruktionen von Differenz und die Geschichte(n) richten sich also nach den (subtilen) Bedürfnissen derer, denen es gelingt, sich als legitime Subjekte der Narrationen zu etablieren. Mirko formuliert dies so: „'Die Frage ist nicht, worin die Wahrheit besteht, sondern wem sie gehört. [...] Das ist die Wahrheit über Roma'." (176)
In diesem Zusammenhang – als Kritik an dem Wahrheitsanspruch Billes – fallen Dejans Sätze, die eines der Motti des Textes wiederholen: „'Was ist schon ein Buch, ein Buch ist ein Märchenbuch [...], wer seine Märchen am besten zu erzählen weiß, gewinnt'." (177)

Der Roman zeigt aber, dass es nicht ausreicht, seine Märchen gut zu erzählen, um Herr der Narration zu werden. Dejan unterliegt im Disput mit Bille. Kienitz, der sich als osteuropa-deutscher Schriftsteller gegen Fremdheitszuschreibungen und die damit einhergehende Außenseiter-Position im deutschen Literaturbetrieb zu wehren versucht, gelingt es trotz des gekonnten Spiels mit der gelenkten Vielstimmigkeit nicht, anerkanntes Subjekt des Erzählten zu werden. Der Satz: „Ich bin Kienitz, der Ghostwriter" (251) am Ende des Textes formuliert seine paradoxe Identität mit der Non-Identität eines Ghostwriters.

Der gesamte Roman ist von einem engen Netz expliziter oder nur angedeuteter intertextueller[9] und intermedialer Verweise durchdrungen, die nicht nur auf Filme und Musikstücke („Soundtrack", 253f.), sondern vor allem auf wissenschaft-

---

[8] Bille sucht, so liegt es nah, das „Karl-May-Land" nicht nur bei den Indianern, sondern auch bei den Roma. Zu ‚Zigeunern' bei Karl May vgl.. Anna Lena Sälzer: Königstreue Weltverschwörer. ‚Zigeuner' in Karl Mays Scepter und Hammer. In: Poetische Ordnungen. Zur Erzählprosa des deutschen Realismus. Hrsg. von Stefani Kugler u. Ullrich Kittstein. Würzburg 2007, S. 187–200.

[9] Ausgehend von Julia Kristevas kontrovers diskutiertem Aufsatz über Bakhtin (vgl. Julia Kristeva: Bakhtine, le mot, le dialogue et le roman. In: Critique 23(1967), S. 438–565) – begleitet die Diskussion um Intertextualität die Entwicklungen strukturalistischer und poststrukturalistischer Literaturwissenschaft bis heute. Vgl. auch Matias Martinez: Dialogizität, Intertextualität, Gedächtnis. In: Grundzüge der Literaturwissenschaft. Hrsg. von Heinz Ludwig Arnold u. Heinrich Detering. 6. Aufl. München 2003, S. 430–445. Intertextualität ist für Das reiche Mädchen nicht zuletzt aufgrund der unklaren Autorschaft und des ‚Ghostwritings' bedeutsam, denn die Urheberschaft des Verhandelten wird gerade durch Verweise auf bekannte Märchenstoffe oder literarische Werke noch unklarer.

liche wie belletristische Texte anspielen. Sie reichen von Herodots Völkerwissen über Voltaire, den rumänischen Schriftsteller und Philosophen Lucian Blaga und den jenischen Autor Romed Mungenast bis hin zu den Roma-Filmen der Gegenwart.[10] Insgesamt erfüllen diese Verweise die Funktion, den Roman gleichsam in die bundesdeutsche und europäische Literaturgeschichte einzuschreiben; die ‚Fremdheit' des Erzählers Kienitz wird dadurch ein Stück weit zurückgenommen. Auf der anderen Seite bleibt er ein ‚Ghostwriter', indem er Stimmen anderer literarischer Texte aufruft. Kienitz spricht davon, dass der „Nick-Neger" „Minen" (112) in die Erzählung, die er nicht im eigenen Namen verfassen darf, platziert, für die er aber auch nicht selbst die volle Verantwortung übernehmen will. Möglicherweise sind die intertextuellen Verweise also als solche ‚Minen' gedacht; inwiefern sie den hegemonialen Diskurs erschüttern, bleibt am Ende offen, denn die zusätzlichen Diskursfelder, die sie eröffnen, vermögen es nicht, die angesprochenen Konflikte zu lösen.

## 2. Politische und ethnologische Repräsentation der Roma

Unter den Anspielungen auf wissenschaftliche Literatur sind an erster Stelle Zitate aus den Werken der durch ihren Lebensgefährten ermordeten Ethnologin Katrin Reemtsma zu nennen.[11] Damit nimmt der Roman auf reale Wissensproduktion Bezug[12] und stellt zugleich das Werk Reemtsmas in den Kontext von

---

[10] Zur filmischen Repräsentation der Roma äußerte sich Wagner bereits in einem Aufsatz in der zweisprachigen (auf Romanes und Deutsch) erscheinenden Wiener Zeitschrift *Romano Centro*, in dem er sich über das stereotyp-funktionalisierende Interesse der Gadje-Regisseure an Roma beklagt. Vgl. Richard Wagner: Wer hat den Rom zum Musikanten gemacht? In: *Romano Centro* 41(2003), S. 4–5.

[11] Katrin Reemtsma hatte in Göttingen Ethnologie studiert und im Jahre 1981, im Alter von 23 Jahren, den „Göttinger Welt-Roma-Kongress" der Gesellschaft für bedrohte Völker unter der Schirmherrschaft von Simon Wiesenthal und Indira Ghandi organisiert. Vgl. Erik Lindner: Die Reemtsmas. Geschichte einer deutschen Unternehmerfamilie. Hamburg 2007, S. 549f. Der ‚Justizfall Katrin Reemtsma' ist in der Tagespresse 1997 ausführlich besprochen worden. Vgl. etwa Anonym: Reemtsma-Nichte wurde Opfer eines tödlichen Streits. Polizei nahm 40-jährigen Lebensgefährten fest. Zweiter Schicksalsschlag für die Familie des Millionenerben. In: *Berliner Zeitung*, 11. Juli 1997.

[12] Dies geht soweit, dass auch Originalzitate aus Reemtsmas wissenschaftlichen Veröffentlichungen Einlass in den Roman finden (147) und von Anna (als Jargon) und Carlo (als Abwehrhaltung gegen die Wirklichkeit) bewertet werden. Bei der genannten Textstelle handelt es sich um eine wörtliche Wiedergabe aus dem Aufsatz: Katrin Reemtsma: Exotismus und Homogenisierung – Verdinglichung und Ausbeutung. Aspekte ethnologischer Betrachtungen der Zigeuner in Deutschland nach 1945. In: Zwischen Romantik und Rassismus. Sinti und Roma 600 Jahre in Deutschland. Hrsg. von der Landeszentrale für politische Bildung Baden-Württemberg u. dem Verband der Sinti und Roma Baden-Württemberg. Stuttgart 1998, S. 63–68, hier S. 68. Die im Roman angesprochenen Themen verweisen auf das gesamte Spektrum der Arbeiten Reemtsmas. Zu diesen gehören u. a.: Katrin Reemtsma: Minderheit ohne Zukunft? Roma in Jugoslawien. Gesellschaft für bedrohte Völker. Göttingen 1990; dies.: „... und ein Israel haben wir auch nicht". Zur La-

Bille Sundermanns problematischer Motivation und Lebensführung. In die Feder Bille Sundermanns legt der Erzähler Kienitz neben den Schriften Reemtsmas auch eine politische, an die Regierung gerichtete „Große Anfrage zur Situation der Roma" (140), die weitgehend textgleich ist mit Passagen einer realen Anfrage der Partei Bündnis 90/DIE GRÜNEN an die deutsche Bundesregierung.[13] Sundermanns Anfrage wird im Roman mit Émile Zolas Brief „J'accuse" parallelisiert (144). Klagte Letzterer ausgehend vom Fall Dreyfus die Verleumdung und Verfolgung der Juden an, so verlangt Bille eine Rechtfertigung für die Gleichgültigkeit der Regierung angesichts der in Europa allgegenwärtigen Diskriminierung der Roma. In der Textperspektive wohnt dieser Fürsprecher-Haltung, die nicht nur Bille, sondern auch Pater Claudius einnimmt, ein Selbstwiderspruch inne, wie dies am letzten Satz der Anfrage deutlich wird. Dort fragt Bille nach der Beteiligung von „Roma selbst" (141) an „wissenschaftlichen Untersuchungen und Projekten" (141) zur Ergründung bzw. Beseitigung dieser Diskriminierungen. Damit legt Bille die Problematik ihres Vorgehens offen, denn sie klagt auf der einen Seite die Auslöschung der Stimmen von Roma an und ist auf der anderen Seite eine selbsternannte Romni („Gott, laß mich eine gute Romni sein", 89).

Vielfach verweist der Roman auf Wissensproduktionen, die mit den Disziplinen der Ethnologie, Anthropologie sowie Versatzstücken der Kritischen Theorie und Postkolonialen Studien zusammenhängen. Sie werden als Gebiet der Gadjes ausgewiesen und die Wissensinhalte sind Fetische, die die eigene Macht, aber auch die eigene Güte oder intellektuelle Überlegenheit augenscheinlich werden lassen sollen. Dies trifft für den opportunistischen Lehrer Lehmann zu, der problemlos von Mao zu „Rheingold und Clash [of civilizations – Anm. I.-K. P.]" (29) wechselt. Ähnliches gilt aber auch für den Studenten Mario, der „'mit Zitaten von Levi-Strauss'" „'wichst'" (16) und konsequenzfrei den „kolonialen Blick" oder den „Faschismus in uns" (16) kritisiert; es gilt für den Umgang der Ethnologen mit Bronislaw Malinowski als „Schamane des Fachs" (15) ebenso

---

ge der Roma in Südosteuropa. In: *Blätter für deutsche und internationale Politik* 35(1990), S. 1367–1375; dies.: Gutachten zur Menschenrechtslage der Roma und zur Problematik von Abschiebungen nach Jugoslawien. Gesellschaft für bedrohte Völker. Göttingen 1991; dies.: Roma in Rumänien. Gesellschaft für bedrohte Völker. 2. Aufl. Göttingen 1993; dies.: Roma in Mazedonien. Menschenrechtsreport der Gesellschaft für bedrohte Völker Nr. 14. Göttingen 1995; mehrere Arbeiten der Ethnologin wurden auch ins Französische übersetzt. Vgl. etwa dies.: Etude „La Scolarisation des enfants Tsiganes et nomades". Pour la Commission des Communautés Européennes, République Fédérale d'Allemagne. Göttingen 1985.

[13] Große Anfrage der Abgeordneten Volker Beck [u. a.]: Zur Situation von Roma in der Europäischen Union, in den EU-Beitrittsländern und im Kosovo. 13. 03. 2006. Deutscher Bundestag. 16. Wahlperiode. Drucksache 16/918. Vgl.: http://dip21.bundestag.de/dip21/btd/16/009/1600918.pdf [Stand: 20. Dezember 2008] sowie die Antwort der Bundesregierung vom 10. Juli 2006. Deutscher Bundestag Drucksache 16/2197. vgl. http://dip21.bundestag.de/dip21/btd/16/021/1602197.pdf [Stand 20. Dezember 2008].

wie für Billes Hubert-Fichte-Lektüre. Bille greift einen Satz aus dessen Roman *Forschungsbericht* (1989) auf, fragt, wo „das ganz andere, das Fremde, das Uralte, das Ungeteilte, das Rasende"[14] (146) zu finden sei und spricht so die Auseinandersetzung mit den Fremden als Suche nach dem eigenen Ursprung an. Sie behauptet zwar, das Fremde gäbe es nicht, ferner dürfe man sich nicht mit Völkern, sondern nur mit Individuen auseinandersetzen (147) – dennoch bleibt sie Ethnologin, schreibt über Roma und sucht offenkundig in der Auseinandersetzung mit ihnen nach einem unerreichbaren schuldfreien ‚Ich'.

## 3. Deutsche Überlieferung und Ausschluss von Roma: Hermann Löns

Wagners Roman spielt ferner auf literarische Repräsentationen von Roma an, darunter auch auf abwertende, wie jene von Hermann Löns. Dessen verklärende Bilder der Heidelandschaft mit ihren Hünengräbern und Findlingen hatte Billes Großvater Gottfried, der Begründer des Sundermann-Imperiums, zur Lieblingslektüre erkoren. Hermann Löns' Grab wurde bekanntlich im Nationalsozialismus in die Nähe von Walsrode verlegt, wo sich auch das Sundermann-Anwesen befand, und eben dieser Löns, „Gottfrieds Liebling" (65), erscheint Bille im Traum als gefallener Soldat in den Schützengräben des Ersten Weltkriegs. Die Gestalt Löns' verwandelt sich dabei in jene Dejans, und so geraten Helden- und Schurken-, Täter- und Opferpositionen, Lebendiges und Totes in einer Bille gänzlich verwirrenden Weise durcheinander: „Dejan und Löns, das hat nicht zusammenzugehen. Alles, nur das nicht." (67) Dieser Traum nimmt vorweg, dass Dejan Bille nicht aus ihrer Familiengeschichte erlösen kann. Er verweist außerdem auf die Verbundenheit Billes mit der spezifisch deutschen Überlieferung, die sie nicht wahrnehmen möchte und an der Dejan keinen Anteil hat. Diese Bindung wird an mehreren Textstellen erkennbar, etwa während Billes Vision von der Welt als große Saline, die von Heidschnucken kahlgefressen wird: „Sandbirke, flüstert sie. Kiefer. Wacholder." (63) Zugleich erinnert ihr Traum von dem toten Dejan im Graben an Löns' ‚Zigeuner'-feindliche Schriften.[15] Im Roman *Der Wehrwolf. Eine Bauernchronik* (1910), dessen Handlung in der Zeit

---

[14] Vgl. Hubert Fichte: Forschungsbericht. Roman. Geschichte der Empfindsamkeit. Bd. 15. Frankfurt a. M. 1989, S. 26. In Hubert Fichtes 1989 erschienenem Roman geht es u. a. um eine Kritik an der ethnografischen Repräsentation.

[15] Im Übrigen setzte sich auch Jan Philipp Reemtsma, der Onkel von Katrin Reemtsma, mit dem „Mythos Löns" auseinander. Vgl. Jan Philipp Reemtsma: Warum Hagen Jung-Ortlieb erschlug. Unzeitgemäßes über Krieg und Tod. München 2003, S. 174.

des Dreißigjährigen Krieges spielt, gelten ‚Zigeuner'[16] neben Gruppen von Gaunern und marodierenden Söldnern als bedrohlich zersetzende fremde Arme, die von den Bewohnern der Lüneburger Heide umgebracht werden müssen, damit deren ‚gute deutsche Ordnung' nicht zusammenbricht: „Besser fremdes Blut am Messer, als ein fremdes Messer im eigenen Blut"[17], so der zunächst noch versöhnlich gesonnene Protagonist Harm Wulf. Das Wissen über die systematische Tötung der angeblich bedrohlich-amoralischen ‚Zigeuner' in Löns' *Wehrwolf* kehrt, so könnte man deuten, für Bille zurück in dem Bild des tot neben ihr liegenden Dejan. Dieser Traum steht im Kontrast zum Schluss des Romans, wo Bille durch Dejan getötet wird.

An dieser Stelle ist ein weiterer impliziter Verweis denkbar, nämlich auf Alfred Döblins *Märchen vom Materialismus* (1943).[18] Dort geht es um das von der Wissenschaft vergewaltigte Leben, um die Natur, die der Definitionshoheit mathematischer Formeln unterliegt, nachdem sie als Forschungsobjekt missbraucht wurde. „Es war jetzt festgestellt, wer wirklich lebte. Die Mäuse und Hunde [die Versuchsobjekte – Anm. I.-K. P.] konnten ihre Wunden vorzeigen, an ihrem eigenen Körper, aus denen man die neue Lehre gezogen hatte."[19]

Nicht allein Döblins Titel, sondern vor allem die angesprochene Ausgangskonzeption gleicht dem zentralen Konflikt in Richard Wagners Roman. So befallen beispielsweise die Bienen bei Döblin, nachdem neuartige Theorien ihre althergebrachte Ordnung ausgehebelt haben, ganze „Ortschaften in der Lüneburger Heide"[20] und vertreiben die dort ansässigen einheimischen Bauern, um sich den Honig, der „uns ahnungsvollen Bienenvölkern seit Jahrtausenden [...] gestohlen"[21] wurde, wieder zurückzuholen. Freilich folgt auf dieses Zurückschlagen jener, die jahrtausendelang ausgebeutete Opfer waren, keineswegs eine bessere Ordnung als jene der Menschen. Das – gescheiterte – Vorhaben der Bienen, die Menschen zu „stechen [...] bis sie Honig schwitzen"[22] korrespondiert, so ließe sich deuten, mit den Messerstichen des wahnsinnigen Dejan gegen Bille, die ebenfalls einem Geschlecht der Täter angehört. Auch Dejan wirft Bille vor, sie habe ihn als „Versuchsobjekt" (204) für ihre ethnologischen Roma-Studien missbraucht. Dejan, der durch Bille aus seinem sozialen und kulturellen Kontext gerissen wird, den Halt der fest gefügten (stigmatisierenden) Ordnung verliert,

---

[16] Vgl. zu den Figuren des ‚Zigeuners' in Löns' Romanen auch Almut Hille: Identitätskonstruktionen. Die ‚Zigeunerin' in der deutschsprachigen Literatur. 3. Aufl. Würzburg 2005, hier insbesondere Kap. 3.1.
[17] Hermann Löns: Der Wehrwolf. Eine Bauernchronik. Jena 1944, S. 33.
[18] Alfred Döblin: Märchen vom Materialismus. Erzählung. Stuttgart 1959.
[19] Ebenda, S. 8.
[20] Ebenda, S. 42.
[21] Ebenda.
[22] Ebenda.

zerfällt als Persönlichkeit ebenso wie in Döblins *Märchen vom Materialismus* der Bienenstaat, der sich von der sechseckigen Wabenform und von der Ausbeutung durch die Menschen verabschieden will.[23]

## 4. Armut und Reichtum: Die ‚barmherzige Samariterin' und Hofmannsthals *Das fremde Mädchen*

Für Bille gehen die (deutschen) Überlieferungen von der Lüneburger Heide, und ebenso der ererbte Reichtum, unweigerlich mit Schuld einher; sie konzentriert sich auf die ‚Wiedergutmachung' der Schuld und möchte die Überlieferung nicht wahrhaben. In diesen Zusammenhang gehört auch ein Verweis auf eine bekannte Stelle des Neuen Testaments. So mutmaßt die Erzählerstimme, Bille sei zur „Geldgeberin geworden, zum reichen Mädchen, das von Jerusalem hinab nach Jericho geht" (58), womit auf das Gleichnis vom barmherzigen Samariter (Lukas 10, 25–37) angespielt wird. Ganz entsprechend dem Gebot Jesu an die Schriftgelehrten, beschließt auch Bille, ihren Lebenssinn bzw. ihr Seelenheil in Verzicht und Aufopferung zu suchen: Sie wird zur ‚Retterin' und ständigen „Geldgeberin" (58) Dejans, sie ist aber auch, so wie Kienitz das Gleichnis hier wendet, Dejan ausgeliefert und sein Opfer, noch bevor er ihr gegenüber gewalttätig wird. Der Text macht zudem deutlich, das Billes Handeln nur zu einer folgenschweren, andauernden „Schieflage" (123) in ihrer Beziehung zu Dejan führt.

Möglicherweise spielt der Titel des Romans *Das reiche Mädchen* auch auf das mimische Spiel Hugo von Hofmannsthals *Das fremde Mädchen*[24] an. Das 1911 im S.-Fischer-Verlag erschienene und 1913 von Mauritz Stiller verfilmte Pantomimen-Stück wurde zu einem der frühesten Autorenfilme[25] – auch hier also ein ‚Drehbuch', das zum Film wird. In Hofmannsthals Stück möchte der männliche Protagonist unbedingt eine Beziehung zu einem jungen Mädchen aufbauen, das im Gauner- und ‚Zigeuner'-Milieu lebt. Letztlich hilft er dem Mädchen nicht, sondern bewirkt dessen Tod. Das Mädchen besitzt Anleihen an die Figur der

---

[23] Den Fragen, inwiefern diese fehlende Entwicklungsfähigkeit nur für Dejan als Einzelindividuum gilt, und welche Gesamtaussagen der Text über das Machtgefälle zwischen Roma- und Nicht-Roma trifft, kann an dieser Stelle nicht nachgegangen werden.

[24] Der Text erschien unter dem Titel: Grete Wiesenthal in Amor und Psyche und Das fremde Mädchen. Szenen von Hugo von Hofmannsthal. Berlin 1911.

[25] Vgl. zu dem Aspekt der Pantomime als Stummfilm und zum Autorenfilm Heinz Hiebler: Hugo von Hofmannsthal und die Medienkultur der Moderne. Würzburg 2003, S. 433–454.

Preciosa, und wohl auch an Stifters ‚wilde Mädchen' in *Kazensilber*[26] oder *Waldbrunnen*.[27] In dem stofflich-motivischen Zusammenhang, auf den hier angespielt wird, wird deutlich, dass in *Das reiche Mädchen* eine für die nichtosteuropäische deutschsprachige Literatur durchaus untypische Geschlechterrollenverteilung vorliegt, geht doch ansonsten fast immer die ethnische Alterität (Roma- oder ‚Zigeuner'-Semantiken) mit der geschlechtlichen (Darstellung als Frau/Mädchen) einher. Daraus ergibt sich eine veränderte Dynamik der Machtaspekte, deren Gender-Dimension bereits Markus Fischer in seinem weiter oben erwähnten Aufsatz diskutiert.[28] Ist es bei Hofmannsthal das Mädchen, das durch die Zuneigung und den guten Willen des reichen Mannes zu Tode kommt, so haben wir es bei Richard Wagner mit einem ‚reichen Mädchen' zu tun, dessen Liebe und Hilfsbereitschaft dem armen und fremden ‚Zigeuner' Dejan nicht zu seinem Glück verhelfen, sondern im Gegenteil in die Katastrophe führen. *Das reiche Mädchen* kehrt die Geschlechterkonstellation in *Das fremde Mädchen* allerdings nicht vollends in ihr Gegenteil um, weil in beiden Fällen die weibliche Protagonistin am Schluss zu Tode kommt.

## 5. Fremdheit und Subalternität: Kluges *Abschied von gestern* und Koeppens *Tauben im Gras*

Die Montage-Technik hat Richard Wagners Roman mit zahlreichen poststrukturalistischen Texten gemein; zu seinen Besonderheiten gehören die bereits in der Weimarer Republik aufkommenden „filmische[n] Methoden der Wirklichkeitskonstruktion"[29], und daneben eine Gleichzeitigkeit von Fiktionalität, Realitätsbezug und sozialkritischem Anspruch, die an Alexander Kluges Filme erinnert.[30] In

---

[26] Vgl. im Kontext der ‚Zigeuner'-Semantiken hier insbesondere Stefani Kugler: Katastrophale Ordnung. Natur und Kultur in Adalbert Stifters Erzählung „Kazensilber". In: Poetische Ordnungen. Zur Erzählprosa des deutschen Realismus. Hrsg. von Stefani Kugler u. Ullrich Kittstein. Würzburg 2007, S. 121–141.
[27] Zu den ‚Zigeuner'-Semantisierungen in Hofmannsthals *Das fremde Mädchen* zählen insbesondere der anmutige Tanz, die geheimnisvoll-faszinierende Aura, die Beteiligung an Zauberei sowie die übermenschlich scharfen und kräftigen Zähne des Mädchens.
[28] Markus Fischer geht auf den Widerspruch in Dejans Persönlichkeit ein, der sich aus der starken Mutterbindung und der verinnerlichten patriarchalischen Männerrolle ergibt. Vgl. Fischer, Multikulti (Anm. 4).
[29] Carsten Lange: Magischer Realismus, Impressionismus und filmisches Erzählen in Friedo Lampes *Am Rande der Nacht*. In: Realistisches Schreiben in der Weimarer Republik. Hrsg. von Sabine Kyora u. Stefan Neuhaus. Würzburg 2006, S. 287–302, hier S. 288. Außer Döblins *Berlin Alexanderplatz* von 1929 gilt neben Charles Dickens und John Dos Passos insbesondere Arthur Schnitzlers *Der Reigen* als Vorläufer eines filmischen Erzählens. Vgl. Claudia Wolf: Arthur Schnitzler und der Film: Bedeutung, Wahrnehmung, Beziehung, Umsetzung, Erfahrung. Karlsruhe 2006, vor allem S. 150–154.
[30] Vgl. insbesondere Alexander Kluge: Gelegenheitsarbeit einer Sklavin. Zur realistischen Methode. Frankfurt a. M. 1975, S. 215.

Kluges Filmen werden, wenn auch eher beiläufig, Verknüpfungen zwischen Stigmatisierungen von Armen und von ‚Zigeunern' thematisiert, so etwa in dem 1966 bei den Internationalen Filmfestspielen in Venedig uraufgeführten ‚Neuen Deutschen Film' *Abschied von gestern*. Dort wirft der Ministerialrat Pichota seiner Geliebten, der Hauptfigur des Films, Anita G., vor, sie könne nicht ohne Wohnung und Arbeit wie ein ‚Zigeuner' leben. Später wird ihr das mit ihm gezeugte Kind weggenommen.[31] Der Film basierte, wie Richard Wagners *Das reiche Mädchen*, auf einem tatsächlichen Justizfall und problematisiert ebenfalls die Möglichkeiten des Dokumentarischen und Fiktionalen.

Wagners Erzähltechnik mag darüber hinaus Anleihen an Wolfgang Koeppens 1951 in der Bundesrepublik erschienenen Roman *Tauben im Gras* besitzen, in den auf innovative Weise Zeitungsschlagzeilen, Musiktexte und intertextuelle literarische Verweise eingewoben sind. Auch in *Das reiche Mädchen* werden die einmontierten Liedpassagen zur ‚Begleitmusik' der Konflikte und Irritationen und weisen auf heterogene Lebensstile und Überlieferungszusammenhänge hin – so etwa die Gegenüberstellung der Roma-Hymne *Djelem, djelem* mit Pop-Liedern wie *Wicked Game*. In *Tauben im Gras* trägt der schwarze GI Odysseus einen Radiorecorder mit sich, und die daraus ertönende Musik trägt zu seinem Fremdheitsnimbus bei: *Night-and-day*. Odysseus sah herab auf die Mütze des Dienstmannes, auf das vielbefleckte brüchige Tuch [...]."[32]

Neben diesen formalen Gesichtspunkten bestehen auch inhaltliche Parallelen zu *Tauben im Gras*. Koeppens Roman zeigt auf, wie in der deutschen Nachkriegsgesellschaft aufgrund lange tradierter Stigmatisierungen Schwarzen eine überlegene Position verwehrt bleibt. Dies erinnert an die ‚Nick-Neger'-Thematik bei Wagner, die nicht einmal für den Erzähler überwindbar ist. Eine Verbindung zwischen der ‚Neger'- und ‚Zigeuner'-Thematik besteht in beiden Romanen. Bei Koeppen ergibt sie sich dadurch, dass Carla Behrend, die deutsche Geliebte des farbigen US-Sergeanten Washington Price, von ihrer Mutter für dieses Verhältnis kritisiert wird. Die Affinität der jungen Frau zu einem Schwarzen erklärt die Mutter mit dem leichtfertigen ‚zigeunerischen' Blut des Vaters, der einst wegen eines tschechischen Mädchens davongelaufen sei. Clara habe „das von ihm, das Musikerblut, sie sind Zigeuner, nur die Wehrmacht hielt sie in Zucht [...]"[33]. Außerdem taucht in *Tauben im Gras* mit der Figur der Schriftsteller-Ehefrau und

---

[31] Vgl. Rainer Lewandowski: Die Filme von Alexander Kluge. Hildesheim 1980, S. 76.
[32] Wolfgang Koeppen: Tauben im Gras. Roman. Stuttgart 1980, S. 30 [Hervorhebung im Original].
[33] Ebenda, S. 84. An dieser Stelle greift Koeppen wohl eine Formulierung Johann Gottfried Herders auf, laut der ‚Zigeuner' „in Europa" nur „zur militärischen [sic] Zucht" taugten, „die doch alles aufs schnellste disciplinirct". Johann Gottfried Herder: Ideen zur Philosophie der Geschichte der Menschheit. In: J. G. H.: Sämtliche Werke. Hrsg. von Bernhard Suphan. Bd. 14. Berlin 1909, S. 284f.

ehemals wohlhabenden Familienerbin Emilia auch bei Koeppen ein ‚reiches Mädchen' auf, das allerdings durch das Kriegsgeschehen sein Erbe verliert, und nicht, wie Bille, durch das Geld an die Schuld gebunden ist:

> Du bist reich, Schöne, du erbst, Hübsche, erbst das Großmütterleinvermögen, die Kommerzienratsfabrikmillionen, er dachte an dich, der Geheime diätlebende Kommerzienrat, der treusorgende *pater familias*, dachte an seine Enkelin, an die noch nicht geborene [...].[34]

Später wird über Emilia vom Erzähler ausgesagt, dass sie „sich durch Geldschwierigkeiten in die Schicht der Boheme versetzt" sah, zu „Leuten [...] die bei Emilias Eltern zwar Freitisch und Narrenfreiheit, aber nicht Achtung genossen hatten"[35].

Nicht zuletzt trifft man in beiden Romanen auf das Motiv des Hundes, der verkauft, verraten, zwischen den Protagonisten hin und her geschoben wird, und der in beiden Fällen als Chiffre für das Ausgeliefert-Sein in zwischenmenschlichen und gesellschaftlichen Konflikten gelesen werden kann. Gilt das in *Tauben im Gras* für die meisten Figuren, vergleicht *Das reiche Mädchen* nur Roma und Osteuropäer wiederholt mit ‚Hunden'. Diese beiden Gruppen sind es auch, die sich bei Wagner, vielleicht den Titel von Koeppens Roman aufgreifend, in visionenhaft eingeblendeten Szenen aus dem Roma-Dorf sowie aus dem Jugoslawien-Krieg, „ins Gras" (243) werfen.

## 6. Dejans Wahnsinn und Herta Müllers *Der König verneigt sich und tötet*

Während Billes Persönlichkeit insbesondere durch die imaginäre Auseinandersetzung mit Löns die oben skizzierten Akzente erhält, gehören zum Verweishorizont von Dejans Wahnsinn die Texte der banatdeutschen Schriftstellerin Herta Müller. Die Wahnvorstellung, der Dejan mit seiner Konstruktion einer künstlichen, mörderischen Vater- und Gottesinstanz verfällt, beinhaltet einen intertextuellen Verweis auf das Motiv des Königs in den Schriften Müllers. Die banatdeutsche Autorin beschreibt in dem Essay *Der König verneigt sich und tötet* (2003)[36] den König als Angst einflößende Gestalt, deren Gegenwart immer ein Indiz dafür ist, dass demnächst eine Entscheidung über Leben und Tod fällt.

---

[34] Koeppen, Tauben (Anm. 32), S. 32 [Hervorhebung im Original].
[35] Ebenda, S. 84.
[36] Herta Müller: Der König verneigt sich und tötet. In: H. M.: Der König verneigt sich und tötet. München, Wien 2003, S. 40–73.

Auch für Dejan in *Das reiche Mädchen* wird die Stimme eines imaginären Königs zur obersten Richtinstanz. Der König („Mein König [...]. Sei mein Vater [...]", 224)[37] bringt Dejan dazu, Bille zu töten, und auch der Gefängnisinsasse Dragodan, in dem Dejan nach seiner Verurteilung wegen Mordes den „Bote[n]" (240) des Königs sieht, wird zum Mörder, indem er die beiden verkappt rechtsradikalen, da Masada verhöhnenden (223) Spieler Oliver und Friedhelm tötet. Wenn die Stimme des Königs sogar zur göttlichen Instanz wird und Dejans Wahnsinn und Gewaltbereitschaft einläutet, erinnert dies an „jene Zuspitzung, mit der im Kopf der Irrlauf beginnt".[38] In Herta Müllers Essay gibt es einen „Dorfkönig"[39], der für eine gewaltträchtige Hierarchisierung der Welt steht, in der jeder Täter wie Opfer ist. Diesem Dorfkönig entspricht das Märchen der Roma-Großmutter Majka im Dorf Mala Amerika, an das sich Dejan in Wagners Roman erinnert: „Es waren einmal zwei Könige, pflegte sie zu sagen, ein roter und weißer. Der rote König hatte eine Tochter, und der weiße König hatte einen Sohn." (120) Was auf den ersten Blick den Kontext der Vermählung bzw. der arrangierten Ehe zweier Kinder beschreiben soll, erweist sich auf den zweiten als Schilderung von Gegensätzen, die auch zu Zwang, politischen Kompromissen und Konflikten führen können. Vor einem solchen Szenario flüchtete offenbar bereits Dejans Mutter Mila an die Adria-Küste und später nach Novi Sad, wodurch sie zur halben Gadje wurde. Bei Herta Müller steht der Dorfkönig für die Gewalt in zwischenmenschlichen Beziehungen sowie für eine Art existenzielles Leiden – er ist aber kein Mörder. Der „Stadtkönig" dagegen verkörpert die in soziale und politische Strukturen geronnene, institutionalisierte Gewalt, er tötet absichtlich. Auch bei Dejan ist es erst der ‚Stadtkönig' in Berlin, der zum Töten verleitet, weil – weiter mit Herta Müller quer gelesen – „der Irrlauf im Kopf allen vorhandenen Worten davonläuft"[40]. Für Dejan ersetzt die „Königsstimme" (220) den Dialog, er findet für das Gespräch mit Bille immer weniger Worte („Will was sagen. In seinem Kopf ist jetzt nur noch der König.", 228), und immer öfter Schläge. (228) Herta Müllers beschreibt dagegen, dass man den König durch sprachliche Reflexion bannen kann: „Es zeigte sich, daß man dem

---

[37] Der vaterlose Held Dejan (70f.) legt eine Anspielung auf die sozialpsychologische Debatte um eine vaterlose Gesellschaft im Nachkriegsdeutschland nahe. So fragte Alexander Mitscherlich in seiner 1963 erschienenen Studie: „Wie wird eine in diesem Sinne *vaterlose Gesellschaft* aussehen, eine Gesellschaft, die nicht von einem mythischen Vater und seinen irdischen Stellvertretern kontrolliert wird?" [Hervorhebung im Original]. Alexander Mitscherlich: Auf dem Weg zur vaterlosen Gesellschaft. Ideen zur Sozialpsychologie. Weinheim [u. a.] 2003, S. 56. Vgl. hierzu auch Heims Studie zu literarischen Verarbeitungen der „Vaterlosigkeit". Robert Heim: Utopie und Melancholie der vaterlosen Gesellschaft. Gießen 1999.
[38] Müller, Der König (Anm. 36), S. 49.
[39] Ebenda, S. 51.
[40] Ebenda, S. 52.

König durch Reime beikommen kann. Man kann ihn vorführen. Der Reim zwingt ihn zurück in die Herzklopftakte, die er verursacht."[41]
Die künstlerische Reflexion und das Aufzwingen einer Sprach-Form schaffen den König zwar nicht aus der Welt, sie erzeugen durch den Gleichtakt der Herzen im Gegenteil eine anhaltende Verbindung zum Ich. Der König verliert dadurch aber seinen Herrschaftsanspruch. Dejan gelingt es hingegen nicht, seine Situation in Deutschland und die von ihm verinnerlichte Männerrolle zu reflektieren. Er flüchtet vielmehr geradezu in die Arme des Königs, dessen imaginärer Vollstrecker er wird. Letzterer ist ein König der Gewalt, der seine Gestalt nicht zuletzt den kriegerischen Konflikten des Balkans verdankt; Dejan und der serbische Veteran Dragodan werden sich unschwer einig über diesen König, der „Mars" (239) ähnelt.
Von Dejans Freund Mirko, der gerne ein kreativer Philosoph wäre, geht ein weiterer intertextueller Verweis aus, nämlich auf den rumänischen Philosophen und Dichter Lucian Blaga.[42] Mirko, der behauptet, den mittel- und bedürfnislosen Roma bliebe nichts anderes übrig, als zu „philosophieren" (182), kritisiert den Weltzugang der Gadjes mehrfach als einen Versuch, das Universum bis ins Detail zu definieren, zu analysieren und zu beherrschen: „,Die haben eine richtige Sternenrechnung aufgemacht. […] Die Gadsche sind verloren, denn was ein Stern ist, kann nur Gott wissen.'" (182)
Die Gadje vermuten laut Mirko nicht nur in der Welt, sondern auch in der Sprache „keine Geheimnisse" (184) mehr; Mirko bittet dagegen Gott darum, die Roma davor zu bewahren, „das Geheimnis zu verlieren" (184). Diese Gegenüberstellung zwischen einem Weltzugang, einer Art der Erkenntnis, die etwas ‚Unverstandenes' zulässt, und dem Verstand, der alles kontrolliert, aber auch tötet, spielt unübersehbar auf eines der bekanntesten Gedichte Lucian Blagas an, das seinen allerersten, 1919 veröffentlichten Gedichtzyklus *Poemele luminii* [Die Gedichte des Lichts] eröffnet:

> Ich zerdrücke die Wunder Korona der Welt nicht
> und ich töte nicht
> beim Denken die Geheimnisse, die mir begegnen

---

[41] Ebenda, S. 56f.
[42] Lucian Blaga (1895–1961) verfasste als Philosoph die in Rumänien viel beachteten *Trilogia cunoașterii* [Trilogie des Wissens] (1943), *Trilogia culturii* [Trilogie der Kultur] (1944) und *Trilogia valorilor* [Trilogie der Werte] (1946). Als Dichter veröffentlichte er hauptsächlich in der Zeit von 1919 bis 1947 zahlreiche Dramen und Gedichtbände mit expressionistischen Zügen und wurde 1956, wohl auch auf Initiative Mircea Eliades, für den Literaturnobelpreis vorgeschlagen; seine Kandidatur wurde von dem sozialistischen Rumänien, das ein insgesamt fünfzehn Jahre währendes Publikationsverbot über Blaga verhängt hatte, missbilligt.

> auf meinem Weg
> in Blumen, Augen, auf Lippen oder in Gräbern.
> Das Licht Anderer
> erwürgt den Zauber des Undurchdrungenen, versteckt
> in Tiefen aus Dunkelheit,
> aber ich,
> ich vermehre mit meinem Licht das Geheimnis der Welt
> […]
> und alles, was unverstanden ist
> verwandelt sich in ein noch größeres Unverstandenes
> unter meinen Augen,
> denn ich liebe
> Blumen und Augen und Lippen und Gräber.[43]

Dass Mirko hier die Philosophie der Roma einem Gadje-Philosophen entlehnt, ist freilich gerade im Kontext des im Roman verhandelten Sprechens im Namen Anderer nicht ganz unproblematisch. In diesen Zusammenhang gehört auch Billes Wunsch, eine Romni zu sein, den Kienitz als „Anschlag auf das Geheimnis" (198) beschreibt. Bille beanspruche nicht nur, alles über die Roma zu wissen und die Fäden aller Diskurse über sie so fest in der Hand zu halten, dass sie problemlos in deren Namen sprechen könne, sondern die Roma (und Dejan) gleichsam durch sich selbst zu ersetzen. Damit erübrige sich die Subjektposition der Roma, und alles, was aus Billes Sicht noch unbekannt oder eben ein ‚Geheimnis' sei.

## 7. Märchenkontexte: Christa Wolfs *Kein Ort. Nirgends* und Günter Grass' *Der Butt*

Von besonderer Bedeutung für den gesamten Romanzusammenhang sind die Anspielungen auf Märchen und auf bekannte literarische Werke, die ihrerseits diese Märchen aufgreifen. Daneben wird auch auf orale Überlieferungen der Roma verwiesen, insbesondere auf mündlich tradierte Sagen, Legenden und Symbole. So flackern in Dejans Erinnerung immer wieder Worte in Romanes („T'an baxtale, Romale! Ihr sollt glücklich sein, Roma!", 143) sowie ein sich drehendes Rad oder ein Feuer auf, was ihn an das Roma-Dorf Mala Amerika erinnert. Doch der Erinnerungsfluss an die Roma-Großmutter Majka und den

---

[43] Lucian Blaga: *Eu nu strivesc corola de minuni a lumii* [Ich zerdrücke die Wunder-Korona der Welt nicht]. In: L. B.: Poeme. Gedichte. Zweisprachige Rumänisch-Deutsche Ausgabe. Übersetzung von Ruth Herfurth. Einleitung von George Gană. Mit einer Vorbemerkung der Übersetzerin. Bukarest 1980, S. 52. Hier: Übersetzung des Gedichtes: I.-K. P.

Großvater Rajko, der Schmied war, wird gestört durch Bilder und Märchen der Gadje: „Rajko, der Nagelschmied. Feuer und Flamme. Hammerschlag. Es war einmal ein Nagelschmied." (143)
Angespielt wird hier auf die ‚Zigeuner'-feindliche Legende, die den Roma die Schuld an der Kreuzigung Christi auflädt, weil ein Rom die verwendeten Nägel geschmiedet haben soll, ein Narrativ, das augenscheinliche Ähnlichkeiten mit der antisemitischen Legende vom ‚ewigen Juden' aufweist. Während Dejans Erinnerung voller Gadje-Bilder steckt, sucht Bille weiter nach ‚reinen' Stimmen der Roma oder Jenischer, die sie sich zu eigen machen möchte, um ihre eigene Fürsprecher-Position zu legitimieren. In diesem Kontext steht das Gebet des jenischen Schriftstellers Mungenast, das sie spricht. Die im Romantext von Bille zitierte Textstelle: „Brot gib uns und Essen. Und sei nicht zornig auf uns Menschen" (180) stammt aus Mungenasts Gedicht *Vater Unser!*[44] – die Bitte um Essen steht im offensichtlichen Kontrast zum Reichtum Billes, die sich jedoch um jeden Preis einem Gott der Roma oder der Indianer, der beiden ‚Völker ohne Geschichte', unterwerfen möchte. Von dem Gott der Indianer hatte Bille nach einer magisch aufgeladenen Hochzeitsnacht mit Dejan erbeten, er möge sie eine „gute Romni" (89) werden lassen.
Die zahlreichen Märchenzitate bieten zudem Anknüpfungspunkte an die deutsche Literaturgeschichte nach 1945. Der Anfang des Romans *Das reiche Mädchen*, „Rucke di gu. Blut im Schuh" (9) verweist zunächst auf das Grimm'sche Märchen *Aschenputtel*. Der Versuch der Stiefschwester Aschenputtels, sich Liebe durch Selbstbeschneidung zu erzwingen, kann insofern als Allegorie für Billes Leben herangezogen werden, als diese vor dem Hintergrund der blutigen Geschichte der Verfolgung und Ermordung der Roma auch durch ihre eigenen Vorfahren den Status einer Unschuldigen anstrebt. „Und wie das meiste, was Frauen sich einfallen lassen, ist es zunächst einmal Selbstgeißelung" (202), so Wysbars Kommentar zum selbstbeschneidenden Lebensentwurf Billes. Das ‚Blut im Schuh' steht zum einen für diese Selbstgeißelung, zum anderen möglicherweise auch für die von Bille erevbte Gewalt und für die Mitschuld der Sundermann-Familie an dem vergossenen Blut der Roma.
Auch Christa Wolfs *Kein Ort. Nirgends* (1979) beginnt mit: „Vorgänger ihr, Blut im Schuh".[45] Thematisiert wird hier die fiktive Begegnung zwischen Hein-

---

[44] Vgl. die Todesanzeige für Mungenast in: *Romano Centro* 52(2006), S. 15. Der jenische Schriftsteller, Forscher und Aktivist Prof. h. c. Romed Mungenast verstarb im Jahre 2006. Er hat auch eine wichtige Textsammlung mit Gedichten, Texten und Märchen jenischer Autorinnen und Autoren herausgegeben. Vgl. Romed Mungenast: Jenische Reminiszenzen. Geschichte(n). Gedichte. Ein Lesebuch. 2. Aufl. Landeck 2001.
[45] Vgl. Christa Wolf: Kein Ort. Nirgends. München 1996, S. 3.

rich von Kleist und Karoline von Günderrode, und auch in diesem Text bleibt die Erzählerperspektive und damit die Subjektposition der Geschichte unklar, ebenso wie die Frage, wer hier in wessen Namen erzählt.

„Wer spricht?"[46] – Gleich zu Beginn der Erzählung wird wörtlich jene Frage gestellt, die Bille in *Das reiche Mädchen* beschäftigt („'Ich muß wissen, wer spricht.'" 149), und die eine der Hauptachsen des Wagner'schen Romans ausmacht. Hinzu kommt, dass beide Werke das Aufeinandertreffen zweier Menschen als ‚Utopie' thematisieren. So fragt Anna, ob „der Versuch der beiden, sich als Paar zu erfinden" nicht doch „[l]etzten Endes eine Utopie" (233) und daher bewundernswert sei. Eine Seite zuvor hatte Mira, die gemeinsame Tochter Billes und Dejans, den ersten Satz des Romans in leicht modifizierter Form wiederholt, nachdem sie die Leiche ihrer Mutter gesehen hatte: „'Es ist Blut in der Küche', sagt das Kind. 'Blut im Schuh. Rucke di gu.'" (232) In der Gesamttextperspektive, die hier Kienitz vertritt, ist die Beziehung der beiden durchaus keine Utopie, sondern vielmehr fast schon Ergebnis problematischer, nach wie vor machtasymmetrischer Diskurs-Verstrickungen.

Vermittelt über die Anspielung auf ein niederdeutsches Märchen, das ebenfalls der Sammlung der Grimm'schen Kinder- und Hausmärchen entstammt, *Vom Fischer und seiner Frau*, wird auf ein weiteres, in der bundesrepublikanischen Nachkriegsliteratur viel diskutiertes Werk verwiesen: Günter Grass' Roman *Der Butt* (1977).[47] Im Märchen geht es um eine Frau, die, vermittelt über ihren Mann, alles haben will und erreichen möchte (wie Bille). Grass' Roman durchleuchtet dies aus einer patriarchatsskeptischen Perspektive und reflektiert dabei wie Wagners Text den Zusammenhang zwischen hegemonialen Verhältnissen und der Macht über die Geschichte(n): „Die Märchen hören nur zeitweilig auf oder beginnen nach Schluß aufs neue. Das ist die Wahrheit, jedesmal anders erzählt."[48]

Im achten Kapitel von Grass' Roman mit dem Titel „Vatertag" ist dem männlichen Ich-Erzähler die Juristin Miehlau gegenüber gestellt, die sich im Laufe der Beziehung der beiden immer weiter von ihrem Verlobten entfernt und sich schließlich für einen lesbischen Lebensentwurf entscheidet. An dieser Stelle scheint nicht nur der Verweis auf die Thematik der aus einer männlichen Autor-Perspektive (Carlo) distanziert beschriebenen lesbischen Beziehung zwischen Anna und Sujatmi auf, sondern auch die Anspielung auf einen frühen Regisseur

---

[46] Ebenda, S. 4.
[47] Günter Grass: Der Butt. Roman. Werkausgabe in zehn Bänden. Hrsg. von Volker Neuhaus. Bd. V. Darmstadt, Neuwied 1987. In Wagners *Das reiche Mädchen* heißt es: „Er [Mirko] singt: Es war, weil es nicht war, es war einmal ein Fischer". (173)
[48] Grass, Der Butt (Anm. 47), S. 643.

des lesbischen Films durch den Namen Wysbar.[49] So wird auch das Geschehen im Kapitel „Vatertag" vom männlichen Autor-Ich mehrfach in die Nähe des Films gerückt, etwa indem Billy und ihre typisch männliche Kopfbedeckungen tragenden Freundinnen ironisch beschrieben werden als „Figuren aus einem Film, der aus Hutrollen besteht"[50], oder deren Rauchen als Szenerie eingestuft wird, wie sie „der Rollenfilm vorschrieb"[51]. Vor allem aber gibt es eine unmittelbare Namensverwandtschaft zwischen den weiblichen Hauptfiguren in beiden Romanen: „Sybille" ist unschwer als jene Märchen-„Ilsebill" erkennbar, die dem Ich-Erzähler bei Grass repräsentativ für alle historischen Epochen gegenüber steht. Im achten Kapitel wird Ilsebill sogar wörtlich zu „Sybille" (Miehlau), die von ihren Freundinnen „Billy" oder auch „Bill"[52] gerufen wird; die Analogie zu Sybille Sundermann, die meist Bille genannt wird, ist hier kaum zu übersehen.
Hatte der Verweis auf Döblins *Märchen vom Materialismus* angedeutet, dass Dejans Versuch, aus einer ihn stigmatisierenden Ordnung zu entkommen, nur im Chaos oder in einer zerstörerischen Ordnung enden kann, so geht von *Der Butt* und insbesondere von *Vom Fischer und seiner Frau* eine Infragestellung von Billes überlegener Position gegenüber Dejan aus.

## 8. Ghostwriters: Benoziglios *L'écrivain fantôme*, Roth' *Ghost Writer* und Wagners *Miss Bukarest*

Die Position des Ghostwriters, die Kienitz einnimmt, ist insofern ambivalent, als sie sich, wie bereits angedeutet, teils kritisch zu den herrschenden Diskursen verhält, teils aber auch die Verantwortung für deren Infragestellung abstreift.

> Ich bin Kienitz, der Ghostwriter, sage ich mir. Ich sage es, als hätte ich ein Geheimnis. Als sei es mir gelungen, dieses Geheimnis für mich zu behalten, als wäre ich damit in unserer Geschichte der Regie einen Schritt voraus. (251)

---

[49] Unter der Regie von Frank Wysbar entstand 1933 das Film-Drama *Anna und Elisabeth*, das die – in den Szenen nur angedeutete – tragische Beziehung zwischen zwei Frauen unterschiedlichen Alters zeigt. Die Hauptdarstellerinnen des Films *Anna und Elisabeth*, Dorothea Wieck und Herta Thiele, waren bereits durch ihre schauspielerische Leistung in der Christa-Winsloe-Verfilmung *Mädchen in Uniform* aus dem Jahre 1931 bekannt geworden. Vgl. B. Ruby Rich: Chick Flicks: Theories and Memories of the Feminist Film Movement. Durham 1998, S. 197.
[50] Grass, Der Butt (Anm. 47), S. 536.
[51] Ebenda, S. 537.
[52] Ebenda, S. 536.

Hier spricht Kienitz von einer unbekannten, überlegenen Instanz, die offenbar die Geschichte – hier also auch den Roman – steuert und bestimmt, und Kienitz' eigenes ‚Geheimnis' kann demnach wohl allein darin bestehen, dass er genau diesen Zusammenhang begriffen hat.

Die Art und Weise, wie hier Autorschaft als Ghostwriting thematisiert wird, erinnert zudem aber auch an die literaturwissenschaftliche Debatte um einen Roman des französischsprachigen Schweizer Schriftstellers Jean-Luc Benoziglio, *L'écrivain fantôme* (1978). Auch in diesem Roman geht es um Ghostwriter, die die Biografien Anderer entwerfen, auch hier werden Stigmatisierungen und soziale Ungleichheiten thematisiert, und parallel wird die Frage verhandelt, inwiefern sich der Ghostwriter aus der Situation eines Ausgebeuteten befreien kann. Besonders auffällig ist dabei, dass im Französischen das Wort ‚nègre' – in diesem Zusammenhang synonym für Ghostwriter – im Sinne eines unsichtbaren literarischen ‚Sklavenarbeiters' gebraucht wurde. So schreibt Jürg Altwegg, dass bei Benoziglio der Ghostwriter zum Beherrscher der Situation werde:

> [D]er Ausgebeutete prägt und bestimmt das Bild vom Ausbeuter, der ihm machtlos ausgeliefert ist. Doch der ‚Neger' [französisch ‚nègre' im Sinne von Ghostwriter – Anm. I.-K. P.], dessen Namen niemand kennt, ist der einzige, der den wahren Sachverhalt begriffen hat.[53]

Der ‚Nick-Neger' gehörte als Ausstellungsfigur zum Repertoire von Kolonialschauen und fand in Spendendosenform bei Missionssammlungen Verbreitung. Auf der 1896 eröffneten Kolonialausstellung in Berlin wurden später die zur Schau gestellten Schwarzen durch so genannte ‚Missionsneger' oder ‚Nick-Neger' ersetzt. Diese Statthalter repräsentierten insbesondere durch ihr Betteln die Persistenz der Herrschaft der Weißen. In diesem Sinne steht der ‚Nick-Neger' für die Unabänderbarkeit hegemonialer Diskurse und Herrschaftsverhältnisse – selbst wenn Praktiken oder Rechtfertigungszusammenhänge modifiziert werden.[54]

Richard Wagner diskutiert auch in einem früheren Roman, *Miss Bukarest* (2001), die Stellung eines banatdeutschen Schriftstellers als ‚Nick-Neger' im deutschen Literaturbetrieb – in dem Sinne, dass seine Texte instrumentalisiert werden als eine Art Fremdblick auf Abruf, der irritieren darf, aber stets die

---

[53] Jürgen Altwegg: Jean-Luc Benoziglio. Ghostwriter der Avantgarde. In: J. A.: Leben und Schreiben im Welschland. Porträts, Gespräche und Essays aus der französischen Schweiz. Zürich 1983, S. 64–70, hier S. 68.

[54] Zum „Nick-Neger" vgl. Horst Gründer: Indianer, Afrikaner und Südseebewohner in Europa: Randbemerkungen zum Exotismus. In: Einblicke in die Wissenschaft II. Dokumentation der Semester-Eröffnungsvorträge der Jahre 1995–2005. Hrsg. von Gerhard Breloer u. Mechthild Kaiser. Münster u. a. 2006, S. 127–148, hier S. 139.

Grenzen des Opportunen zu wahren hat. Die Zugehörigkeit zur ‚deutschen Literatur' bleibt dem Nick-Neger letztlich per definitionem verwehrt.

> Ich habe auch über Deutschland geschrieben. Aber das hat den Leuten nicht gefallen. Sie redeten zwar oft vom fremden Blick, aber es hat ihnen nicht gefallen. [...] Fremder Blick heißt, nicht dazugehören, heißt Ausländer. Ausländer heißt nicht dazugehören. Ich hätte bei den Westdeutschen den fremden Blick haben können, den Ausländerjob. Einmal im Jahrzehnt. Chamisso-Preis und so weiter. Nick-Neger sein. Wollte ich aber nicht.[55]

Eine Ghostwriter-Debatte löste Anfang der 1980er Jahre in der Bundesrepublik der vieldiskutierte Roman *Ghost Writer* aus der *Nathan-Zuckerman-Trilogie* von Philip Roth aus, der ebenfalls zum Verweishorizont von *Das reiche Mädchen* gehört, da dort die Geschichte des Nationalsozialismus und die Biografie einer berühmt gewordenen Jüdin – Anne Frank – verhandelt werden.[56]

## 9. Schlussbetrachtungen

Sujatmi van Campen, das „niedliche Immigrantenwunder" (150), zeigt einen Modus der Inklusion Nicht-Deutscher auf: „‚Ich bin Holländerin', sagt sie, ‚und ich werde mich hüten, Molukkerin sein zu wollen.'" (150) Sujatmi streift alles Nicht-Europäische ab, sie übernimmt auch die abfällige Perspektive gegenüber den ehemaligen Kolonien und distanziert sich mit dem abfälligen Begriff „Molukkerin" von ihrer eigenen indonesischen Herkunft. Der Nachname ‚van Campen' steht für diese Inklusion in eine westeuropäische Überlieferung und erleichtert den Einschluss Sujatmis in Deutschland – anders der Nachname Dejans, ‚Ferari'. Dem verunstalteten altwalachischen Begriff für ‚Eisenhändler' (‚ferariu') ist der Übergang ins Italienische missglückt, die Differenz bleibt an dem fehlenden Doppelkonsonanten (‚fe*rr*ari') erkennbar.

---

[55] Richard Wagner: *Miss Bukarest*. Berlin 2001, S. 106. Dem ‚Nick-Neger'-Status möchte in Richard Wagners Roman *Miss Bukarest* Klaus Richartz, ein banatdeutscher Schriftsteller, entkommen. Richartz weist ähnliche Parallelen zu Richard Wagner auf wie Carlo Kienitz in *Das reiche Mädchen*. In der hier zitierten Passage distanziert sich Richartz von dem Buch *Die verklemmte Nation* des in Deutschland lebenden spanischen Schriftstellers Heleno Saño, und schreibt Letzterem die Position eines ‚Nick-Negers' des deutschen Literaturbetriebs zu.

[56] Vgl. Philip Roth: The Ghost Writer. New York 1979. In diesem 1980 auf Deutsch erschienenen Roman wird die Problematik jüdischer Identität in der Folge des Holocaust thematisiert. Zuckerman tritt als Ghostwriter der Biografie Anne Franks (im Roman auch als „Amy" präsent) in Erscheinung, wodurch die Probleme der Repräsentation, des Subjekt-Status, der eigenen Lebensgeschichte und der Vorherrschaft über die Historie miteinander in Beziehung gebracht werden.

Auch Sujatmi lebt in einer durchaus asymmetrischen Beziehung zu Anna und übernimmt lediglich Hilfsarbeiten. Dazu gehört auch, dass ihr, da sie als mehrfache Fremde nicht des deutschen Nationalismus' verdächtigt werden kann, der Part zukommt, auf „Deutschland" mit glänzenden „Augen", „als käme sie gerade von der Fanmeile" (127), anzustoßen. Diese Haltung Sujatmis ist im 68er-Milieu, in das sie dank Anna aufgenommen wurde, nur zulässig, weil sie durch ihr „wunderschönes Asia-Gesicht" (51) unweigerlich als ‚Molukkerin' erkennbar ist. Mehr noch, Sujatmi ist, so die Textlogik, in eine mehrfach instrumentalisierende Position geraten, und zwar als eine Art ‚Alibi'-Inkludierte: Ihr differentes Aussehen bezeugt die Integrationsfähigkeit der deutschen Gesellschaft, während ihr Verhalten und Habitus sich nahtlos in bestehende Machtverhältnisse und diskursive Ordnungen einfügen, ja sogar diese stützen und bestärken. Der Roman wirft in diesem Zusammenhang die Frage auf, inwiefern sich die Inklusionsvoraussetzungen auf immer subtilere Differenzen verlagern, die zur unausgesprochenen Norm werden. Dazu gehört im Text beispielsweise eine zurückhaltende und von Andeutungen getragene Kommunikationsweise. Allerdings zählt auch die Teilhabe an ‚deutscher Überlieferung' zu den Inklusionsvoraussetzungen: Anna zeigt der Holländerin und dem Osteuropäer die alte deutsche Regionalküche vom „Bellschuch" und „Lobloatz" (97) im Taunus sowie Traditionen wie die altfriesische Bauweise im Dorf Keitum mit seinen „Reethäuser[n]". (143) Solche greifbaren Formen ‚deutscher Überlieferung' setzt der Roman in ein Spannungsverhältnis zu dem ‚Multikulti'-Postulat der Irrelevanz des ‚Deutschseins' für die Inklusion. Mit diesem Zusammenhang möchte sich Anna – laut Textlogik in symptomatischer Weise – gar nicht erst auseinandersetzen; sie sieht in dem (Konsum-)Patriotismus allenfalls „Fashion" (127) – das englische Wort erinnert nicht zufällig an die ersten beiden Silben des Begriffs ‚Faschismus' – und schiebt den Nationalismusverdacht an den Auslandsdeutschen Kienitz weiter: „'Wohl ganz nach deinem Geschmack, mein Volksdeutscher'". (127)

An Bille wird ein anderer Aspekt des machtstabilisierenden Umgangs mit Differenzen thematisiert, mit dem Vorwurf, sie behalte den Machtvorsprung gegenüber den als ‚Zigeunern' Stigmatisierten bei, indem sie die sukzessive Vereinnahmung aller ‚Geheimnisse' und damit die Okkupation der Subjektposition von Roma anstrebe. Wenn Bille danach fragt, ‚wer spricht', möchte sie an die Schaltstelle der Diskurse aufrücken, und dieser Zusammenhang wird exemplarisch im Märchen über den „Hund ohne Namen" (148) verdichtet, das Bille eines Abends ihrer Tochter Mira erzählt. Der Hund, ein ‚Ureinwohner' eines Grundstücks, auf dem ein Haus mit Garten erbaut wird, bleibt bis zum Schluss namenlos – das heißt, so könnte man deuten, subaltern, ohne eigene Identität und Subjektposition und ohne im eigenen Namen agieren zu können. Dies passt sowohl zur Außenseiter-Position Kienitz' im deutschen Literaturbetrieb, die dieser selbst durch den „Nick-Neger-Report" (12), den er als Roman verfassen will, nicht überwindet, und zur subalternen Stellung der Roma, die ebenfalls durch nichts erschütterbar scheint. Durch seine Rolle als ewiger Stichwort-Lieferant für den Literatur- und Filmbetrieb ähnelt Kienitz unter Machtgesichtspunkten in der Gesamttextperspektive den Roma, den „Neger[n] des Balkans". (136) Mirko beschreibt an mehreren Stellen Gemeinsamkeiten zwischen ‚Zigeunern' und Hunden, als Ausgelieferte und Verratene. So entwirft er ein Gespräch zwischen Plato und dem Kyniker Diogenes, in dem Letzterer auf Platos Beschimpfung, er sei ein Hund, erwidert: „'Ganz recht, [...] denn ich kehre immer wieder zu denen zurück, die mich verkauft haben.'" (186) Diese Antwort kann auch als (zynische) Beschreibung der von Gewalt, Missachtung, Verfolgung und Ermordung geprägten Geschichte der europäischen Roma gelesen werden, die den Kontinent trotz der Verfolgung nicht verlassen haben. Dejans Aussage „'Ein Hund ist wenigstens ein Hund'" (190), steht, in diesem Zusammenhang betrachtet, neben Kienitz' Selbstaussage: „Ich bin Kienitz, der Ghostwriter".[57] (251)

Dejans Freund Mirko gibt im Roman zunächst vor, dass er seine (sporadischen) Philosophiekenntnisse von seinem Vater, der Philosophie studiert hätte, mit auf den Weg bekommen habe; später stellt sich heraus, dass Mirkos Vater die meiste Zeit über inhaftiert und dann verschollen war. Der – wie Dejan vaterlose – Mirko hat also, mit mäßigem Erfolg, versucht, sich mittels einer fiktiven Genealogie die Teilhabe am philosophischen Erbe zu erschleichen. In Wirklichkeit hatte er nur die Gespräche der Zagreber Professoren belauscht, die er als Fahrer im Sommerurlaub an den Plitvičer Seen begleitete. Kienitz fügt hinzu: „'Sie [die Professoren – Anm. I.-K. P.] machten sich offenbar einen Spaß daraus, ihn [Mirko – Anm. I.-K. P.] ihren Hund zu nennen.'" (227) Damit wird die subalterne Rolle der Roma auf dem Balkan thematisiert. Parallel dazu wird das ewige Epigonentum balkanischer Philosophen in Bezug auf Westeuropa und das dort eingeflossene griechisch-römische Erbe angesprochen. Die „Balkandenker" (226) wollen „Platon [...] verifizieren" (226) und neigen stets dazu, „die Reflexionsergebnisse der anderen zu überprüfen". (226f.)

Der Roman zeigt – so lässt sich resümieren – rechtliche, ökonomische, gesamtgesellschaftliche, räumliche, sprachliche und sexuelle Ungleichheiten auf und führt vor, wie dem Rom Dejan und dem osteuropa-deutschen Schriftsteller Kie-

---

[57] An dieser Stelle muss offen bleiben, wie weit die in *Das reiche Mädchen* angelegte Parallele zwischen Roma und Osteuropäern als ‚Subalterne' trägt. Dass auch in Osteuropa Roma stigmatisiert werden, lässt der Roman ja keineswegs unerwähnt.

nitz auf unterschiedlichen Ebenen keine Subjektpositionen zuerkannt werden. Vor diesem Hintergrund werden sowohl die Fürsprecher- als auch die Urheberrolle aus unterschiedlichen Gründen problematisch. Der Roman legitimiert sich als literarische Reflexion von Exklusions- und (Ent)subjektivierungsmechanismen sowie von Ambiguitäten des Erzählens.
Insbesondere das, was der Rom Dejan aus der Vojvodina zu sagen hat, steht, weil seine Subjektposition prekär bleibt und nicht wegen einer etwaigen ‚radikalen Differenz', an der Grenze zur Nicht-Kommunizierbarkeit.[58] Im Handlungsverlauf scheitern dann auch alle, ebenso wohlmeinenden wie eigennützigen Versuche einer angemessenen Auseinandersetzung mit Stimmen der Roma, ebenso wie die Bemühungen, als Gadje im Interesse und im Namen von Roma zu sprechen. Ethnische und geschlechtliche Alteritäten überlagern sich, wenn mit Sundermann/Ferari eine Art geschlechterinverses Kolonialpaar entsteht, das sich in der weniger asymmetrischen Arbeitsbeziehung zwischen Wysbar und Kienitz spiegelt und wiederholt.[59] Die intertextuellen Anspielungen und Verweise deuten, so wie sie in *Das reiche Mädchen* angelegt sind, hauptsächlich auf eine tiefe, lange tradierte Verstrickung in eben jene problematischen Zusammenhänge, die der Roman aufreißt; sie sind also wohl weniger ‚Minen' als eine Art Wurfanker, die den Roman stofflich, motivisch und hinsichtlich der verhandelten Konfliktlinien in einem deutschen und europäischen Koordinatensystem verorten.

---

[58] Das Problem der (Nicht-)Kommunizierbarkeit all dessen, was nicht in den durch die Machtverhältnisse abgesicherten Diskurs passt, wurde ausführlich in den Postcolonial Studies diskutiert, so etwa in dem berühmten Aufsatz von Gayatri Chakravorty Spivak: Can the Subaltern Speak? In: Marxism and the Interpretation of Culture. Hrsg. von Cary Nelson u. Lawrence Grossberg. Urbana 1988, S. 271–313. Auch die gut zum Roman passende Frage, inwiefern die hegemoniale Position nicht ‚hören' wolle und/oder könne, wurde in dieser Forschungsrichtung diskutiert. Vgl. etwa Postcolonial Studies and the United States. Race, Ethnicity and Literature. Hrsg. von Amritjid Singh u. Peter Schmidt. Jackson 2000, darin insbesondere der Aufsatz von Amritjid Singh: Identities, Margins and Borders I, S. 3–71. Im Romankontext ließe sich, auch im Anschluss an diese Debatten, fragen, was die Bürgerrechtsbewegung der Sinti und Roma in Deutschland in Richtung der ‚Hörbarkeit' von Stimmen aus dieser Minderheit bewirkt hat.

[59] Offen muss an dieser Stelle die Frage bleiben, ob bzw. inwiefern diese Geschlechterinversion im Roman mit einer Legitimierung der Gegengewalt Dejans einhergeht. Dejans Fluch „Hunde sollen dich zerreißen. Flinke Hunde" (196), der aufgrund der oben skizzierten Parallelisierung zwischen Roma und Hunden auf den Mord an Bille vorausweist, erfolgt jedenfalls bald, nachdem die „Machtfrage" (195) zwischen den beiden definitiv zuungunsten Dejans entschieden ist.

# Personenregister

Adelung, Johann Christoph 93
Adler, Alfred 65
Adorno, Theodor W. 95, 164
Aescht, Georg 182
Aichelburg, Wolf 63
Albert, Michael 30
Allemann, Beda 92, 105
Altwegg, Jürgen 228
Andersen, Hans Christian 102, 111
Angelova, Penka 64
Antschel, Eric 102
Aristoteles 73
Arnold, Heinz Ludwig 131, 213
Assmann, Aleida 160, 187, 188
Assmann, Jan 160
August II., der Starke (Kurfürst von Sachsen und König von Polen) 27
Ausländer, Rose 8, 63, 109
Axmann, Elisabeth 45, 58, 69, 74

Babeș, Victor 10, 38
Bach, Johann Sebastian 62
Bachtin (Bakhtin), Michail (Mikhail) 103, 109, 120, 209, 213
Baconsky, Anatol Emilian 150
Badiou, Bertrand 101
Balogh, András 10
Baltzer, Burkhard 60
Banciu, Carmen-Francesca 9, **185–192**
Bang, Herman 31
Barthes, Roland 120
Baudelaire, Charles 124

Beck, Volker 215
Beißner, Friedrich 92
Bender, Hans 107, 108
Benjamin, Walter 109
Benn, Gottfried 130
Benoziglio, Jean-Luc 227, 228
Berbig, Roland 17
Bergel, Hans 10, 17, 61, 78, 79, 84
Berwanger, Nikolaus 167
Bican, Bianca 10, 23
Biermann, Wolf 60, 75, 76, 151
Binder, Rodica 210
Binder, Wolfgang 92
Birk, Hanne 164
Birkner, Andreas **77–90**
Björnson, Björnstjerne 32, 34
Blaga, Lucian 51, 52, 53, 54, 214, 223, 224
Bleutge, Nico 210
Bloch, Ernst 105, 106, 107, 108, 109
Bohmann, Alfred 47
Böhn, Andreas 122
Dollacher, Martin 65, 75
Bolyai, János 10, 38
Bosch, Robert 10
Böschenstein, Bernhard 91, 92, 93, 94, 99
Bossert, Rolf **147–155**, 169, 170, 172, 173, 175
Boucke, Ewald A. 60
Brandes, Georg 31
Brecht, Bertolt 150
Brecht, Walther 15

Breloer, Gerhard 228
Brentano, Clemens 70
Breton, André 57
Bücher, Rolf 92
Büchner, Georg 106
Bußmann, Hadumod 173

Canetti, Elias 64, 65, 66, 68, 69, 72, 73, 74, 75
Carossa, Hans 58
Ceaușescu, Nicolae 9, 23, 24, 151, 155, 157, 161, 179, 189
Celan, Paul 7, 8, 19, 43, 63, **91–100, 101–116**,
Chamisso, Adelbert von 229
Chiriță Gregor, Gertrud 43
Chlebnikov, Velemir 121, 123, 124
Cisek, Oscar Walter 41, **43–58**, 63
Colli, Giorgio 104, 162
Corbea-Hoișie, Andrei 43, 63
Crăciun, Ioana 7, 10, 12, 109, **147–155**, 209
Creangă, Ion 150
Csaki, Richard 47
Csejka, Gerhardt 33, 147, 150

Dante, Alighieri 65
Däubler, Theodor 50, 51
Dedecius, Karl 12
Dehmel, Richard 33
Derrida, Jacques 120
Detering, Heinrich 213
Dickens, Charles 219
Diederichs, Eugen 31
Dilthey, Wilhelm 67
Diogenes 231
Dischner, Gisela 113
Döblin, Alfred 217, 218, 219, 227
Dollenmayer, David 60
Dor, Milo 98
Dornseif, Franz 123

Dos Passos, John 219
Drews, Jörg 60, 71
Dreyfus, Alfred 215
Duun, Olav 42

Egyptien, Jürgen 10
Eich, Günter 44
Eidlitz, Walther 28
Eigler, Friederike 64, 75
Eliade, Mircea 223
Elischer, Hannes 62
Ellermann, Heinrich 44
Engel, Eduard 70
Enzensberger, Hans Magnus 16, 19
Erll, Astrid 164
Eugen, Prinz von Savoyen-Carignan 201
Ewers, Hanns Heinz 31, 36

Feldmann, Joachim 210
Fichte, Hubert 216
Fichte, Johann Gottlieb 95, 137
Fischer, Jens Malte 32
Fischer, Markus 209, 210, 219
Fischer, Samuel 218
Flaischlen, Cäsar 38
Flaubert, Gustave 31
Fließ, Wilhelm 111
Florescu, Catalin Dorian 9, 10
Forel, August 70
Foucault, Michel 207
Frank, Anne 229
Franz Joseph I. (Kaiser von Österreich, König von Ungarn) 197
Frauendorfer, Helmuth 171, 209
Freud, Sigmund 102, 103, 104, 105, 106, 109, 111, 115
Frey, Hans-Jost 123
Friedrich von Hessen-Homburg (Landgraf) 93

Friedrich, Hugo 57, 137
Frisch, Max 75
Frisé, Marie 210
Fromm, Walter 171
Fühmann, Franz 21
Fuhrmann, Dieter 36

Gaier, Ulrich 188
Gan, Peter 58
Gană, George 224
Garborg, Arne 32, 34
Geist, Peter 173
Geyersbach, Ulf 195
Ghandi, Indira 214
Ginzkey, Franz Karl 15
Goethe, Johann Wolfgang 19, 36, 45, 50, 60, 65, 66, 67, 69, 70, 71, 72, 73, 75
Goldhagen, Daniel Jonah 151
Göllner, Carl 33
Gong, Alfred 19, 22
Görner, Rüdiger 95, 97, 98, 99, 100
Görtz, Franz Josef 175
Gött, Johann 33
Grass, Günter 224, 226, 227
Grimm, Brüder 70, 71, 225, 226
Grimm, Gunter E. 65
Grossberg, Lawrence 232
Grote, Michael 8, 10, 12, **117–133**
Grübel, Rainer 109
Grün, W 42
Gründer, Horst 228
Grunewald, Eckhard 8
Günderode, Karoline von 226
Guțu, George 8, 10, **59–76**, 109, 209

Haider, Hans 26
Hainz, Martin A. 63
Halbwachs, Maurice 159

Hamsun, Knut 31, 32, 34, 35, 38, 39, 41
Hanser, Carl 137
Harnisch, Hanna 18
Hauptmann, Gerhart 33
Hausmann, Franz Josef 173
Hegel, Georg Wilhelm Friedrich 66
Heidegger, Martin 106, 107, 136
Heidenstam, Carl Gustav Verner von 42
Heim, Robert 222
Heine, Heinrich 150, 172
Heißenbüttel, Helmut 117, 120
Heldmann, Andreas 28, 42
Hellermann, Dietmar 47
Hensel, Klaus 173
Heraklid 99
Herder, Johann Gottfried 70, 95, 220
Herrfurth, Ruth 224
Herodot 214
Herzfeld, Marie 31, 32
Heukenkamp, Ursula 173
Heym, Georg 51
Hiebler, Heinz 218
Hiemesch, Wilhelm 33
Hille, Almut 217
Hoddis, Jacob van 49
Hodjak, Franz 16, 17, 18, 19, 21, 22, 23, 25, 168, 171, 172, 173
Hofmannsthal, Hugo von 15, 16, 50, 218, 219
Hölderlin, Friedrich 44, 70, **91–100**, 144
Holquist, Michael 209
Holzer, Stephanie 210
Homer 70
Honecker, Erich 174
Honterus, Johannes 33, 40
Horkheimer, Max 93

Horváth, Ödön von 15
Huez, Robert 26
Huff, Matthias 60

Ibsen, Henrik 29, 31, 34, 35
Ingebrigtsen, Espen **157–165**
Ionesco, Eugène 152
Ionescu-Bonanni, Daniela 10, **185–192**
Irod, Maria 10

Jacobi, Friedrich Heinrich 95
Jacobsen, Jens Peter 31, 34, 35, 36, 37
Jandl, Ernst 123
Jens, Walter 101
Jess, Wolfgang 44

Kafka, Franz 21, 23, 115, 116, 128, 130, 131, 133
Kaiser, Mechthild 228
Kant, Immanuel 96
Kanterian, Edward 60
Kappus, Franz Xaver 47
Karl XII. (König von Schweden) 27, 42
Kaser, Norbert C. 26
Kassack, Hermann 44
Keil, Ernst-Edmund 46
Killy, Walther 32
Kirkbright, Suzanne 97
Kirsch, Sarah 19
Kirsten, Wulf 9, 17, 23
Kisser, Thomas 135
Kittner, Alfred 44, 45, 50, 51, 54, 57, 62, 63
Klein, Karl Kurt 38, 44
Kleist, Heinrich von 22, 70, 128, 129, 130, 131, 132, 133, 226
Kleist, Ulrike von 131, 132
Klöß, Hermann 29, 47

Kluge, Friedrich 123
Kluge, Alexander 219, 220
Knack, Ingrid 176, 178
Knafl, Arnulf 32
Koch, Hans-Gerd 128
Koeppen, Wolfgang 219, 220, 221
Köhnen, Ralph 162
Kolf, Bernd 33, 63
König, Christoph 15
Konradt, Edith 20, 32, 33, 34, 36, 37, 38
Kramer, Theodor 44
Krasser, Harald 44, 63
Kristeva, Julia 103, 104, 120, 213
Krittstein, Ullrich 213, 219
Krolow, Karl 19, 54
Kugler, Stefani 213, 219
Kuhnert, Artur 44
Kyora, Sabine 219

Lægreid, Sissel 7, 8, 12, **101–116**
Lagerlöf, Selma 42
Lampe. Friedo 219
Lange, Carsten 219
Lange, Horst 44
Langen, Albert 31
Langgässer, Elisabeth 44
Laschen, Gregor 131
Lasker-Schüler, Else 53
Latzina, Anemone 20, 21
Lawitschka, Valerie 91
Lăzărescu, Mariana-Virginia **167–184**
Lehmann, Jürgen 10
Lehmann, Wilhelm 52
Lenz, Hermann 144
Lescovec, Andrea 12
Lessing, Gotthold Ephraim 70, 72
Levi-Strauss, Claude 215

Lewandowski, Rainer 220
Lhoest-Offermann, Holde 159
Lichtenberg, Georg Christoph 119
Lihaciu, Ion 43
Liliencron, Detlev von 33
Lindner, Erik 214
Lippet, Johann 172
List, Paul 61
Loerke, Oskar 52, 54
Lomonossow, Michail 151
Löns, Hermann 216
Loyen, Ulrich van 10, **135–145**
Lukács, Georg 22, 151
Luther, Martin 102

Magris, Claudio 74
Malinowski, Bronislaw 215
Mandelstam, Ossip 93
Mao Tse-tung 215
Margul-Sperber, Alfred 47, 58, 59, 61, 62, 63
Maria, Königin von Rumänien 61
Markel, Michael 45, 47, 49, 119
Martens, Gunter 18
Martinez, Matias 213
Martynova, Olga 68
Marx, Karl 104, 108
Max, Frank Rainer 65
May, Karl 213
Mecklenburg, Norbert 12, 43
Meinecke, Dietlind 98
Meltzer, Lauritz 7
Meschendörfer, Adolf 20, 21, **27–42**
Methlagl, Walter 26
Minaty, Wolfgang 61
Mitscherlich, Alexander 222
Mon, Franz 120, 128, 129
Montinari, Mazzino 104, 162
Mörike, Eduard 69
Motekat, Helmut 46

Motzan, Peter **7–13**, 18, 19, 26, 33, 38, **43–58**, 78, 167, 172, 173
Müller, Friedrich 27
Müller, Herta 7, 9, **157–165**, 221
Müller-Guttenbrunn, Adam 167, 175
Mungenast, Romed 214, 225

Naumann, Michael 165
Nelson, Cary 232
Neuffer, Christian Ludwig 96
Neuhaus, Stefan 219
Neuhaus, Volker 226
Neumann, Birgit 164
Neustädter, Erwin 41
Nicolau, Lucia **77–90**
Niethammer, Immanuel 96
Nietzsche, Friedrich 16, 33, 36, 70, 72, 104, 129, 162, 200
Nubert, Roxana 43, 45
Nünning, Ansgar 164

Oberthür, Irmhild 175
Oels, David 15
Oliveira, Claire de 9
Oprea, Al. 43
Orend, Misch 27
Ovid (Publius Ovidius Naso) 135

Paetel (Gebrüder) 17
Paetel, Elwin 17
Pakleppa, Fabienne 176
Pastior, Oskar 7, 10, 25, 53, **117–133**, **135–145**, 182
Patrut, Iulia-Karin 10, 109, **207–232**
Peeters, Regina 12
Perels, Christoph 44
Petőfi, János S. 127

Petrarca, Francesco 123, 124, 125, 126, 127, 128, 130, 131, 132, 133, **135–145**
Petsch, Robert 60, 65
Pillat, Ion 52, 61, 62, 63
Pindar 92, 93, 96
Plato 96, 102, 107, 231
Podlipny-Hehn, Annemarie 43
Pöggeler, Otto 91, 94, 98
Postelnicu, Tudor 179
Predoiu, Graziella 10
Prügel, Roland 57

Quenzel, Karl 31

Rădulescu, Raluca 10
Ramm, Klaus 117
Raschke, Martin 44
Răcu, Aurel 53
Reemtsma, Jan Philipp 216
Reemtsma, Katrin 209, 210, 214, 216
Regn, Gerhard 135
Reichert, Stefan 92, 105
Reichrath, Emmerich 46
Rich, Ruby 227
Ricœur, Paul 104
Rilke, Rainer Maria 51, 54, 57, 93, 97, 98
Rimbaud, Arthur 60
Rorty, Richard 194, 203
Rosenkranz, Doris 60, 61, 64, 67, 68
Rosenkranz, Moses **59–76**
Roth, Herman 44, 63
Roth, Philip 227, 229
Rubel, Alexander 43
Runkehl, Jens 113
Rushdie, Salman 74
Rutschky, Michael 195

Sachs, Nelly 109
Sälzer, Anna-Lena 213
Samson, Horst 172
Sandmeier, J. 31, 39
Saňo, Heleno 229
Sauermann, Eberhard 21
Schaefer, Oda 58
Schäfer, Horst 18
Scheffel, Viktor 16
Scheichl, Sigurd Paul **15–26**, 75
Scherg Danek, Ditta Sibylle 38, 40
Scherg, Georg 33
Schiller, Friedrich 16, 70, 96
Schlattner, Eginald 18, 25
Schlegel, Friedrich 137, 143
Schlesak, Dieter 10, 60
Schlott, Wolfgang 10
Schmidt, Peter 232
Schmidt, Wilhelm 18
Schmitter, Elke 76
Schneider, Eduard 31, 46, 171
Schnitzler, Arthur 219
Scholz, Wilhelm von 7
Schönberger, Birgit 186
Schöning, Matthias 188
Schopenhauer, Arthur 61, 64, 73
Schuller Anger, Horst 47, 63
Schuller, Annemarie 171
Schuller, Frieder 18, 19, 22
Schullerus, Heinz 33
Schulz, Günther 17
Schuster, Paul 62, 63
Schütze-Schröder, Friedrun 176
Schwab, Christoph Theodor 99
Schwedhelm, Karl 101, 107
Schwob, Anton 20, 49
Seiler, Hellmut **167–184**
Sembdner, Helmut 129
Siblewski, Klaus 123
Sieber-Rilke, Ruth 54
Sielaff, Volker 209

Sienerth, Stefan 8, 10, 17, 25, 26, **27–42**, 61, 67, 68, 69, 78, 79, 80, 109, 209
Siever, Torsten 113
Sillanpää, Frans Eemil 42
Sinclair, Isaac von 93
Singh, Amritjid 232
Skorgen, Torgeir **91–100**
Solheim, Birger **193–205**
Söllner, Werner 16, 17, 21, 22, 23, 150, 152, 168, 171, 172, 173
Sontag, Susan 74
Sophokles 92, 95
Sperber, Manès 64, 65, 66, 68, 69, 74, 75
Spinoza, Baruch 95
Spirak, Gayatari Chakravorty 232
Steinmayr, Markus 162
Steuer, Heinz 67
Stiehler, Heinrich 43, 56
Stierle, Karlheinz 135
Stifter, Adalbert 219
Stiller, Mauritz 218
Stock, Eberhard 18
Storm, Theodor 17
Strigl, Daniela 18
Strindberg, August 29, 31, 34, 35
Strodtmann, Adof 31
Stupp, Johann Adam 63
Suhrkamp, Peter 16
Suphan, Bernhard 220
Szondi, Peter 91

Tartler, Grete 9
Teutsch, Traugott 30
Theodorescu-Sion, Ion 56
Thiele, Herta 227
Tiedemann, Rolf 164
Tobias, Gert 10
Tobias, Uwe 10
Tontsch, Brigitte 20, 45, 49

Totok, William 167, 168, 172
Trakl, Georg 21, 44, 51, 52, 53
Trausch, Joseph 28
Trommsdorff, Gisela 188
Trunz, Erich 72

Uerlings, Herbert 210
Uhland, Ludwig 71
Undset, Sigrid 42
Urban, Peter 121

Veteranyi, Aglaja 9, 10
Voiculescu, Vasile 63
Voltaire (François-Marie Arouet) 214
Vring, Georg von der 44

Wagner, Richard (Musiker) 33
Wagner, Richard (Schriftsteller) 9, 10, 22, 168, 169, 170, 171, 172, 173, **193—205**, **207–232**
Wahrig, Gerhard 123
Wallrodt, Ines 210
Walther von der Vogelweide 133
Weinberg, Manfred 188
Weissglas, Immanuel 63
Werner, Klaus 66
Wichner, Ernest 20, 25
Wieck, Dorothea 227
Wiedemann, Barbara 101, 102
Wieland, Christoph Martin 70
Wiesenthal, Simon 214
Wildgans, Anton 15
Windisch-Middendorf, Renate 60, 79
Winsloe, Christa 227
Wippermann, Wolfgang 210
Wittstock, Erwin 27, 28, 41, 42, 52
Wittstock, Joachim 28, 33, 41, 52
Wochele, Rainer 181
Wolf, Christa 224, 225

Wolf, Claudia 219
Wolff, Larry 210
Wowro, Iwona 173
Wysbar, Frank 227

Zach, Krista 18
Zech, Paul 44
Zeidner, Heinrich 33
Zillich, Heinrich 41, 42, 47
Zimmermann, Michael 210
Zola, Émile 31, 215

# Verzeichnis der Mitarbeiterinnen und Mitarbeiter

**Prof. Dr. Ioana Crăciun**, Universität Bukarest, Fakultät für Fremdsprachen, Institut für Germanistik

**Dr. Michael Grote**, Universität Bergen, Department für Fremdsprachen

**Prof. Dr. George Guțu**, Universität Bukarest, Fakultät für Fremdsprachen, Institut für Germanistik

**Espen Ingebrigtsen, Phd. Stipendiat**, Universität Bergen, Department für Fremdsprachen

**Dr. Daniela Ionescu-Bonanni**, Universität Bukarest, Fakultät für Fremdsprachen, Institut für Germanistik

**Prof. Dr. Sissel Lægreid**, Universität Bergen, Department für Fremdsprachen

**Prof. Dr. Mariana-Virginia Lăzărescu**, Universität Bukarest, Fakultät für Fremdsprachen, Institut für Germanistik

**Dr. Ulrich van Loyen**, Universität Siegen, Philosophische Fakultät I, Seminar für Medienwissenschaften

**Prof. h. c. Dr. Peter Motzan**, Institut für deutsche Kultur und Geschichte Südosteuropas an der Ludwig-Maximilians-Universität München

**Drd. Lucia Nicolau**, Universität Bukarest, Fakultät für Fremdsprachen, Institut für Germanistik

**Dr. Iulia-Karin Patrut**, Universität Trier, Institut für Germanistik

**Prof. Dr. Sigurd Paul Scheichl**, Universität Innsbruck, Institut für Germanistik

**Prof. h. c. Dr. Stefan Sienerth**, Institut für deutsche Kultur und Geschichte Südosteuropas. an der Ludwig-Maximilians-Universität München

**Post doc. Dr. Torgeir Skorgen**, Universität Bergen, Institut für Philosophie

**Ass. Prof. Dr. Birger Solheim**, Universität Bergen, Institut für Philosophie